신사 · 학교 · 식민지

신사·학교·식민지

지배를 위한 종교-교육

히우라 사토코
이언숙 옮김

KOREA
UNIVERSITY
PRESS
고려대학교
출판문화원

차례

서장

제1절 '마법의 지팡이'와 '신비' 11

(1) 학교 교육과 식민지 지배의 중첩 • 11 (2) '신비'의 토대 • 13
(3) '신비'와 식민지 조선 • 16 (4) '마법의 지팡이'의 힘 • 18

제2절 '황민화 정책'으로 개괄할 수 없는 중층적인 교육의 실태 19

제3절 식민지 연구 · 교육사 연구의 문제군과 이 책의 시각 29

(1) 신사 제사와 학교 의식 • 29 (2) 기독교와 신사 참배 • 32
(3) 사물과 공간 • 34 (4) 식민지의 신사 역사 — '강요'에 대해서 • 37

제4절 조선의 학교 · 신사 제도 42

제5절 이 책의 구성 45

제1장 신사 참배의 회로를 열다
— 수신 교과서 수여 봉고제, 권학제

제1절 조선 신궁에서 수신 교과서 배포 시작 – 1926–1930년 49

(1) 초대 궁사 다카마쓰 시로와 조선총독부 사이의 거리 • 49
(2) 다카마쓰 시로의 사상과 수신 교과서 배포 개시 • 59

제2절 권학제로의 개칭과 감사 참배 – 1930년대 67

(1) 행사의 전개와 후임 궁사 • 67
(2) 조선인의 조선 신궁 참배와 '감사 참배' • 74
(3) '자발성'과 '감사 참배' • 77

제3절 행사의 전개 – 1930년대 후반–1940년대 81

장 요약 84

제2장 신앙으로 끌어들이다
— 조선 신궁에서 거행된 오하라이 의식

제1절 '신사 비종교론'과 오하라이 의식 ········· 91
(1) '숭경'과 '신앙' • 91 (2) 조선총독부의 협력자 • 96
(3) 신도 국교화 요구 • 102 (4) 불만을 부르는 신직 • 109
제2절 학생에서 아동으로 — 오하라이 의식 참석자 ········· 120
(1) 오하라이 의식에의 동원 시작과 그 대상 • 120
(2) 초등학교의 오하라이 의식 참석 상황 • 122
제3절 일본 현지의 오하라이 의식 부활 캠페인과 조선 신궁 ········· 137
장 요약 ········· 144

제3장 수업 있는 날에도 매일 참배하게 하다
— 조선 신궁 하계 조조 참배의 경우

제1절 하계 조조 참배 개시까지의 과정 ········· 149
(1) 1930년대의 신사 정책 • 149
(2) 하계 조조 참배가 실시되기까지 조선 신궁의 노력과 '놀이터'로서의 주변 환경 • 153 (3) '참배증'으로 개인 참배를 유도 • 161
제2절 조선 신궁 참배자의 내실 ········· 164
(1) 1930년대 중엽 참배자 급증 • 164 (2) 하계 조조 참배의 영향력 • 166
(3) 참배 아동 수에 관한 검토 — 거리와 참배율에 초점을 맞추어서 • 171
제3절 1937년 이후의 참배자 ········· 177
(1) 개인과 단체 참배의 동향 • 177
(2) 2년째에 접어든 하계 조조 참배와 정기 참배 시작 • 179
(3) 애국의 날 시작과 조선총독부 학무 행정의 목적 • 184
제4절 지역 사회로의 확대와 그 배경 ········· 190
(1) 대구 신사 일참회 — 1930년대 후반부터 1940년대 • 190
(2) 조선 신궁과 신궁황학관 • 195
장 요약 ········· 199

제4장 지역에서 신사를 유지 · 관리하게 하다
— 신사 설치와 학교의 역할

제1절 신사에 대한 기억과 행정 당국이 학교에 거는 기대 205

(1) 신사는 어떻게 기억되는가? • 205 (2) 기대를 받는 학교 • 210

제2절 신사 설치의 근거 법령과 설치 수의 추이 212

(1) 근거 법령 • 212 (2) 신사 설치 억제 경향 • 215

제3절 신사 설립을 신청한 대표자와 실제 관리자
— 1932년부터 1939년까지 222

(1) 일본인 신청자의 경우 • 222 (2) 조선인 신청자의 경우 • 225

제4절 '일면 일사一面一祠' 정책의 실시 과정 228

(1) 신사의 건립과 유지에 동원된 소학교 교장과 아동 • 228
(2) 전라남도의 사례를 통해 본 극단적인 양상 • 234
(3) 변질되는 신사 — 1940년대 • 238

장 요약 243

제5장 학교 안에 신사를 만들다
— 신궁 부적과 학교 의례 공간

제1절 조선에 신궁 부적 배포 249

(1) 일본 현지의 신궁 부적 — 1930–1934년 • 249
(2) 신궁 부적, 신단, '부적봉사전' — 1934–1936년 • 255

제2절 조선의 '어진영'과 이를 둘러싼 혼란 263

(1) 조선의 학교 의식 규정과 교육칙어 등본 • 263 (2) '어진영' 교부 — 1937년(1) • 266 (3) 신단 이설 지시 — 1937년(2) • 269

제3절 1938년 이후의 의례 공간 274

(1) 신궁 부적 배포의 실태 — 1938년 • 274 (2) '황국신민의 서약' — 1938–1939년 • 278 (3) 경상도에 있는 학교에 '부적봉재전' 설치 계획 — 1940년 전후 • 280 (4) 1940년대의 신단과 신궁 부적 • 285

장 요약 287

보론: 신직회 회보라는 매체
— 조선신직회 회보 《도리이鳥居》에 대해서 289

결장

제1절 '신도를 받드는 조선'을 노린 그들은 왜 아동에게 의존하였는가? – 이 책의 요약 299
제2절 신사·학교의 상호 의존과 지배 구조의 와해 – 가설의 실증 306
제3절 끊임없는 요구, 끝없는 부담 – 다양한 억압과 '벽' 310
(1) 억압의 주체 • 310
(2) 신사 참배를 촉구하는 측에서 바라본 시간의 '벽' • 313
제4절 무한정의 '신비' 속 제반 권력의 양상 314
제5절 신사 참배, 학교와의 관계를 통해 살펴보다 316
(1) 강요란 무엇인가? • 316 (2) 각 시기의 특징 • 318
제6절 남은 과제 321

자료1. 조선 신궁 신직 일람朝鮮神宮神職一覽 • 324
자료2-1. 이 책 관련 사항 연표 • 330
자료2-2. 이 책 관련 인물 연표 • 332
자료3. 조선신직회 회보 《도리이鳥居》 표제 일람 • 335

맺음말 • 385

서장序章

수신修身 교과서 수여 봉고제奉告祭 감사 참배[《昭和6年 朝鮮神宮年報》(朝鮮神宮社務所, 1932년), 扉夏]

제1절 '마법의 지팡이'와 '신비'

(1) 학교 교육과 식민지 지배의 중첩

> 입학식은 정신없이 분주한 가운데 땀에 흠뻑 젖은 채 끝났다. 마침내 다음 날부터 60명의 1학년 남자 아이들과 나 사이의 악전고투가 시작된다. 일본어를 한마디도 하지 못하는 아이들과 한국어를 한마디도 못하는 나. 서로 언어가 전혀 통하지 않는다. 과연 괜찮을까? 실내에서 수업을 할 상황이 아니어서 당분간 야외 수업을 해야 한다. 줄을 맞추어 서는 것도 집단생활을 하는 것도 처음인 아이들이다. 〔…〕 처음에는 내가 말하는 일본어를 아이들은 앵무새처럼 따라서 말하였다. 가리키거나 설명하는 말이 통하지 않아 혼란스러웠다. 자리에 앉게 하려고 "앉아요" 하면서 두 손을 들어 조금 아래로 내리는 제스처를 취했을 때, 아이들은 나와 똑같은 동작을 하면서 그대로 선 채로 "앉아요" 라고 일본어를 따라 했을 정도이다. 무심코 웃음이 나왔다. 그리고 갑자기 눈물이 핑 돌았다.

식민지 시기 조선의 한 초등학교 교사였던 스기야마 도미杉山とみ 씨는 첫 부임 당시의 경험을 이렇게 회고하였다.[1] 스기야마 씨는 왜, '웃음이 나왔'다가 갑자기 '눈물이 핑 돌았'던 것일까? 젊은 신임 교사와 천진난만한 아이들 사이의 한 장면이라는 사실 외에, 스기야마 씨 앞에는 식민자와 피식민자, 여성 교사와 남자 아동들이라는 직접·간접의 다양한 관계성이 자리해 있다. 예를 들어, 근대 학교 교육의 역사라

---

1 스기야마 도미(杉山とみ), 《カスウォンキルーある日本人教師の自分史·上(과수원 길—어느 일본인 교사의 자기 역사·상)》(コリアプロジェクト@富山, 2010), 28쪽.

는 측면에서 생각해 보자. 미셸 푸코Michel Foucault의 이야기를 꺼낼 것까지 없이, 학교 교육의 커다란 특징은 지시에 따라 움직이는 순종적인 신체를 육성하는 데에 있다. 그런 의미에서, 스기야마 씨는 학교 교육에 불가피하게 내재되어 있던 노골적인 권력성에 곤혹스러웠는지도 모른다. 아니면, 조선인 아동에게 '동방요배東方遙拜'나 '교육칙어教育勅語'보다도 우선 자리에 앉으라는 동작을 가르치는 것이 어려웠다는 스기야마 씨의 말을 통해, 다른 언어를 강요하는 식민지 특유의 역사적 실상을 읽어낼 수도 있을 것이다.

이처럼 '눈물이 핑 돌았'던 생각의 기저에 자리해 있는 것을 식민지 지배·피지배(가해·피해)의 역사로 설명한다고 해도, 혹은 근대 학교 교육 역사의 일부로 설명한다고 해도, 다 설명하지 못하고 누락되고 마는 무엇인가가 있는 것은 아닐까? 저자의 문제의식은 바로 이 점에서 시작된다. 식민지이자 학교라는 규정된 권력 공간 안에서 어떠한 교육이 어떠한 준비와 장치를 갖추고 진행되었으며, 이것이 식민지 지배하의 교육이라는 것의 어떠한 특징을 반영하였는가? 그 특징은 일본 현지의 교육과 어떻게 중첩되며 어떻게 다른가? 우선 교착하거나 중첩되는 관계성을 풀어 가면서 역사상의 의미를 찾고자 한다.

이 책은 아동의 신사참배에 주로 초점을 맞추고 있는데, 이는 식민지 지배자가 '황민화(황국신민화) 정책'[2]을 관철시키는 과정에서 강제한 것이라는 결론을 위해서가 아니다. 이는 지금까지의 연구를 단순

---

2 '황국신민(皇國臣民)'이라는 용어가 처음으로 사용된 것은 1937년의 '황국신민 체조(體操)', '황국신민의 맹사(皇國臣民ノ盟詞)'와 이듬해인 1938년 제3차 조선교육령 때이다. 1936년에 부임한 시오바라 도키사부로(鹽原時三郎) 총독부 학무국장이 만든 '신조어'로 보인다(岡崎茂樹, 《時代を作る男塩原時三郎》(大澤築地書店, 1942), 163쪽). '황민화'라는 용어가 조선에서 사용된 것은 신문을 통해 확인해 보았을 때 1940년대이다. 그러나 '황민화 정책'이 아니라 주로 '황민화 운동'이라는 용어를 사용하였다.

히 나열하는 데에 불과하다. 중요한 것은 '황민화 정책(혹은 '동화[同化] 정책')'에 대해 서술하는 과정에서 개괄해 온 피지배자에 대한 신사참배 요구라는 것을 일본 자체의 근대 신사의 역사(近代神社史, '국가 신도'사['國家神道'史])의 위상, 학교 교육에서 천황 숭경(崇敬) 교육으로서의 위상, 그리고 식민지 지배사의 위상과 같이, 복층적이고 다면적인 것으로 살펴봄으로써, 그 정체를 철저히 파헤치고 지속적으로 파고들고자 하는 연구 자세이다.

(2) '신비'의 토대

메이지明治 중반인 1892년, 구메 구니타케[久米邦武]는 〈신도는 제천의 옛 풍속(神道ハ祭天ノ古俗)〉이라는 논문을 발표하여 국수주의자들의 맹공격을 받아 도쿄대학東京大學 교수직에서 물러나야 했다. 바로 '구메 구니타케 불경 사건'이다.

이 당시 신도가神道家·신직神職들은 이론이 아니라 오로지 감성에 호소하는 방식으로 구메 구니타케를 비난하였는데, 이러한 현상을 정치학자 이시다 다케시[石田雄]는 '신도 국교화神道國敎化'의 좌절을 거치면서 불리한 입장에 처했던 신도가들이 '실지 회복'을 하고자 하는 행위로 파악하였다.[3] 여기서 말하는 '신도 국교화'의 좌절이란, 메이지 유신維新과 함께 율령 시대律令時代의 신기관神祇官이 부활하여 신도를 국교로 삼고자 하는 급격한 제도 개정이 사람들의 실생활과 괴리되어 있었다는 점과 불교계의 비판으로 인해 약 10년 만에 신도 국교화를 단념해야 했던 일을 가리킨다.

---

3 石田雄, 《明治政治思想史研究》(未來社, 1954), 238쪽.

이시다 다케시는 신도가들이 감성에만 호소하는 규탄 방식을 취할 수 있었던 배경으로, 메이지 중반에 제정된 대일본제국 헌법(1889년)과 교육칙어(1890년)에 의한 '천황제적 권위의 확립'을 위해서 '그 일익을 담당할 고도의 신비화'가 필요했기 때문이라고 날카로운 고찰을 하였다.[4] '신도 국교화'가 좌절되면서 1882년에는 '내무성달을內務省達乙' 7호 등에 의해 신직神職이 장제葬祭에 관여하는 일이 금지되었다. 당시 인간의 사후에 대해 기도를 올리는 것은 '종교' 행위의 영역이 갖는 특징으로 여겨졌기 때문이다. 이 포고문으로 인해 '신사 비종교'('신도는 국가의 종사[宗祀]'[5])라는 모양새가 일단 완성되었다. 이 단계에서 신사는 국가적인 제사를 담당하는 기관으로 '종교'의 바깥쪽에 놓일 수 있었다.

그러나 '구메 구니타케 불경 사건'이 발생한 것은 이로부터 10년 뒤의 일이다. 신사가 '비종교' 제사 기관이 된 뒤에도 신도가·신직들이 이론적 뒷받침을 건너뛴 '신비', 다시 말해 종교·신앙의 기반에 틀어박혀서 구메 구니타케가 사직을 하게끔 몰아갈 수 있었던 이유는 과연 무엇이었을까? 그 이유는 '신사 비종교론'에서의 '비종교'를 어떻게 정의할지 알 수 없는 데다가 그 이론에 애매하기 그지없는 영역을 내재시켜 놓았기 때문이다. 이 영역에는 분명 '신비'가 관여되어 있다.

당시 신사에는 관폐사官幣社, 국폐사國幣社, 부현사府縣社, 향촌사鄉村社 등의 사격社格이 부여되었다.[6] 관폐사란 제사 때에 황실에서 공금

---

4 石田雄, 앞의 저서, 239쪽.

5 〈神社ハ国家ノ宗祀ニツキ神宮以下神社ノ世襲神職ヲ廢シ精選補任ノ件〉(明治 4년 5월 14일 太政官布告 234호).

6 〈官社以下定額, 神官職制等ニ關スル件〉(明治 4년 5월 14일 太政官布告 235호). 여기서 전국의 신사(神社)에 '사격(社格)'(관폐사, 국폐사, 부현사, 향촌사)이 부여되어, 이에 따른 공금의 지출이 시행되었다. 이 제도가 확립되기까지 이후 30년 정도 걸리는 등 우여곡절을

을 지출하는 신사로, 예를 들어 메이지 신궁이나 교토京都의 헤이안 신궁平安神宮이 관폐사였다. 국폐사란, 제사 때 국고에서 공금이 지출되는 신사로, 대개 각 부현府縣의 '이치노미야一の宮'가 여기 해당한다. 부현사 이하의 신사는 그 지역의 '진수鎭守'적 성격의 신사이다. 앞서 언급하였듯이, 신직神職의 장제葬祭에 대한 관여는 1882년에 금지되었으나, 이 통달通達에는 "부현사 이하 신사는 당면 종전대로(府縣社以下神社ハ當面從前ノ通)"라는 예외 규정이 있었다. 부현사 이하의 신사, 즉 실질적으로 그 지역의 '진수'적 신사 대부분은 '당면 종전대로'라는 문구를 통해 장제에 대한 관여는 자유롭게 계속되었던 것이다.

신도가·신직들이 '신비'라는 토대 위에서 이론을 넘어 감성에 호소하며 규탄한 것은 '구메 구니타케 불경 사건'뿐만이 아니다. 특히 러일전쟁을 거친 메이지 말부터 다이쇼大正에 걸쳐서(1910년대 전후), 한때 재정상 국가가 경영에서 손을 떼려고 했던 신사에 대한 공금 지출 제도가 다시 확립되었다. 더불어 내무성 주도의 지방 개량 운동에서 전개된 '신사 중심주의'[7] 등을 통해서, 신사는 사회에서의 그 지위를 회복하기 시작하였다.

이와 같은 과정을 통해, 신직 등이 들러리를 선 '신비'의 토대(신사의 종교적 색채)도 다시 강화되어 갔다. 그리고 '부현사 이하 신사'에 소속된 신직 등의 발언권이 한층 강화되었으며, 이들은 '아래로부터'의 파시즘 담당자로 자리해 갔다.[8] 예를 들어 앞에서 서술한 것처럼 이

거치면서도 '사격' 자체는 1945년 12월의 이른바 신도지령(神道指令)을 계기로 폐지될 때까지 유지되었다.

7 '신사 중심주의'란, 관제(官製) 자치단체 통합의 기반으로서 신사를 이용하려는 사고방식으로, 내무성 관료(당시)인 미즈노 렌타로(水野錬太郎)와 이노우에 도모이치(井上友一) 등이 주창한 것이다.

8 畔上直樹, 《'村の鎭守'と近代日本 — '國家神道'の地域社會史》(有志舍, 2009). 신사의 사회

들은 종교 행위였던 장제에 대한 관여가 허용되었으며 또한 전통적인 마을의 '우지코 총대氏子總代' 등에 의해 지지되었다. 이는 국가적 제사 기관으로 대우받은 관폐사·국폐사의 신직들보다도 '종교'로서의 접근이 쉬웠다는 것을 의미한다. 이처럼, '신사 비종교'의 이미지는 그 담당자들 스스로가 '신비'의 영역을 그 내부에서 계속 견지함으로써 유명무실화의 정도를 심화해 갔다.

(3) '신비'와 식민지 조선

이시다 다케시는 가족 국가관을 중핵으로 삼은 메이지의 정치사상 연구 안에서 '구메 구니타케 불경 사건'을 해석하였다. 교육사 연구자인 히사키 유키오久木幸男는 가족 국가관이 지주로 삼은 것은 교육칙어이며, 특히 1910년대 이후에는 교육칙어에 대한 비판이 상대적으로 억제되고 있었기 때문에 1945년까지 '천황의 침략전쟁'에 대한 이론적 기반이 되었다고 지적하였다.[9] 앞서 이시다 다케시가 '천황제 권위의 확립'을 위한 '고도의 신비화'를 지적한 점을 아울러 살펴보면, 특히 1910년대 이후 교육칙어에 대한 비판이 억제되고 있었다는 히사키 유키오의 지적이 나온 배경을 명료하게 이해할 수 있다.

1910년대 전후, 학교 교육에서는 천황 숭경심을 함양하기 위한

에서의 지위가 안정되었다고 해도 '부현사 이하 신사'에 소속된 신직의 사회적 지위는 여전히 '안정'과는 거리가 멀었으며, 이러한 상황 자체도 '아래로부터'의 파시즘을 낳는 계기로 이어질 수 있었다는 점도 지적해 두어야 할 것이다.

9 히사키 유키오는 여기서 식민지 영유와 동시에 그 모순이 드러나고 있었다는 것을 아울러 지적하였다는 점도 중요하다. 히사키 유키오(久木幸男), 〈明治期天皇制教育研究補遺〉, 《教育學部論集》 제6호(佛敎大學, 1995), 140쪽.

학교 의식儀式이 교육칙어와 '어진영御眞影'이라는 준비 작업에 따라 정착하였다. 교육칙어는 학교 교육의 지주였으며, 천황제 자체의 불가침이자 '신비'의 대전大典이었다. 같은 시기에 신사와 관련해서는 앞서 서술하였듯이, 신사 지위의 상대적 안정화와 신도가神道家·신직神職 단체의 정치 세력화에 따라 '국가의 종사宗祀론'·'비종교론'이 유명무실해지고 있었다. 교육칙어에 대한 비판의 약화는 이와 같은 '신비'를 발판으로 삼은 사람들의 발언력 강화와 동시에 성립해 갔던 것이다.

조선 식민지화는 바로 이러한 시기에 시작되었다. 근대 일본의 학교와 신사의 양상을 둘러싼 상황에서 조선에 대한 '팽창'을 살펴보면, 다음과 같은 문제들은('황민화 정책' 등의 용어로 연구가 축적된 듯하나), 그 실태에 대해서는 거의 해명이 이루어지지 않았다는 생각이 든다. 우선, 일본인 거류민이 설치한 사祠 이외에 신사가 존재할 리 없었던 다른 나라에 '비종교'라는 주장에 가려진 광신적인 '신비'의 토대를 깔고 있는 신사와 그 시스템(예를 들면 일본 현지에서는 내무성이 신사를 관장하는 등의 행정 구조)이 어떻게 접목되었는가? 혹은 지배자가 학교 교육의 지주로서도, 정치 시스템인 '천황제 권위'의 성전聖典으로서도 교육칙어를 중시한다고 해서, 언어나 역사적 지리적 환경이 전혀 다른 사람들에게 그것을 적용하여 '교육'이나 통치를 실시하는 것이 어느 정도 가능했을 것인가? 천황의 존재 — 일본 내에서는 이를 가시화하기 위해 '행행行幸'이 활용되었으나, 식민지 조선에 대한 '행행'은 단 한 번도 없었다 — 를 실제로 어떠한 방법으로 피지배자에게 전달하여 숭배의 대상으로 이끌려고 하였는가?

이 책에서는 이와 같은 문제들에 접근하기 위해서, 특히 사물·'소도구'와 이를 바탕으로 구성되는 환경에 주목할 것이다.

(4) '마법의 지팡이'의 힘

소도구에 눈을 돌리려는 이유는 이를 자세히 재검토해 봄으로써 지금까지 가시화되지 않았던 권력 관계나 대립 구조를 다시 가시화해 볼 수 있을 것으로 생각되기 때문이다. 현대의 한 예를 들어보자.

1980년대 무렵부터 일선 학교에서 졸업식 등 학교 의식을 거행할 때 카세트테이프에 녹음된 '기미가요君が代'를 틀도록 지도하였다. 이 문제는 공적 비용으로 테이프를 구입한다는 점을 둘러싸고 주민 소송으로까지 이어졌다. 원고 측은 "'기미가요'를 틀도록 하기 위한 소도구로서"의 테이프 구입에 주목하였다고 진술하였다.[10] 그러나 이 문제가 소송으로까지 이어졌다는 것은 '소도구'가 '소도구'로서의 역할 이상의 중요한 작용을 하고 있다는 판단을 원고측 모두가 공유하고 있었기 때문일 것이다.

그렇다면 그 중요한 작용이란 무엇을 가리키는가? 먼저 테이프는 직접 입으로 노래를 하는 개개의 신체 행위에 대한 명백한 타자의 개입을 가시화하지 않아 타자의 개입이 겉으로 드러나지 않는다. 나아가 '기미가요'를 부르는 행위에 소극적인 교원에게 스스로 신체 행위에 노골적으로 개입하는 것을 회피할 수 있는 '소도구'로서 당장의 안도감을 안겨 주었다. 다만 이러한 안도감을 얻는 대신에, 교원이 자신의 사상, 양심과 대면할 순간을 일단정지 상태에 빠뜨리기도 한다.[11]

---

10 '기미가요' 소송을 진행하는 모임('君が代'訴訟をすすめる會) 편, 《資料 '君が代' 訴訟》(綠風出版, 1999), 15쪽.

11 물론 모든 교원이 그러했던 것은 아니지만, 고등학교 교원으로서 이 '기미가요 녹음

그렇다고 하면 이는 신체 행위에 대한 노골적인 개입을 교묘하게 잘 드러나지 않게 하여, 이에 저항하는 자에 대해서는 일단 그 힘을 조용히 약화시켜 가면서 그 현장을 '의식'에 걸맞게 장식하려는, 본래 정립하기 어려운 삼자가 순간적으로 정립한 듯 보이게 하려는 일종의 마법적 효과를 가져다 준 '소도구'인 것이다. 마법을 걸기 위해서는 '지팡이'를 휘둘러야 하는데, 이 경우 테이프는 '마법의 지팡이' 역할을 담당한다.

이 사례뿐만 아니라, 특히 학교 교육 일반에서 물건은 물건으로서의 기능 이상으로 강력하게 작용하기를 기대받으며 실제로 그러한 역할을 담당한다. 그러나 이러한 강력한 작용은 그것이 단지 물건일 뿐이라는 성질 때문에 더욱 간과되기 쉽다. 이 점이 사물·'소도구'가 '마법의 지팡이'로서 본래의 기능을 뛰어넘은 힘을 발휘한다는 사상事象을 역사 속에서 차근차근 확인하려는 노력이 필요하다고 생각하는 이유이다. 이는 지금까지 간과되어 온 개별적이고 복잡한 체험으로 가득한 식민지 교육의 구조를 다시 살펴보면서, 일본의 식민지 지배 그 자체의 역사적 의미를 탐문하기 위한 실마리가 될 것이다.

제2절
'황민화 정책'으로 개괄할 수 없는 중층적인 교육의 실태

신사에 대한 참배는 식민지 지배 권력이 현지 사람들에게 요구한 것인데, 그 권력이란 지금까지 '총독부'와 같은 단일의 주체로 파악되

테이프'가 흐르던 현장에 자리했던 저자 자신을 뒤돌아보면서 이러한 생각을 하기에 이르렀다.

어 온 경향이 있다. 그러나 그 실태를 살펴보면, 예를 들어 교원, 신직神職,[12] 관료, 군인과 같이 다양하고 중층적인 권력의 주체가 존재하였다. 이들은 서로 어떠한 관계를 맺고 있었을까? 아니면 아무런 관계도 맺지 않았을까? 이들 사이에 서로 모순이나 갈등이 발생하였다면, 그것은 어떠한 모순이며 어떠한 알력과 압박을 초래하였을까? 이들이 어떠한 형태로 권력을 행사하였으며, 식민지의 아동들은 '지도', '교육'의 미명하에 어떻게 심신을 구속당하였을까? 권력이 복합적으로 작용하는 관계성이나 정책 프로그램에 내포된 모순이나 그 미봉책 또는 두찬杜撰까지도 그대로 적용하면서 이민족의 아동들이 식민지 학교에 취학하여 신사에 참배하는(참배시키는) 것은 역사적으로 어떠한 의미를 가지는 것일까?

이 책에서는 이러한 문제의식을 가지고 우선 다음과 같이 구체적 과제를 설정하였다. 첫째, 식민지의 신사참배를 자발적 내지 개별적인 참배의 내실을 묻는 관점을 포함하여 폭넓게 파악하고자 한다. 이를 위해서 학교 교육 내부의 잘 드러나지 않는 강제성이 발휘되는 장면에 주목하였다.

어떤 행위가 타율적으로 행해지는가 아니면 자발적으로 행해지는가 하는 것은 실제로 판단하기가 어렵다. 예를 들어 신사참배를 하지 않으면 수신修身 등의 학과 성적에 영향을 주는 경우 그 참배는 강요에 의한 것인지 자발적으로 행한 것인지 행위자 본인조차 구별하기가 어렵다. 강요인가 그렇지 않은가와 같은 이항 대립적인 도식에 빠지는

12 신궁사청 관제(神宮司廳官制, 1886년 11월 30일, 칙령 제371호) 및 관국폐사 직제官(國幣社職制, 1902년 2월 10일, 칙령 제27호)에 근거하여, 이세 신궁(伊勢神宮) 이외 신사의 제사를 담당하는 직원을 신직(神職)이라고 하고, 이세 신궁의 제사를 담당하는 직원을 신관(神官)이라고 하였다. 신직은 대우관리(待遇官吏)이다.

일 없이 구체적으로 어떠한 힘이 작용하여 신사참배에 이르렀는가를 밝혀야 한다.

둘째, 학교이기 때문에 참배하는 것이 당연하다는 선입견을 배제하고, 왜 학교를 통한 신사참배였는지를 천황제 교육 이념 아래 식민지에서의 구조를 밝혀 가면서 논증하는 일이다. 논증을 할 때에 '소도구'나 지리적 조건 등이 만들어 내는 환경에 주목하였다. 앞서 서술하였듯이 '소도구'는 노골적이고 강압적인 권력 기관을 가시화하지 않는 '마법의 지팡이'와 같은 힘을 발휘하는 경향이 있으며, 이러한 기능을 밝혀내는 일은 언뜻 보이지 않도록 장치된 다양한 의도, 대립이나 억압의 구조, 권력 관계를 다시 드러나게 할 수 있도록 한다고 생각하기 때문이다.

셋째, 전전戰前의 신직神職의 행동을 식민지에서의 그들 자신의 논리나 사상에 직면하여 묘사하는 일이다. 근대의 신사 제사와 학교 의식 또는 교육·종교 정책과 신직의 종교적 열의나 교원의 교육적 열의는 동일한 것이 아니다. 식민지에서는 이러한 어긋남이 어떠한 틈을 노출시켰고 어떻게 이를 봉합하려고 하였을까? 1910년대 이후, 강화되어가는 '신비(종교성)'라는 발판을 통해 감성에 호소하는 외침은 '병합'된 조선에서 누가 시작하여, 어디의 누구에게 어떻게 전해졌을까? '황민화 정책'으로는 다 설명할 수 없는 '신비'의 본질을 명확하게 할 필요가 있다. 이 책 전체를 통해, 학교와 신사와의 상호 관계를 주목함으로써, '황민화 정책' 등의 용어로 개괄되어 온 식민지의 신사참배를 둘러싼 지금까지의 논의를 재검토하는 것을 목표로 한다.

다음으로, 위에서 서술한 각각의 과제와 관련된 논점과 예측할 수 있는 가설에 대해 설명하겠다. 첫째, 학교를 통해 실시된 아동들의 자발적·개별적인 신사참배의 내실을 묻는 의미에 대해서이다. 식민지란 본래 대일본제국 헌법이 실질적으로 적용되지 않는 법적 이역異域이다.[13] 이 특성 때문에 식민지 사람들은, 예를 들어 의무 교육은 인정하지 않으나 치안 유지법이나 불경죄는 적용되는 등, 일본 현지와는 다른 제한이나 억압을 받는다. 그러나 이뿐만이 아니다. 식민지에서 아동들은 그곳이 학교라는 이유로도 억압을 받았던 것이다.

본래 학교는 일반 사회와는 다른 특별한 권력 관계를 가진 공간이라고 할 수 있다. 한 가지 예를 들면, 현대에서도 학교 교육법이나 소년원법에서 신체에 대한 '유형有形의 힘 행사'라는 이름의 폭력적 행위가 '징계'로서 널리 인식되고 있다는 점에서 상징성을 갖는다.[14] 현행 학교 교육법에 규정된 징계를 행할 권리(징계권)는 1900년 제3차 소학교령小學校令 때부터 사용되어 온 표현과 거의 달라진 점이 없다.[15] 실

---

13 일본제국 헌법의 식민지에 대한 적용에 관해서는, 春山明哲, 〈近代日本の植民地統治と原敬〉, 春山明哲·若林正丈 편, 《日本植民地主義の政治的展開 1895-1934》(アジア政經學會, 1980) 수록; 山本有造《日本植民地經濟史研究》(名古屋大學出版會, 1992), 제1장 참조.

14 오늘날의 학교에서 교원이 학생에게 폭력적 행위를 했을 경우, 통상적으로 상해 사건이 아니라 학교 교육법과 동법 시행 규칙에 제시된 징계인지 동법이 금하는 체벌인지를 묻게 된다. 그 결과, '미토 5중 사건'(水戶五中事件)(도쿄 고등법원 1981년 4월 1일 판결)에서처럼, '교육적 열의'에 입각해 신체에 가한 폭력을 '유형의 힘의 행사'로 인정하는 사례 및 풍조가 생겼다. '미토 5중 사건'이란, 교원이 학생을 구타한 지 8일 뒤에 그 학생이 사망하여 구타가 체벌인지 징계권 범위 내의 지도였는지를 묻는 재판에서, "일정한 한도 내에서 유형의 힘을 행사해도 좋은 경우가 있다"라고 하여 학생 측의 소송이 기각된 판례이다. 《別冊ジュリスト 教育判例百選第三版》 118호(有斐閣, 1992), 110-212쪽.

15 다음 조문을 비교하고자 한다.

- 제3차 소학교령(小學校令) : 제47조(1900년 칙령 제344호)
  소학교장 및 교원은 교육상 필요할 때에는 아동에게 징계를 가할 수 있다. 단, 체벌을 가할 수 없다.
- 국민학교령(國民學校令) : 제20조(1941년 칙령 제148호)
  국민학교 교원은 교육상 필요할 때에는 아동에게 징계를 가할 수 있다. 단, 체벌을 가할 수 없다.

제로 징계의 구체적 영역도 불분명한 채로 계속 이어져 오늘날에 이르렀다.[16] 신체에 대한 폭력적 행위('유형의 힘의 행사')를 포함하는 학교에서의 광범위하고 모호한 징계와, 이와 같은 징계를 전제로 한 지도는 사회 전체의 암묵적인 기대를 저버린 채 한 세기 이상 지나면서 일본의 학교생활에 넓고 뿌리 깊게 침투해 있다.[17]

신사참배뿐 아니라 학교에서 아동·학생에게 일정한 규율과 행동을 요구하고, 이를 실행하지 않은 경우 교원이 질타, 벌 당번, 감점, 서 있게 하거나 똑바로 앉게 하는 등의 신체적 구속이나 '유형의 힘의 행사' 등 징계를 전제로 한 지도나 평가를 시행한다. 이 같은 행위는 일반 사회에서 지역 주민에게 행해지는 것보다 훨씬 가혹한 측면을 내재하고 있다.

근대 일본의 천황제 교육 이념과 관련지어 말하면, 국정 교과서에서는 직접 천황제나 교육칙어를 다루는 교재뿐만 아니라, 신사나 기기신화記紀神話를 다룬 교재가 수신과修身科, 국어과, 국사과 등에 많이 수록되었다.[18] 학교에서는 신사참배를 교과서 기재 내용에 대해 구

• 학교 교육법 : 제11조(1947년 법률 제26호, 2007년 법률 제96호 개정)
교장 및 교원은 교육상 필요할 때에는 문부과학대신이 정하는 바에 따라, 아동·학생에게 징계를 가할 수 있다. 단, 체벌을 가할 수 없다.

16 문부과학성 2007년 2월 5일자 〈문제 행동을 일으키는 아동·학생에 대한 지도에 대해서 (통지)〉(一八文科初 제1019호)에서도 "아동·학생에 대한 징계를 어느 정도까지 인정할지에 대해서 기계적으로 판정하는 것은 곤란하다"라고 하였다.

17 학교의 특별한 권력은 징계권뿐만 아니라 학부형의 '학생 지도' 측면에서 교원에 대한 기대나 사회의 학교에 대한 기대에 의해 유지되고 있다(牧柾名 외 편,《懲戒·體罰の法制と實態》(學陽書房, 1992, 16쪽). 그 기대는 교원의 권력자로서의 성격을 승인한다거나 학교에서 아동·학생의 권리나 자유를 제한하더라도 상관없다는 학교관을 내포하고 있다(앞의《資料'君が代'訴訟》, 73-75쪽).

18 조선 총독부 편찬 교과서의 내용에 관해서는 佐野通夫, 〈1910-1920年代における朝鮮の天皇制教育〉, 富坂キリスト教センター 편, 《大正デモクラシー·天皇制·キリスト教》(新教出版社, 2001) 참조.

체적으로 이해하기 위해서 혹은 봉안전奉安殿 앞의 배례 등과 마찬가지로 천황에 대한 충성심 함양을 위해서 수행하는 교육상의 행위로 해석하였다. 따라서 아동·학생이 참배를 하지 않는다는 것은 징계를 전제로 한 지도나 평가의 대상이 될 수 있었다.

아동·학생의 지도나 평가의 대상으로서 신사나 천황 숭경을 살펴보면, 자연히 집단 참배보다도 개별적인 신사참배, 나아가 신사의 청소, 교내의 봉안전이나 가정에서 신을 모셔 두는 신단神棚 앞에서 공손한 행동이나 칙어 등의 암송을 기대대로 행할지 여부에 초점이 맞추어진다. 이처럼 공손한 아동·학생이 수신과에서 높은 평가를 받거나, 반대로 이를 게을리한 아동·학생이 낮은 평가나 징계를 받는 경우는 학교생활에서 일상적으로 존재했을 것으로 보인다. 거꾸로 아동·학생의 입장에서 생각해 보면, 공손한 행위나 태도가 교원을 통해 높은 평가로 이어지고, 그 반대의 경우는 징계로 이어진다는 것을 알면, 신사나 천황에 대한 실질적인 숭경의 정도와는 다른 차원으로 생각해 순순히 따르는 일도 당연히 있을 수 있을 것이다. 이처럼 학교와 신사의 관계성에 주목해 봄으로써 참배를 둘러싼 다양하고 복합적인 구체상을 파악할 수 있을 것이다.

이러한 점과 관련해 둘째, 식민지에서의 천황제 교육의 구조를 학교와 신사의 관계에 입각하여 묻는 의미에 대해서 설명하겠다. 천황제 교육 이념의 전개와 관련해서는 일본 현지에서 진행된 '어진영', 교육칙어, 학교 의식 등의 연구가 축적되어 왔다.[19] '어진영', 교육칙어(음

---

19 중요한 선행 연구로서 사토 히데오(佐藤秀夫)편, 《續 現代史資料 御眞影と教育勅語 I》(みすず書房, 1994) 해설. 그 밖의 최근의 연구로는 사토 히데오, 〈天皇制公教育の形成史 序說〉, 《學校の文化史 I 學校の構造》, 阿吽社, 2004); 오노 마사아키(小野雅章), 〈小學校令施行規則(1900년 8월)による學校儀式定式化の諸相〉, 《教育學雜誌》 45호(日本大學教育學會事務局,

성으로 된 것이든 등본이든)는 근대 일본의 학교 의식을 구성하는 중요한 준비물이다.

그러나 조선에는 교육칙어의 이념이 '병합' 당초부터 부적합한 것으로 여겨졌다.[20] 학교 의식에서 빼놓을 수 없는 장치로서의 교육칙어(등본과 그것을 낭독하는 것)는 존재하기는 했지만, 모어母語가 다른 현지의 아동·학생에게 그것은 '소리'의 재미와 교장이 두루마리를 받들어 드는 기묘한 행동에 대한 기억[21]으로 회상될 물건이었다. 또한, 학교 의식에 교육칙어와 함께 중요한 준비물인 '어진영'은 대부분의 초등학교에는 존재하지 않은 채 1945년의 '해방'에 이르렀다.[22] 따라서 조선에서는 학교 의식을 위한 '정규正規'[23] 준비물이 그 기능을 다하기 어려웠던 것인지, 애초에 존재하지 않은 상황이었다. 이러한 점에서 천황제 교육 이념을 관철하기 위한 '정규' 장치가 부재했던 식민지에

2010). 사립학교에 대한 '어진영' 교부에 관하여 요네다 도시히코(米田俊彦), 〈私立專門學校への'御眞影'下付と學則改正ーキリスト教主義學校を中心に〉, 구보 요시조(久保義三) 편, 《天皇制と教育》(三一書房, 1991); 고마고메 다케시(駒込武), 〈'御眞影奉戴'をめぐるキリスト教學校の動向—天皇神格化とキリスト教主義のはざま〉, 富坂キリスト教センター 편, 《一五年戰爭期の天皇制とキリスト教》(新教出版社, 2007). 식민지의 교육칙어와 학교 의식에 관하여 야마모토 가즈유키(山本和行), 〈臺灣領有初期における教育勅語の導入過程〉, 《日本の教育史學》 제51집(教育史學會, 2008년 10월) 수록.

20 고마고메 다케시(駒込武), 《植民地帝國日本の文化統合》(岩派書店, 1996), 95-100쪽; 혼마 지카게(本間千景), 《韓國「併合」前後の教育政策と日本》(思文閣出版, 2010), 63-66쪽.

21 김창국(金昌國), 《ボクラの京城師範附屬第二國民學校》(朝日新聞出版, 2008), 20쪽; 나영균(羅英均/小川昌子 옮김), 《日帝時代, 我が家は》(みすず書房, 2003), 152쪽; 힐디 강(桑畑優香 옮김), 《黒い傘の下で》(ブルース·インターアクションズ, 2006), 203쪽.

22 이후의 남북 분단의 역사를 고려할 때, 이것이 분명 식민지 지배로부터의 해방이었다고 하더라도, 인용부 없이 해방이라는 용어를 사용하는 데에는 주저하지 않을 수 없다.

23 '정규' 준비물이란, 일단은 제국 헌법에서 보증한 '종교의 자유'를 침해하는 종교상의 강요가 되지 않도록 '비종교'를 가장하여 주도면밀하게 고안된 것이라는 의미에서 사용하였다. 교육칙어가 종교적 '중립'을 유지하려고 하였다는 점에 대해서는 히사키 유키오(久木幸男), 〈訓令一二號の思想と現實 I〉, 《横浜國立大學教育紀要》 제13집, 1973, 16쪽.

서의 교육 실태를 면밀하게 검증해 볼 필요가 있다. 이와 같은 관점에서 살펴볼 때, 신사참배나 신단 배례에 기대를 건 식민지가 가진 특유의 의미를 더욱 분명하게 할 수 있지 않을까?

셋째, 신사참배에 영향을 미친 신직神職의 '주체성'을 그들의 논리나 사상에 입각하여 설명하는 의미에 대해서 서술하고자 한다. 앞서 서술하였듯이, 메이지기부터 전전기戰前期의 신사는 '국가의 종사宗祀'로서 '비종교'로 분류되었으며, 1900년 이후에는 종교 행정을 담당한 문부성과는 별도로 내무성 신사국神社局에서 관할하였다. 내무성의 신사 정책에 관해서, 전후 《신사신보神社新報》의 주필을 역임한 아시즈 우즈히코葦津珍彦는, "신주神主는 국가적 기념관(메모리얼 홀)의 의례 집행자이자 관리자"였다고 기술하였고, 나아가 "세속 합리주의의 행정관이 신사의 정신 지도 일체의 권한을 쥐고 모든 비종교주의를 행정 지도하였기 때문에 신관신직神官神職은 일반적으로 무기력 무정신의 기풍이 두드러지게" 되었다고 기술하였다.[24] 또한 전후 스미요시대사住吉大社의 궁사宮司(신관의 최고위직)였던 다카마쓰 다다키요高松忠清는 부친인 다카마쓰 시로高松四郎(초대 조선 신궁 궁사)의 조선 신궁 재임 당시에 대해서 "총독 정치의 장신구 같은 취급을 받으면서, 견고한 관료제 속에서 미동조차 할 수 없는 모양새가 되고 말았다"라고 진술하였다.[25]

전전의 신직이 '신사 비종교론'으로 인해 종교가로서 활동하는 자유를 제한받았다는 기억은 근거가 없는 것이 아니다. 그러나 기념당의 관리인'이었다는 회고나 '총독 정치' 비판을 통해서는 신직의 '주

24 아시즈 우즈히코(葦津珍彦), 《國家神道とは何だったのか》(神社新報社(비매품), 1987), 162, 207쪽.

25 다카마쓰 다다키요(高松忠清), 〈후기(後記)〉, 《松迺舍遺稿》(비매품, 1960), 10쪽.

체성'이 갖는 의미를 찾아내기 어렵다. 예를 들어 종교가로서 활동하는 자유를 제한받았던 상황이었기에 형성되었던 분노나 원망과 같은 생생한 감정이 어떠한 과정을 거쳐 어떻게 신직의 논리나 활동에 영향을 주었는가 하는 역사적 고증이 필요하다.

구체적으로는 초대 조선 신궁 궁사인 다카마쓰 시로가 부임을 하면서 사호社號를 조선 신사가 아니라 조선 신궁으로 한 점, 당시 일본 당국에서 최대 7명까지만 임명하였던 궁사의 칙임관勅任官 대우,[26] 권궁사權宮司의 설치 등, 조선 총독부 및 내무성 신사국으로서는 예상 밖이었던 요구를 하고 이를 실현시켰으며,[27] 부임 후에는 조선 총독부와 총독의 무관심한 태도에 대한 비판을 상세하게 정리하여 총독 본인에게 보내어 개선을 요구하기도 하였다.

다카마쓰 시로의 후임으로 온 궁사인 아치와 야스히코阿知和安彦는 조선에서 열린 강연에서 다음과 같이 말하였다.[28]

> 최근 '황국신민의 서약皇國臣民誓詞'이라는 것이 나왔는데, "우리는 황국신민이다"라는 말, 이 말이 서약의 첫 부분에 있습니다. (…) 입으로는 황국신민이라고 부르짖고 있지만 입으로만 부르짖고 있어 그 속에 깊이 자리한 의미 있는 부분을 그지없이 감사하며 그 고귀함을 충분히 알지 못한 채, 피상적인 생각에 머물러 "우리는 황국신민이다", "우리는

---

26 〈官國幣社 職制〉(1902년 2월 10일 칙령 제27호) 제7조-2.

27 조선 신궁이라는 '신궁(神宮)'호나 칙임관 대우는 부임과 동시에 실현시켰으나, 권궁사(權宮司)의 설치 실현은 다카마쓰 시로(高松四郞)의 퇴임 후에 이루어졌다. 권궁사란 궁사와 녜의(禰宜) 사이의 직급으로, 일본 본국에서는 가시하라 신궁(橿原神宮), 메이지 신궁(明治神宮), 아츠타 신궁(熱田神宮), 이즈모 대사(出雲大社)에만 설치되었다. 조선 신궁에 권궁사가 설치된 것은 1935년이며, 이후 야스쿠니 신사(靖國神社)에도 설치되었다.

28 아치와 야스히코(阿知和安彦), 〈國體明徵問題〉, 《朝鮮遞信》 239호(朝鮮遞信協會, 1938년 4월), 34쪽.

일본인이다" 말하고 있다. 〔…〕 일본에는 일본의 신사가 있으며 그 신사가 중심이 되어 정치를 행하고 정치를 행하기 위해 신을 받드는 이른바 제정일치이다.

이는 '황국신민의 서약' 제창을 강요하는 등의 '황민화 정책' 비판이나, 혹은 신직이 '장신구와 같은 지위'를 갖는 존재였다는 회상 등을 통해서는 결코 부각되지 않는 '신비'의 저변에서 울리는 외침이다. 아치와 야스히코는 자신이 식민지 지배 기구의 고위직에 있으면서, 조선총독부 관리에 대해서도, '황국신민의 서약'을 제창하게 하는 정책에 대해서도, 그 정책을 따를 수밖에 없는 조선인에 대해서도 비판적 태도를 취하였다. 그의 이러한 태도는 부임(1931년)부터 퇴임(1940년)까지 약 10년 동안 일관되게 나타났다. 전쟁이 격화되면서 일반에게 신사와 국가와 국민의 결합이 강조되는 풍조 속에서 서서히 그러한 비판의 정도를 높여 갔다고 할 수도 있다. 이는 식민지 지배 그 자체에 대한 비판이 아니라 식민지 지배자와 피지배자 쌍방에 대한 '신비'의 저변에서 나온, 순리를 넘어서는 초조함과 불만의 소리였다. 이러한 신직의 사상이나 논리를 가능한 한 우선적으로 밝혀내는 일, 그리고 그 역사적인 배경이나 의미를 검토하는 일이 필요하다.

이상을 바탕으로, 이 책에서 논증하고자 하는 가설을 서술하겠다. 첫째, 식민지 조선에서 학교 의식은 애초에 그것을 구성하는 준비물로서의 교육칙어와 '어진영'에 결정적인 이념의 부적합이나 미교부에 따른 결여가 있어서, 일본 현지의 학교에서 이루어낸 것과 같은 천황숭경 교육의 역할을 담당할 만한 상황이 아니었다. 이러한 상황에서 식민지 학교에서의 신사참배는 '어진영'이나 교육칙어를 대체할 기능으로 기대를 모았기 때문에, 학교 교육에서 일본 현지보다 훨씬 과도하게 무거운 역할을 부여했던 것은 아닐까?

둘째, 일본 현지와 달리 본래 전혀 다른 언어·역사·종교적 환경이었다는 점, 당연히 일본 현지와 비교해 신사의 수가 압도적으로 적었다는 점, 조선총독부 주도의 정책적 의도와 신사 관계자와 학교 관계자 상호 관계의 알력이 끊임없이 발생하였다는 점 등 식민지 고유의 구조가 자리해 있었다. 이와 같은 고유의 문제를 안고 있던 구조 속의 최하층에서 신사참배에 내몰렸던 존재가 고등과 학생보다 중등과 학생, 중등과 학생보다 초등과의 아동인 저연령층의 취학자였던 것은 아닐까?

셋째, 신사참배라는 일본 현지의 '정규' 학교 의식보다도 종교성이 강한 '신비'에 의탁한 형태로 꾸며진 천황 숭경 교육의 기능은 각종 권력의 모순이나 교착, 중첩 속에서 다음과 같이 양극단으로 분열되면서 끊임없이 벽에 부딪혀 와해되어 간 것은 아닐까? 즉 하나는 '황국신민의 서약' 암송으로 상징되듯 신체 규율만을 강화하는 방향, 또 하나는 신단神棚 설치나 '필승 기원' 등을 통해 신사참배보다도 한층 문답불요問答不要의 '신비'를 강조하는 방향으로 분열되면서 와해되어 간 것은 아닐까?

제3절 식민지 연구·교육사 연구의 문제군과 이 책의 시각

(1) 신사 제사神社祭祀와 학교 의식學校儀式

근대 일본 학교 교육에서의 '종교' '비종교'의 모호함이나 모순 양상에 관해서, 교육사 연구자인 사토 히데오佐藤秀夫는 근대에 형성된 '천황제의 축제'와 '일본의 전통적인 축제' 사이에 균열이 있었으며, 학교 의식이 '일본의 전통적인 '축제'의 영향을 받으면서도 '천황제의 축제'로 구성되었다는 점을 지적하였다.[29] 마찬가지로 야마모토 노부요시山本信良·곤노 도시히코今野敏彦는 "축제일 의식은 학교 축제이기는 했지만 마을 축제는 아니었다"[30]고 지적하였다. 이와 같은 지적들은 학교에서의 가장 중요한 의식과 신도적 습속習俗으로서의 축제 사이에 있는 불협화음의 존재를 밝히려는 중요한 지적이다. 그러나 각각의 지적에는 한 가지 더 보충해서 고찰해야 하는 점이 있다. 그것은 바로 신도 제사가 근대 이후, 예를 들면 풍작 기원 등 풍속적인 제사와 기원절紀元節과 같은 국가적 제사로 분리되어[31] 양자가 갈등을 빚었다는 점이다.

근대 신사 신도에서 지금까지 서술하였듯이 메이지 유신기의 '신도 국교화' 정책은 좌절되었으나, 메이지 중반 이후에는 국가 제사 기관으로서 어느 정도 안정화를 꾀하였다. 이리하여 국가 제사 기관으로서 신사의 구조가 마련되는 과정[32]에서 신사가 전통적으로 담당해온 현세 이익을 대상으로 하는 성격에다가 '비종교(국가의 종사宗祀)

29 사토 히데오(佐藤秀夫) 편, 《續 現代史資料 御眞影と教育勅語 I》 해설, (みすず書房, 1994), 32-37쪽.

30 야마모토 노부요시(山本信良)·곤노 도시히코(今野敏彦), 《明治期學校行事の考察 近代教育の天皇制イデオロギー》(新泉社, 1973), 103쪽.

31 예를 들어, 1873년에 칠석(七夕)이나 중양절(重陽節) 등의 절기가 폐지되고 새로이 천장절(天長節) 등 새 기념일이 정해졌다. 야스마루 요시오(安丸良夫), 《神々の明治維新 — 神佛分離と廢佛毁釋》(岩派書店, 1979), 133-134쪽.

32 1900년에 신사 행정과 종교 행정이 분리되어, 1906년 이후에는 사격(社格)에 따라 공금의 지출이 보장되는 등, 메이지 중반 이후에는 국가 제사 기관으로서 어느 정도 안정화되었다. 1906년 법률 24호 '관국폐사(官國幣社) 경비에 관한 건', 1906년 칙령 96호 '부현사(府縣社) 이하 신사의 신찬폐백료(神饌幣帛料) 공진(供進)에 관한 건'.

적' 숭경 시설로서의 역할까지 담당하게 되었다. 모리오카 기요미森岡清美는 이러한 상황 속에서 예를 들어 하나의 신사에까지도 '관제 제전官製祭典과 고유의 풍속적 제전의 이중 구조'가 생겨, '관제 제전'은 "우지코氏子의 자발적 참가를 독려할 수 없는 형식뿐인 의식"이 되었다고 기술하였다.[33]

이와 같은 시대 상황 속에서 완성되어 간 학교 의식('학교 축제')은 국가적 제사의 영향을 받으면서도 이와 동일한 모습을 갖추는 것이 아니라 독자적인 전개를 보여 주었다. 예를 들어, 신사 제사에서 기년제祈年祭는 대제식大祭式으로 거행하는 중요한 제사이다. 대제식이란, 1914년 관국폐사官國幣社 이하 신사 제사 예령例令(1914년 칙령 제10호) 및 관국폐사 신사 제식祭式(1914년 내무성령 제4호)에 정해진 신사 제사 중 가장 중요한 의식[例祭·祈年祭·新嘗祭·臨時奉幣祭]에 적용되는 제사와 그 진행 방법이다. 대제식으로 거행되는 제사 가운데 기년제는 일반 기념일도 아니고 소학교령 시행규칙(1900년 문부성령 제14호)에서 의무 규정으로 나와 있는 학교 의식일도 아니다. 오히려 쇼와기昭和期에 만들어진 메이지 절제明治節祭는 신사 제사에서 대제식보다 한 단계 간략화한 중제식中祭式으로 거행되었다. 그렇지만 학교 입장에서 메이지절의 의식은 가장 중요한 사대절四大節(이 밖에 紀元節·天長節·1월 1일) 중 하나였다. 이는 '관제 제전'과 '학교 축제' 사이의 차이를 보여 준다고 할 수 있다.

이처럼 근대 일본의 학교 교육과 신사와 관련된 착종 상황에 대한 주목은, 특히 '정규' 학교 의식의 준비물과 기능을 결여한 식민지 학교에서의 천황제 교육 이념의 구조와 그 전개 과정을 고찰하기 위해

---

33 모리오카 기요미(森岡清美), 《近代の集落神社と國家統制》(吉川弘文館, 1987), 303쪽.

서 필요하다.

(2) 기독교와 신사참배

식민지에서든 일본 현지에서든 학교와 신사·종교의 문제를 다룰 때, 기독교계 학교나 기독교를 믿는 교원의 신사참배, 신단 예배를 둘러싼 갈등 문제를 빼놓을 수 없다. 예를 들어, 1930년대의 조치 대학上智大學 야스쿠니 신사참배 거부 사건, 미노 미션美濃ミッション 사건, 도시샤 신단同志社神棚 사건, 오시마 고등여학교大島高等女學校 '자주 폐교自主廢校' 사건, 히라도 소학교平戶小學校 훈도訓導 면직 사건 등이 있다. 1932년의 조치 대학 사건에서는 일부 학생이 야스쿠니 신사참배를 하지 않은 일에 대해서, 배속 장교를 철수시키고 그 후임을 파견하지 않았다. 군사 교련의 정지는 재영 연한在營年限 단축 특전의 정지와 직결되었기 때문에 커다란 문제였다.

식민지 조선에서의 신사참배도 종종 기독교계 학교나 교회에서 문제가 되어 '폐교', '체포', '옥사' 등 일본 현지보다도 심각한 사태를 야기하였다. 이에 대해서 최근, 조선에서 신사참배를 강요한 측도 강요받은 측도 다양하고 다층적인 동기나 입장을 갖고 있었다는 점이 신중하게 논증되기 시작하였다. 예를 들어 김승태金承台는 기독교 신앙 입장에서의 신사참배 거부와 민족주의적 입장에서의 신사참배 거부를 포괄적으로 다루고 있어 주목을 받았다.[34] 또한 이성전李省展은 각 미션 단체의 신사참배에 대한 대응이 지역에 따라 온도 차가 있다는 점을 지적하였다.[35] 고마고메 다케시駒込武는 제국적 관련성에 주목하

---

34 앞의 김승태, 293쪽.

35 이성전(李省展), 《アメリカ人宣教師と朝鮮の近代 — ミッションスクールの生成と植民地下の葛

여 연구를 하면서 지금까지 언급된 적이 없는 참배 강요 주체로서의 군의 존재를 지적하였다.[36] 또한 신사참배에 초점을 두는 경우 외에도 식민지 시기 조선의 신사·종교 정책 전반에 대해서는 앞의 김승태 외에 야마구치 고이치山口公一나 아오노 마사아키青野正明에 의해 치밀한 연구 분석이 축적되어 왔다.[37]

저자는 이들 연구 성과를 참고하면서 신사참배 강요를 둘러싼 동기 및 다양한 양상을 더욱 구체적으로 논술하고자 한다. 그러기 위해서는 공립학교(와 종교)라는 문제를 염두에 둔 연구가 필요하다. 왜냐하면 공립학교의 아동·학생은 그 대다수가 사립학교(대부분은 미션스쿨)보다 일찍부터 신사참배나 천황·황조皇祖 숭경의 '교육', '지도'에 노출되어 있었기 때문이다. 또한 공립학교를 포함한 전체 동향에 주목하여, 예를 들어 식민지 관리이기도 한 공립학교장에 의한 지도의 실태나 아동·학생의 수용 방식을 밝혀냄으로써, 종교계 사립학교를 중심으로 한 연구를 통해 드러난 '폐교', '체포', '옥사'와 같은 사태뿐만이 아닌, 참배 요구와 이에 대한 폭넓고 다양한 형태의 대응을 부각시킬 수 있을 것이다. 그리고 이는 조선인에 의한 갖가지 저항의 양상을 직접 언급하기에 부족하다고 하더라도, 그것을 전망해 볼 수는 있

藤》(社會評論社, 2006), 제8장.

36 고마고메 다케시(駒込武), 〈朝鮮における神社参拜問題と日美關係―植民地支配と'內部の敵'〉, 《岩派講座アジア·太平洋戰爭4 帝國の戰爭經驗》(岩派書店, 2006).

37 앞의 야마구치 고이치(山口公一), 2006; 〈戰時期朝鮮總督府の神社政策―'國民運動'を中心に〉, 《朝鮮史研究會論文集》 36호(1998년 10월); 〈植民地朝鮮における神社政策〉, 《歷史評論》 635호(2003년 3월). 아오노 마사아키(青野正明), 〈朝鮮總督府の神社政策〉, 《朝鮮學報》 160집(朝鮮學會, 1996); 〈植民地期朝鮮における神社の職制·神職任用關連の法令―1936年の神社制度改編を中心に〉, 《桃山學院大學人間科學》 30호(2006년 1월); 〈朝鮮總督府による神社·神祠の增設政策(中編)――一面一神社·神祠設置方針を中心に〉, 《國際文化論集》 41호(桃山學院大學, 2009년 12월) 외.

을 것이다.

조선인에 대한 신사참배 강요의 문제를 고찰하는 가운데, 학교 단체의 동원에 눈을 돌린 연구로서 한석희韓晳曦, 나미키 마사히토竝木眞人, 김근희金根熙의 연구가 있다.[38] 학교에 주목하는 것은 중요하다. 그러나 학교 단체를 중심으로 한 집단 참배자가 자신의 의사와 상관없이 무리하게 신사참배를 강요받은 사람들이라고 단정 짓는 것은 섣부른 결론이다. 이러한 시각을 통해서는 개별적인 참배 양상을 알기가 어려우며, 그렇다고 해서 개인적으로 참배한 사람은 '자발적'인 참배자라고 판단하여 연구 대상에서 제외하기도 곤란하다. 학교나 단체를 전제로 한 서술이 아니라 왜, 어떤 결과로 학교와 신사가 연계하게 되었는지 역사적인 실태와 과정, 구조, 의미를 신중히 논증해야 한다.

(3) 사물과 공간

식민지의 신사에 이 정도로 많은 사람이 참배를 강요당하였다거나 이 정도로 많은 신사가 창건되었다라는 점을 보여 주기 위해서 동시대에 해당 신사나 식민지 정부가 발표한 '통계'를 근거로 삼는 방법은 앞선 연구에서부터 오늘날에까지 널리 채용되어 온 방법이다. 예를 들어 1976년 발표된 마세키 도시오欄木壽男의 연구에서 보여 준 다

---

38 한석희(韓晳曦)는 "신사참배 강요는 학교에서 시작되었다"(앞의 한석희, 180쪽)라고 지적하였고, 나미키 마사히토(竝木眞人)는 "처음부터 동원 대상으로 최대한 주목한 것은 소학교·보통학교의 아동이었다"라고 지적하였다(〈植民地後半期朝鮮における民衆統合の一斷面―ソウルの事例を中心に〉, 다케다 유키오(武田幸男) 편, 《朝鮮社會の史的展開と東アジア》(山川出版社, 1997), 550쪽). 또한 김근희(金根熙)는 1930년대 중반 이후의 조선 신궁 참배자의 증가에 대해서 "학생 등의 동원을 통한 단체 참배율이 늘었기 때문"이라고 지적하였다(김근희, 〈'皇民化政策'期の神社政策について〉, 《姜德相先生古希·退職記念日韓關係史論集》(新幹社, 2003), 401쪽).

음과 같은 분석과 해석 방법은 최근의 연구에 그다지 큰 위화감 없이 받아들여지고 있다.[39]

> '조선 신궁' 참배자 수의 추이를 살펴보면, 일본 관헌의 강권에 의해 조선인의 '황국신민화'가 강요되었는지를 명확하게 알 수 있다. 다음의 표는《조선사정朝鮮事情》1940년판·1944년판의 수치를 참고로 작성한 것이다.(표 생략)
>
> 1930년과 1936년의 조선 신궁 참배자 수를 비교해 보면, 총수 약 3배, 일본인 참배자 2.6배, 조선인 참배자 5.3배의 증가를 보이고 있다. 1937년 이후에는 일본인·조선인을 구별해서 발표하지 않았지만, 총수는 1937년에 전년 대비 약 2배 급증하였음을 보여 주고 있다.

숫자가 '객관적'인 측면을 가졌다는 점은 의심하지 않는다. 저자 역시 이 책에서 숫자를 많이 활용하고 있다. 다만 스스로 경계하는 마음을 담아 언급하자면, 그 숫자를 통해 오히려 그 숫자에 가려진 것을 읽어 내려 하는 노력의 중요성은 상대적으로 경시되어 왔다. 특히, 어느 해의 참배자는 왜 적은지, 또 어느 해의 신규 신사 설치 수는 왜 감소하였는지, 이러한 의문을 발견하고 이에 대한 답을 찾으려는 작업은 이루어지지 않았다. 수의 증가가 강요의 증거라는 무의식적인 전제를 갖고 있으면, 수의 감소가 강요 정도의 약화라는 단순한 도식에 빠지기 쉽다. 실제로 위에서 말한 마세키 도시오의 표에서는 1939년을 절정으로 참배자의 수가 감소하는데,[40] 이 점은 논의되지 않았다.

---

39 마세키 도시오(欄木壽男),〈朝鮮總督府の神社政策〉, 朝鮮問題研究會,《海峽》제4호(社會評論社, 1976), 36쪽.

40 《朝鮮神宮年報》(朝鮮神宮社務所 편)에 매년 게재된〈參拜數調〉에는 참배자 수의 절정기가 1938년이며, 저자는 여기서 이〈參拜數調〉를 채용하였다.

지금까지 서술하였듯이, 이 책은 사물·공간이 담당한 힘에 주목하였다. 이를 통해 숫자에는 드러나지 않는 생각·관계성 등의 존재에 접근할 수 있을 것이다. 이 점과 관련하여, 사물(그 배치 방법을 포함하는)이나 공간의 양태와 그곳에 담긴 의미나 기능을 논하는 연구들이 이 책에 중요한 시사점을 던져 주고 있다.

예를 들면, 최근 건축사나 도시계획사 분야에서 식민지에 창건된 신사 연구가 축적되었다.[41] 특히 정책과 더불어 다양한 요소가 역동적으로 도시 경관과 신사 경내를 형성하여 시시각각 변용시켜 간 양상을 분석한 아오이 아키히토青井哲人의 연구[42]는 제국사적 시각을 취하면서 기존의 질서를 탈취하여 변조하려는 식민지 지배의 모습을 면밀하게 지적하였다는 점에서 식민지 신사 연구에 획기적인 성과를 남겼다.[43]

교육학·교육사에서도 사물이나 건축 속에 담긴 학교관·교육관이라는 논점에 주목하면서 연구가 진행되기 시작하였다. 사토 히데오佐藤秀夫는 학교 안의 구체적인 사물·사정에 대해서 이들의 역사 과정을 주로 제도사적 시각에 따라 면밀하게 논의하였다. 특히 〈교사校舍와 교실의 역사〉[44]는 이 책를 구상하는 데에 많은 시사점을 던져 주었다.

---

41 고시마 야스시(五島寧), 〈植民地〔京城〕における總督府廳舍と朝鮮神宮の設置に關する研究〉, 《都市計劃論文集》 29호(1994); 〈京城市區改正と朝鮮神宮の關係についての歷史的研究〉, 《都市計劃論文集》 40호(2005).

42 아오이 아키히토(青井哲人), 〈神社造營よりみた日本植民地の環境變容に關する研究 臺灣·朝鮮を事例として〉, (京都大學 박사학위 논문, 2000); 《植民地神社と帝國日本》(吉川弘文館, 2006).

43 특히 아오이 아키히토의 연구에서는 조선 신궁 진좌지(鎭座地) 선정을 둘러싸고 경복궁 정면에 조선총독부를 건설한 정치 공간의 편성과는 다른 사상과 방법론을 갖고 제사 공간을 편성하려고 하였다는 지적이 흥미롭다(위의 저술, 2000, 214쪽). 다만 그러한 중요한 의의를 더욱 분명히 하기 위해서는 이러한 조선 신궁 건설지 선정이 '식민지 공간에서 싫든 좋든 일상생활을 해야 하는 사람들'에게 어떠한 영향을 미쳤으며, 어떠한 의미가 있었는지 이제 좀 더 주목을 해야 할 것이다.

44 사토 히데오(佐藤秀夫), 오노 마사아키(小野雅章) 외 편, 《教育の文化史 2 學校の文化》

남북으로 긴 일본의 기후 풍토의 차이를 잠시 접어 두고, 1900년대 이후 교사 건축이 '남면 교실·북면 복도·벽은 회색'으로 획일화되어 가는 상황에 대해서, 사토 히데오는 "아이들의 마음을 음울하게 만드는 분위기가 만들어졌다"라고 지적하여, 공간의 상태가 아동·학생의 마음에 영향을 미친다는 부분까지 조망하였다. 이 책에서 중요한 점은 사물이나 공간 그 자체가 가진 마음을 움직이는 기능에 대한 이와 같은 시각이다.[45]

사물이나 공간의 상태 자체가 메시지 성향을 띠며, 어떤 때에는 심신을 긴장시키고 어떤 때에는 일정한 방향으로 향하게 하는 중요한 기능을 내포한다. 이러한 점을 의식하여 참배자나 신사가 얼마나 많았나 하는 숫자의 의미를 신중하게 고찰하고, 아울러 그 배경에 감춰진 사상事象이나 숫자에 드러나지 않은 정경이나 관계성을 전망하여 부각시키고자 한다.

(4) 식민지의 신사 역사神社史 — '강요'에 대해서

식민지 시기 조선의 신직이었던 하야마 시즈오早山靜夫는 다음과 같이

(阿吽社, 2005) 수록.

45 사물·공간이라는 이 책의 문제의식과 관련하여, 이 밖에 두 가지 선행 연구를 들 수 있다. 하나는 요시다 사토미(吉田智美)·가와무라 미호(河村美穗), 〈學校生活における上履きの變遷とその役割〉, 《埼玉大學紀要》 58권 2호(埼玉大學教育學部, 2009)이다. 이 논문에서는 학교 내에서의 실내화가 '신을 가지런히 할 수 있는지 여부', '신 뒤축을 꺾어 신는지 여부' 등 신발 본래의 기능을 넘어선 생활 지도를 위한 도구로서의 역할을 하였다고 예리하게 지적하였다. 또 하나는 야마나 준(山名淳), 〈記憶空間の戰後と教育 — 廣島平和記念公園について〉, 모리타 히사토(森田尙人) 외 편, 《教育と政治 戰後教育史を讀みなおす》 제8장(勁草書房, 2003년)이다. 야마나 준은 건축 자체가 메시지를 매개로 하는 미디어로서 기능하는 것을 '건축의 미디어성'이라고 부르며 히로시마 평화기념공원의 공간이 가지는 의미를 분석해 보여 주었다.

당시를 회고하였다.[46]

> 신사가 국가에 지나치게 이용당해서, 특히 외지에서는 권력이 강한 관공리官公吏의 손에 의해 신사참배를 강요당하여 마음에도 없는 신앙을 가져야만 하였다. 〔…〕 또한 어느 지역에서는 기독교 신자 일동을 강제적으로 신사 앞에서 공손히 절을 하게 하여 그 태도를 뒤에서 형사 등 몇 명이 엄격하게 감시하는 등, **실로 횡포가 이만저만 아닌** 신앙을 강요당하였다.(강조 고딕은 인용자)

하야마 시즈오의 회고를 통해서, 신사참배와 관련한 '강요'는 '기독교 신자' 등 다른 종교 신앙을 가진 사람들에게 '관공리(하야마 시즈오는 여기에 신직을 포함시키지 않았다)'가 자행한 것이며, '강제'는 '엄격한 감시'라는 말로 표현한 가시적인 권력의 행사라는 인식을 알 수 있다.

이러한 인식은 전후戰後 식민지의 신사참배 강요에 관한 서술에도 그대로 나타났다. 무라카미 시게요시村上重良는 조선의 신사참배 문제에 대해서 다음과 같이 서술하였다.[47]

> 황민화 정책은 전쟁의 본격화와 함께 더욱 격렬해졌으며, 창씨개명創氏改名, 일본어 사용 강제, '황국신민의 서약' 제창 등이 강제되었다. 신사참배는 황민화 정책의 중요한 기둥으로서, 신사참배 강제에 저항한 기

46 하야마 시즈오(早山靜夫), 〈江原神社を回顧して〉, 오가사와라 쇼조(小笠原省三), 《海外神社史 上》(하권 미간행, 海外神社史編纂會, 1953), 535쪽. 이 책은 《海外神社史》(ゆまに書房, 2004)로 복간되었다.

47 무라카미 시게요시(村上重良), 〈天皇制國家による宗教彈壓〉, 도야마 시게키(遠山茂樹) 편, 《近代天皇制の展開》(岩派書店, 1987), 337쪽.

독교 신자 등은 잔혹한 탄압을 받았으며 순교자가 잇달았다.(강조는 인용자)

무라카미 시게요시의 서술에 담긴 대표적인 서술 방식은 교과서 등을 통해 일반화되었다.[48] 그러나 이와 같은 서술은 다음과 같은 문제를 안고 있다. 첫째, 신사참배 강요를 1930년대 후반에 일어난 일로 파악하는 시기의 한정성이라는 문제이다. 예를 들어 '창씨개명(1939년 개정 조선민사령改正朝鮮民事令)'이나 '황국신민의 서약(1939년 학무국장 통첩 〈국민 의식 강조에 관한 건〉)'은 법 제도적 근거를 1930년대 후반에서 찾을 수 있다. 그러나 신사참배 강요는 그러한 법 제도상의 근거를 찾기 어렵다.

신도사神道史 연구자인 스가 고지菅浩二는 이와 같은 서술에 대해서 "최종 단계의 한 측면인 '참배 강요'를 그 이전의 해외 여러 신사에 투영하여 그것이 해외 신사의 유일한 속성이라도 되는 듯 간주하는 '상식'이 생겼다"[49]라고 비판하였다. '병합'에서부터 '해방'까지를 전체적으로 살펴볼 때의 신사참배의 양상을 '황민화 정책(무라카미 시게요시)'이나 '최종 단계의 한 측면', '해외 신사 폐사廢社 전의 수년 동안의

48 예를 들면, 《詳說日本史 教授資料》(《詳說日本史 教授資料》 編纂委員會 편, 山川出版社, 2004)에는 "1930년대에는 2천 개가 넘는 신사가 각지에 세워졌으며, 1937년부터는 신사참배를 강요하였다. 장로파 협회가 이를 거부하자 학교·교회는 폐쇄를 당하였으며 2천 명 이상이 투옥되었다"라고 기술되어 있다. 박경식(朴慶植)·미즈노 나오키(水野直樹) 외 편, 《天皇制と朝鮮》(神戸學生青年センター出版部, 1989)에는 '신사참배의 강제' 항목에 "1930년대에 들어서 '종전(終戰)'이 될 때까지 조선에서는 조선신궁 참배를 강제하였다"(박경식, 제1장, 37쪽)라고 기술되어 있다.

49 스가 고지菅浩二, 《日本統治下の海外神社—朝鮮神宮·臺灣神社と祭神》(弘文堂, 2004), 31쪽.

모습(스가 고지)'[50]을 투영하여 파악해야 하지 않을까 하는 의미에서 저자는 이 비판에 동의한다. 이와 같은 비판이 등장한 배경으로, 애초에 신사참배의 강요가 일본에 의한 식민지 지배 기간 내내 진행되었는지 여부를 묻지 않았다는 점을 들 수 있다.[51]

둘째, 신사참배와 관련한 '강요', '강제'에 대한 이미지의 한정성이라는 문제이다. 무라카미 시게요시가 말하는 '잔혹한 탄압'은 하야마 시즈오의 체험담과 거기에 나타난 그의 '강제'에 대한 한정적인 인식을 이어받은 연구라고 할 수 있다. 그리고 스가 고지는 앞에서 언급한 '시기의 한정성'과 더불어 '참배의 강요' 연구가 가지는 '음울한' 표현으로 인해 '해외 신사'가 '무시무시한 요소'를 갖는 공간으로 인식되는 것을 비판[52]한 것이다.

그러나 무라카미 시게요시와 스가 고지는 다음과 같은 의미에서 인식을 공유하고 있다. '강제', '강요' 자체는 '횡포(하야마 시즈오)'이고 '잔혹한 탄압(무라카미 시게요시)'이며 '무시무시한(스가 고지)' 것이라는 전제이다. 그런데 신사참배 강요를 이처럼 간주해 보는 한, 상대

---

50 스가 고지, 〈'アジア歴史資料センター'開設に思うこと〉, 《大阪大學日本學報》 21호(大阪大學, 2002년 3월), 80쪽.

51 이처럼 '강요 시기의 한정성'을 넘어서려는 선구적인 연구로, 야마구치 고이치(山口公一)의 고찰(2006, 85-86쪽)이 있다.

52 스가 고지의 앞의 책(2004), 7-12쪽. 또한 최근 연구에서도 식민지의 신사만을 연구 대상으로 하는 고찰이지만 '해외 신사'라는 용어가 사용되기도 한다. 이는 오가사와라 쇼조의 《海外神社史》라는 고전적이라고 할 수 있는 저작물로 상징되는, 전전·전후를 통해 변하지 않는 '해외 신사관'의 영향을 크게 받은 것으로 보인다. 이 저작물에서는 이민지 브라질이나 하와이의 신사도, 식민지 대만이나 조선의 신사도, 점령지 베이징의 신사도, '일본인이 간 곳'이라는 관점에서 같은 것으로 파악하려고 하였다. 이민지에서의 신사의 역할과 식민지에서의 신사의 역할, 혹은 점령지 군정하에서의 신사의 역할은 자연히 그 성격이 다르다. 이와 같은 당연한 사항이 논자(論者)의 의도와 상관없이 '해외 신사'의 이름으로 불분명하게 남아 있는 사태는 분명 피해야 할 것이다. 그러한 의미에서 이 책은 '해외 신사' 연구가 아니다.

적으로 '횡포'이거나 '무시무시'하지 않은 것처럼 보일 수 있다. 개별적으로 행하는 참배는 모두 강요와 무관한 것으로 간주되어 연구의 직접 대상에서 제외되기 쉽다. 가시적이고 신체에 대한 폭력적 행위라는 '강요관'을 한번 접어 둠으로써, 식민지에서 피지배자가 개별적으로 — 자발적으로 — 신사에 참배한 경우를 포함한 신사참배의 실태와 그 의미에 대해 다시 고찰해 볼 수 있을 것이다.[53]

---

53 '국가 신도(國家神道)' 개념의 조정(措定)은 중요한 사안이지만 이 책의 관심과 대상과 저자의 지금 능력을 넘어선 커다란 과제이다. 그러나 이 책이 근대의 신사 체제하에서 창건된 신사를 다루는 이상, 여기서 '국가 신도'를 둘러싼 연구와 이 책의 위치를 부연 설명해야 할 것으로 보인다. 사카모토 고레마루(阪本是丸) 등은 내무성 신사국(1940년 이후 神祇院으로 개편)의 관료가 주도한 내무 행정의 양상이 '국가 신도'의 모습이었으며, 무라카미 시게요시가 《國家神道》(岩派書店, 1970)에서 언급한 것과 같은 영향력은 없었다고 논하였다(사카모토 고레마루, 〈神社制度調査會と神祇院の設立〉, 《神道史研究》 제37권 제3호(1989), 25(143)쪽. 이 밖에 사카모토 고레마루, 〈國家神道體制の成立と展開－神社局から神祇院へ〉, 이카도 후지오(井門富二夫) 편, 《占領と日本宗教》(未來社, 1993). 그 밖에 최근 아제가미(畔上)(앞)·시마조노 스스무(島薗進)·다카기 히로시(高木博志) 등이 이러한 '국가 신도'의 한정적 파악보다도 '신도 지령'의 불충분한 부분으로 인해 남겨진 문제들('풀뿌리' 파시즘, 황실 제사·신사와 '위령' 등)에 주목함으로써 사카모토 고레마루 등과는 다른 근거를 바탕으로 다루고 있다. 시마조노 스스무는 '국가 신도'를 좁은 의미에서 다루려고 하는 연구들에 대해서 그들 연구에는 황실 제사와 천황 숭경과 같은 논점이 누락되어 있다는 점과 천황 숭경을 보급시키는 '채널(통로)'로서 학교, 특히 교육칙어의 존재가 중요하다고 지적하였다(《國家神道と日本人》(岩派書店, 2010)). 시마조노 스스무의 고찰은 '국가 신도' 안에 교육칙어와 학교의 존재를 규명한다는 점에서 저자의 연구 관심에 가장 근접한 시사점을 주는 존재이다. 따라서 이 책은 무라카미 시게요시 이후의 연구에서는 그다지 언급되지 않았던 식민지에서의 신사의 존재에 주목하여 이를 바탕으로 '국가 신도' 연구사를 다소나마 조명해 보고자 한다.

제4절 조선의 학교·신사 제도

본론에 앞서, 식민지 조선의 학교 제도와 신사에 대해서 개관해 보고자 한다. 먼저 교육 제도에 대해서 살펴보겠다. 조선에서는 '병합' 이듬해(1911년)에 제1차 조선교육령朝鮮教育令이 제정되어 일본인의 소학교·중학교·고등여학교, 조선인의 보통학교, 고등보통학교·여자고등보통학교로 완전한 민족별 학교 제도가 실시되었다. 3·1 독립운동을 거쳐 1922년에는 제2차 조선교육령으로 개편이 되었다. '문화정치'기에 해당하는 이 시기에는 명문상의 민족별 학교 제도가 폐지되어 '국어 상용'자는 소학교, 중학교·고등여학교에, 그렇지 않은 자는 보통학교, 고등보통학교·여자고등보통학교에 진학하는 제도로 바뀌었다. '국어'를 기준으로 삼고 있어서 실질적으로 민족별 학제는 유지되었던 것으로 볼 수 있다. 또한 이 시기에는 경성제국대학이 설립되었으며, 일면일교(一面一校: 면 한 곳에 학교 하나)라는 보통학교의 확충이 이루어졌다. 1938년 이후는 제3차 조선교육령 시기에 해당한다. 이 시기에는 보통학교의 명칭이 소학교로 통일되었다. 다만 초등 교육 단계인 소학교는 명칭만 통일되었다. 중등 교육 단계에서는 고등보통학교가 중학교로, 여자고등보통학교가 고등여학교로 변경되어, 민족공학의 중학교, 고등여학교가 창설되기 시작하였다. 일본 현지에서 국민학교가 시행된 1941년에는 조선에서도 국민학교 규정이 정해져 보통학교에서 소학교로 개칭한 모든 소학교가 국민학교로 명칭이 바뀌었다.

여기서 확인해 두고자 하는 식민지기 조선의 초등 교육의 특징은 다음의 두 가지이다. 먼저 1910년의 '병합'부터 1945년의 '해방'에 이르기까지 조선인에게 의무 교육은 적용되지 않았다는 점이다. 다음으로, 보통학교(소학교, 국민학교)에는 4년제와 6년제가 있어서 1937년 시점에도 4년제의 비율은 전체 보통학교 수의 40% 이상을 차지하였다는 점이다. 이 때문에 조선인의 입학 연령은 제각각이었으며, 일본 현지에서는 중고등 교육 단계에 해당하는 연령이더라도 보통학교(소학교, 국민학교) 학생이었던 사례나 최고학년이 4학년인 상황은 특히 '경성' 이외의 지역 사회에서 매우 일상적으로 존재하였다. 이와 같은 점은 일본 현지에서의 소학교와 크게 다른 점이었다는 사실에 유의해야 한다.

이어서 조선에서의 신사의 역사에 대해서 개관하고자 한다. '병합' 전부터 조선에 거주하던 일본인이 설치하였던 사당이 1917년 '신사사원규칙神社寺院規則'에 따라 신사로 인가를 받았다. 이와 동시에 소형 사당은 신사神社가 아니라 신사神祠라는 명칭으로 구분을 한다는 조선에서만의 제도가 만들어졌다. 1919년에 관폐대사 조선 신사官幣大社朝鮮神社 창건이 내각 고시로 발표되어, 1925년에 관폐대사 조선 신궁으로 개칭한다는 고시를 거쳐 '경성'의 일본인 거주 지역과 인접한 남산에 완성하였다. 조선 신궁 이외의 기존 신사(경성 신사, 대구 신사, 용두산 신사 등이 있었다)는 일본 현지와 같은 사격 제도社格制度의 적용을 받지 않았다. 관폐사 중에서 가장 상위의 사격이 관폐대사이다.

조선 신궁 완성 전인 1924년에는 강원 공립보통학교에 다니는 기독교를 믿는 아동이 강원 신사에 참배하지 않은 일이 교원의 휴직, 아동의 퇴학이라는 사건으로 발전하였다. 기독교 신앙을 이유로 신사를 참배하지 않는 사태는 일본 현지에서보다 일찍 발생하였다(예를

조선신궁사호표朝鮮神宮社號標. 사이토 미노루齋藤實 총독이 씀. (《恩賴 朝鮮神宮御鎭座十周年記念》 朝鮮神宮奉贊會, 1937년, 72쪽.)

들어 조치 대학上智大學 야스쿠니 신사 참배 거부 사건은 1932년)는 점은 주목할 필요가 있다. 이듬해인 1925년에 조선 신궁이 완성되어 진좌제鎭座祭가 열렸을 때에 조선총독부는 종교를 강요하는 내용이 아니라 "학교 아동으로 하여금 숭조崇祖의 마음을 함양"하도록 한다는 내용을 미리 알렸으나, 기독교계 학교에서는 거의 신사를 참배하지 않았다. 1920년대 당시는 일단 이와 같은 대응이 가능하였다. 조선총독부의 대응에 눈에 띄는 변화가 나타난 것은 1930년대 중반이다.

1935년에는 평양의 기독교계 학교 교장이 평양 신사를 참배하지 않은 일이 문제시되어 1936년에 보직에서 물러나는 사건이 발생하였다. 1936년 8월에는 신사 제도가 대폭 개정되어, 경성 신사나 부산의 용두산 신사 등 '무격無格'이었던 신사에 국폐사國幣社의 지위가 부여되어, 일본 현지에서 이세 신궁을 정점으로 '진수鎭守'적 신사까지 사격社格으로 계층화된 것과 마찬가지로, 조선에서 조선 신궁을 정점으로 하는 신사의 계층적 체계화가 진행되었다.[54] 기독교계 학교는 1938년에 폐교와 휴교가 잇달았다. 신사참배 거부를 이유로 투옥된 목사

---

54 그러나 신사의 수는 '해방' 시점까지 약 80개였으며, 이 가운데 국폐사의 사격을 부여받은 곳은 1944년 시점에 9개였다. 조선에는 13개 도(道)가 존재하였으므로, 한 개 도에 신사 하나라는 데까지는 이르지 못하였다.

주기철朱基撤이 평양 형무소에서 옥사한 것은 1944년의 일이다.[55] 일본제국의 '총진수總鎭守(관폐대사)'로서 처음 창건된 곳은 대만신사(1900년 고시, 이듬해 완성)이다. 이어서 사할린 신사樺太神社(1910년 고시, 이듬해 완성), 그리고 조선 신궁(1919년 고시, 1925년 완성)의 순이다. 그 후 1940년에 남양신사南洋 神社(1940년 고시), 1944년에 관동 신궁關東神宮(1938년 고시)이 완성되었고, 같은 해에 대만 신사가 대만 신궁으로 개칭되었다. 조선에서는 1939년에 백제의 고도 부여에 부여 신궁의 창건이 결정되어 노동 동원 등으로 정지 작업이 시작되었으나 미완성인 채 '해방'을 맞이하였다.[56]

제5절 이 책의 구성

마지막으로 이 책의 구성에 대해 서술하겠다. 이 책은 서장과 결장을 포함해 7개의 장과 보론補論으로 구성되었다. 제1장부터 제3장까지는 조선

---

55 야마구치 고이치는 이와 같은 조선총독부의 신사 정책과 관련해서, 지금까지의 연구에 '시기 구분의 모호함'이 있었다고 지적한 다음, '무단정치(武斷政治)'기(1910년대), '문화정치(文化政治)'기(1920년대), '만주사변'기(1930년대 전반), '전시 체제'기(1930년대 후반 이후)로 나누어 분석하여, 신사참배의 강요가 '국민의례'로서 엄격하게 시행되는 시기는 '전시 체제'기(1930년대 후반 이후)라고 결론을 내렸다(야마구치 고이치, 〈植民地期朝鮮における神社政策と朝鮮社會〉, 박사학위 논문, 一橋大學, 2006), 12쪽, 제4장). 이 책에서는 '시기 구분의 모호함'을 극복하고자 하는 시각을 계승하면서, 본래 신사참배의 강요란 어떠한 사태를 가리키는가 하는 근본적인 질문을 던지는 시각을 통해 새로운 시기 구분의 가능성에 대해서도 검토 과제로 삼고자 한다.

56 이들 신사는 1945년 11월 17일자로 폐지되었다. 〈本邦神社關係雜件〉, 《外務省茗荷谷研修所舊藏記錄戰中期植民地行政史料 教育·文化·宗教篇》(마이크로필름, ゆまに書房, 2003). 일본제국의 신사에 대해서는 앞의 스가 고지의 책, 앞의 아오이 아키히토의 책 외에, 다카기 히로시, 〈官幣大社札幌神社と'領土開拓'の神學〉, 오카다 세이시(岡田精司) 편, 《祭祀と國家の歷史學》(塙書房, 2001) 참조.

'경성'에 창건한 '총진수總鎭守'인 조선 신궁을 대상으로 하여 아동을 참배하게 한 구조와 학교의 협조 상황에 대해서 '자발성'을 타율적으로 이끈 장치에 주목하여 검토할 것이다. 제4장과 제5장에서는 앞 장까지의 조선 신궁의 실천이나 그 배경에 보이는 학교와 신사의 협력 관계가 조선의 지역 사회로 전개되는 양상에 대해서 검토할 것이다. 제4장에서는 1940년대에 이르기까지의 신사神社와 신사神祠의 설치 상황을 학교에 대한 의존, 면장面長의 협력 등에 주목하여 분석할 것이다. 제5장에서는 조선인 대상 학교에 대한 '어진영' 배포 상황의 검토와 함께, 학교 안의 신사라고도 할 수 있는 신단神棚과 신궁대마神宮大麻 설비의 설치 상황을 분석할 것이다. 이 책 전반에서 조선 신궁이 준공된 1920년대부터 1940년대까지를 통시적으로 다룰 것이다.

이 책에서 다루는 주요 자료는 신문이나 법령 외에, 전국신직회회보全國神職會會報, 조선신직회회보朝鮮神職會會報, 조선신궁연보朝鮮神宮年報, 대구신사사보大邱神社社報 등의 신사·신지 단체의 간행물이지만, 이 가운데 조선신직회회보는 지금까지 그 존재가 거의 알려지지 않았다. 그래서 보론을 마련하여 표제 일람을 작성함과 동시에 잡지로서의 성격을 고찰하여 앞으로의 연구에 도움이 되었으면 한다.

제1장

신사 참배의 회로를 열다

수신 교과서 수여 봉고제, 권학제

맹서를 제출하고 절을 하는 조선인 아동. 민족의상을 입고 있다. (《恩賴 朝鮮神宮御鎭座十周年記念》 朝鮮神宮奉贊會, 1937년, 176쪽.)

제1절 조선 신궁神宮에서 수신修身 교과서 배포 시작 – 1926-1930년

(1) 초대 궁사宮司 다카마쓰 시로高松四郎와 조선총독부 사이의 거리

식민지에서의 신사참배 문제는 한층 장기적이면서 중층적인 역학 관계의 중첩된 산물로 다루어야 한다. 이러한 연구 관심을 통해 극복해야 할 과제 중 하나로서, 신사참배 강요가 1930년대 후반 이후의 문제로만 인식되어 왔다고 하는 '시기의 한정성' 문제를 서장에서 지적하였다.

이와 같은 과제에 답할 수 있는 선구적인 연구로, 야마구치 고이치山口公一의 고찰이 있다.[1] 1924년 충청남도 강경 공립보통학교에서 학교장이 신사참배를 거부한 학생을 퇴학시키고 신사참배 거부를 눈감아 준 교원을 휴직에 처하였다.[2] 조선총독부의 신사 정책을 면밀하게 분석해 온 야마구치 고이치는 일본 현지에서 볼 수 있는 '신사 비종교론'의 표면적 입장에 근거를 둔 신사와 종교 행정의 분리는 조선에서 3·1독립운동 후의 '문화정치기'에 제도적으로 그 기초가 완성되었으며, 그 가운데 기독교도를 대상으로 한 '국민의례'로서의 신사참배 등을 둘러싼 갈등이 고조되고 있었던 점을 밝혀냈다.

일본 현지에서도 조치 대학上智大學 사건 등, 신사참배의 강요가 문

1 야마구치 고이치(山口公一), 〈植民地期朝鮮における神社政策と宗教管理統制秩序—「文化政治」期を中心に〉, 《朝鮮史研究會論文集》, 43호(2005년 10월), 야마구치 고이치, 앞의 박사학위 논문(2006년), 제2장.

2 《基督申報》 468호(경성 종로 조선야소교서회[朝鮮耶蘇教書會] 내 기독신보부, 1924년 11월 26일), (富阪キリスト教センター 편, 《日韓キリスト教關係史資料 Ⅱ》[新教出版社, 1995년] 수록).

제로 떠오르는 것은 1930년 이후의 일이며, 1920년대의 '신사 비종교론'이 신사참배 강요를 촉진하였다고 보는 야마구치 고이치의 시각은 조선에서의 신사 정책 연구에서뿐만 아니라 일본 근대의 신사를 둘러싼 연구사에 중요한 의미를 갖는다. 다만 이 고찰은 조선총독부의 기독교 정책에 대한 분석이라는 틀 위에 '어진영御眞影'에 대한 배례나 신사참배라는 사례를 설명하고 있으며, 예를 들어 이 사건의 현장이 미션스쿨이 아니라 공립학교라는 점이나 당시 조선인 대상 학교에는 '어진영'이 교부되지 않았다는 사실이 고려되지 않았다.[3] 야마구치 고이치의 연구뿐 아니라 다른 연구에서도, 신사참배의 요구가 기독교도를 대상으로 한 것이라는 무의식적인 전제가 식민지에서의 학무 행정이나 학교의 실상을 포함한 신사참배의 전체적인 양상을 들여다볼 수 없게 만들고 있다.

이러한 점을 바탕으로 이 장에서는 조선의 '총진수總鎭守'인 조선신궁의 신직神職이 담당한 역할에 주목하면서, 권학제勸學祭(1932년까지는 수신 교과서 수여 봉고제修身教科書授與奉告祭)의 사례를 분석하고자 한다. 권학제란 조선 신궁에서 제사 후 각 초등학교 교장이 수신서修身書를 받아 그것을 각 학교에서 배포한 다음 아동들에게 '감사 참배御禮參拜'라고 하는 참배를 하도록 한 행사를 말한다. 이 장은 조선에서의 수신 교육 실태를 권학제를 통해 밝혀내서, 신사참배 강요를 둘러싼 시기적인 한정성 문제를 극복하고자 한다. 또한 지금까지의 식민지 수신 교육에 대한 연구는 교과서의 기술 내용에 관심을 두고 있었으나,[4] 이 장은 교과서 배포의 공간과 그 안에 자리한 인간관계의

3 '어진영(御眞影)' 교부 상황에 대해서는 이 책 제5장 참조.

4 사노 미치오(佐野通夫), 〈1910·1920年代における朝鮮の天皇制教育〉, 富坂キリスト教センター 편, 《大正デモクラシー·天皇制·キリスト教》(新教出版社, 2001년). 혼마 치카게(本間千景), 〈韓國

구조에 주목하고자 한다.

관폐대사 조선 신궁은 1919년에 창건이 고시되어 1925년에 '경성부京城府' 남산에 완성되었다. 남산은 현재의 서울역과 일본인 관광객으로 북적거리는 명동에서 가까운 산으로, 조선 신궁이 있었던 장소까지 걸어서 언덕길을 15분 정도 오르면 닿을 수 있는 거리이다.

조선에는 당시 이미 41개의 신사神社(신직은 24명)와 103개의 신사神祠(조선에서는 작은 규모의 神社를 神祠라고 불러 구별하였다. 자세한 내용은 제4장 참조)가 설립되었다. 그러나 조선에서는 조선 신궁이 관폐대사로 설립된 것 이외에 일본 현지와 마찬가지의 사격 제도社格制度는 존재하지 않았으며 모두 사실상 무격사無格社로 대접을 받았다.

조선 신궁의 궁사宮司·네의禰宜는 조선 내 기존 신사의 신직이 아니라, 일본 현지의 격이 높은 신사에서 임용되었다.[5] 1925년에 별격別格 관폐사 도쇼구東照宮(도치기栃木 현) 궁사인 다카마쓰 시로高松四郎가 임명되었고, 1931년에 국폐중사國幣中社 스와 신사諏訪神社(나가사키 현) 궁사인 아치와 야스히코阿知和安彦가, 1940년부터는 관폐대사 야사카 신사八坂神社(교토부京都府) 궁사였던 누카가 히로나오額賀大直가 임명되었다. 이들 3명 모두 1870년대 중반을 전후하여 태어나 신궁황학관神宮皇學館[6]을 졸업하였으며, 도쇼구 궁사를 역임하였다는 유사한 경력

「併合」前後の修身教科書にみる教育理念の變遷〉,《朝鮮史研究會論文集》 제40호(2002년). 시라야나기 히로유키(白柳弘幸), 〈公學校修身書における軍事教材〉,《植民地教育史研究年報》 제7호(2004년).

5 네의(禰宜) 다음의 직위인 주전(主典)은 5명 임명되었으며, 이 가운데 2명은 기존 조선의 신사(인천신사와 평양 신사)에서 임명되었다. 요코타 야스시(横田康) 편,《朝鮮神宮記》(國際情報社, 1926년), 36쪽.

6 칙령으로 정해진 신직 임용령(神職任用令)의 규정을 충족시키기 위해서는 황전강구소(皇典講究所) 또는 신궁황학관을 수료해야 했다. 신궁황학관은 1903년에 관립 전문학교(官立專門學校)의 인가를 받아, 본과(本科)를 수료하면 무시험으로 판임관 대우(判任官待

다카마츠 시로高松四郎 초대 조선신궁 구지初代朝鮮神宮宮司(《恩賴 朝鮮神宮御鎭座十周年記念》37년, 52쪽)

을 갖고 있다. 먼저, 다카마쓰 시로의 조선 신궁 부임과 그의 활동상에 대해서 살펴보겠다.

조선 신궁 신직은 조선 신궁 직원령朝鮮神宮職員令(1925년 칙령 제276호)에 규정된 조선총독부 대우 관리였다. 그러나 조선 신궁 진좌鎭座 후 몇 년에 걸쳐 조선 신궁직과 조선총독부 관리 사이에는 긴장 관계가 존재하였다. 그 이유는 3·1독립운동을 거치면서 조선총독부가 조선인들의 반발을 야기한 사태에 신경이 날카로워져 있었다는 점, 조선에서 일본 현지와 달리 조선 신궁 이전부터 일본인 거류민이 설립한 신사에 사격社格을 부여하지 않았고 조선 신궁의 토지 구입이 마무리되지 않은 등 행정·제도의 정비가 미비하였다는 점 등이 자리해 있었기 때문이다. 이러한 점들에 대해서 조선 신궁 초대 궁사 다카마쓰 시로는 강한 불만을 갖고 있었다. 지금부터 다카마쓰 시로가 아동 참배의 필요성을 호소하기에 이르는 사상 배경에 대해서 살펴보겠다.

다카마쓰 시로는 1875년에 후쿠시마 현福島縣에서 태어나 신궁황학관 본과本科 수료 후, 국폐중사 이야히코 신사彌彦神社(니가타 현), 별격別格 관폐사 도쇼구(도치기 현) 궁사를 역임하였고, 관폐대사 조선 신궁 궁사로 취임하였다. 조선 신궁(1925년 10월-1931년 5월) 다음에

週), 전과(專科)를 수료하면 주임관 대우(奏任官待遇)의 신직에 임용될 수 있었다.

는 관폐대사 가시하라 신궁橿原神宮(나라奈良 현), 관폐대사 삿포로 신사札幌神社(오늘날의 홋카이도 신궁), 관폐대사 스미요시 신사住吉神社(오사카 부, 오늘날의 스미요시 대사住吉大社) 궁사를 역임하다가 1958년에 오사카 부에서 사망하였다.

조선 신궁 궁사 취임 요청을 받자, 절친한 가케이 가쓰히코筧克彦 동경제국대학 교수의 천거가 있기는 하였지만[7] 일단 고사하였다. 그러나 조선총독부 정무총감 시모오카 추지下岡忠治, 내무국 지방과장 이시구로 히데히코石黑英彦의 간청에 따라 취임하게 되었다. 취임 승낙을 할 때에 이미 내각 고시告示를 마친 사호社號인 '조선 신사'를 '조선 신궁'으로 개칭할 것, 궁사를 칙임관勅任官 대우로 할 것을 정무총감에게 요구하였다.[8] 시모오카 추지는 이 조건들을 승낙하였는데, 다카마쓰의 요구는 파격적인 것이었다. 왜냐하면 당시 일반적으로 관국폐사 궁사는 주임관奏任官 대우였으며, 특별히 궁사의 '현저한 공적'이 있는 경우, 또는 아쓰타 신궁熱田神宮, 이즈모 대사出雲大社, 가시하라 신궁, 메이지 신궁明治神宮(이상 권궁사權宮司 설치 신사)의 궁사에 한해 칙임관 대우로 할 수 있었기 때문이다.[9] 다카마쓰 시로의 목적은 조선 신궁을 이들 4개 신사에 필적하는 신사로 만드는 데에 있었다. 이와 같은 사실을 통해서도 다카마쓰 시로는 조선총독부의 의도대로 움직이

---

7 가케이 가쓰히코(筧克彦)와는 다카마쓰 시로의 아내인 유키의 친정에 가케이 가쓰히코가 고등학교, 대학교 시절 하숙을 하면서부터 절친한 사이가 되었다. 가케이 가쓰히코가 데이메이 황후(貞明皇后)를 위한 진강(進講)을 닛코(日光)의 황실 별장에서 하였을 무렵에는 다카마쓰 시로가 사는 도쇼구 구지(東照宮宮司) 사택에 기거하였다 (다카마쓰 다다키요(高松忠清), 〈후기(後記)〉, 앞의 책 8쪽).

8 다카마쓰 다다키요, 앞의 책 297-299쪽.

9 관국폐사직제(官國幣社職制)(1902년 제정, 1920년 개정) 제1조, 제7조의 2에 근거한다. 내무성 신사국(內務省神社局) 편, 《神社法令輯覽》(帝國地方行政學會, 1926년(제3판)), 55-56쪽.

는 '액세서리'[10]가 아니라 취임 당시 그의 발언에 강력한 영향력이 있었음을 알 수 있다.

궁사 다음의 직위인 녜의禰宜에는 당시 만 28세의 데즈카 미치오手塚道男가 1920년에 완성된 관폐대사 메이지 신궁에서의 봉직 경험을 높이 평가받아 임명되었다. 다카마쓰 시로는 1925년 5월 데즈카 미치오와 함께 조선에 입국하여 총독부 내무국장 오쓰카 쓰네자부로大塚常三郎, 지방과장 이시구로 히데히코와 조선 신궁의 설비와 미래상 등에 대해서 '정좌담합鼎座談合을 거듭'하였다.[11] 또한 이시구로 히데히코는 가케이 가쓰히코[12] 문하인 '경신가敬神家'로 잘 알려진 관료이다. 조선 신궁 제신祭神 논쟁(1925년의 진좌제鎭座祭 직전에 조선 신궁 제신에 조선의 시조인 단군 등도 합사해야 한다고 신도가神道家들이 의견을 제기한 건)에서는 '의견서'를 내놓아 이를 논박하여 논쟁을 잠재우면서, 녜의인 데즈카 미치오로부터 '출중한 신도가'라는 평가를 받은 일도 있다(말미의 〈자료 2-2〉 참조).[13]

다카마쓰 시로는 조선총독부의 파격적인 대우를 받으면서 영입되었으나, 조선총독부의 체제는 조선 신궁 완성을 전후하여 크게 변화하였다. 오쓰카 쓰네자부로 총독부 내무국장의 일본 현지 전임轉任(1925년 6월), 시모오카 추지 정무총감의 병사(1925년 11월), 다카마쓰 시로·데즈카 미치오가 가장 신뢰하였던 지방과장 이시구로 히데히코의 대만 전임(1927년 2월)이 잇따른 상황 속에서 오쓰카의 후임인 이

10 서장(序章) 12쪽 참조.

11 다카마쓰, 앞의 책 299쪽, 303쪽.

12 가케이 가쓰히코(1872-1961)는 도쿄 제국 대학 법과 대학에서 주로 행정법, 헌법 등을 강의한 교수로, 독특한 '황학(皇學)'을 전개하였다.

13 오가사와라 쇼조, 앞의 책, 432쪽. 제신(祭神) 문제와 이시구로 히데히코의 관계에 대해서 자세한 것은 야마구치 고이치(2005년), 앞의 책 참조.

쿠타 세이자부로生田淸三郞 신임 내무국장이 신사 정책에 소극적이었기 때문이다.

이쿠타 세이자부로 내무국장은 1925년 10월, '조선 신궁에서는 신전결혼神前結婚을 집전하지 않도록' 지시하였다.[14] 그 이유는 첫째, '신사 비종교' 입장에서 기도 등 종교적 색채를 가능한 한 배제하려고 하였다는 점, 둘째, 일본인 거류민이 봉재奉齋하면서 시작된 경성 신사에, 국가적인 역할이 아니라 '민초民草의 신사'라는 성격을 일임하려고 하였다는 점이다. 이에 대해 다카마쓰 시로는 강하게 반발하였다. 그는 편지에 다음과 같이 기술하였다. "국장은 신사를 사상 선도에 이용하려고 하는데 이는 시대착오이다. 이러하니 조선 신궁의 창건 또한 시대착오라고 해도 어쩔 수 없을 듯…. 소생에 대해서 정말이지 그렇게까지 말하지는 못하지만, 신부神符, 부적도 적절하지 않다고 말하고 있으므로, 이러한 생각은 내무국장의 생각에 그치지 않고 고관들 대부분의 의견인 듯하다[15]."

이 내용을 통해, 조선 신궁 완성 후의 조선총독부 '고관들 대부분'과 다카마쓰 시로 사이의 거리감을 엿볼 수 있다. 게다가 조선신직회朝鮮神職會 사무국이 조선총독부가 아니라 조선 신궁에 설치된 것 역시 조선총독부의 소극적인 자세를 보여 준다고 할 수 있다. 왜냐하면 대만 신직회는 대만총독부 문교국文敎局 사회과에 설치되어 회장에는 문교국장이 임명되었으며, 일본 현지의 지방 신직회는 각 현청縣廳에

14 데즈카 미치오에 따르면, 진좌 전부터 '신사와 종교 문제'와 '경성부 시민의 총진수(總鎭守)' 경성 신사의 관계가 문제로 떠올랐다고 한다. 오가사와라 쇼조, 앞의 책 440쪽, 445-446쪽.

15 오가사와라 쇼조, 앞의 책 449쪽.

설치되어 학무부장이 회장에 임명되는 것이 일반적이었기 때문이다.[16]

1925년이 되어서도 이들 사이의 거리는 좁혀지지 않았다. 이는 같은 해 1월에 다카마쓰 시로가 집필한 〈야마나시 조선총독에게 보내는 글山梨朝鮮總督に呈する書〉에도 기술되어 있다. 이 글에서 그는 "총독부의 신기神祇에 대해서 형식에 머물러 그 정신이 결여된 채, 이를 중시하지 않는 듯하다. 특히 조선 신궁과 관련해서는 이른바 불상을 만들었으나 혼을 넣지 않은 느낌이 들어 걱정스럽다"라고 기술하였다.[17] 다카마쓰 시로는 조선 신궁에 대해서 조선총독부가 냉담한 태도를 보이자 이를 비판하면서, "첫째, 제의祭儀에 관한 건, 둘째, 설비에 관한 건, 셋째, 정리에 관한 건, 넷째, 법규에 관한 건, 다섯째, 신직에 관한 건"으로 항목을 들어 개선을 요구하였다. 그중에서도 '제의에 관한 건'에서 "세단제歲旦祭, 원시제元始祭, 기원절제紀元節祭, 천장절제天長節祭, 메이지절제明治節祭 및 오하라이大祓에 총독·총감 두 각하가 참석하지 않은 채, 칙임관의 참석 역시 극소수이다"[18]라고 총독을 비롯하여 총독부 고관의 저조한 제식祭式 참석을 비난한 점이 특히 주목된다.《연보年報》를 참고하여 1929년의 참석자를 확인해 보면, 〈야마나시 조선 총독에게 보내는 글〉 이후에도 (8월까지 재임한) 야마나시 총독, 정무총감(1929년 4월까지 이케가미 시로池上四郎, 이후 고다마 히데오兒玉秀雄) 모두 참석하지 않았음을 알 수 있다.[19]

이와 같은 사실을 알 수 있는 것은 조선 신궁에는 다른 신사에 비

---

16 《敬愼》 제5권 제1호(대만 신직회, 1931년), 55쪽.《皇國時報》, 제515호, 1935년 1월.

17 다카마쓰, 앞의 책 308-316쪽.

18 위와 같음.

19 《昭和四年の朝鮮神宮》(朝鮮神宮社務所, 1930년), 26-42쪽.《年報》는 1931년(昭和6年)까지《昭和○年の朝鮮神宮》이라는 명칭이었다. 이하《年報》라고 표기한다.

해 '참배자 수' 발표에 집착하는 모습이 두드러지게 나타나기 때문이다. 매년 간행되었던 《조선신궁연보朝鮮神宮年報》(이하 《年報》)에는 '참배인원수 조사'와 '단체 참배 수 조사'가 각각 월별, 민족별, 소속(학교, 군인 등)별로, '정식 참배 수 조사'가 관위별官位別로 발표되었다. 관위별 참배 수에 대한 고집은 다카마쓰 시로 궁사가 '고관'의 참석을 열망하였다는 점을 통해서도 엿볼 수 있다. 이와 같은 '통계'에 대한 집착에는 다카마쓰 시로의 태도가 분명하게 반영되어 있다. 이는 다음과 같은 사실을 통해서도 분명하게 드러난다.

다카마쓰 시로가 닛코 도쇼구日光東照宮 궁사로 재임 중이던 1923년부터 이듬해인 1924년에 걸쳐 전국신직회[20] 기관지인 《황국皇國》의 지방 통신란에 도쇼구 참배자 수 통계가 세 차례 게재되었다.[21] 당시 신사참배자 수가 잡지에 발표되는 것은 매우 드문 일이었다. 뒤에 서술하겠지만, 다카마쓰 시로는 도쇼구 궁사 재임 당시, 배관료拜觀料 폐지를 강행하였다. 전부터 인접한 린노지[輪王寺], 후타라산 신사二荒山神社와 '공동 배관권共同拜觀券'으로 배관료 수입을 분배해 왔던 도쇼구는 배관권을 통한 정확한 배관자 수를 파악할 수 없는 상황이었다. 이 문제와 관련해서 도쇼구가 정확한 참배자 수를 다시 파악하고자 하였다는데, 바로 여기에 참배자 수 '통계'를 작성하게 된 큰 요인이 있을 것으로 추정된다. 또한 이러한 경험을 통해 참배자가 많다는 점을 잡지와 같은 매체에 공표함으로써 신사의 실적을 증명할 수 있다

---

20 전국신직회는 1892년부터 조직된 신직 단체이며, 본부는 도쿄 도(東京都) 시부야구(渋谷區)에 있었다. 그 산하에 각 지방 신직회가 있었으며, 대만 신직회, 조선 신직회, 사할린 신직회도 조직되어 있었다.

21 《皇國》 제305호(皇國發行社, 1923년 5월), 81쪽; 제312호(1923년 12월), 74쪽; 제315호(1924년 3월), 77쪽.

고 판단했을 것이다.

다카마쓰 시로가 조선 신궁 궁사에 임명되어 도쇼구를 떠난 뒤, 도쇼구를 포함한 다른 신사의 참배자 '통계' 발표는 찾아볼 수 없었다(다카마쓰 시로가 떠난 도쇼구는 공동 참배권 제도를 부활시켰다). 그리고 이번에는 《황국》에 조선 신궁 참배자 수가 종종 발표되기도 하였다. 조선 신궁 완성 다음 달인 1925년 11월부터 이 잡지가 1930년 1월에 《황국시보皇國時報》로 명칭을 바꿀 때까지 전체 50책 중 적어도 10회 정도 참배자 수가 게재되었다.[22] 《연보》나 《황국》과 더불어 《조선朝鮮》(조선총독부 편집지)이나 《문교의 조선文教の朝鮮》(조선교육회 편집지), 《신사협회잡지神社協會雜誌》(신사협회는 내무성 신사국에 설치된 단체)나 《황국시보》에도 종종 '참배 수 조사'가 계속 게재되었다.[23] 다카마쓰 시로의 태도를 반영하여 조선 신궁은 창립 직후부터 참배자 수의 '통계' 발표를 다른 신사에 비해 매우 의식하고 있었다고 할 수 있다.

총독이나 정무총감의 참석도 적었고 고관들로부터 '시대착오적'이라는 평가를 받는 등, 조선총독부와의 사이에 균열이라고도 할 수 있는 긴장 관계를 보여 주면서 조선 신궁은 진좌를 한 이듬해 봄부터 수신 교과서 수여 봉고제를 시작하여 (민족별) 교과서 배포 수나 참석자 명단을 하나하나 상세하게 발표하였다.

이 제사는 정책적으로 구성된 것이 아니라, 신직이 주도한 행사라

---

22 《皇國》 제326호(1926년 2월), 82쪽; 제327호(1926년 3월), 100쪽; 제329호(1926년 5월), 87쪽; 제331호(1926년 7월), 83쪽; 제334호(1926년 10월), 104쪽; 제339호(1927년 3월), 117쪽; 제346호(1927년 10월) 71쪽; 제357호(1928년 9월) 159쪽; 제364호(1929년 4월) 99쪽; 제370호(1929년 10월) 96쪽.

23 예를 들어, 《조선》(조선총독부, 1930년 1월). 《문교의 조선》 제54호(조선교육회, 1930년 2월). 《신사협회잡지》 제25년 제3, 5, 6, 8호(신사협회, 1926년). 《황국시보》 제448호(황국시보 발행소, 1932년 3월).

는 점을 주의해서 바라봐야 할 것이다.

(2) 다카마쓰 시로의 사상과 교과서 배포 개시

1925년 10월에 창립된 조선 신궁은 5개월 후인 1926년 3월 27일, 제1회 수신 교과서 수여 봉고제奉告祭를 거행하였다.[24] 조선 신궁에서의 수신 교과서 수여 봉고제는 신상제新嘗祭 등 일본 현지의 신사와 공통적으로 거행되는 '관제 제전官製祭典'이 아니라 궁사宮司의 축사나 식순 등도 독자적으로 정했던 것으로 보인다. 여기서는 조선 신궁 취임 이전의 다카마쓰 시로의 사상과 행동, 그리고 조선총독부가 신사 이용에 소극적인 가운데 창립 직후부터 수신 교과서 배포를 실시하였는지 살펴보겠다.

먼저, 1899년, 24세의 나이에 녜의禰宜로 임명된 교토 외곽의 마츠오 신사松尾神社에서는 처음 경험한 관제官祭인 신상제新嘗祭에 우지코氏子 중에서 참배하러 온 '사람이라고는 그림자 하나'도 찾을 수 없었다.[25] 서장에서 언급하였듯이, 관제 제전이 민중의 신앙심을 자극하지 못하는 사태를 눈앞에서 경험한 것이다. 그래서 다카마쓰 시로는 즉시 촌장과 초등학생의 참배를 독려하기 위해 적극적으로 행동에 나섰다. 아래는 다카마쓰의 수기에서 인용한 것이다.[26]

> 관공서로 가서 촌장을 만나 우지가미氏神와 우지코의 관계로, 〔…〕 꼭 참배해 주기를 바란다고 말하자 그 자리에서 승낙을 하였으므로, 내

24 《신사협회잡지》 제25년 제5호(1926년 5월), 67쪽. 제8호(1926년 8월), 68쪽.

25 다카마쓰, 앞의 책 133쪽.

26 위와 같음.

친 김에 마을 소학교 학생들의 참배까지도 요청하였다. 이는 촌장 혼자서 결정할 수 없는 일이었기 때문에 교장을 관공서로 모셔서 같이 이야기를 나눈 끝에 이 역시 그 자리에서 승낙을 얻었다.

다카마쓰 시로는 이 당시 직위가 녜의였으며, 그의 상관인 궁사는 다카마쓰 시로의 제언을 '강하게 배척하지 않는' 정도로 소극적으로 승인을 하였음에도 불구하고, 부임한 지 반년 후에 열린 기년제祈年祭(1900년 2월, 대제大祭)에서는 우지코 지역의 각 촌장과 초등학생의 참여가 이루어졌다. 이 무렵 이미 다카마쓰 시로가 초등학생의 참배, 그리고 행정이나 학교에 매우 적극적으로 활동하였음을 알 수 있다. 다만 다카마쓰 시로는 관계관關係官 '문안'이라고 하는 사택 방문은 하지 않았는데, 이는 신직 가운데 이례적인 행동이었다고 한다.[27]

다음으로, 국폐중사 이야히코 신사國幣中社彌彦神社(니가타 현) 궁사로 부임했던 1907년에는 지역에 따라 남아 있던 5세 남아 '하카마기袴着', 7세 여아 '히모토키紐解' 풍속을 남녀 아동 모두의 '소학교 취학기'로 조정하였고, 우지가미에 대한 봉고제를 행한다는 소식을 '신문 잡지에 기재'하여 주장하였다. 그 내용이 실린 '신문 잡지'를 확인할 수 없었지만, 훗날 다카마쓰 시로의 강연에서 직접 인용한 문장을 통해 그 내용을 알 수 있었다. 다음은 그 인용 내용을 발췌한 것이다.[28]

> 아이가 취학기가 되었을 때, 우지가미의 신사에 가서 봉고제를 지내고, 신직은 이에 대해 〔…〕 앞으로는 신과 웃어른을 공경하고 몸가짐을 바르게 하여 공부를 열심히 하도록 타일러, 학교에 입학을 한다면, 〔…〕

27 다카마쓰, 앞의 책 135쪽.

28 〈神職の修養〉, 다카마쓰, 앞의 책 508-509쪽.

자연히 사상도 새로워져 교육상에도 분명 효과를 보일 것이다.

다카마쓰 시로는 이 강연 말미에 '권학제'라는 명칭이 "최근 내무성에서 각 부현府縣에 내린 참고 자료 속에" 있다는 언급을 하면서, 그런 지시에는 찬성을 하지 않고 이 행사를 '권학제'라는 명칭보다는 '하카마기', '히모토키'라는 명칭으로 부르겠다고 하였다.[29]

당시 내무성은 러일전쟁 후 지방 개량 운동을 전개하면서 신사국장 미즈노 렌타로水野鍊太郎와 그 후임인 이노우에 도모이치井上友一를 통해 지방 자치의 중심적 기능을 신사에서 맡아 주기를 기대하며 '신사 중심주의'를 주장하였다. 모든 관제자치官製自治 진흥을 표방한 이노우에 도모이치의 저서 《자치 진흥론自治振興論》에서 '자치 훈련' 방법으로 "신사가 중개자가 되어 교육을 하는 것"을 장려하여, 그 과정에서 효고 현兵庫縣에서 "권학제를 실시하면서 미취학자 수가 현저하게 줄었다"는 것이 소개되었다.[30] 다카마쓰 시로가 말하는 '최근 내무성에서' 내놓은 자료라는 것은 바로 이 《자치 진흥론》 혹은 《사민斯民》 등 내무성의 정책 의도를 선전하는 잡지에 게재된 것이 아닐까 추정된다. 어쨌든 조선 신궁이 당초에 내무성이 장려하던 명칭을 사용하지 않았다는 점은 중요하다.

또한 위에서 인용한 문장에 나오는 "자연히 사상도 새로워져"라는 부분의 '사상'은 '공덕公德'이나 '국가적 정신'으로서 다음과 같이 한층 구체적으로 서술된 것도 있었다. 예를 들면 1910년의 강연에서 다카마쓰 시로는 일본인에게 '공덕'이 없다고 하면서 이를 육성하기 위

29 위의 책, 509쪽.

30 오우미 다다오(近江匡男) 편집 겸 발행, 《井上明府遺稿》(大空社, 1920년), 73쪽.

해서는 초등학생을 신사로 불러야 한다고 주장하였다. 기차에서의 예의범절 등 기본적으로 신사와는 무관한 '공덕'까지 포함해, 다카마쓰 시로는 "먼저 초등학생을 본으로 삼아, 신사에 의지하여 궁리하는 것이 분명 좋은 방법이 될 것으로 생각합니다"라고 하면서, '특히 소학교 교사 제군'이 힘써 줄 것을 호소하였다.[31] 그리고 '공덕'이 육성되면 "마을들의 건전한 발전"으로 이어져, 이는 "국운의 발전을 가져다 줄" 것이라고도 하였다. 다카마쓰 시로에게 '국운의 발전'으로 이어지는 '공덕', 그리고 그러한 '공덕'을 기르기 위한 아동의 신사참배가 매우 중요하였다.

그리고 다른 글(경위는 불분명하나 이노우에 데쓰지로井上哲次郎에게 보낸 편지)에서는 종교의 자유와 관련해서 정부가 '신사 비종교' 입장을 분명히 할 것, 그리고 "국가적 정신을 함양하는 것은 소학교에서 수신·역사 수업 시간에 가르치는 것으로 충분하다"라고 하면서 신사를 '도덕적 의식을 행하는 곳'으로 한정하는 것을 비판하였으며, '국가적 정신' 함양에는 수신이나 역사 수업만으로는 충분하지 않으며 실제로 신사에 참배함으로써 더욱 잘 길러지는 것이라고 주장하였다.[32] 학교에서 배우는 것으로는 이론만을 이해할 뿐이어서, 실제로 신사에 가면 "신들의 신령神靈, 지금 이곳에 계십니다"라는 '감격발분感激發憤의 심정'이 끓어올라, 이를 통해 '국가적 정신'이 길러진다고 하면서, "신사는 당연히 종교여야 한다"라고 주장하였다. '신령', '감격발분' 등의 말은 서론에서 서술하였듯이 논리를 넘어 감성에 호소하는 '신비'를 발판으로 '국교화'를 외치는 것이라고 할 수 있다.

---

31 〈神社と公德〉, 다카마쓰, 앞의 책 470-487쪽.

32 〈井上(哲次郎)博士への回答〉, 위의 책, 546-549쪽.

게다가 1923년의 닛코 도쇼구 궁사 시절에는 학생 단체의 배관료 징수를 "사사社寺의 본의本義에 반한다"라고 하면서 폐지하였으며[33] 나중에는 배관료 전체를 폐지하기까지 하였다. 다카마쓰 시로가 말하는 '본의'란, 신사는 '신령'에 예배를 드리는 곳이어서 '아름다움을 감상하는' 곳과는 다르다는 것이었다.[34] 그러나 도쇼구는 린노지, 후타라산二荒山 신사 및 공동 사무소가 발행하는 '배관권'을 통해 수입을 분할하고 있어서, 도쇼구 한 곳에서만 배관료를 변경하는 것은 공동 사무소의 해산과도 관련된 중대사였으며, 린노지와 닛코 지역의 '일대 반대 운동'으로 발전하였다. 린노지에서 반대한 내용은 도쇼구가 관폐사로서 국고 공진금供進金(보조금)을 보장받았던 데에 반해 사찰은 종교 단체여서 사입금社入金의 유무가 사찰의 사활이 걸린 문제였기 때문이다. 그러나 그뿐 아니라, 공동 사무소에서 그 지역 소학교의 학교 건물 신축을 위해 거액을 기부할 예정이었던 것이다. 당시 소학교의 후원 단체 회장은 린노지의 주지가 맡고 있어서 기부가 없으면 학교 건물 신축은 불가능하였기 때문에 지역 전체가 격렬하게 반대 운동에 나섰던 것이다.[35] 이 반대운동이 얼마나 격렬했던지 다카마쓰 시로뿐 아니라 다카마쓰 일가에 대한 '오살鏖殺'[36]이 계획될 정도

33 〈日光東照宮革正沿要〉, 위의 책, 244쪽.

34 〈齋藤前首相に送る〉, 위의 책, 349-350쪽.

35 〈人生八十四星霜〉(藤原美代治 집필), 위의 책, 9쪽. 〈齋藤前首相に送る〉, 위의 책, 350쪽. 〈日光東照宮拜觀料問題〉, 《황국皇國》 제293호(1923년 4월), 113쪽. 〈日光の拜觀料全廢に決し實施期は十月一日か〉, 《황국皇國》 제298호(1923년 10월), 99-100쪽. 〈日光拜觀料問題〉, 《황국皇國》 제299호(1923년 11월), 63쪽. 佐藤治田, 《日光小學校のあゆみ》(私家版, 1991년), 17쪽.

36 오살(鏖殺)이란 모두를 죽이는 것을 말한다. 다카마쓰 시로는 이 일에 대해서 이렇게 기록하였다. "이해관계가 있는 사람이 우리 일가의 오살을 계획하고 심야에 칼을 들고 습격해 오려고 하였으나 저지되어 다행히 큰일 없이 마무리되었다." 〈齋藤前首相に送る〉, 위

였다. 이러한 상황이었지만 다카마쓰 시로는 도치기栃木 현 지사, 도치기 현 학무국장에게 손을 써서 결국 원하던 대로 행동에 옮겼다.

이와 같은 사실을 통해 다카마쓰 시로에게 학생의 신사참배는 '공덕' 함양을 위해서도, 여기에 이어지는 '국가적 정신' 함양을 위해서도 매우 중요한 것으로 인식되어 있었음을 알 수 있다. 그뿐만 아니라, 사찰과 공동 사업 등을 수긍하지 않는 신도가로서 '신비'를 발판으로 감성에 호소하는 방식을 중시하여, 행정 담당자에게도 늘 적극적으로 대응해 나갔음을 알 수 있다. 그리고 무엇보다 주목할 만한 점은 특히 소학교 아동과 신사의 관계를 중시하여 입학 때에는 '우지가미에게 고해야 한다'고 호소하였다는 점이다. 이는 조선 신궁의 수신 교과서 수여 봉고제로 이어졌다고 할 수 있다.

다카마쓰 시로가 조선 신궁 궁사에서 물러난 뒤에 저술한 〈조선신궁회구록朝鮮神宮懷舊錄〉에서 조목조목 제시한 16개 항목 중에는 '제신론祭神論', '어진좌御鎭座 직후 당국과 충돌' 등과 더불어 '수신 교과서 수여' 항목이 들어가 있다.[37] 수신 교과서 배포는 다카마쓰 시로의 기억에 조선 신궁 궁사에서 물러난 후에도 깊이 자리해 있었던 것으로

의 다카마쓰 시로, 350쪽.

37 다카마쓰 시로가 제시한 16개 항목은

1. 조선신사 구지 교섭(朝鮮神社宮司交涉) 2. 준비 회합 3. 제신론(祭神論)
4. 사호 어개칭(社號御改稱) 5. 구지 칙대발령(宮司勅待發令) 6. 당국일변(當局一變)
7. 조선 신궁 어진좌(朝鮮神宮御鎭座) 8. 어진좌 직후 당국과 충돌 9. 수신 교과서 수여 10. 경성 신사 문제(京城神社問題) 11. 춘무산 박문사 문제(春畝山博文寺問題)
12. 어대전 강연 방송(御大典講演放送) 13. 총독의 신년 훈시에 항의

14. 곤구지 발령(權宮司發令) 15. 가시하라 신궁(橿原神宮)으로 전임(轉任) 16. 결론이다. 다카마쓰 시로의 유문집(遺文集)《松迺舍遺稿》에는 8부터 16까지는 본문이 없고 항목만 실려 있다. 처음부터 기재하지 않은 것인지 편집자가 게재하지 않은 것인지 확인할 수 없다. 〈朝鮮神宮懷舊錄〉, 위의 다카마쓰 시로, 297-307쪽.

보인다. 조선총독부가 신사를 '사상 선도'에 활용하는 데에 소극적인 상황 속에서 수신 교과서 배포가 조선 신궁 창건 직후부터 실시되었던 배경에는 이상에서 살펴본 다카마쓰 시로의 적극적인 자세가 있었다고 할 수 있을 것이다.

입학 시기에 한정하지 않고 소학교 아동을 지역 신사에 모아 교장이나 신직이 훈화를 한 예는 적어도 메이지 말부터 규슈九州, 시코쿠四國, 추고쿠中國, 긴키近畿 지역의 신사를 중심으로 찾아볼 수 있다. 예를 들어 1907년의 히로시마 현 지사가 내놓은 훈령에는 "소학교는 경건한 생각을 함양하기 위해 그 학교 소재 우지 신사氏神社의 제일祭日에 휴교할 수" 있었으며,[38] 또한 1910년에는 에히메 현愛媛縣 이요 군伊予郡의 군장郡長이 "학교 아동 입학식 날에 교원 인솔하에 우지 신사에 참배를 하여 재학 중에 결석하지 않고 공부할 것" 등을 맹세하도록 하는 훈시를 하였다.[39] 이와 같은 예는 다카마쓰 시로의 수기에서 볼 수 있듯이 모두 '우지가미'로서의 신사를 전제로 삼고 있다. 다시 말해, '신비(종교성)'에 대한 접근이 관국폐사보다 수월하였던 곳은 지역의 '진수鎭守'적 신사(부현사府縣社 이하 신사)였던 것이다.

조선총독부는 조선 신궁을 '비종교'적 의례 시설로 관철하고자 했던 반면, '신사는 종교'라고 단언하는 다카마쓰 시로는 '우지가미(종교적)' 참배의 '감격발분의 심정'이 '공덕', '국가적 정신' 함양으로 이어진다고 생각하였다. 이러한 대결 못지않은 긴장 관계 속에서 조선 신궁에 '우지가미' 신사, 종교성을 가진 신사로서의 성격을 부여하고자 했던 것이 수신 교과서 수여 봉고제였다고 할 수 있다.

---

38 《全局神職會會報》 제103호(1907년 5월), 71쪽.

39 《神社協會雜誌》 제9년 제10호(1910년 10월), 67-68쪽.

궁사宮司로부터 교과서를 받는 교장(《昭和十年 朝鮮神宮年報》, 朝鮮神宮社務所, 1936년)

이러한 상황 속에서 조선 신궁의 수신 교과서 배포가 시작되었다. 교과서는 유료였기 때문에 신궁이 ('경성'부 내의) 학교에 기증하는 형식을 취하였다. 각 학교의 교장이 줄을 맞춰 모인 가운데 신 앞에서 수신 교과서 수여 봉고제를 거행하고 이어서 교장에게 교과서 수여식, 나아가 사무소에서 간담회를 가진 다음 해산하는 모양새였다.

아동은 후일 조선 신궁의 도장이 찍힌 교과서를 배포받고 나서 담당 교사 인솔하에 '감사 참배御禮參拜'를 해야 하였다. 확인 가능한 것 중에서 가장 오래된 《연보》인 1929년(昭和4年)판 수신 교과서 수여 봉고제 참석자 명단에 경성부 학무과장이 있는 것으로 보아, 이 행사에 대해서 행정 기관이 드러나게 반대한 흔적은 보이지 않는다.[40] 수신이라는 당시 학교 교육에서 필수 과목의 교과서는 조선총독부가 신경을 곤두세우고 있던 신사의 종교성을 뒤에 감추고 교육의 일환이라

40 《昭和四年の朝鮮神宮》(朝鮮神宮社務所, 1930년), 7쪽. 《昭和五年の朝鮮神宮》, 9쪽.

는 옷을 입힘으로써 조선총독부에 신사의 활동을 추인하게 하려는 '소도구'로서 기능하였다. 1931년, 다카마쓰 시로가 조선 신궁을 떠난 뒤, 이 행사는 아동의 조선 신궁 참배에 더욱 큰 역할을 담당하였다.

제2절 권학제勸學祭로의 개칭과 감사 참배[御禮參拜]-1930년대

(1) 행사의 전개와 후임 궁사

다카마쓰 시로는 1931년에 일본 현지의 관폐대사 가시하라橿原 신궁(나라 현)으로 전임되어, 2대 조선 신궁 궁사로 아치와 야스히코阿知和安彦가 같은 해인 1931년 5월에 취임하였다. 아치와 야스히코 궁사의 취임을 전후하여 조선총독부는 농촌진흥운동을 추진하면서 종교를 이용하고자 기도하기 시작하여, '농본주의' 실천가인 야마자키 노부요시山崎延吉를 1932년부터 조선총독부 촉탁으로 초빙하였다.[41] 야마자키 노부요시는 1910년부터 농촌 진흥을 실천해 왔으며 1920년대 이후 국체주의國體主義로 기울어, 미에三重 현에 '가미카제神風 의숙'을 주재하면서 가케이 가쓰히코筧克彦(조선 신궁 초대 궁사에 다카마쓰 시로를 천거한 도쿄제국대학 교수)가 주창한 고신도古神道의 '행行'적인 움직임을 체조에 응용한 '황국운동皇國運動(やまとばたらき=야마토바타라키)'의 실천 등 '국체론적 사상에 바탕을 둔 교육'[42]을 주장한 인물이다.

---

41 야마자키 노부요시(山崎延吉)의 사상이나 '보덕주의(報德主義)'가 조선에 미친 영향에 대해서는 다음 기회에 살펴보겠다. 현 단계에서 저자에게 시사하는 점이 더 많은 문헌은 오카다 요지(岡田洋司), 《農本主義者山崎延吉》(未知谷, 2010년). 겐조 데이지(見城悌治), 《近代報德思想と日本社會》(ぺりかん社, 2009년)이다.

42 위의 오카다 요지, 237쪽. 또한 조선 신궁 초대 궁사 다카마쓰 시로와 가케이 가쓰

표 1-1. 참배 학교 수의 추이

연도	참배 학교 수 /경성부 내 소학교 수	참배 학교 수 /경성부 내 보통학교 수	관련 사항
1929	관공립 11/11 학교	공립 20/20 학교	
		사립 0/10 학교, 기타 1학교	
1930	관공립 11/11 학교	공립 20/20 학교	
		사립 0/10 학교, 기타 1학교	
1931	관공립 12/12 학교	공립 20/20 학교	다카마츠 시로高松四郎 궁사宮司 이임離任
		사립 0/10 학교, 기타 1학교	아치와 야스히코阿知和安彦 궁사宮司 부임
1932	관공립 12/12 학교	공립 20/20 학교	권학제勸學祭로 개칭, 공식제화公式祭化, 조선총독부 학무국장 참배 시작
		사립 1/10 학교, 기타 2학교	
1933	관공립 12/12 학교	공립 20/20 학교	한국서적朝鮮書籍에서 조선인 아동의 교과서 기증 시작
		사립 2/10 학교, 기타 1학교	
1934	관공립 12/12 학교	공립 20/20 학교	'감사 참배' 복수화, '서약서' 제출 시작
		사립 2/12 학교, 기타 1학교	
1935	관공립 12/12 학교	공립 19/20 학교*1	사립학교 참배 대폭 증가
		사립 11/12 학교, 기타 1학교	
1936	관공립 12/13 학교*2	공립 24/24 학교	경성부 지역 확대로 참배 학교 증가
		사립 12/14 학교	

*1 : 《昭和10年 年報》(21쪽)에는 '다케조에竹添 공립보통학교'가 빠져서 19개 학교가 되었다. 1935년을 전후한 해에는 기재되어 있어서 신사 측의 오기일 가능성이 있다.

*2 : 소학교는 1935년까지 모든 학교가 참배하였으나, 1936년의 소학교 수와 참배한 소학교 수가 일치하지 않는다. 이는 두 해 모두 당시까지 기재되어 있던 '남산 심상 소학교' 교장 이름이 빠져 있기 때문인데, 빠지게 된 원인은 불분명하다.

출전 : 참배 학교 수는 《朝鮮神宮年報》(朝鮮神宮社務所 편) 각 연도판.
경성부 내 학교 수는 《朝鮮諸學校一覽》(朝鮮總督府學務局) 각 연도판.

1930년대에 들어서면, 조선신직회 고문으로 내무국장, 상담직에 지방과장이 취임한 점,[43] 조선총독부 고관의 조선 신궁 제식祭式 참석이 증가한 점, 농촌진흥운동에 종교를 이용하고자 기도한 '심전心田 개

히코의 관계에 대해서는 주 7) 참조. '황국운동'은 '미타마시즈메(鎭魂)'의 동작으로 시작하여 '이야사카(彌榮)'를 소리 높여 외치면서 모두 네 번의 박수와 세 번의 절을 하고 10분 정도 진행된 뒤 마무리된다. 후타라 요시노리(二荒芳德) 저, 가케이 가쓰히코 교열《皇國運動提要 神あそびやまとばたらき》(蘆田書店, 1926년).

43 《皇國時報》 제390호(1930년 7월), 12쪽.

발운동', 1935년의 진좌鎭座 10주년제에의 대규모 관여와 권궁사權宮司 취임, 조선 신궁을 사격社格의 정점에 둔 신사 관계 법령 정비(조선의 신사에 공금 지출 제도 도입)[44] 등을 통해, 어느 정도 조선 신궁과 조선총독부 사이의 거리는 좁혀졌다고 할 수 있을 것이다. '심전개발운동'에 대해서 잠시 설명하자면, 일본 현지의 3개 종교의 회동과 마찬가지로, "'애국심'을 위해 물길을 만들"[45]고 있는 종교를 통치에 적극적으로 이용하고자 하는 운동이다. '심전의 개발'이라는 명칭은 본래 니노미야 다카노리二宮尊德가 한 말에서 유래하였다. 이 명칭은 일본 현지의 지방 개량 운동을 시행하면서 내무성이 자치 진흥의 한 기둥으로서 '보덕주의'와도 큰 관련성을 가진 것으로 생각된다. '심전개발운동'은 1930년대의 조선에서 '신사 비종교'라는 표면적 주장의 내부에 잠재된 종교성('신비')을 드러내면서 신사 신도를 실질적으로 국교화하는 데에 큰 역할을 담당한 것으로 보인다. 이 점에 대해서는 이 책 전체를 통해 검토를 계속해 나갈 것이다.

앞서 다카마쓰 시로가 〈야마나시 조선총독에게 보내는 글山梨朝鮮總督に呈する書〉(1929년)에서 비판한 조선총독부 고관(국장, 과장)의 불참석은 1930년부터 변화하기 시작하여 1932년 이후 신사의 공식 행사에 항상 참석하였다.[46] 각종 제식祭式 참석 외에도 예를 들어 '심전개

44 1936년(昭和11年) 칙령 251호-253호, 1936년 7월 31일, 조선총독부 고시 제440호, 1936년 8월 11일.

45 川瀨貴也, 《植民地朝鮮の宗教と學知 帝國日本の眼差しの構造》(青弓社, 2009년), 187쪽(첫선을 보인 것은 川瀨貴野, 〈植民地期朝鮮における「心田開發運動」政策〉, 《韓國朝鮮の文化と社會》 제1호(韓國·朝鮮文化硏究會, 2002년 10월), 108쪽. 이 밖에 '심전개발운동'에 대해서는 青野正明, 〈朝鮮總督府の農村振興運動期における神社政策－「心田開發」政策に關聯して〉, 《國際文化論集》 제37호(2007년 12월) 참조.

46 《昭和9年 年報》, 82쪽.

발운동'을 추진한 우가키 가즈시게宇垣一成 총독은 1934년 1년간 32회에 걸쳐 신사참배를 하였다.[47] 조선 총독의 참배와 관리의 참배 증가는 조선총독부가 신사를 적극적으로 이용하는 정책에 나서기 시작한 일과 관련이 있다.

이와 같은 상황 변화 속에서 수신 교과서 배포도 새로운 단계를 맞이하였다. 먼저 〈표 1-1〉을 통해 참석 학교 수의 변천을 확인해 보겠다. 〈표 1-1〉에서 1931년까지 참석한 학교는 대개 관공립학교였다는 것을 알 수 있다. 1925년 10월, 조선 신궁이 완성되어 진좌제가 거행될 때 조선총독부는 통첩通牒 〈학생·아동의 신사참배에 관한 건〉을 내놓았다. 여기서 "학생·아동의 훈육상 특히 명심해야 할" 시설인 신사는 "본래 종교를 강조하는 것이지만, 국민의 신앙의 자유를 침범하는 것은 물론 아니다"라고 밝히고,[48] 사립학교가 진좌제에 불참한 일에 대해서는 사실상 묵인하였다. 사립 보통학교의 참석이 증가한 것은 우가키 가즈시게 조선 총독이 '심전 개발'을 제창하기 시작한 1935년이다. 그리고 이듬해에도 학교 수, 배포인 수도 크게 증가하였다. 이는 '경성'부 지역의 확대에 따라 해당 지구의 공사립학교 모두가 참배하기 시작하였기 때문이다.

참배하는 학교가 증가한 배경에는 1932년부터 1934년에 걸친 제의祭儀 방식에 대한 대대적인 변화가 있었다. 첫 번째 변화는 1932년부터 공식적인 제사 식순(소제식小祭式)에 따라 의식을 실시하였고, 명칭도 수신 교과서 수여 봉고제에서 권학제로 개칭되었으며, 조선총독부에서 학무국장이 참석하기 시작한 것이다. 공식적인 식순이란, 복

47 위와 같음.

48 1925년(大正 14年) 9월 각 도지사 앞 학무국장 통첩 〈生徒兒童ノ神社參拜ニ關スル件〉. 前揭, 166-167쪽.

장, 식의 순서 등이 법령에 따라 정해졌음을 말한다. 두 번째 변화는 1933년부터 교과서를 인쇄하던 조선서적인쇄 주식회사에서 신궁에 보통학교 아동 교과서를 기증하게 되면서 이 회사의 대표인 이노우에 가즈에井上主計가 참석하기 시작한 것이다.[49] 이노우에는 조선 신궁을 봉찬奉讚하는 '천청회天晴會'의 간사이기도 하였다.[50] '천청회'는 조선 신궁 진좌제 이듬해인 1926년부터 활동하던 교화 단체이다. 가케이 가쓰히코筧克彦가 조선에서 강연회를 개최한 일을 계기로 당시의 조선 총독부 지방과장 이시구로 히데히코石黑英彦의 제창으로 조직되었으며 사무국은 조선 신궁에 두었다. 조선 신궁 참배, '소년노기회少年乃木會'의 육성, 신직 강화講話, 가케이 가쓰히코의 '황국운동(야마토바타라키)'의 실천 등을 매달 실행하였다.[51] 조선서적이 교과서를 기증함으로써 조선 신궁의 경제적인 부담은 경감되었으며 조선인 아동이 이후 아무리 늘어나더라도 신궁의 재정에 영향을 주지 않게 되었다. 세 번째 변화는 1934년부터 교원이 인솔하는 '감사 참배'와 더불어, 방과 후 '부모·형제'가 함께 다시 개별적으로 '감사 참배'하고 이름을 명기한 '서약서誓詞'를 제출하도록 하여, '감사 참배'를 여러 번 하도록 유도하고 개인 참배를 더욱 엄밀하게 파악하기 시작한 것이었다.[52]

조선 신궁 신직은 이와 같이 행사를 대규모로 전개하면서 조선신직회朝鮮神職會[53]를 통해서 조선에 있는 모든 신사에도 아동·학생의 신

---

49 《昭和八年報》, 13쪽.

50 《鳥居》 제11호(朝鮮神職會, 1933년 1월), 11쪽.

51 《敬愼》 제3권 제2호(臺灣神職會, 1929년), 20-23쪽.

52 《昭和九年 年報》, 20쪽.

53 전국에 있는 신사의 신직이 결성한 단체를 전국신직회라고 하며, 각 도부현 신직회(各道府縣神職會), 대만 신직회(臺灣神職會), 사할린 신직회(樺太神職會), 조선 신직회(朝鮮神職會), 만주 신직회(滿洲神職會)가 지부(支部)로 조직되었다. 전국신직회는 1941년에 대

표 1-2. 배포된 교과서 수와 아동 수가 4월 참배자에서 차지하는 비율

연도	일본인 아동 배포 수(권)	일본인 참배자 (명)	아동 수가 차지하는 비율(%)	조선인 아동 배포 수(권)	조선인 참배자 (명)	아동 수가 차지하는 비율(%)
1929	2345	34671	6.8	2966	19207	15.4
1930	2450	34381	7.1	3206	16594	19.3
1931	2575	28905	8.9	3469	15576	22.3
1932	2650	48997	5.4	4392	18839	23.3
1933	2631	41490	6.3	4354	15209	28.6
1934	2804	48810	5.7	5279	20002	26.4
1935	2891	58750	4.9	5605	41670	13.5*
1936	3140	70526	4.5	6920	37093	18.7

주 : 1935년의 조선인 아동 비율이 급격하게 저하된 것은 같은 해 10월의 진좌鎭座 10주년제에 대규모로 동원한 영향으로 보인다.
출전 : 배포 수와 참배자 수는 《朝鮮神宮年報》(朝鮮神宮社務所 편) 각 연도판.
* : 이 비율은 저자가 낸 추계.

사참배와 권학제 보급을 장려하였다. 예를 들어 조선신직회의 회보 1933년 3월 호에 〈교육을 통한 경신敬神 사상의 함양〉이라는 제목의 기사가 실렸다.[54] "신사는 아동에게 살아 있는 수신 교육을 하는 곳이며 아름다운 국민 도덕을 형성하는 곳이다"라는 이 기사의 내용은 학교 내에서 이루어지는 수신 교육만으로는 부족하다, 이를 '살아 있는' 것으로 교육하는 곳은 신사이다, 라는 초대 궁사宮司 다카마쓰 시로의 사상과 일치한다. 이 기사에 서명을 한 '小西生'은 조선 신궁에서 근무하던 고니시 다케오小西武雄로 추정된다.

그 다음 4월호에서는 한발 더 나아가 〈권학제의 전 조선 보급을 요망한다勸學祭の全鮮的普及を要望す〉라는 논설(무기명)이 게재되었다.[55] 이 논설에는 "현재 이 권학제를 성대하고 엄숙하게 거행하고 있는 신사도

일본 신기회(大日本神祇會)로 명칭이 바뀌었으며, 전후에 신사 본청(神社本廳)을 형성하는 단체 중 하나가 되었다.

54 《鳥居》 제13호(朝鮮神職會, 1933년 3월), 6쪽.

55 《鳥居》 제13호(朝鮮神職會, 1933년 3월), 6쪽. 제14호(1933년 4월), 4쪽.

있지만, 각지에서 이를 더욱 발흥시켜 그 정신을 철저히 다지고자 한다"라고 실려 있으며, 조선 내 각 신사는 조선 신궁을 배워야 한다고 기재하였다. 또한 1934년 4월호에도 〈권학제의 보급을 요망한다〉는 제목의 기사가 게재되었다.[56] 그 내용은 "4월에는 권학제를, 이듬해 3월에는 학신제學神祭를 거행하고 모든 식전式典은 각 신사의 대전大殿에서 행하는 등, 학생·아동들로 하여금 경신숭조(敬神崇祖)의 지극한 정신을 드높일 수 있는 기회를 갖게 하고, […] 훌륭한 일본인을 양성해야 한다"라고 하면서 권학제와 더불어 졸업식에는 '학신제'까지 거행해야 한다고 주장한 것이었다. 이 기사를 쓴 사람은 당시 조선 신궁의 주전主典이었던 하야마 시즈오早山靜夫이다. 1934년은 부모 동반의 '감사 참배'와 '서약서' 제출이 시작된 해이기도 하다.

같은 시기 조선 신궁에서는 권학제와 더불어 아동의 참배 방법을 다른 곳에서도 가능하도록 조성함과 동시에 제전을 더욱 대규모로 거행하였다. 예를 들어 1932년 한 학교에서 시작된 오하라이 의식大祓式(6월)에도 학교의 참여가 시작되어, 이듬해 1933년에는 35개 학교로 참여 학교 수가 급증하였으며 이후 매년 30개 학교 이상이 참석하게 되었다.[57] 1934년에는 상무제尙武祭(5월)가 시작되면서 남아 참배를, 1935년에는 도화제桃花祭(3월)가 시작되면서 여아 참배를 장려하였으며, 1936년에는 아동·학생의 하계 조조 참배夏季早朝參拜(7, 8월)를 요청, 학교명과 인원수, 이름을 《연보》에 발표하기 시작하였다.[58] 오하라이 의식에 대해서는 다음 장에서, 하계 조조 참배에 대해서는 제3장에서 다시 자세하게 설명하겠다.

56 《鳥居》 제14호(朝鮮神職會, 1934년 4월), 2쪽.

57 《年報》 각 연도판에 근거하였다.

58 《昭和11年 年報》, 65-73쪽.

이처럼 아동을 대규모로 동원하면서 조선인 참배의 '질'에 대한 신직의 기대치까지 높여 놓았다. 이를 단적으로 보여 주는 것은 개인 단위로 이루어진 '감사 참배'의 권장과 '서약서'이다. 이어서, 이러한 점을 좀 더 구체적으로 검토하고자 한다.

(2) 조선인의 조선 신궁 참배와 '감사 참배'

조선인 참배자의 '참배' 모습에 대해서 1925년 10월의 조선신궁 진좌제鎭座祭에 참석한 신도가神道家 오가사와라 쇼조小笠原省三는 "'참배' 하러 온 조선인은 한 사람도 없었다. 우리의 상식으로 볼 때 '참배'란 절을 하고 기원을 하는 일이다. 조선인은 '참배'가 아니라 '참관'을 하고 있는 모습을 확인할 수 있었다"라고 기술하였다.[59] 이 기술에서는 조선인의 '참배' 모습이 신직이 기대하던 모습이 아니었다는 것을 알 수 있다.

아치와 야스히코阿知和安彦 궁사 아래에서 근무하며 권학제를 장려한 하야마 시즈오早山靜夫는 전후, "매일 참배자 수를 조사하면서 반도인의 참배자 수를 증가시키는 일에 급급하였던 것이다"라고 당시(조선에서 1932-43년 재직)를 회고하였다.[60] '급급'해 하며 조선인 참배자 수의 증가를 도모하면서도 현실은 전혀 신직의 기대대로 흘러가 주지는 않았다. 하야마 시즈오는 "외지의 신사에 봉사하면서 가장 고충으로 여겼던 일은 성역이 주민의 대변으로 더럽혀지는 일이었다"라고 기술하기도 하였다.[61] 이와 같은 현실에 직면하면서 조선인 참배자

59 오가사와라 쇼조(小笠原省三), 앞의 책, 73쪽.

60 위의 책, 535쪽.

61 위의 책, 536쪽.

수 중에서 큰 비중을 차지하는 조선인 아동에 대한 의존도는 더 높아 갔다. '감사 참배' 권장 배경에는 조선인 참배자를 증가시키고자 하였으나 신직의 기대만큼 증가하지 않았던 엄연한 사실이 자리해 있었다.

기존에 교원이 인솔한 '감사 참배'는《연보》의 '단체 참배 수 조사'에 포함되었지만, 보호자와 '감사 참배'하는 경우도 생기면서 두 번째 '감사 참배'를 개인 참배로 분류하여 개인 참배자의 '통계'에도 반영시킬 수 있게 되었다. 그럼 이제 '감사 참배'가 조선인 '참배자' 수 증가에 얼마나 영향을 미쳤는지 확인해 보자.

먼저 학교 단위의 '감사 참배'의 영향에 대해서, 〈표 1-2〉를 참조하고자 한다. 수신 교과서 배포 수를 아동 수로 보고, 빠진 사람 없이 모두 '감사 참배'를 하였다고 계산하면, 일본인 아동은 예년 4월의 일본인 참배자 전체[62] 중에서 평균 6.2%의 비율이었다. 그러나 조선인 아동은 4월의 조선인 참배자 수 전체 중에서 최저 13.5%, 최고 28.6%의 비율(평균 21.1%)을 차지하였다. 1930년, 1931년의《연보》를 통해 알 수 있는 실제 학교 단위의 '감사 참배' 수에 따르면, 수신 교과서 배포 수에 대한 보통학교의 '감사 참배율'은 1930년에 99%, 1931년에 98%여서,[63] 결석율이 매우 낮았음을 알 수 있다. 아동의 결석율이 낮았다는 것은 우선 신직에 의해 '감사 참배일'이 학교 단위로 각각 지정된 데다가 교원이 이를 인솔하는 형식의 중층적 감시가 작용했기 때문으로 보인다.

---

62 '참배자 전체'란, 단체·개인의 구별 없이 참배한 사람 수 전체를 말한다.《年報》에는 1936년(昭和11年)판까지 '내지인', '조선인', '기타'라는 항목별 참배자 수가 기록되어 있었다. 이후에는 '내선인內鮮人', '만지인滿支人', '구미인'이라는 항목이 있었다.

63 앞의 책《昭和五年の朝鮮神宮》, 25쪽. 앞의 책《昭和六年の朝鮮神宮》, 22쪽.

다음으로, 개인 단위로 다시 참배해야 하는 '감사 참배'의 영향을 살펴보기 위해서 4월의 참배자 수가 연간 참배자 수에서 차지하는 비율을 확인하고자 한다. 신직의 요청으로 보호자와 함께 가는 '감사 참배'가 시작된 1934년 4월의 조선인 참배자 수가 1934년 1년 동안 조선인 참배자 수에서 차지하는 비율은 18.5%이다. 4월이 참배자 수 비율에서 크다고 할 수 있는데, 전년에는 17.1%였던 것으로 보아 '감사 참배' 복수화의 영향은 그다지 명확하게 나타나지 않고 있다. 조선인 아동의 동원이 보호자까지 참배에 동원하기 위한 회로로 어느 정도로 작동하였는지는 판단하기가 어렵다. 다만 1939년의 자료에서는 전주 공립소학교(1938년 3월까지 보통학교)에서 조선인 가정의 '신사참배율'이 100명당 "부 15, 모 2, 조부 3, 조모 1"로 나와 있다.[64] 여기서 개인 단위의 '감사 참배'는 조선인 보호자에게는 그리 영향을 주지 못하였음을 유추해 볼 수 있다.

조선인의 '참배'는 신직에게는 '참관'으로 비쳐졌고 보호자의 '감사 참배'는 효과가 없었다는 것이다. 그만큼 조선인 아동의 '감사 참배'는 조선인 '참배자'의 수를 늘리기 위한 중요한 수단이었다. 아동으로 하여금 학교명, 성명을 기입한 '서약서'를 제출하게 함으로써, 개별화하여 교원의 인솔에서 벗어난 아동의 결석을 막는, '마법의 지팡이'와 같은 기능을 하였다고 볼 수 있다. 다음으로 '자발성'을 가장하는 수단으로서 '서약서'가 갖는 의미를 살펴보자.

---

64 榊原昇, 〈皇國臣民教育の現狀(わが校の皇國臣民教育)〉, 《朝鮮》 제287호(조선총독부, 1939년 4월), 45쪽.

(3) '자발성'과 '감사 참배'

1930년대에는 일본 현지의 수학여행 등, 학생 단체를 중심으로 한 단체 참배자는 크게 증가하였다. 그러나 조선 신궁의 신직들은 이에 만족하지 않고 더 나아가 '자발'적 참배의 증가를 기대하였다. 아치와 야스히코阿知和安彦 궁사는 "많은 신궁 참배자들이 자발적으로 375개의 돌계단을 오른 것이 아니라, 개인 참배 외에는 통솔자의 의지에 따라 기계적으로 따라가는 것은 아닌지, 친구 따라 강남 가는 격의 참배가 많은 것은 아닌지"라는 기술을 남겼다.[65] 개인 단위로 하는 '감사 참배'와 '서약서誓詞' 제출이 시작된 배경에는 교원이라는 '통솔자의 의지에 따라' 하는 '감사 참배'에서 분명 아동이 '기계적으로 따라갈' 뿐이기 때문에, '통솔자'를 가시화시키지 않고 '자발'적인 것처럼 보이는 방안으로 창안된 방법이라는 측면이 있다. 신직들은 단체 참배자에 많이 보이는 '타율적 참배'를, 개인 참배자에 많을 것으로 예상되는 '자발적' 참배로 바꾸고자 기대하였다. 그러나 여기서 등장한 방법은 '자발적' 참배를 '타율적'으로 연출하려는 시도였다.

앞서 기술하였듯이, 일본 현지에서도 입학 때에 신사에서 실시하는 행사를 '진수鎭守', '우지가미氏神'적인 신사에서 실시하였으나, 1930년대에 들어서면 전국의 유명한 신사에서도 실시되었다는 것을 확인할 수 있다. 예를 들어, 교토에서는 관폐대사官幣大社 가모미오야 신사賀茂御祖神社(시모가모 신사下賀神社), 관폐대사 야사카 신사八坂神社, 관폐중사官幣中社 요시다 신사吉田神社에서 이와 같은 행사가 실시되

---

65 《朝鮮》 제262호(朝鮮總督府, 1937년 3월), 28쪽.

었다.[66] 대부분의 경우 수신 교과서에는 신사의 도장이 찍힌 종이 카드가 첨부되었다. 여기서 일본 현지의 신사와 조선 신궁의 종이 카드를 비교해 보자. 먼저, 닛타 요시사다新田義貞를 기리는 별격관폐사別格官幣社 후지시마 신사藤島神社(후쿠이 현福井縣)의 사례를 살펴보겠다. 1934년의 기록에 따르면, "시와 그 인접 군의 각 소학교가 연합하여 신입생을 각 학교 교장 및 직원이 인솔하고, 여기에 현, 군, 시의 학무 당국자 및 학부모 등이 함께 후지시마 신사 앞 광장에 모여 큰 집단을 이루어 참배"한 뒤, 권학제勸學祭를 거행, 궁사의 훈화를 듣고 '카드를 첨부'한 수신 교과서를 배포받았다.[67] 이 카드에는 신사 주변 풍경과 함께 다음과 같은 글이 실려 있었다.

이어 관폐대사 히로타 신사廣田神社(효고 현兵庫縣)의 사례를 들어 보겠다. 이 신사에서는 다음과 같은 종이 카드를 첨부해 놓았다.[68]

> 충신 닛타 요시사다 공
> 신을 공경합시다.
> 훌륭한 사람이 됩시다.

'신'이라는 용어를 사용하고 있는 점, 종이 카드를 수신 교과서에 첨부해 배포하고 있는 점은 두 신사의 공통점이다. 한편 조선 신궁의 권학제에서는 1934년부터 '서약誓詞'을 제출해야 하였다. 수신 교과서

66 〈神社中心兒童敎化事業の實際(1)-(6)〉, 《皇國時報》 제561호(皇國時報發行所, 1935년 4월 21일), 제562호(1935년 5월 1일), 제563호(1935년 5월 11일), 제567호(1935년 6월 21일), 제570호(1935년 7월 21일), 제571호(1935년 8월 1일).
67 《敬愼》 제8권 제2호(臺灣神職會, 1934년), 60쪽. 《皇國時報》 제563호(1935년 5월), 6쪽.
68 《皇國時報》 제563호(皇國時報發行所, 1935년 5월 11일), 6쪽.

표 1-3. 1943년 교과서 배포 상황

신사명	도명道名	실시 지역	조선인 아동(명)	일본인 아동(명)
조선 신궁	경기도	경성부	16883	3657
청주 신사	충청북도	청주군 청주읍 백주면 일부	782	140
대전 신사	충청남도	대전부	750	310
부여 신궁 신사	〃	부여군 일부	220	80
송도 신사	전라남도	목포부	1032	195
광주 신사	〃	광주부	1170	230
송정 신사	〃	송정읍, 면창면, 동곡면	380	27
나주 신사	〃	나주읍	360	55
영산 신사	〃	영산포부	0	25
송도 신사※	〃	목포무안군	40	0
동산 신사	〃	장성군	1631	23
용두산 신사	경상남도	부산부	4480	1350
울산 신사	〃	울산부	0	30
밀양 신사	〃	밀양부 및 상남면 일부	510	45
통영 신사	〃	통영읍	850	0
마산 신사	〃	마산부	420	140
해주 신사	황해도	해주부	1384	190
평산군 세곡 신사	〃	평산군 세곡면	120	0
동북면 신사	〃	옹진군 북면	75	0
강원 신사	강원도	춘천읍	700	100
철원 신사	〃	철원읍	0	40
강원 신사	〃	강원군 강원읍	370	0
함경 신사	함경남도	함경부	1700	350
홍원 신사	〃	홍원군 홍원읍	0	4
원산 신사	〃	원산부	3500	420
청진 신사	함경북도	청진부	400	370
합계			37757	7781

※ '송도신사'는 목포부의 신사 하나뿐이며, 무안군에는 '신명신사神明神祠'가 1937년에 설치되었다. 따라서 명칭에 오류가 있는 것으로 추정되지만 원문 그대로 인용하였다.
출전 : 《문교의 조선文教の朝鮮》 210호(朝鮮教育會, 1943년)

에 종이 카드가 꽂혀 있어서 여기에 학교명, 이름을 기입하고 보호자와의 '감사 참배' 때, 신 앞에 예를 올리고 나서 비치함에 넣어 제출해야 하는 것이었다. '서약' 제출이 시작되면서 더욱 엄밀하게 개인 참배

1. 매일 아침 신에게 절을 올릴 것.
1. 몸을 건강히 할 것.
1. 행동을 바르게 할 것.
1. 열심히 공부할 것.
1. 선생님의 가르침을 잘 지킬 것.

를 파악할 수 있게 되었다. 종이 카드에는 다음과 같은 내용이 적혀 있었다.[69]

후지시마 신사, 히로타 신사의 종이 카드와 비교해 보면, 다음과 같은 점이 다르다는 것을 알 수 있다. 첫째, 조선 신궁의 종이 카드는 아동이 주어로서 '맹세'하는 형식을 보여 주고 있으며 또한 제출 상황을 확인할 수 있다는 점에서 '맹세하지 않는' 개인을 알아낼 수 있는 방식으로 되어 있다. 스스로 '맹세하는' 형식으로 바뀌었다는 점은 이것이 일본 현지에서처럼 '카드'가 아니라 '서약誓詞'으로 표현되어 있다는 점을 통해서도 분명하게 드러난다.[70] 둘째, 후지시마 신사의 종이 카드에 있던 "훌륭한 사람이 됩시다"라는 내용이 조선 신궁의 종이 카드에는 "훌륭한 일본인이 되어"라는 내용으로 바뀌었다. 이 점을 통해 조선인 아동이 권학제의 대상이었음을 알 수 있다. 또한 일본인이라는 것을 맹세하도록 하였다는 측면에서는 1937년에 조선총독부 학무과에서 도입한 '황국신민의 서약皇國臣民ノ誓詞'의 선구적

69 야마구치 고이치, 〈戰時期朝鮮總督府の神社政策—「國民運動」を中心に〉, 앞의 책, 209쪽. '서약(誓詞)'의 원문은 《朝鮮》 제269호(朝鮮總督府, 1937년 10월), 37-38쪽. 다만 이 글의 내용이 이후에도 계속되었는지는 확인할 수 없다.

70 '誓詞'는 권궁사權宮司 요시다 사다하루吉田貞治가 언급한 용어. 요시다 사다하루, 〈朝鮮神宮の年中祭祀〉, 《朝鮮》 제269호(朝鮮總督府, 1937년 10월), 37쪽. '誓向'은 《年報》 1934년(昭和9年)판, 20쪽.

형태로 볼 수 있을 것이다. 셋째, 일본 현지의 신사에서는 '신'이었던 표현이 조선 신궁의 카드에는 '천황 폐하의 은혜'와 '대전大前'이라고 표현되었다. '대전'이란 조선 신궁의 제신祭神, 즉 아마테라스오미카미天照大神, 메이지 천황明治天皇을 말한다. 넷째, 일본 현지의 신사에서는 종이 카드를 첨부함으로써 수업 등에서 활용이 가능한 것이었던 데에 반해, 조선 신궁의 카드는 아동이 조선 신궁까지 가서 비치된 함에 넣어 제출하여 '감사'를 해야 하는 특이한 형식이었다(47쪽 1장 시작면 사진 참조).

권학제와 '감사 참배'는 조선 신궁의 조선인 참배자 증가에 직접적인 영향을 주었음과 동시에, 동원된 조선인 아동에게는 '서약'이라는 '소도구'로 가장한 '자발'성이라는 이름 아래 천황에 대한 공순恭順을 맹세해야 하는 장치였다고 할 수 있다.

제3절 행사의 전개 – 1930년대 후반–1940년대

제2절에서는 신직神職이 권학제의 보급을 호소하였다는 점을 지적하였다. 그리고 신직들의 계획대로 수신 교과서 배포는 조선 전체로 확대되었다. 1930년대 후반 이후의 권학제에 대해서는 여전히 그 분석을 위한 충분한 자료가 발견되지 않고 있다. 여기에서는 다음 세 가지 자료를 통해 이후의 전개에 대해서 가능한 범위에서 고찰해 보고자 한다.

첫째, 1937년부터 새로이 조선총독부 편찬 수신 교과서(1권)에 등장한 '기미가요' 항목의 삽화에 '감사 참배'를 밑그림으로 삼아 그린

용산 공립 보통학교 감사 참배(1932년)(《昭和7年 朝鮮神宮年報》, 朝鮮神宮社務所, 1933년, 28쪽)

것으로 생각되는 일러스트가 사용된 사실이다. 서장의 속표지 사진과 더불어 다음 페이지의 사진과 실제 교과서의 해당 부분을 참조하고자 한다. 조선총독부가 편찬한 조선인 아동 수신서 1권, 즉 1학년용 교과서이다. 사진 속 도리이鳥居가 삽화에는 그려져 있지 않았으나 삽화 속 신사는 분명 조선 신궁이다. 수신 교과서를 조선 신궁에서 배포하는 행사에 대해 1930년대 후반의 수신 교과서에 실려 있는 것으로 보아, 수신 수업에서 이 행사를 다루었을 것으로 추정해 볼 수 있다.

둘째, 1937년에는 현재 국제공항이 들어선 인천의 인천 신사에서도 권학제라는 이름으로 제사가 거행된 사실이다.[71] 이 행사가 조선 신궁 이외의 장소로까지 확대되었음을 보여 주는 자료이다. 인천 신사에서 거행된 권학제에는 교장뿐 아니라 아동도 제사에 참석하였다.

---

71 《每日申報》(每日申報社, 1937년 4월 9일).

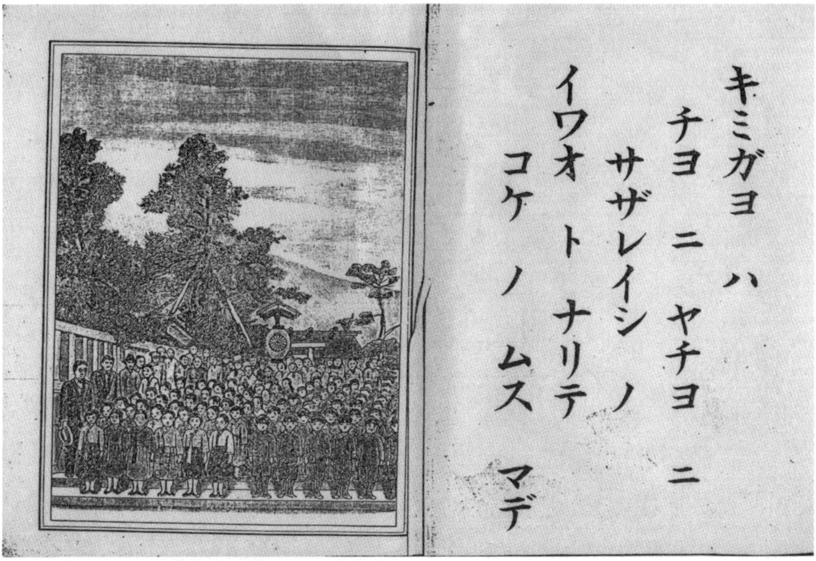

수신 교과서 '기미가요君が代'와 삽화. 표지의 '보통학교 수신 교과서' 위에 '초등'이라고 찍혀 있으며, 1938년에 보통학교가 소학교로 개칭된 뒤에도 사용된 것으로 추정된다.(조선총독부 편《보통학교(초등) 수신서 권-1》조선서적 인쇄 주식회사, 1937년 1월 개정판)

셋째, 1943년의 조선교육회 잡지《문교의 조선文教の朝鮮》에 게재된 1학년용 수신 교과서의 배포 상황이다.[72] 이를 통해서 권학제의 전개 양상을 더욱 자세히 엿볼 수 있다. 정리해 보면 〈표 1-3〉과 같다. 〈표 1-3〉을 통해서 1943년에 조선 전체의 수신 교과서 배포 상황을 합산하면 4만5천 권 이상의 수신 교과서가 배포되었다는 점, 배포 대상에는 압도적으로 조선인이 많았다는 점을 알 수 있다. 또한 1936년부터 도입된 신사공진금제도神社供進金制度(일본 현지의 사격 제도社格制度와 유사한 공금 보조 제도)를 살펴보면, 부府에서 보조금을 주는 부 공진사府供進社는 8개 신사 중 4개 신사, 도道에서 보조금을 주는 도 공진사는 8개 신사 중 4개 신사, 국고에서 보조금을 주는 국폐

72 《文教の朝鮮》제210호(朝鮮教育會, 1943년 5월), 69-70쪽.

소사는 8개 신사(이 가운데 경성 신사는 조선 신궁에서 배포한 것이 있어서 배포할 필요가 없었다. 그래서 실제로는 7개 신사) 중 3개 신사였다. 즉 공진금 제도 중 고액을 받는 신사에서는 절반 가까이가 권학제를 실시(47.8%)하고 있었다. 이름을 밝힌 실명 기사를 통해 권학제 보급을 호소한 하야마 시즈오早山靜夫가 전임해 간 국폐소사 용두산 신사(부산), 도 공진사 강원 신사(춘천)는 모두 권학제를 실시하고 있었다. 특히 용두산 신사에서는 읍邑이나 군郡이 아니라 부산부釜山府 전체에 수신 교과서를 배포하여 조선 신궁 다음으로 대규모였다. 게다가 조선 신궁 출사出仕(1929-34년)였던 나카지마 다카후미中島堯文가 사장社掌[73]으로 있던 부 공진사 광주 신사에서도 부 단위로 권학제를 실시하였다.

장 요약

이 장 전체를 통해, 학교의 신사참배 강요와 관련하여 시기의 한정성이라는 문제와 이를 대對 기독교 정책과의 관계에서만 파악하려는 문제에 대해서 살펴보았다.

시기의 한정성과 관련하여 수신 교과서 수여 봉고제奉告祭·권학제勸學祭의 사례는 조선총독부와 학교라는 관계뿐 아니라 조선 신궁과 학교라는 관계에서도 신직神職이 적극적으로 관여한 참배 요구가

73 府縣社 이하 신사의 신직 중, 상석 1명을 샤시(社司), 그 나머지를 샤쇼(社掌)라고 불렀다. 메이지 27년(1894년) 2월 28일 칙령 제22호 〈府縣社以下神社ノ神職ニ關スル件〉. 또한 '朝鮮神宮出仕'란, 구지(宮司), 네기(禰宜) 등 〈官國幣社職制〉에 기초한 신직으로서의 직위가 아니라 조선 신궁의 고용인을 의미한다.

1920년대부터 존재하였음을 보여 준다. 조선 신궁과 조선총독부라는 또 하나의 관계는 1920년대에는 거리감이 있었으나, 1930년대 전반에 그 거리를 어느 정도 좁혀 갔다. 권학제 거행 후 마련된 간담회 자리는 신사(신직), 학교(교장), 조선총독부(총독) 삼자가 각각 서로를 관여하기 위한 장이 되기도 하였다.

또한 서장에서 신직의 '주체성'에 대해 알아보겠다고 서술하였는데, 이에 관해서 이 장에서는 진좌鎭座 당시 조선총독부의 소극성에 분개했던 다카마쓰 시로 궁사가 1926년부터 수신 교과서 배포에 직접 관여한 것으로 생각되는 사상적 배경을 지적하였다. 나아가 1930년대에는 전후에 형사나 관리가 자행한 '폭력적'인 참배 강요를 회고하는 회고록을 남긴 하야마 시즈오早山靜夫 본인이 권학제 보급을 신직회 회보를 통해 제창한 사실을 확인하였다.

조선총독부와 신사의 연계가 깊이를 더해 가는 가운데, 1932년에 수신 교과서 수여 봉고제가 권학제로 개칭되어, 이후 '감사 참배' 횟수의 복수화, '서약 제출' 등 새로운 전개 양상을 보였다. 조선인 아동의 '감사 참배'는 조선인 참배자 수의 증가로 직결되었다. 그리고 '서약'이라는 새로운 '소도구'를 통해서, 신직의 시각에서 볼 때 '자발적' 참배가 적다는 현실 문제와 관련해 개인 참배라는 '자발성'이라는 장식을 형식상이나마 도입할 수 있었다.

본 장을 통해 적어도 권학제와 관련해 언급하자면, 권학제는 신직이 적극적으로 개척하고자 한 아동 참배의 회로回路였으며, 조선총독부는 처음에 이에 소극적이었다는 것을 엿볼 수 있었다. 공립 초등학교 아동은 교장과 '감사 참배' 인솔 교원에 이끌려 마지못해 참배에 나섰던 것이다. 참배 강요를 학교라는 특수한 공간의 특질을 감안하여 파악하고자 할 때, 이것이 스가 고지菅浩二의 말처럼 식민지 신사 '폐지 전 수 년간'[74]의 문제가 아니라 적어도 1926년부터 20년간 지속된 문제라는 것을 알 수 있었다.

수신 교과서 수여 봉고제·권학제에 참석한 각 교장은 총독부나 '경성'부의 학무 담당자, 행정을 통한 감시 아래 참배(제의祭儀 식순에 따라 '절'을 한다)를 강요받은 측면이 있다. 그러나 교장들은 학교에 돌아가서는 교원에게 '감사 참배' 인솔을 강요하는 입장이 되었고 교원은 아동을 인솔하는 감시자 역할을 하게 되었다. 이와 같은 계층 구조 속에서 한 발 더 나아가 신직이 각 학교에 '감사 참배 문제'를 분할하여 설정하고, '서약'을 제출하도록 하는 등 적극적인 관여가 더해졌다. 조선인 참배자 중에서 중핵을 차지하는 조선인 아동은 이러한 중층적 압력을 강하게 받으며 '소도구'를 통해 감시를 받으면서 '자발적' 형식으로 천황에게 절을 하였던 것이다.

신사를 종교로 공언하고 신사참배 때 '감격분발의 심정'을 중시하는 다카마쓰 시로의 '신비'를 바탕으로 삼은 사상이나 논리는 그의 일본 현지에서의 경험 속에서 배양된 것이었으며, 그 실천으로 나타난 수신 교과서 배포는 조선총독부와의 관계 개선을 거치면서 1940년대에는 조선 각 지역으로 확대되어 갔다. 이 행사는 조선 신궁에서의 특수한 문제가 아니라, 일본 현지의 신사에서부터 식민지의 '총진수總鎭守'로 전개되면서 이런저런 문제를 야기하였으며, 이러한 와중에도 식민지 각 지역의 신사로 확대하려고 하는 양상을 보여 주었다고 할 수 있다.

다음 장에서는 조선 신궁의 오하라이 의식大祓式에 주목하여 1930

74 菅浩二, 앞의 책(2002년), 80쪽.

년대 전반의 신사참배 형태에 대해서 '신비성'의 현재화顯在化라는 점에 좀 더 주목하면서 검토해 가고자 한다.

제2장

신앙으로 끌어들이다

조선 신궁에서 거행된 오하라이 의식

조선신궁 신직 전체 사진. 앞 줄 오른쪽에서 세 번째가 다카마츠 시로 초대 궁사, 네 번째가 아치와 야스히코阿知和安彦 2대 궁사. 궁사 교체 때의 기념사진으로 추정된다.(1931년 5월 무렵 촬영. 개인 소장)

제1절 '신사 비종교神社非宗教론'과 오하라이 의식大祓式

(1) '숭경崇敬'과 '신앙'

이번 장에서는 1930년대 전반前半의 학교와 조선 신궁의 관계를 자세히 분석해 보고자 한다. 오하라이 의식大祓式이라는 제사를 단서로 하여 아동·학생이 참배를 강요받는 과정을 분석함으로써 신사 '비종교' 속의 '신비'성을 현재화顯在化라는 논점과 공립학교의 종교성이라는 문제에 접근해 보고자 한다.

오하라이 의식은 매년 6월 말과 12월 말에 전국 신사에서 거행하는 정기 제사祭祀인데, 국가적 제식祭式의 성격과 민중의 축제와 같은 성격의 양 측면을 갖고 있다. 다소 복잡한 성격을 가진 행사이다. 일반적으로는 반년 동안의 '부정함穢れ'을 사람 모양을 본뜬 종이에 옮겨 담아 '씻어 내어祓' 물에 떠내려 보내는 종교神道 색채가 강한 행사였다. 현대에도 많은 신사에서 '띠 고리 빠져나가기茅の輪くぐり' 행사가 거행되고 있다는 점에서 상징적으로 나타나 있듯이 민간 제사의 성격이 강한 행사로 천황·황실 숭상 교육과는 직접적인 관련을 찾아보기 어려우며, 여기서 유래한 기념일이나 학교 의식도 찾아볼 수 없다. 그런데 어떻게 국가적 제식의 성격까지 갖게 되었는지에 대해 설명하자면 메이지 유신기의 신도 국교화 정책기에 '오하라이 옛 의식 재흥大祓舊儀御再興(1871년)'을 통해 궁중 제사로 부활하여 신도 국교화 정책이 좌절되면서 신사 '비종교'의 국가적 제사 기관으로 변신하는 과정에서도 〈관국폐사 이하 신사 요배 및 오하라이 식순官國幣社以下神社遙拜及

大祓次第〉(1914년 3월 27일 내무성 훈령 제4호)에서 볼 수 있듯이 사라지지 않고 계속 전해졌기 때문이다.

황실 제사를 본떠 만들어진 학교 의식에는 이러한 흔적을 전혀 찾아볼 수 없으며, 학교에서 오하라이 의식에 참여한 예는 매우 드물었다. 전국신직회全國神職會 기관지 《황국시보皇國時報》에서 유일하게 확인할 수 있었던 예는 1930년에 교파신도教派神道 중 하나가 실시한 오하라이 의식에서 초등학생들이 식장까지 행렬을 지어 갔다는 기사뿐이었다.[1]

일본 현지이든 식민지이든 상관없이 1930년대 전반까지 아동·학생들의 신사참배는 교육상의 이유를 근거로 한 것이었으며 '신앙'의 강요에 의한 것이 아니기 때문에 일본제국헌법 제28조('안녕질서'를 방해하지 않는 한 '신앙의 자유' 가능)에 저촉되지 않는다고 해석되었던 것이다.[2] 앞 장에서 언급한 권학제勸學祭는 이러한 이유로 신직들에 의해 조선총독부의 소극성이 무너지면서 성대히 거행될 수 있었다. 그러나 오하라이 의식에서는 천황 '숭경'에 대한 직접적인 관련성을 찾아보기 어려우며, 이러한 개념 조작操作의 범주에 들어갈 수 없는 성격을 가지고 있다.[3]

이 장에서 오하라이 의식에 주목함으로써 '신앙'을 강제할 수는 없

---

1 《皇國時報》 제391호(皇國時報發行所, 1930년 7월 21일), 3쪽.

2 아카자와 시로(赤澤史朗), 《近代日本の思想動員と宗教統制》(校倉書房, 1985년), 133쪽.

3 예를 들면 1920년대 후반부터 1930년대 전반에 걸쳐, 일본 현지에서 종교 법안 책정과 관련하여 신사가 가진 '종교성'에 대한 논의가 격렬하게 진행되었다. 이 당시 이노우에 데쓰지로(井上哲次郎)나 간자키 잇사쿠(神崎一作)(神道大教管長)는 신사가 가진 '종교적'인 요소 중 하나로 '미소기하라이(禊祓)'를 들었다. 이노우에 데츠지로, 〈神社神道と宗教との關係〉, 加藤玄智 편, 《神社對宗教》(明治聖德記念學會, 1930년), 9쪽. 간자키 잇사쿠, 〈神社の宗教的價值〉, 《神社對宗教》, 520쪽.

지만 '숭경'은 강제할 수 있다는 개념 조작이 1930년대 조선에서 어떻게 적용되었는지, 어떻게 누구에 의해 무너졌는지에 대해서 밝히고자 한다.

이제부터 우선 '신사 비종교론'과 관련하여 '신앙'과 '숭경'을 일반적으로 어떻게 구별하였는가 하는 문제에 대해서 정리한 다음, 조선 신궁이 오하라이 의식 참석자를 늘린 목적, 실제로 참석한 학교 종류나 학교명, 교장명 등에 대해서《연보年報》를 바탕으로 분석하고자 한다.

《연보》에 대해서는 앞 장에서도 서술하였듯이, 주요 제사에 대한 상세한 기록, '통계'가 기재되어 있다[다만 1938년(昭和13年)판 이후는 간략하게 기술되었다]. 이와 관련한 배경에 대해서 제1장에서는 다카마쓰 시로高松四郎 초대 궁사의 도쇼구[東照宮]에서의 경험을 언급하였다. 여기에 몇 가지 이유를 덧붙이자면, 조선 신궁에 할당된 국고 보조금이 7만 엔(1934년)으로 일본 현지의 관사官社에 비해 상당히 고액이었다는 점,[4] 조선 신궁은 '통계'를 '궁내성宮內省에 헌상', '탁무성拓務省에 송부'[5]하였다는 점을 들 수 있을 것이다. 막대한 국고 보조금에 대한 '효과(=많은 참배자)'를 관청에 보고할 필요가 있다고 인식하고 있었을 것이다.[6] 앞 장에서도 소개하였듯이, 실제로 조선 신궁 신직의 회

---

4 〈昭和9年度 官幣大社 朝鮮神宮 經濟狀況調〉,《鳥居》 제6권 제3호, 朝鮮神職會, 1936년 3월, 3쪽. 일본 현지에서 최고액은 메이지 신궁(明治神宮)의 3만5천 엔이었다. 〈官國幣社 國庫供進金 配布 一覽表〉(국립 공문서관 소장)에 따르면, 1934년의 경우, 메이지 신궁 다음으로 가시하라 신궁(橿原神宮) 2만501엔, 이하 거의 모든 관사(官社)는 3백-5천 엔 사이였다. 또한《値段史年表 明治·大正·昭和》(朝日新聞社, 1988년)에 따르면, 1937년 무렵의 은행원 초임 월급은 70엔, 공무원(고등관)의 월급은 75엔이었다.

5 《昭和4年の朝鮮神宮》(朝鮮神宮社務所, 1930년), 16쪽.《昭和5年の朝鮮神宮》(朝鮮神宮社務所, 1931년), 26-27쪽.

6 《年報》의 이와 같은 의미를 생각하면 '통계'상의 숫자는 참배자 수를 늘리는 방향으로 숫

고에 의하면, 신직이 참배자 수를 세는 데에 '급급'[7]하였다고 기술하기도 하였다(또한 이 장에서는 '참배[배례]'의 뜻을 포함한 용어로 식式에의 '참열參列'이라는 용어를 사용한다).

그러면, '숭경'과 '신앙'을 어떻게 구별하였는가 하는 문제에 대해서, 같은 시대의 신사 관계자들의 논의에 근거하여 정리해 보도록 하겠다. 신사 '비종교'라는 표면적 주장을 유지하기 위해서는 신사란 무엇인가에 대한 정의를 내리지 않으면 곤란함에도 불구하고, '신사법神社法'이라고 할 수 있는 제도적 장치는 시간이 지나도 정비되지 않았다. 이러한 일본 현지의 상황 속에서 1929년 말, '신사 제도에 관한 중요 사항을 심의'할 목적으로 신사 제도 조사회가 설치되었다.[8] 이듬해 1930년 7월 12일에 열린 제1회 특별위원회에서 논의가 된 내용은 신사의 제사祭祀 의식에 학생이 참석하는 것 자체와 '하라이祓'가 행해지는 종교성에 대한 것이었다.[9]

먼저 이 날의 위원회에서는 논의 초반에 〈신사의 종교적 행위라고 할 수 있는 사례〉라는 제목이 달린 자료가 배포되었다. 이 자료는 '1. 기도 주술', '2. 부적', '3. 신부神符', '4. 기타 행사', '5. 신사의 시설 또

자가 수정되었을 가능성도 배제할 수 없기는 하지만, 민족별 참배자 수가 공표되었다는 점을 고려할 때 참배자의 상대적 경향에 대해 큰 폭의 수정을 가했을 가능성은 희박한 것으로 일단 상정해 볼 수 있다. 적은 수의 조선인 참배자 수 공표는 조선 신궁에 그리 이로운 일이 아니기 때문이다. 또한 《年報》에 따르면 조선인 참배자 총인원수(전체 참배자 총인원수에서 차지하는 비율)은 1932년이 8만 3478명(18.1%), 1934년이 11만 6812명(18.9%), 1936년이 34만 909명(29.0%)이었다. 당시 '경성'부 인구는 1935년 말에 39만 4911명, 인접 군을 편입한 이듬해인 1936년에는 63만 6955명이었다. 《京城府史》 제3권[湘南堂書店, 1982년(경성부 발행 1940년 자료를 복간)], 802쪽.

7 하야마 시즈오(早山靜夫), 〈江原神社を回顧して〉, 앞의 책, 535쪽.

8 《近代神社行政史研究叢書 I 神社制度調査會議事錄 ①》(神社本廳, 1999년), 속표지 3쪽.

9 미즈노 렌타로(水野錬太郎)는 내무 관료를 지내던 시절에 신사국장 재직 경험이 길어 전국신직회(全國神職會) 회장을 역임하는 등 신사와의 인연이 깊었다.

는 행위로 오인을 받는 것'으로 구분하여 각각 구체적 예를 예시하였다. 그중 '4. 기타 행사'에서는 '오하라이 의식, 하월신사夏越神事, 연초 운수 보기 행사, 세츠분 회節分會 등'이 기재되어 있었다. 그리고 구체적 토론이 진행되는 가운데, 먼저 나카무라 게이지로中村啓次郎(중의원 의원)이 기독교나 정토진종淨土眞宗 신자가 신사참배를 '신앙의 자유'를 이유로 거부하는 사례가 있음을 지적하였다. 이 의견을 듣고 이케다 기요시池田淸 내무성 신사국장(훗날 조선총독부 경무국장)은 이 이야기는 '다음 기회에'하자고 제안하였다. 그러나 여기서 미즈노 렌타로水野錬太郎(귀족원 의원, 전 내무대신·전 문부대신)가 나카무라 게이지로의 발언을 듣고 논점을 정리하는 형태로 이와 같이 발언하였다.[10]

> 기독교인이 신사의 종교 행위 운운하는 것은 이런 것일 것이다. 예를 들어 신사에 초등학생을 참배하게 하고 신단에 절을 올리게 하는 것, 초등학생에게 이렇게 참배시키는 것은 숭경의 뜻을 갖게 하는 […] 다만 신사의 의식에 참석하게 하는, 그래서 이를 믿게 하는 행동을 한다는 것은 이른바 종교적 행동, 예를 들어 지금 **오하라이와 같은 의식을 행한다, 그리하여 의식에 참석한다, 그러면 이는 신사를 강제적으로 믿게 하는 것이 되어, 신사에 가면 신앙의 자유라는 것이 죽어버리는** 것이 된다. (강조 고딕은 인용자)

이 발언 속에는 '초등학생을 참배시키는' 것은 '숭경'이지만, '신사의 의식에 참석시키는' 것이나 '오하라이와 같은 의식'에 대해서는 '강제적으로 믿게' 하는 것이 되어 '신앙의 자유'에 저촉된다는 인식이 담겨 있다.

10 神社本廳, 앞의 책, 63-64쪽.

이 발언은 미즈노 렌타로 본인이 '강제적으로 믿게' 하는 것에 대해서 부정적이었다기보다도 논의 중에 그 논점을 명확하게 하려는 성질의 것으로 주의해서 보아야 한다. 그러나 이 위원회의 논의 초반에 논의의 대상으로 앞에서 언급한 자료가 배포된 일이나 미즈노 렌타로의 이 발언이 보여 주듯이, 정책 입안에 관여하는 신사 관계자의 입장에서는 1930년 7월에 제사에 대한 아동·학생의 참석이나 '하라이祓'가 '신앙의 자유'에 저촉되는 사례로서 논의 선상에 올랐다는 것은 매우 중요한 사항이다.[11]

(2) 조선총독부의 협력자

앞에서 서술하였듯이, 1930년의 신사 제도 조사회에서는 제사에 대한 참석이나 '오하라이大祓'가 '종교적 행위'이며 '신앙의 자유'에 저촉된다는 문제가 논의의 화제로 떠올랐다. 또한 조선에서는 1920년대부터 이미 기독교 계열 학교에 다니는 학생의 신사참배 거부가 문제로 떠올랐다. 그럼에도 불구하고 1930년대 전반부터 조선 신궁에서는 오하라이 의식에 학교의 참석이 시작되었다. 《연보》에 기재된 예제例祭 등 조선 신궁의 다른 제사에서는 제사 그 자체에 대한 참석자로서 교장의 이름은 보여도 아동·학생의 이름은 보이지 않았다.[12] 따라서 조선 신궁의 오하라이 의식에 아동·학생의 참석은 '신앙의 자유'

---

11 다만 미즈노 렌타로의 발언은 그 뒤 이어진 에기 가즈유키(江木千之) 위원장의 "그것은 다음 기회로 돌리겠습니다"라는 발언으로 논의가 중지되었다. 神社本廳, 앞의 책, 63-64쪽.

12 《年報》에 따르면, 학생이 참배 외에 다른 이유로 조선 신궁에 모이는 것은 기원절(紀元節) 등의 제사 후에 경내에서 실시된 '봉축 식전' 때문이었다.

문제에 비추어 보아도, 조선 신궁의 다른 행사와 비교해 보아도 특이한 것이었음을 알 수 있다. 이제부터 이러한 특이한 상황을 만들어 낸 요인을 고찰하기 위해서 관료, 신직, 교장의 의도에 대해서 검토해 보고자 한다.

'신사 비종교'와 관련한 일본 현지의 행정 기구는 신사 행정을 내무성, 교파신도教派神道를 포함한 종교 행정을 문부성이 관장하는 체제로 관할이 구분되어 있었다. 조선총독부에서는 1921년에 종교 행정을 학무국이, 신사 행정을 학무국 내무부(1922년 이후는 내무국)가 담당하는 형태로 정비되었다.[13] 아카자와 시로赤澤史朗는 일본 현지의 문부성과 내무성의 신사에 대한 태도의 차이에 대해서 "종합해 말하면, 문부성은 국가 도덕 시설로서의 신사를 상정하는 경향이 강하였고, 〔…〕 내무성은 신사의 종교성을 강조하는 자세를 보였다"고 지적하였다.[14] 이를 조선총독부에 적용해 보면, 학무국과 내무국의 온도 차라고 할 수 있다. 우선은 학무국과 내무국의 온도 차에 주목을 하면서 조선 신궁의 오하라이 의식에 조선총독부 관료의 참석 상황을 확인하고 관료의 의도를 탐색하고자 한다.

오하라이 의식 참석자는 1931년까지 10명 안팎이었으며 조선 신궁 제식祭式 중에서도 가장 소규모였다. 조선총독부 관료로는 총독 대리로 내무국장이 참석하기도 하였으나, 1933년까지는 과장 이하가 총독 대리로 참석한 경우가 많았다. 경기도지사, '경성'부윤(시장에 해당) 모두 1932년까지 총독 대리로 참석하였다. 따라서 이 무렵

---

13 조선총독부의 신사 행정 제도의 변천에 대해서는 아오노 마사아키(青野正明), 〈植民地期朝鮮における神社の職制·神職任用關連の法令−1936年の神社制度改編を中心に〉, 《桃山學院大學人間科學》 30호(桃山學院大學綜合研究所, 2006년 1월) 참조.

14 아카자와 시로(赤澤史朗), 앞의 책, 133쪽.

까지 도道·부府에서 이 제사를 중시하였던 것으로 보이지는 않는다. 그러나 1934년에 들어서면 총독 대리로 재무국장, 그 밖에 내무국장과 경무국장이 참석하였고 경기도지사도 참석하였다. 또한 헌병대 사령관이나 조선군 참모장과 같은 군장교도 참석하기 시작하였다. 이듬해 1935년에는 군 관계자로 헌병대 사령관, 조선군 참모장과 더불어, '보병 78연대 장교단' 대표, 재향 군인회 경성분회장까지 참석하였다. 1936년에는 정무총감 이마이다 기요노리今井田清德가 참석하였고, 1937년부터는 1936년 8월에 부임한 미나미 지로南次郎 총독이 직접 참석하여, 이 때 참석자 수가 1천 명을 넘기까지 하였다. 이해를 마지막으로 참석자 개인 명의 기록은《연보》에서 사라졌다.

《연보》에서 확인한 결과, 조선총독부 내무국장은 1933년부터 1934년, 1935년, 1936년, 1937년까지 5년 동안 여름과 겨울에 열린 10차례의 오하라이 의식 중 8차례나 참석하였다. 이에 반해 학무국장이 오하라이 의식에 참석한 흔적은 한 차례도 찾아볼 수가 없다.[15] 조선총독부 학무국장이 참석한 행사는 1933년에 세단제歲旦祭, 메이지절제明治節祭, 1934년에 기원절제紀元節祭, 천장절제天長節祭, 예제例祭, 신상제新嘗祭, 1935년에 기원절제, 천장절제, 예제, 1936년에 기원절제, 천장절제, 예제, 메이지절제였다.[16] 이들 제사는 예제와 신상제를 제외하면 사대절四大節에 속하며 학교 의식으로도 거행되었다.

사대절 관련 제사에 적극적으로 참가한 분위기와는 대조적으로 학무국장은 오하라이 의식에 참석하지 않았다. 이는 이 제사의 성격이 교육과 관련된 것이 아니라 종교성을 띠는 것으로 인식되고 있었

15 다만, 1934년 12월의 오하라이 의식(大祓式)에만 학무국 학무과장 오노 겐이치(大野謙一)가 참석자로 기재되어 있다. 이 당시에 교장이나 학생은 참석하지 않았다.

16 《年報》 각 연도판에 근거한다.

음을 보여 준다고 할 수 있다. 그러나 실제로 오하라이 의식에 학교가 참여하기 시작한 것이 1932년부터였다는 사실은 조선 신궁이 이 의식이 교육과 관련된 행위인지 여부를 불문에 붙이려 하였다는 것, 그리고 실제 학무 행정 당국의 의향과는 상관없이 조선 신궁 신직의 요구에 따르는 인물(관리나 교장)이 존재하였다는 것을 보여 준다.

예를 들면 신직의 이러한 의향에 대한 협력자 중 한 사람으로 조선총독부 내무국 지방과 촉탁이었던 오야마 후미오小山文雄를 들 수 있다. 조선 신궁의 사적 봉찬 단체私的奉讚團體인 천청회天晴會의 간사이기도 하였던 오야마 후미오는 1934년에 《신사와 조선神社と朝鮮》을 저술하여 신사참배를 '종교' 행위라고 단언하는 것에 대해서 다소 신중함을 보이면서 다음과 같이 '아동의 신사참배'를 정당화하였다.[17]

> 국민으로서 외래 종교를 믿는다는 이유로 국체신도國體神道를 받들지 않는다면 이는 분명 반反국민적인 일이다. 다른 종교든 신도든 결국은 같은 우주의 절대 진리를 믿는다는 점에서 하나로 귀결된다고 믿는다. 〔…〕 이처럼 신사의 특질은 국민적 정조를 기르는 데에 적지 않은 효과를 가져다주는 것은 물론이고, 국민 교육상 아동의 신사참배의 깊은 이유와 효과를 여기서 이끌어 낼 수 있다. 〔…〕 유연한 종교 분위기를 통해서 그 밖의 많은 종교적 신앙을 포용하고 순화하는 영적인 장소이므로 〔…〕 부디 소아小我를 버리고 대동으로 나아가는 소담스러움을 갖고 신사를 중심으로 한 정신적 결합을 이룰 날을 기다린다.

오야마 후미오는 "다른 종교든 신도든 결국은 같은 우주의 절대 진리를 믿는다는 점에서 하나로 귀결"되므로 "외래 종교를 믿는다"는

17 오야마 후미오(小山文雄), 《神社と朝鮮》(朝鮮佛教社, 1934년), 196-198쪽.

신사참배 거부의 이유는 "반국민적"이라고 단언하였다. 이를 통해, 당시까지 학생에게는 '숭경崇敬'에 한정하였던 구분을 '영적인 장소'인 신사가 '소아'를 포용한다는 이론으로 타개해 보려는 인식의 변화를 엿볼 수 있다. 이 저서는 1935년 말 이후 기독교 계열 학교의 신사참배 거부 문제가 크게 부각되기 전에 1년 이상 앞서 출판되었다.

이 저서에는 조선총독부 경무국장이자 조선신직회 고문이었던 이케다 기요시池田淸와 조선 신궁 궁사 아치와 야스히코阿知和安彦가 서문을 장식하였다. 이케다 기요시는 조선 신궁을 관할하는 내무국장도 아니고 학교를 관할하는 학무국장도 아니었지만 내무성 신사국장에서 조선총독부 경무국장警務局長으로 이동해 온 경력을 바탕으로 전국신직회, 조선신직회와도 깊은 관계를 맺고 있었다(책 뒤의 〈자료 2-2〉 참조).[18] 이케다 기요시는 오야마 후미오의 저서 서문에서 "신기사神祇史로 본 내선內鮮 관계에 대해서는 거의 대부분을 서술하여 신사의 특질을 분명하게 설명하였으며 〔…〕 인심에 많은 도움을 줄 것으로 믿는다"라고 칭찬하였다.[19] 조선 신궁을 직접 관할하지는 않았으나, 이케다 기요시가 조선 신궁 궁사와 나란히 이와 같은 찬사를 남긴 것은 조선총독부 안에 신사 행정을 관할한 내무국 이외에도 신사에 대한 지원을 아끼지 않는 관료가 존재하였음을 보여 주고 있어 매우 흥미롭다.

이케다 기요시는 전직인 내무성 신사국장 시절, 앞에서 언급한 신

---

18 이케다 기요시(池田淸)의 조선총독부 경무국장 재임은 1931년부터 1936년까지 (홋카이도청 장관(北海道廳長官)으로 전임). 부임과 동시에 조선신직회 고문에 취임, 조선총독부 관내 주재소와 경찰관 가정에 신단(神棚)을 설치하게 하였다. 《鳥居》 제6권 제5호(朝鮮神職會, 1936년 5월), 3쪽.

19 오야마 후미오, 앞의 책, 1-2쪽.

사 제도 조사회 특별 위원회에 매번 참석하였다. 따라서 "오하라이와 같은 의식을 행하는"것이 '신앙의 자유'에 저촉된다는 논점을 충분히 숙지했을 인물이다. 그런데도 그는 조선에서 '조선계회朝鮮禊會'를 조직하여 고문으로 취임하였으며, '계회禊會'에 경찰관을 참석시켰을 뿐 아니라 경찰관 강습회에서 직접 "먼저 미소기禊 행사를 힘써 거행하고 그런 다음에 신전에 나아가 절을 올리는" 행동을 보여 주었다.[20] '미소기禊'는 '하라이祓'와 더불어 일찍부터 그 종교성의 지적을 받아 온 행위이다.[21]

오야마 후미오는 신사참배 거부를 "도량이 좁다"고 비난하였고, 이케다 기요시는 '미소기'를 조선에 확산시키려고 하였다. 조선총독부 학무국이 종교적 제사에 대한 참석에 소극적이었다고 해도, 조선총독부 관리들 중에는 이처럼 신사가 가진 종교성에 적극 동조하면서 열심히 참여한 인물도 존재하였던 것이다. 1920년대에 "신사는 종교이다"라고 단언한 다카마쓰 시로高松四郎는 홀로 고군분투하였으나, 1930년대 전반의 조선에서는 이처럼 신직이 호소하는 '신비'에 공명하는 관계자가 행정 담당자 중에도 존재하게 된 것이다. 1930년대 중반에 조선에 공금 지출 제도를 도입하는 등 조선총독부가 신사 제도를 '정비'하거나 신궁 부적大麻 배포에 직접 개입하기 시작하는(제5장 참조) 등 점차 신사와의 관계 강화를 준비하였다.

---

20 《鳥居》 제5권 제12호(朝鮮神職會, 1935년 12월), 6쪽. 《鳥居》 제6권 제5호(朝鮮神職會, 1936년 5월), 3쪽. 《鳥居》 제1권 제7호(朝鮮神職會, 1940년 7월), 7쪽.

21 주 3) 참조.

(3) 신도 국교화 요구

이번에는 다카마쓰 시로高松四郎의 후임인 아치와 야스히코阿知和安彦 2대 궁사의 말을 실마리로 삼아, 논리를 넘어 주장하는 '신비'의 출처를 파악해 보고자 한다.

아치와 야스히코는 1873년에 아이치 현에서 태어나 1898년에 신궁황학관 본과를 졸업한 뒤, 이세伊勢 신궁 궁장宮掌 겸 신궁황학관 교수, 별격관폐사別格官幣社 다케이사오 신사建勳神社 궁사 겸 황전강구소皇典講究所 교토 분소分所 전무이사를 거쳐 관폐중사 요시다 신사吉田神社) 궁사에 임명되었으며, 요시다 신사 재직 중에 세이카 여학교(오늘날 교토 세이카 여자 고등학교의 전신)를 창설하였다.[22] 이후 별격관폐사 도쇼구東照宮 궁사, (이세) 신궁 네의禰宜, 관폐대사 스와 신사諏訪神社 궁사를 거쳐 57세에 관폐대사 조선 신궁 2대 궁사로 부임하였으며, 퇴임 후에는 '황도선양회장'이 되었다.[23] 전후에는 다

22 《精華百年史》(精華百年史 編纂委員會, 2005년, 40쪽)에는 "1905년(明治38年) 4월 24일, 세이카 여학교가 탄생을 알렸다. 창립 초기에는 교토부 황전강구분소皇典講究分所의 이사였던 가모 신사賀茂別雷神社 다무라 도모오키多村知興와 요시다 신사 궁사 아치와 야스히코阿知和安彦 두 사람이 국문학자 이케베 요시카타池邊義象의 협조를 얻어 이치조 가라스마 니시이리一條烏丸西入의 황전강구분소 내에 '세이카 여학교'를 열었다"라고 기재되어 있다. 신직神職 양성 기관인 황전강구소 교토 분소와 같은 교육장을, 분소에 다니는 남학생과는 시간을 달리해서 이용하였다고 한다. 세이카 여학교는 1908년에 고등여학교로서 인가를 받았다. 조선 신궁 3대 궁사였던 누카가 히로나오(額賀大直)도 훗날 '학부형 대표'로서 이 학교 일에 관여하였다(《精華百年史》 219쪽). 세이카 여학교라는 이름이 교육칙어의 '국체의 정화(國體ノ精華)'라는 표현에서 왔다는 점은 이 학교에 '국체', '정화'라는 글이 존재하는 사실을 통해서도 잘 알 수 있다. 당시 이 학교의 교훈은 '경신숭조(敬神崇祖)'로 시작된다(《精華百年史》 104쪽).

23 '황도선양회'의 실체에 대해서는 지금 단계에서는 불분명하다. 《昭和15年 年報》(朝鮮神宮社務所, 1941년), 24쪽. 《神道人名辭典》(神社新報社, 1955년, 1986년). 阿知和安彦先生歌集 刊行會 편, 《五十鈴の流れ》(私家版, 1956년). '皇道宣揚會' 회장을 역임한 뒤에는 1942년 10월 아이치 현 현사 신전신사 사사(愛知縣縣社神前神社社司), 1946년 4월 퇴직. 1956

카마쓰 시로나 3대 궁사 누카가 히로나오額賀大直와는 달리 신사의 요직에 그리 관심이 없었다. 그의 성격에 대해서는 조선신직회 회보에서 "천성이 온후하고 부지런한 사람, 처신이 명철하여 여유가 있으며, 흐르는 물처럼 말을 하여 느끼는 바가 있고 완급 조절을 잘하여 중용을 지키는 점이 그의 장점이다"라고 평가하였다.[24]

아치와 야스히코가 조선 신궁에 재직한 것은 조선 신궁이 완성되고 6년 뒤인 1931년 5월부터 1940년 8월까지였으며, 이는 조선 신궁이 존재했던 20년 중 약 절반의 기간을 차지한다. 이 기간 동안에 오하라이 의식大祓式에 대한 학교의 참석이나 다음 장에서 과제로 다룰 하계 조조 참배를 포함한 다양한 시도가 시작되었다.

'아치와 야스히코 시대' 조선 신궁의 특징으로 첫째, 학교 관계자(교장, 교원, 학생, 아동)를 신사참배시키고자 하는 강한 의지를 들 수

년에는 효고(兵庫) 현 아마가사키(尼崎)에 거주, 사망한 해는 불분명하다. 조선 신궁 재임 중에 아치와 야스히코의 강연록이나 글을 통해 현재 확인할 수 있는 것은 다음과 같은 내용이다.

(1) 〈敬神に就て〉, 《無聲會講演集》(朝鮮總督府警察官講習所內無聲會, 1931년 8월).
(2) 〈信仰に就て〉, 《警務彙集》 307호(朝鮮警察協會, 1931년 11월).
(3) 〈通俗神道談〉, 《警務彙集》 315호(朝鮮警察協會, 1932년 7월).
(4) 〈神道精神と新年〉, 《警務彙集》 321호(朝鮮警察協會, 1933년 1월).
(5) 오야마 후미오(小山文雄), 《神社と朝鮮》(朝鮮佛敎社, 1934년), 서문.
(6) 〈神社と信仰〉, 《朝鮮》(朝鮮總督府, 1936년 3월).
(7) 〈神社のお話〉, 《心田開發に關する講演集》(朝鮮總督府 中樞院, 1936년).
(8) 〈皇軍の武運長久を祈りて〉(제10회 명사 강연), 《文獻報國》 제3권 제11호(朝鮮總督府 도서관, 1937년 11월).
(9) 〈國體明徵問題〉, 《朝鮮遞信》 239호(朝鮮遞信協會, 1938년 4월).
(10) 스즈키 시게미치(鈴木重道), 《敬神之志遠里》 서문(朝鮮圖書出版株式會社, 1938년).
(11) 〈祭祀の本義を認識せよ〉, 《朝鮮》(朝鮮總督府, 1939년 5월).
(12) 〈皇紀二千六百年紀元節を迎へて〉, 《總動員》 제2권 제2호(國民精神總動員聯盟, 1940년 2월).
(13) 〈時局と敬神精神〉, 《總動員》 제2권 제6호(國民精神總動員聯盟, 1940년 6월).

24 《鳥居》 제7권 제4호(朝鮮神職會, 1937년 4월), 7쪽.

있다. 먼저 1932년부터 당시까지 극히 일부 관계자만 참석하였던 6월의 오하라이 의식에 경성 제2 고등여학교 학생이 참석하기 시작하였고, 이듬해 1933년부터는 많은 학교장과 학생·아동 대표가 참석하기에 이르렀다. 1934년에는 앞 장에서 서술하였듯이, 권학제勸學祭에서 배포된 수신 교과서에 대한 아동의 '감사 참배'를 학교 단위뿐 아니라 개인이라도 거듭해 참배할 것을 주장하였으며, 참배할 때에 이름을 기입한 '서약誓詞'을 신전에 제출하게 하는 방식을 실시하였다. 학교와 신사를 연계하려는 강한 의지는 아치와 야스히코 자신이 과거 여학교 창설을 주도한 경험과 관련이 있을 것으로 보인다.[25]

또한 이 시기의 특징으로 둘째, 국가적 의례 혹은 천황에 대한 경의 표명으로서 신사참배와는 질적으로 다른, 일본 현지의 연중행사에서 유래한 행사를 창출하였다는 점을 들 수 있다. 1932년에 절분제節分祭를 시작하였고, 1934년 단오 때에 상무제尙武祭를 시작하였으며, 이듬해인 1935년 상사절上巳節에는 도화제桃花祭를 시작하였다.

그리고 그 특징의 셋째로, 참배자 개인에게 물질적인 것을 주고받는 수많은 행사가 시작되었다는 것을 둘 수 있다. 예를 들어 1932년부터 시작된 절분제에서는 문에 '입춘대길立春大吉' 등의 글자를 적은 종이를 붙이는 현지 풍습을 모방하여 조선인 참배자를 대상으로 문에 붙이는 '입춘 부적'을 배포하였다. 이것은 전국신직회 회보에도 소개되었다.[26] 1933년부터 시작된 입영봉고제入營奉告祭에서는 신병 전원에게 부적을 배포하였고, 앞에서도 언급하였듯이 1934년부터 수신 교과서 배포에 대한 '감사 참배'에 '서약'을 제출하게 하였으며, 1936

25 다만 일본 현지에서 근무하던 시절의 아치와 야스히코의 사상 형성과 조선에 미친 영향의 관계에 대한 고찰은 다음을 기약하고자 한다.

26 《皇國時報》697호(皇國時報發行所, 1939년 2월 1일), 11쪽.

년의 도화제에서는 참배자 한 사람 한 사람에게 복숭아 나뭇가지와 도기陶器에 담은 감주甘酒를 나누어 주었다.

조선신궁에서 배포한 입춘 부적(《恩賴 朝鮮神宮御鎭座十周年記念》(朝鮮神宮奉讚會, 1937년), 214쪽)

1930년대 전반, 아치와 야스히코의 취임 직후 잇따른 행사 시작과 확대는 식민지에 창건된 신사에 일본인의 풍습, 민간 제사와 같은 행사를 도입한 점, 그리고 이것이 일본인뿐만 아니라 조선인의 신앙을 얻기 위한 기도였다는 점에 큰 특색이 있다. 이는 일본 현지의 천황기관설天皇機關說 사건으로 시작된 '국체명징國體明徵' 운동(1935년)이나 내무성 신사국의 신기원神祇院 승격(1940년) 등보다 앞서, 이와 무관하게 실시된 것으로, 여기에는 신직의 종교가로서의 강한 신념이 나타나 있다.

또한 이는, 처음에 언급하였듯이 크게 윤택했던 국고 보조금을 배경으로 실시될 수 있었던 것으로 보이는데, 이에 덧붙여 숭경심 표명을 위한 의례적인 참배에 대해 아치와 야스히코를 비롯한 신직들이 강한 거부감을 느끼고 있었다는 점과 관계가 있었을 것이다. 아치와 야스히코는 조선 신궁에 부임한 후 얼마 뒤 1931년 11월에 경찰관을 대상으로 한 잡지에 이러한 글을 남겼다.[27]

---

27 아치와 야스히코, 앞의 책, 〈信仰に就て〉, 63쪽, 69쪽.

잠시 양해를 구하겠습니다만, 제가 생각하는 숭경이란 신앙을 동반한 숭경입니다. 요즘 신사와 종교의 구별을 놓고 시끄러운 상황입니다만, 우리나라의 신사라는 것은 숭경과 함께 신망의 대상이라고 저는 믿고 있습니다. (…) 일본의 신사는 두말할 것도 없이 숭경해야 할 대상입니다만, 숭경할 때에는 신앙을 동반한 숭경으로, 지성을 드리고 기도를 올림으로써 비로소 신의 도움을 얻을 수 있다고 굳게 믿고 있습니다.

이 글은 칙임관勅任官 대우 관리의 글이라기보다, 오히려 신앙을 구하는 종교가의 모습을 보여 주는 글이라고 할 수 있다. 아치와 야스히코는 이후에도 제사 참석자나 참배자의 태도에 대해서 "자칫 의례적이 되기 쉬운"(1936년)[28] "의식儀式은 아무것도 아니다"(1936년),[29] "자칫 제사를 가벼운 의식으로 여겨 신전 즉 존전神前卽尊前으로 여기는 자가 적은 것은 유감천만"(1939년)[30]이라고 '신앙심'을 동반하지 않은 참배자의 모습에 대해 지속적으로 불만을 토로하였다. 나아가 "우리 제국의 신사는 행정 기관이 아니다. 정치의 도구가 아니다"[31]라는 말로 '신앙심'의 유무에 상관없이 '국가의 종사宗祀'로서 도덕적인 배례를 요구하는 당시 신사 행정의 자세에도 불만을 감추지 않았다.

여기에서는 신직회 회보에서 "천성이 온후하다"라고 평가한 그의 모습을 전혀 느낄 수가 없다. 숭경이나 도덕적 표경表敬이 아니라, 신앙심이나 기원하는 마음을 담아 개개인이 "자발적"으로 "지성을 드리고 기도를 올리는" 행위야말로 아치와 야스히코의 바람이었으며, 현

---

28 위의 책, 〈神社と信仰〉, 35쪽.

29 위의 책, 〈神社のお話〉, 301쪽.

30 위의 책, 〈祭祀の本義を認識せよ〉, 21쪽.

31 위의 책, 〈時局と敬神精神〉, 9쪽.

실에서 참배자가 얼마나 늘어 나든 이는 그의 바람과는 거리가 먼 것이었음을 엿볼 수 있다. 앞에서 인용한 1931년의 글에서 아치와 야스히코는 "신앙은 무리하게 권장하는 것이 아니다. 스스로 신앙으로 들어와야 한다"라고도 기술하였으나, 실제로 조선 신궁은 숭경을 위해 절을 올린 사람들에게 이른바 '국교國教'[32]로서 신앙을 권장하기 위한 모든 수단을 강구하였다.

아치와 야스히코阿知和安彦 2대 조선신궁 궁사朝鮮神宮宮司(《恩賴 朝鮮神宮御鎭座十周年記念》 朝鮮神宮奉讚會, 1937년, 214쪽)

1936년에 평양의 미션스쿨 교장을 신사참배 거부를 이유로 파직한 조치에 이어서 나온 학무국장 통첩에는 "국체 관념 함양을 위해 애국심과 충성을 보여야 할 학교 교직원, 학생, 아동으로 하여금 신사를 참배하게 하는 것은 추호도 신앙의 자유를 침해하는 것이 아니다"라는 인식이 표명되어 있다.[33] 예를 들어, 이 평양 신사참배 거부 사건 때에 미션스쿨의 교장을 포함한 장로파 미션과 와타나

32 위의 책, 〈神社のお話〉, 297쪽.

33 각 도지사에게 보내는 통첩. 〈(朝鮮總督府學務局長からの)神社問題に對する通牒〉, 《日韓キリスト教關係史資料 Ⅱ》(新教出版社, 1995년)(원전은 《朝鮮監理會報》(1936년 4월 10일)). 〈學務局長通牒を發して神社參拜の要道を說く〉, 《鳥居》 제6권 제3호(朝鮮神職會, 1936년 3월), 5쪽. 현 단계에서는 몇 월 며칠에 보냈는지 확인할 수가 없다.

베 도요히코渡邊豊日子 조선총독부 학무국장의 회합(1935년 12월)에서 학무국장은 "(학교 측의 책임으로) 신사에 성령은 없다고 지도해도 좋"으니까 경의를 표명하는 참배를 지도하도록 촉구하였다.[34] 이른바 '국교'라는 아치와 야스히코 궁사 시절에 조선 신궁에서 실제로 아동의 참배를 기도한 신직과, 학무국의 '신사 비종교' 입장 사이에는 신사를 참배하게 하려는 목적은 같더라도 거기까지 다가가는 입장의 차이가 있었다.[35]

1920년대의 다카마쓰 시로는 신사를 종교라고 단언하였고 조선총독부로부터 '시대착오적'이라는 지적도 받았다. 1930년대에 들어서서 아치와 야스히코는 신사를 '국교'라고 표현하였으나 이에 대한 조선총독부의 직접적, 대항적 구조나 반응은 찾아볼 수 없다. 1930년대 전반 조선에서는 '신사 비종교'라는 정책 수행을 위한 표면적 주장에서 일탈한 '신비'를 기반으로 한 광신적인 목소리를 내는 이케다 기요시나 오야마 후미오와 같은 이에 공명해 주는 행정 관계자들을 총독부 내에 증식시켜 나갔다. 그러나 조선총독부와의 긴장 관계 완화를 배경으로 조선 신궁을 찾는 고관이나 단체 참배자가 증가함에 따라 신직은 새로운 불만에 직면하게 되었다.

---

34 이성전(李省展), 앞의 책, 249-250쪽.

35 야마구치 고이치(山口公一)는 앞서 진행한 연구에서 "'국민의례'로서의 신사참배는 당연"하다고 하여, 신직의 "그 인식은 조선총독부와 일치하였다"라고 지적하였다. 그러나 '신앙'에 강한 집착을 보여 온 아치와 야스히코의 태도에서는 총독부와 인식을 같이하였다는 사실을 찾아보기 어렵다. 야마구치 고이치, 〈植民地朝鮮における神社政策-一九三〇年代を中心に〉, 《歷史評論》 635호(2003년 3월), 65쪽.

(4) 불만을 부르는 신직

이어서 조선 신궁 신직의 의도에 대해서, 왜 오하라이 의식에 학교 관계자(교장, 교원, 학생, 아동)를 참석시키려 하였는지를 고찰해 보겠다. 먼저 조선 신궁의 오하라이 의식에 얼마나 많은 사람들이 참석하였는지 〈표 2-1〉을 통해 확인하고자 한다. 오하라이 의식은 매해 여름과 겨울 두 차례 거행되었는데, 1932년부터 학교에서 참석하기 시작한 것은 여름 오하라이 의식뿐이었기 때문에,[36] 이 책에서는 문제가 없다면 여름의 오하라이 의식을 대상으로 하여 살펴보고자 한다.

오하라이 의식 참석자 수의 합계는 〈표 2-1〉에서 볼 수 있듯이 1932년부터 급증하였는데, 1932년의 학교 관계 참석자 181명의 내역은 경성 제2 공립 고등여학교의 교원 1명과 학생 180명이었으며, 학교 수는 1개 학교에 그쳤다.[37] 즉, 도道·부府의 수장을 대신한 관리들이 참석하였던 이해까지는 오하라이 의식에 협력한 학교도 한 개 학교에 불과하였다. 다만 같은 해부터 당시까지 오후 3시, 2시, 오전 10시 등 일정하지 않았던 의식 시작 시간이 오후 3시로 정해졌다. 이는 학교의 수업 시간을 고려한 결정으로 생각된다. 이듬해 1933년부터는 '경성'부 내 여러 학교가 이 의식에 참석하기 시작하였다.

---

36 겨울의 오하라이 의식에 대한 학교의 참석은 1937년부터 시작되었으나, 그 이후에 대해서는《연보》에 기재된 내용이 없기 때문에 불분명하다.

37 왜 1932년부터 경성 제2공립고등여학교가 오하라이 의식에 참석하기 시작하였는지는 아직 확실한 자료가 없다. 1932년 5월 30일에 거행된 이 학교의 개교 10주년 기념식에 조선 신궁을 대표하여 데즈카(手塚) 네의가 참석하였다. 6월 15일에 이 학교의 교사 寶珠山幸助가 조선 신궁에 '인사'차 내방하였다. 이 방문 때에 오하라이 의식 참석이 결정된 것으로 추정된다. 오하라이 의식에 학생들을 인솔한 교사도 寶珠山幸助이다. 180명이라는 학생 수는 졸업 학년의 학생 수와 거의 일치한다.《昭和7年 朝鮮神宮年報》(朝鮮神宮社務所, 1933년), 38쪽.《朝鮮教育大觀》(1930년), 27쪽.

표 2-1. 여름 오하라이 의식 참석자 수의 추이

연도	학교 관계자	전체 참석자
1931년	0	11
1932년	181	201
1933년	235	257
1934년	240	273
1935년	228	276
1936년	416	441
1937년	1,129	1,269

조선 신궁에서는 대제大祭 중 하나인 신년제新年祭에 각 학교에 '안내장'을 발송하였다.[38] 확인되지는 않았지만 다른 제사·행사에도 참석 '안내장'이 발송되었다고 하면, 오하라이 의식과 관련한 '안내장'은 1933년부터 '경성'부 내 각 학교에 발송되었을 것으로 추정된다. 1933년 이후 오하라이 의식에 여러 학교가 참석하기 시작한 것인데, 이러한 형식은 이하에서 기술하듯이 특수한 경우이다.

당시까지 조선 신궁의 행사에 학교 관계자의 참석은, 예를 들어 예제例祭나 신상제新嘗祭와 같은 관제官祭에는 교장이 참석하고, '기원절 봉축제紀元節奉祝祭' 등 제사를 올린 뒤 경내에서 거행되는 식전式典에는 학생 단체가 참석하였듯이, 교장이 참석하든가 각 학교의 학생이 단체로 제사 후의 식전에 참석하는 형식이 일반적이었다. 또한 앞 장에서 분석한 권학제勸學祭 때에는 각 초등학교 교장이 제사에 참석하였고, 그 후 아동들이 다른 날에 각 학교별로 참배하는 형식을 취하였다. 이처럼 아동·학생이 제사 그 현장에 참석하는 사례는 찾아볼 수 없었다.

그러나 오하라이 의식 때에는 교장이 자신만이 참석하든가, 한 명

38 《鳥居》 제8권 제2호(朝鮮神職會, 1938년 2월), 3쪽.

혹은 여러 명의 학교 대표만을 대동하여 참석하는 형식을 취하였다. 오하라이 의식에서는 제사 그 현장에 아동·학생이 참석하였다는 점, 그리고 본 장 첫머리에 아동·학생의 집단 참배는 교육 행위로 간주되어 허용되었다는 점을 확인하였는데, 조선 신궁의 오하라이 의식 참석은 집단이 아니라 한 사람 혹은 여러 명의 학교 대표가 참석하였다는 점을 특징으로 들 수 있다.

이와 같은 문제에 대해 고찰할 때에 우선 조선 신궁의 신직의 의향에 주목을 하고자 한다. 조선신직회 회보를 통해 확인할 수 있는 것만 보아도 1933년 6월호, 1933년 12월호, 1934년 6월호에 오하라이를 권장하는 논설이 게재되었다. 1933년, 1934년 6월의 논설에는 양쪽 모두에 '도키쓰네ときつね'라는 서명이 있는 것으로 보아서, 조선 신궁 신직인 요코이 도키쓰네横井時常가 쓴 글일 가능성이 높다.[39] 예를 들어 1933년의 조선신직회 회보의 논설에는 '제국諸國 오하라이 제창'이라는 제목으로 이렇게 기술하였다.[40]

> 우리나라 국민 중에는 우리 조국 소비에트를 지키자고 미친 소리를 하는 자, 혹은 학문 연구라는 이름을 빌려 문부 당국에 저항하는 대학 교수들이 있다. (…) 막대한 국고를 낭비해 가며 일국의 방침에 반항할

39 橫井時常의 이름은 '도키히사(ときひさ)'라고 읽는다. 조선신직회 회보에는 종종 '도키쓰네'라는 필명의 논설이 게재되었다. 요코이 본인으로 보인다. 五鄕清彦·鹿島昇 편, 《神道理論體系》(新國民社 발행, 1984년), 683쪽에 따르면, 요코이는 1906년에 태어났다. 1928년 신궁황학관(神宮皇學館) 본과 졸업. 1931년-36년 관폐대사(官幣大社) 조선 신궁 주전(主典). 1937년 대구 신사 녜의(禰宜). 1939년 별격관폐사(別格官幣社) 후지시마 신사(藤島神社) 궁사(宮司). 1940년 신기원(神祇院) 교무관(教務官). 1945년 별격관폐사 야스쿠니 신사(靖國神社) 권궁사(權宮司). 1959년 히로시마 현(廣島縣) 호국신사(護國神社) 궁사. 훗날 고노에 신궁(近江神宮) 궁사. 다만 이 책에 조선에서의 경력은 게재되어 있지 않다.

40 《鳥居》 제211호(朝鮮神職會, 1933년 6월), 6쪽.

것을 천하에 가르치는 선생이었다니. 국가의 안녕질서를 어지럽히지 않고 자유를 허하는 것은 신교信教만이 아니다. 학자의 연구, 발표가 아무리 자유라고 하더라도 한계가 있어야 한다. 〔…〕 그러므로 국민 총동원으로 하라이祓를 엄수한다. 화죄禍罪는 모조리 태평양 저 너머에 버려야 할 이때에 제국 오하라이를 제창하는 것이다. 비상시 일본의 영적靈的인 국방國防도 이를 통해 행해질 것으로 믿는다.

이 논설이 회보에 게재된 것은 1933년, '만주사변'이 있은 지 2년 되던 해이다. 그 특징은 첫째, 오하라이 의식을 '비상시 일본'의 '국방'과 연계하여 해석하였다는 점이다. 《연보》(1933년판)에서도 마찬가지로 "비상시국인 오늘을 타개하기 위해서 가장 중요한 행사"라고 기술하였다.[41] 둘째, '메이지 천황'이나 '아마테라스오미카미天照大神'와 같은 구체적인 제신명祭神名이 아니라 '영靈'이라는 말을 통해 그 종교성을 스며들게 하였다는 점이다. 신사는 '영'에게 절을 올리는 곳이라는 인식이 조선 신궁의 신직에게 공통적으로 자리해 있었다.[42]

아치와 야스히코阿知和安彦 궁사가 '국교화'를 주창한 것에 대해서는 앞에서 서술하였는데, 아치와 야스히코도 '영'에 대해서 "절만 하면 다 되는 것이 결코 아닙니다. 〔…〕 신사라는 곳의 신령神靈을 인정하고 이를 통해 국가의 안전, 개인의 번영을 기원하는 정신이 필요합니다"[43]라고 언급하였다. 아치와 야스히코의 생각으로는 '신앙'으로 삼

---

41 《昭和8年 年報》(朝鮮神宮社務所, 1934), 17-18쪽.

42 또한 '영적 국방'은 신도 계열의 새로운 종교인 신도천행거(神道天行居)에서 전전(戰前)에 거행하던 신사(神事)에서 사용한 말이기도 하다. '신사 비종교' 논리의 허구성은 이와 같은 사실을 통해서도 상징적으로 알 수 있을 것이다. 고쿠가쿠인 대학(國學院大學) 일본문화연구소 편, 《神道辭典》(弘文堂, 1994년) 참조.

43 아치와 야스히코, 〈神社のお話〉, 301쪽.

아야 하는 것은 개개의 구체적인 제신명을 뛰어넘는 '신령'이었다. 교육을 표면적 이유로 내세운 아동의 동원과는 질적으로 다른, '영'적인 장에 발을 들여놓는 행위를 확대하고자 하는 신직의 종교적 의도의 일환으로 오하라이 의식이 존재하였던 것이다.

이는 조선 신궁 준공 직전에 문제로 떠오른 조선 신궁 제신祭神 논쟁을 떠올리므로 함께 생각해 보면 매우 흥미롭다.[44] 제신 논쟁에서는 조선 신궁의 제신으로 조선 민족의 시조인 단군도 대상으로 삼아야 한다는 의견을 재야의 '경신가敬神家'가 제언하면서 일본 현지의 유력 신직까지 참여한 논쟁이 있었으나, 결국 규정대로 아마테라스오미카미와 메이지 천황을 제신으로 제사를 올렸다. 이처럼 한편으로는 제신의 구체적 이름을 중요한 과제로 의식하면서도, 실제로 신직들이 신사에 존재한다고 하는 제신의 구체적 이름에 연연하는 모습을 아치와나 요코이의 인용 글을 통해서는 감지할 수 없다. 여기에는 조선총독부가 상정했을 천황에 대한 숭경을 보여 주는 시설로서의 신사와 신직의 버팀목인 '영'적 존재를 전제로 한 신사 사이의 엇갈림이 나타나 있다.

1930년대에 들어서서 단순한 '숭경' 시설로 신사가 이용되는 경우가 증가해 신직 사이에 초조함이나 원망이 야기되기도 하였다. 신직의 주장을 몇 가지 더 들어 보겠다. 아치와 야스히코는 '숭경'을 그 자리에서 부정하지는 않았으나 거기에 '신앙심'을 동반하지 않는다는 점에 대해 다음과 같이 탄식하였다.[45]

---

44 조선 신궁 제신 논쟁에 대해서는 오가사와라 쇼조, 앞의 책 외에 다타마쓰 시로의 앞의 책 참조.

45 아치와 야스히코, 앞의 책, 〈神社と信仰〉, 25쪽.

신사는 이를 숭경하고 동시에 신앙적으로 받들지 않으면 신도神道의 뜻을 이룬 것이 아니다. 신령의 존재를 인정한다면 이처럼 해야 한다. 이를 일방적으로 도덕적으로만 편향되게 여기기 때문에 의례적이 되기 쉬워, 오히려 제사에 정신이 담기지 않은 영혼 없는, 이른바 요란한 축제가 되어 버리든가, 혹은 서툰 구경거리와 다를 게 없는 것이 되어 버린다. 제전의 경우, 많은 참석자가 자리하지만 그들의 생각을 아주 노골적으로 적나라하게 평가해 보면, 대부분의 참석자는 그저 도리상 참여하는 데 그치고 있다.

또한 아치와 야스히코는 조선 신궁을 찾는 단체 참배자의 태도에 대해서 불신을 드러내며,[46] 학교 관계자에 대해 의문을 던졌다. 앞에서 소개한 오야마 후미오의 《신사와 조선》에 이케다 경무국장과 나란히 올린 서문에 "바라건대 이 글을 교육자 및 그 밖의 지도적 위치에 있는 현명하신 여러분이 숙독"하기를 바란다고 기술하면서 교육자를 교육해야 한다는 자신의 생각을 담았다.[47] 아치와 야스히코가 이렇게 생각한 이유는 다음의 인용을 통해서도 엿볼 수 있다. 아치와 야스히코가 1935년에 아쓰타 신궁熱田神宮의 제사에 참석하였을 때의 감상문이다.[48]

신령의 존재를 인정하지 않는 자, 신사의 제전에 도리상 참석하거나 신기해서 보러 온 자로밖에 보이지 않는다. 실제로 신앙은 숭경심의 유무를 의심받는다. 대부분의 경우 그렇다. 여학교 단체가 교장 이하의 인솔을 받으면서 참배하는 모습을 옆에서 지켜보았는데, 채 1분도 걸리

46 위의 책, 〈神社と信仰〉, 28쪽.

47 오야마 후미오, 앞의 책, 3쪽.

48 아치와 야스히코, 앞의 책, 〈神社と信仰〉, 35-36쪽.

지 않는 배례를 하는 동안에도 옆 친구의 소매를 당기거나 입을 손으로 가리며 웃음을 참는 불손한 모습이 눈길을 잡았다. 혼간지本願寺의 미타당彌陀堂이나 천리교天理敎의 교회에서 수천 명의 신도가 한마음으로 합장하는 모습과는 크게 달랐다. 〔…〕 신사참배는 신령의 존재를 인식하여 이를 숭경함과 동시에 신앙으로 받드는 정도까지 지도하고 장려해야 한다.

여기서 아치와 야스히코는 학교 단체 참배 모습을 '불손'하다고 하면서 '혼간지'나 '천리교'와 같이 '마음을 다하는 모습'을 요구하였다. 또한 1936년의 강연에서는 "중등학교 교장 선생님이 기념제祈念祭란 대체 무엇을 기념하는 제사인가?"라는 질문을 하였다는 것을 소개하면서, "지식 계급, 특히 교직에 있는 관계자조차 모른다는 것은 바로 인식 부족 탓이다"라고 단언하였다.[49] 게다가 1937년의 강연에서는 "신사는 종교가 아니다, 제사는 지내도 기원을 드릴 필요가 없다는 편협한 해석을 하는 경향도 있습니다만, 이는 매우 잘못된 생각"이라고 말하였다.[50] 이러한 언급을 통해 종교를 이유로 신사참배를 거부하는 주장을 일축해 버리는 태도를 엿볼 수 있다. 아치와 야스히코의 이와 같은 언급은 분명 '숭경'을 넘어 '신앙'을 요구하는 것이었다. 이러한 '신앙' 요구는 학생과 교장을 향해 던지는 요구였다.

다만 아치와 야스히코의 주장은 '신앙'으로서 '혼간지'나 '천리교'와 마찬가지의 '마음 자세'를 요구하고는 있지만, 다른 종교와 신사가

---

49 정확하게는 '기년제祈年祭'. 관국폐사이하 신사제사령官國幣社以下 神社祭祀令(1915년)에 규정된 대제大祭이지만 학교 축제일은 아니었다. 아치와 야스히코, 앞의 책, 〈神社のお話〉, 309쪽.

50 아치와 야스히코, 앞의 책, 〈皇軍の武運長久を祈りて〉, 3-4쪽.

동급으로 대접받아야 한다는 주장은 아니었다. 신사 행정에서 신사는 '숭경'의 장이기 때문에 '신앙의 자유'에 저촉되지 않는다는 논리가 성립하였던 것이지만, 아치와 야스히코에게는 다른 종교보다 우월한 지위를 보증받은 '신앙'의 장이 신사였던 것이다.[51]

> 황실의 신앙은 우리 국민의 신앙이 되어야 한다. 〔…〕 개인적으로는 불교를 믿어도 되고, 기독교에 귀의해도 된다. 그러나 이를 위해 종가宗家의 신앙을 버려야 한다는 가르침이 있다면, 이는 일가의 안녕질서를 저해하는 것이므로, 하루빨리 버려야 한다. (강조 고딕은 인용자)

'황실의 신앙'이 개인의 '신앙'보다 우월해야 한다는 아치와 야스히코의 사고방식은 앞에서 서술한 요코이의 논설 중, '신앙'도 '학예學藝'도 모두 천황, 국가에 '귀일歸一'해야 한다는 주장과도 일맥상통한다. 요코이는 논설에서 "문부성에 저항하는 대학교수" 등도 엄중하게 비난하였는데, 아치와나 요코이의 이와 같은 태도는 학무국이 표면상 신중한 자세를 보였음에도 불구하고 조선 신궁이 오하라이 의식에 학교 관계자를 참석하게 한 이유를 보여 주는 것으로 생각된다.

1935년부터 조선 신궁에 부임한 초대 권궁사權宮司[52] 요시다 사다하루吉田貞治의 언급도 살펴보자. 아래 인용문은 요시다가 부임하고 얼마 뒤 발생한 사립 숭실학교 교장의 평양 신사참배 거부(보직 해임)

---

51 위의 책, 〈神社と信仰〉, 32쪽.

52 궁사(宮司) 다음의 직위인 권궁사의 설치는 본래 다카마쓰 시로(高松四郎)가 궁사로 부임할 때 제시한 조건이었으나, 다카마쓰 재임 중에는 실현되지 않았다가 조선 신궁 진좌(鎭座) 10년이 되었을 때 실현되었다. 〈조선신궁직원령중개정건(朝鮮神宮職員令中改正ノ件)〉(昭和 10년 10월 4일 칙령 제292호). 이때 초대 권궁사에 임명된 인물이 요시다 마사하루이다. 요시다의 경력에 대해서는 말미 〈자료 1〉 참조.

사건에 즈음하여 나온 담화이다.[53]

> 원래 신사는 종교적 행위를 하는 곳이지만 포용성, 보편성이 넘치는 종교 이상의 것으로 국가 정신의 표징이기도 하며, 국가와 신사는 즉일체卽一體, 신사는 국가의 종사宗祀라는 우리 나라의 전통적 정신으로 일관되어 왔다. 다시 말해, 신사를 부정하는 것은 국가를 부정하는 것이다. 기독교 등은 신도 중에서 아주 작은 일파, 예를 들자면 천리교를 비롯한 작은 종파와 같은 위치에 있는 것이다.

다음으로 제시하는 내용은 요시다가 조선교육회, 즉 조선 내의 학무 행정 관계자와 교장들 앞에서 진행한 '국체명징國體明徵과 신기 교육神祇敎育'이라는 제목의 강연 내용 일부이다.[54]

> 일본 헌법은 흠정 헌법이며, 외국의 헌법과 같이 인민의 요구에 따라 때로 협박을 받아가면서 만든 헌법과는 전혀 다릅니다. 일본 헌법은 두말할 필요도 없이 황조황종皇祖皇宗이 남기신 유훈을 성문화한 것입니다. 더구나 이를 최초로 신민에게 내놓기 전에 황조황종의 신령에게 고하여, 황조황종 및 황고皇考의 신우神佑를 기원하면서 어긋남이 없을 것임을 맹세하는 것은 신령이 헌법 뒤에 엄연히 존재하고 있음을 보여주는 것입니다. 경신 관념이 헌법의 뒤에서 뒷받침하고 있음을 알아야 합니다. 이 경신 관념의 구현, 구체화인 신사를 일반 종교로 격하시켜 생각하는 것이 애초에 잘못되었다고 생각합니다. 신앙의 자유는 헌법에서 규정되어 있습니다만, 그 헌법은 황조황종의 유훈입니다. 황조황종의 유훈

---

53 《아사히신문朝日新聞》(朝鮮西北版, 1935년 11월 26일).

54 요시다 마사하루(吉田貞治), 〈國體明徵と神祇敎育〉, 《朝鮮の敎育硏究》 제124호(朝鮮初等敎育硏究會, 1938년), 84-85쪽.

을 준수하며 받드는 자는 그 신령을 받드는 신사에 숭경의 정성을 올리는 것이 당연할 것입니다. 결국 신사의 숭경을 부인하는 것은 안녕질서를 저해하는 결과가 되지 않을까 생각합니다. (강조 고딕은 인용자)

1930년대, 조선총독부와의 관계 개선이나 '국체명징'을 배경으로 신직은 이처럼 '신령'이 존재하는 신사에 참배하지 않는 것이 바로 '안녕질서를 저해'하는 것이며 '국가를 부정'하는 것이라고 주장하였다. 아치와 야스히코가 신사는 '국교'로서 특별한 지위에 있다고 주장한 것은 요시다와 공통된 주장이지만, 아치와 야스히코의 경우에는 '천리교의 교회'처럼 '마음을 다하여' 신사참배·제사 참석을 하도록 요구하였다. 그러나 요시다는 '기독교'는 "천리교와 같은 위치"에 있는 것이어서, 신사 신앙을 이들과 같은 위치로 "격하시키는" 것은 "잘못되었다"라고 잘라 말하였다. 따라서 그 속내는 신사는 '비종교'가 아니라 '국교'라는 것인데도, 이상과 같은 여러 언급을 살펴볼 때 같은 신직이라고 해도 중대한 자가당착을 안고 있었던 것이다. 다른 종교에 대한 경시와 부러움이 뒤섞인 이와 같은 모순을 안은 채, 신사 '비종교'의 표면적 주장은 이들 신직에 의해 극렬하게 파헤쳐졌던 것이다.

요시다 마사하루吉田貞治 초대 조선신궁 권궁사初代 朝鮮神宮 權宮司(《恩頼 朝鮮神宮御鎭座十周年記念》 朝鮮神宮奉讚會, 1937년, 288쪽)

서장에서 파시즘의 담당자로 떠오른 것은 일본 현지에서 부현사府縣社 이하의 신사'풀뿌리')에 있는 신직들이었다는 것을 선행 연구를 통해 지적하였다. 그러나 식민지 조선에서는 이처럼 고등관의 대우를 받는 관폐사의 신직도, 즉 전국의 신직 중에서도 엘리트 신직이라고 할 수 있는 신직도 '비종교론'을 목소리 높여 필사적으로 호소하면서 부정하고 있다는 것이 중요하다.

오하라이 의식의 경우에는 앞서 서술하였듯이 1933년부터 교장이 한 명 혹은 여러 명의 대표 아동·학생을 동반하여 참석하는, 또는 교장만 참석하는 특수한 형식을 취하였다. 함께 참석하는 아동·학생의 인원수가 적은 것은 교장 입장에서 볼 때 자신이 그저 인솔자에 머무는 존재가 아니라 적극적인 참석자로서 행동하지 않을 수 없는 상황이었다는 점을 보여 주는 것이기도 하다. 교장과 아동·학생은 서로가 진지하게 의식에서 의례를 행하도록 감시하는 기능이 가능하였다. 신직들이 품고 있던 '대학 교수'나 '교직에 있는 자'에 대한 불만을 고려하면, 조선 신궁의 오하라이 의식에서는 아동·학생뿐 아니라 각 학교 교장도 '교화'의 대상으로 간주되었을 것이다. 이와 관련하여 오하라이 의식에 학교의 참석이 시작된 것은 1932년으로, 아치와 야스히코가 그 한 해 전인 1931년 5월에 부임하였다는 것도 중요한 사항이다. 오하라이 의식에 학교가 참석하는 특수한 참석 형태는 아치와 야스히코가 주도했을 가능성이 높다. 이러한 참배 형식은 교장과 학생이 서로 감시하는 역할로 기능한다는 점에서 '마음을 다하여' 참배하는 모습을 그 현장에서 보여 줄 수가 있다. 이러한 점에서, 아치와 야스히코의 논설에서 살펴본 것과 같은 이중의 탄식, 첫째, 단체 참배의 '기계적인' 모습, 둘째, '교직에 있는 관계자'의 '인식 부족'을 동시에 해소할 수 있는 가능성을 가진 방식으로 해석할 수 있다.

신직 요코이의 주장을 통해, 당초 오하라이 의식에 청년층의 참석을 기대하였음을 알 수 있었다. 또한 그 배경에는 아치와 야스히코 등의 주장에서 보았듯이, "요란한 축제", "구경거리"와 같은 단체 참배에 의한 양적 확대보다 오히려 '질'적 심화, 즉 '신앙심'을 가지고 '영'적인 장소인 신사를 찾아오도록 하는 데에 더 강한 기대가 있었다.

제2절 학생에서 아동으로-오하라이 의식 참석자

(1) 오하라이 의식에의 동원 시작과 그 대상

그러면 오하라이 의식에는 어느 정도 수가 학교에서 동원되었을까? 학무국 학무과장 오노 겐이치大野謙一가 한 차례 참석(1934년 12월)한 것을 제외하면 학무국 관리는 이 의식에 참석하지 않았는데, 조선 신궁의 요구에 교장들은 어떻게 대응하였을까? 또는 어떻게 대응하지 않았을까? 이제부터 학교 급별에 따른 차이나 교장 개인에 의한 대응의 차이를 확인해 보고자 한다.

〈표 2-2〉에서 보이듯 1937년부터는 참배자 수가 더욱 급격하게 증가하였다는 것을 알 수 있다. 여기서 1933년부터 1937년까지의 기간 동안 학교의 참배에 대해서 자세하게 살펴보기로 하자.

조선 신궁은 1934년 5월의 황태자 초절구初節句를 계기로 상무제尙武祭, 이듬해 1935년 3월에 '지구절 봉축地久節奉祝'을 위한 도화제桃花祭와 같은 어린이(취학 아동 이외의 어린이도 포함)를 주된 대상으로 한 제사를 잇달아 만들어 냈다. 그러나 〈표 2-2〉를 통해 오하라이 의식

표 2-2. 오하라이 의식 참석자 수의 추이

학교 급별	1933년	1934년	1935년	1936년	1937년
제국대학 예과	3	1	1	0	0
고등 전문학교	1	11	3	13	43
고등 교육기관 소계	4	12	4	13	43
중학교	12	2	5	5	7
고등여학교	11	27	34	50	157
고등보통학교	20	10	21	27	107
여자고등보통학교	2	5	8	13	28
실업학교	35	91	38	162	117
사범학교	51	5	0	54	35
각종학교	24	20	50	22	29
중등 교육기관 소계	155	160	156	333	480
소학교	15	25	49	23	115
보통학교	61	43	29	47	491
초등 교육기관 소계	76	68	78	70	606
학생과 인솔자 합계(a)	235	240	238	416	1,129
참석자 전체 수(b)	257	273	276	441	1,269
(b) 대비 (a)의 비율	91%	88%	86%	94%	89%

* 출전 : 《朝鮮神宮年報》(朝鮮神宮社務所, 각 연도 판).

의 경우는 이러한 제사와 달리, 1936년까지는 중등 교육 기관에서 주로 참석하였음을 알 수 있다. 이는 앞에서 살펴본 조선 신궁의 신직 요코이 도키히사의 논설에서 "소비에트를 지키자는 미친 소리를 하는 자, 혹은 학문 연구라는 이름을 빌려 문부 당국에 저항하는 대학 교수들이 있다"[55]라는 말을 통해 드러나듯이, 사회주의 대두에 대한 노골적인 혐오와 중·고등 교육 관계자에 대한 비난과 연관을 지어 생각해 볼 수 있을 것이다.

그러나 1936년까지 가장 많이 참배한 중등 교육 기관의 참배 형태를 자세히 살펴보면, 대규모로 참여한 학교에는 일정한 특징이 있다. 1934년에 학생·교원이 참배한 경기공립상업학교(학생 56명과 교장 이하 인솔자 4명)는 일본인·조선인이 함께 다니는 공학교共學校인데, 일

55 《鳥居》 제21호(朝鮮神職會, 1933년 6월), 6쪽.

본인 재적율이 조선인 재적율을 웃돌았다.[56] 또한 1935년의 창덕가정여학교(인솔자 포함 45명)는 일본인을 대상으로 한 학교였다. 1936년 경성상업학교(인솔자 포함 120명), 경성 제2 고등여학교(인솔자 포함 50명), 1937년의 용곡고등여학교(인솔자 포함 111명)도 마찬가지였다. 오하라이 의식에 협력적인 중등 교육 기관은 일본인 대상 학교, 일본인 비율이 높은 학교, 그 중에서도 여학생 대상인 학교가 눈에 띈다. 중등 교육 기관에서 오하라이 의식에 참석한 사람들의 구체적인 양상은 신직이 그 참석을 기대하였던 계층과는 다른 결과였다는 것을 추정해 볼 수 있다.

(2) 초등학교의 오하라이 의식大祓式 참석 상황

다음으로 초등학교, 즉 보통학교·소학교의 참석 상황을 앞 장에서 검토한 권학제勸學祭의 경우와 비교하면서 확인하고자 한다. 참석 상황을 비교하고자 하는 이유는 권학제와 대조해 볼 수 있는 성격을 오하라이 의식이 갖추고 있기 때문이다. 권학제에서는 당초 '경성'부의 학무과장이 참석하였고, 1931년부터는 조선총독부 학무국장도 참석하였다.

한편 학무국의 관리는 오하라이 의식에 대한 참석에는 신중하였다. 그 배경에는 신사가 종교라고 단언하는 신직의 의도와는 다른 차원에서 적어도 1930년대 전반기에는 '비종교론'이라는 표면적 주장을 일단 준수해야 한다는 학무 행정의 판단이 있었다는 것을 상정해 볼 수 있다. 게다가 오하라이 의식에는 권학제와 같이 수신 교과서를 무료로 배

56 각 학교의 민족별 비율에 대해서는 《朝鮮諸學校一覽》(朝鮮總督府學務局, 1934년) 참조.

표 2-3. 초등학교(官立, 各種을 제외)의 참석 수 비교

연도	공립소학교		공립보통학교		사립보통학교	
	권학제	오하라이 의식	권학제	오하라이 의식	권학제	오하라이 의식
1933	10/10	5/10	18/18	15/18	2/10	2/10
1934	10/10	9/10	18/18	14/18	2/12	2/12
1935	10/10	10/10	17/18	9/18	12/12	3/12
1936	11/11	4/11	24/24	7/24	12/14	6/14
1937	11/12	10/12	21/24	21/24	15/16	16/16

*출전 : 참석 학교 수는《朝鮮神宮年報》(朝鮮神宮社務所 편) 각 연도판, 경성부 내 학교명은《朝鮮諸學校一覽》(朝鮮總督府 學務局) 각 연도판.

포한다는 교육상의 대의명분도 없다. 이처럼 판단하기 어려운 행사에 각 학교장들은 어떻게 대응하였을까? 〈표 2-3〉을 통해 확인해 보자.

〈표 2-3〉을 통해 권학제와의 차이가 선명하게 드러난다. 먼저 공립의 경우, 소학교·보통학교 모두 권학제와 달리 오하라이 의식에 대한 참석 상황은 매우 불규칙하게 분포되어 있다. 또한 표에는 들어가 있지 않지만 초등교육의 중핵인 관립 경성사범학교 부속 소학교·보통학교도 권학제에는 기재되어 있으나 오하라이 의식에는 참석한 정황이 보이지 않는다[다만 관립 경성사범학교는 1935년을 제외하고 참석하였으며 관립 경성여자사범학교(1935년 개교)도 1936년, 1937년에는 참석하였다].

공립소학교·보통학교의 경우 교장의 인사이동은 소학교·보통학교라는 구분을 초월해 이루어진다. 따라서 오하라이 의식에 대한 참석 상황을 교장의 이름과 조합해 가며 분석해 보면 각 학교, 각 교장의 참석 상황이 분명해질 것이라는 점을 예측해 볼 수 있다. 다음으로 공립소학교·보통학교 교장의 이름에 주목을 하면서 참석 상황을 확인해 보고자 한다.

〈표 2-4〉와 〈표 2-5〉를 통해 한 학교에서 참석에 소극적이었던 교장은 전근한 학교에서도 소극적인 경향을 보였으며, 적극적인 교장은

계속 적극적인 경향을 보였다는 것을 알 수 있다. 이처럼 학교의 일관성보다는 교장 개인의 일관성이 보여 주는 사실[57]은 오하라이 의식에 대한 참석에는 교장 개인의 판단의 여지가 있었다는 점, 교장 개개인의 판단에는 차이가 컸다는 점, 그리고 이것이 허용되었다는 점을 보여 준다. 행정 기관의 의향을 참작하는 것이 아니라 학교 참석의 여부를 교장이 결정하였다는 점이 중요하다.

먼저 오하라이 의식에만 소극적인 경향을 분명하게 보여 주는 교장을 들어 보자. 미동 보통학교의 이치카와 에이조市川榮三 교장(1934-37년)과 청운 보통학교 이노쿠마 기치타로猪熊吉太郎 교장(1935-37년)은 모든 권학제에 참석하였으나 오하라이 의식에는 한 차례만 참석하였다. 일출 소학교 고사카 곤타로小坂權太郎 교장(1933, 1934년), 영등포 소학교 히라타 구라타平田庫太 교장(1936, 1937년)도 마찬가지이다. 이와 비슷한 경향은 수송 보통학교 노나카 사이노스케野中齋之助 교장, 정동 보통학교 홍범식 교장에게서도 찾아볼 수 있다.[58] 그런데 권학제에만 소극적이었던 교장은 한 사람도 찾아볼 수가 없다. 이러한 사실은 일정상의 경우를 제외하면, 오하라이 의식은 권학제와 달리 제사 자체에 아동을 참석시키는 것이었다는 점,[59] 그리고 오하라이 의식이 '신앙'의 영역에 속한다는 판단이 작용하였음을 보여 준다. 다만 교장

57 다만, 1936년에 경성부로 편입된 영등포 보통학교는 1936년, 1937년(여름, 겨울) 모두 참석하지 않았다. 《年報》 각 연도판 참조.

58 정동 보통학교는 1933년부터 1937년까지 유일하게 조선인 교장이 계속 취임하였다. 1933년에 박승두 교장, 이후 1936년까지 홍범식 교장, 이후 서영호 교장이 취임하였다. 이 가운데 홍범식만이 출석을 하지 않아, 세 번의 오하라이 의식에 두 번 결석, 한 번은 대리인이 출석하였다. 조선인 교장 사이에서도 그 대응이 제각각이었다는 점이 흥미롭다.

59 그리고 이 배경으로 아동의 '신앙의 자유'에 대한 저촉 문제와 오후 3시에 시작된다고 해도 학교의 수업 시간 안에서 상정되었다는 점이 관련 있을 것이다.

표 2-4. 공립보통학교 교장의 참석 상황

학교명	연도	권학제	교장(훈도)	오하라이 의식	교장(훈도)
교동校洞	1933	출석	山本	출석	山本
	1934	출석	山本	출석	山本
	1935	출석	山本	출석	山本
	1936	출석	山本	출석	山本
	1937a	출석	稻荷	출석	稻荷
	1937b	/	/	출석	稻荷
재동齋洞	1933	출석	渡邊	출석	渡邊
	1934	출석	渡邊	출석	渡邊
	1935	출석	(蒲原)	결석	牧野
	1936	출석	朴	출석	朴
	1937a	출석	朴	출석	朴
	1937b	/	/	결석	朴
어의동於義洞	1933	출석	中村	출석	中村
	1934	출석	中村	결석	中村
	1935	출석	中村	출석	中村
	1936	출석	中村	결석	中村
	1937a	출석	中村	출석	中村
	1937b	/	/	출석	中村
인현仁峴	1933	출석	(今井)	출석	兒玉
	1934	출석	兒玉	결석	兒玉
	1935	출석	兒玉	결석	兒玉
	1936	출석	兒玉	결석	兒玉
	1937a	결석	兒玉	출석	兒玉
	1937b	/	/	결석	兒玉
수하동水下洞	1933	출석	柴崎	출석	柴崎
	1934	출석	坂田	결석	坂田
	1935	출석	坂田	결석	坂田
	1936	출석	坂田	출석	坂田
	1937a	출석	坂田	출석	坂田
	1937b	/	/	결석	坂田
정동貞洞	1933	출석	朴	출석	朴
	1934	출석	洪	출석	(外山)
	1935	출석	洪	결석	洪
	1936	출석	洪	결석	洪
	1937a	출석	(外山)	출석	徐
	1937b	/	/	출석	徐
매동梅洞	1933	출석	土生	결석	土生
	1934	출석	土生	출석	土生
	1935	출석	土生	출석	土生
	1936	출석	石田	결석	石田
	1937a	출석	(木村)	출석	有川
	1937b	/	/	출석	有川

▼ 〈표 2-4〉 계속

미동美洞	1933	출석	岩崎	출석	岩崎※[2]
	1934	출석	市川	결석	市川
	1935	출석	市川	결석	市川
	1936	출석	市川	결석	市川
	1937a	출석	市川	결석	市川
	1937b	/	/	결석	市川
마포麻浦	1933	출석	立見	출석	立原※[2]
	1934	출석	見原	출석	見原
	1935	출석	見原	출석	見原
	1936	출석	見原	출석	見原
	1937a	출석	見原※[3]	출석	見原
	1937b	/	/	출석	見原
덕수德壽※[1]	1933	출석	大澤	출석	大澤
	1934	출석	遠藤	출석	(池田)
	1935	출석	(邊)	결석	田中
	1936	출석	田中	출석	田中
	1937a	출석	(山本)	출석	十河
	1937b	/	/	출석	十河
용산龍山	1933	출석	春田	출석	春田
	1934	출석	春田	출석	春田
	1935	출석	春田	결석	春田
	1936	출석	(井浦)	결석	下田
	1937a	출석	下田	출석	下田
	1937b	/	/	출석	下田
창신昌信	1933	출석	吉原	출석	吉原※[2]
	1934	출석	有川	출석	(豊田)
	1935	출석	有川	출석	有川
	1936	출석	有川	결석	有川
	1937a	출석	村上	출석	村上
	1937b	/	/	결석	村上
수송壽松	1933	출석	野中	결석	野中
	1934	출석	野中	출석	野中
	1935	출석	野中	결석	野中
	1936	출석	野中	결석	野中
	1937a	출석	野中	결석	野中
	1937b	/	/	출석	野中
효창孝昌	1933	출석	花田	출석	花田※[2]
	1934	출석	三好	출석	三好
	1935	출석	三好	출석	三好
	1936	출석	三好	결석	三好
	1937a	출석	三好	출석	(中村)
	1937b	/	/	출석	三好

▼ 〈표 2-4〉 계속

주교舟橋	1933	출석	中尾	출석	中尾※[2]
	1934	출석	牧野	출석	(齋藤)
	1935	출석	(齋藤)	출석	前村
	1936	출석	前村	결석	前村
	1937a	출석	前村	출석	前村
	1937b	/	/	출석	前村
청운淸雲	1933	출석	河野	출석	河野※[2]
	1934	출석	田中	출석	田中
	1935	출석	猪熊※[4]	결석	猪熊
	1936	출석	猪熊	결석	猪熊
	1937a	출석	猪熊	결석	猪熊
	1937b	/	/	결석	猪熊
다케조에竹添	1933	출석	小川	결석	小川
	1934	출석	小川	출석	(朴)
	1935	결석	有坂	출석	(小川·李)
	1936	출석	有坂	결석	有坂
	1937a	출석	(久山)	출석	岩島
	1937b	/	/	결석	岩島
혜화惠化	1933	출석	牧野	출석	牧野※[2]
	1934	출석	小野	출석	(河村)
	1935	출석	小野	출석	(李)
	1936	출석	小野	출석	小野
	1937a	출석	小野	출석	小野
	1937b	/	/	출석	小野
왕십리往十里	1936	출석	千葉	결석	千葉
	1937a	출석	千葉	출석	千葉
	1937b	/	/	출석	(고墒)
한강漢江	1936	출석	室田	결석	室田
	1937a	결석	室田	출석	室田
	1937b	/	/	결석	室田
영등포永登浦	1936	출석	木田	결석	木田
	1937a	출석	(金)	결석	塚崎
	1937b	/	/	결석	塚崎
아현阿峴	1936	출석	渕上	결석	渕上
	1937a	결석	大久保	출석	(廣居·河村)
	1937b	/	/	출석	大久保
종암鐘岩※[1]	1936	출석	酒井	출석	酒井
	1937a	출석	酒井	출석	酒井
	1937b	/	/	출석	酒井

▼ 〈표 2-4〉 계속

용강(龍江)	1936	출석	永崎	결석	永崎
	1937a	출석	永崎	출석	永崎
	1937b	/	/	결석	永崎

※[1] : 덕수보통학교는 1935년에 경성여자보통학교에서 명칭을 변경. 종암보통학교는 1936년에 숭인보통학교에서 명칭을 변경.

※[2] :《연보》에는 미동 교장에 이치카와市川, 창신 교장에 아리카와有川, 효창 교장에 미요시三好, 주교 교장에 마키노牧野, 청운 교장에 다나카田中, 마포 교장에 미하라見原, 혜화 교장에 고노小野라고 기재되어 있지만,《조선총독부 및 소속 관서 직원록朝鮮總督府及所屬官署職員錄》(이하《직원록》)에 따르면, 같은 해 7월 1일 현재 교장은 각각 이와사키岩崎, 요시하라吉原, 하나다花田, 나카오中尾, 가와노河野, 다츠미立見, 마키노牧野였다. 이는 모두 이듬해의 교장 명을 기재한 것으로《연보》는 이듬해에 전년분이 발행되기 때문에 발생한 오기로 추정된다. 교장 명은《직원록》의 기록을 따랐다.

※[3] :《연보》는 마포 교장과 미동 교장에 같은 이치카와 에이조를 기재하였기 때문에,《직원록》에 따라 마포 교장을 미하라見原로 표기하였다.

※[4] :《연보》는 다나카田中라고 기재하였으나,《직원록》에 따라 이노쿠라猪熊로 표기하였다.

출전 :《朝鮮神宮年報》(朝鮮神宮社務所 편),《朝鮮總督府及所屬官署職員錄》(朝鮮總督府) 각 연도판.

1937a 는 6월의 오하라이 의식大祓式, 1937b는 2월의 오하라이 의식을 가리킨다.

이 오하라이 의식에 대한 참석에 소극적이었던 것은 다른 신사 제사에 대한 참석이나 신사 정책, 식민지 정책에 대한 협력에 소극적이었다는 것을 의미하지는 않는다는 점에 유의할 필요가 있다. 예를 들어 노나카 사이노스케 교장은 1939년에 총독부 편찬 잡지《조선》의〈우리 학교의 황국신민화〉특집에서, "(두 사변이 있은 뒤에는) 신궁 신사 참배, 부적 봉재 등을 자발적으로 행하는 자가 증가하고 있어 감격하지 않을 수 없다"라고 기술하였다.[60] 다만 종교적인 성격이 분명한 제사에 스스로 참석하거나 아동이 참석하는 것이 학교 교육의 방법으로서 적절한지 여부에 대해서는 다양한 판단이 존재하였다고 할 수 있다.

다음으로 참배에 적극적이었던 교장에 대해 살펴보자. 1933년

60 노나카 사이노스케,〈行ずるの教育〉,《朝鮮》제287호(1939년 4월), 76쪽. 이밖에도 미동 보통학교 교장인 이치카와 에이조는 조선인 아동을 대상으로 한 '국어' 교육의 연구를 계속하였다. 이치카와 에이조,〈普通學校國語教育におけるアクセントの問題〉,《朝鮮の教育研究》제77호(朝鮮初等教育研究會, 1935년), 44-52쪽.

표 2-5. 공립소학교 교장의 참석 상황

학교명	연도	권학제	교장(훈도)	오하라이 의식	교장(훈도)	비고
종로	1933	출석	有川	출석	有川	1934년부터 창신 교장
	1934	출석	小山	출석	小山	
	1935	출석	小山	출석	(富澤)	
	1936	출석	小山	출석	小山	
	1937a	출석	(富澤)	결석	山口	
	1937b	/	/	출석	(松尾)	
서대문	1933	출석	町田	출석	町田	
	1934	출석	町田	출석	町田	
	1935	출석	町田	출석	町田	
	1936	출석	町田	출석	町田	
	1937a	출석	町田	출석	町田	
	1937b	/	/	출석	町田	
원정元町	1933	출석	石田	출석	石田	1934년에 마포 교장
	1934	출석	石田	출석	石田	
	1935	출석	石田	출석	石田	1936년에 매동으로 이동
	1936	출석	土生	결석	土生	매동 교장에서 이동
	1937a	출석	土生	출석	土生	
	1937b	/	/	결석	土生	
용산	1933	출석	藤好	결석	藤好	
	1934	출석	藤好	출석	藤好	
	1935	출석	藤好	출석	藤好	
	1936	출석	藤好	결석	藤好	
	1937a	출석	(北村)	출석	小山	
	1937b	/	/	출석	小山	
미사카 三坂	1933	출석	三好	결석	三好	1934년부터 효창 교장
	1934	출석	岩崎	출석	岩崎	미동 교장에서 이동
	1935	출석	岩崎	출석	岩崎	
	1936	출석	岩崎	출석	岩崎	
	1937a	출석	(小川)	출석	吉村	
	1937b	/	/	출석	吉村	
일출日出	1933	출석	小坂	결석	小坂	
	1934	출석	小坂	결석	小坂	
	1935	출석	(澤田)	출석	宮里	
	1936	출석	宮里	결석	宮里	
	1937a	출석	宮里	출석	宮里※	
	1937b	/	/	결석	宮里	
남대문	1933	출석	但馬	출석	田島	
	1934	출석	稲荷	출석	稲荷	동대문 교장에서 이동
	1935	출석	稲荷	출석	(山口)	
	1936	출석	稲荷	결석	稲荷	1937년부터 교동 교장
	1937a	출석	岩崎	출석	岩崎	
	1937b	/	/	출석	岩崎	

사쿠라이 櫻井	1933	출석	井澤	결석	井澤	
	1934	출석	井澤	출석	井澤	1934년에 용산 교장
	1935	출석	井澤	출석	井澤	
	1936	출석	井澤	결석	井澤	
	1937a	출석	(小田原)	출석	井澤	
	1937b	/	/	출석	井澤	
동대문	1933	출석	稻荷	결석	稻荷	1934년부터 남대문 교장
	1934	출석	八束	출석	八束	
	1935	출석	八束	출석	(塚本)	
	1936	출석	安藤	출석	安藤	
	1937a	출석	安藤	출석	安藤	
	1937b	/	/	출석	安藤	
남산南山	1933	출석	旗智	출서	旗智	
	1934	출석	旗智	출석	旗智	
	1935	출석	(新川)	출석	岩嶋	
	1936	출석	岩嶋	결석	岩嶋	1937년부터 죽첨 교장
	1937a	결석	赤津	출석	赤津	
	1937b	/	/	결석	赤津	
영등포	1936	출석	平田	결석	平田	1936년 경성부 편입 학교
	1937a	출석	平田	결석	平田	
	1937b	/	/	결석	平田	
청엽青葉	1937a	출석	寺田	출석	寺田	1937년 신설 학교
	1937b	/	/	출석	寺田	

※ :《연보》는 일출 교장에 이와사키岩崎를 기재하였으나《조선총독부 직원록》에 따라 미야자토宮里로 표기하였다.

출전 :《朝鮮神宮年報》(朝鮮神宮社務所 편),《朝鮮總督府及所屬官署職員錄》(朝鮮總督府) 각 연도판.
1937a는 6월의 오하라이 의식, 1937b는 2월의 오하라이 의식을 가리킨다.

에 미동 보통학교 교장이었던 이와사키 기요시岩崎清는 1934년부터 1936년까지 미사카 소학교三坂小學校 교장, 1937년부터 남대문 소학교 교장을 역임하였는데, 오하라이 의식에는 한 번도 거르지 않고 참석하였다. 그 밖에 재임 중에 참석을 한 번도 거르지 않은 교장은 야마모토 요시히사山本吉久 교동 보통학교 교장, 미하라 쇼지見原正治 마포 보통학교 교장, 마치다 사다하루町田定治 서대문 소학교 교장 등이 있다. 1933년까지 미사카 소학교 교장을 역임하고 1934년부터 효창 보통학교로 전근한 미요시 요시오三好義雄 교장[61]은 두 학교 재임 중에

61 미요시 요시오 교장은 경기도 시학(視學)을 거쳐 교장이 된 인물로, 동창회지에 "언

결석 한 번, 대리인 참석 한 번, 그 외에는 본인이 직접 참석하였다. 경성 미사카 소학교 동창회지에 따르면, 미요시 교장은 직접 수신 교과서를 담당하였다.[62] 그는 수신 교과서의 지도를 통해 천황 숭경심 함양을 직접 담당하는 위치에 있으면서도 신사 제사·행사의 성격이 '신앙의 자유'와 관련 있는 종교 행위인지 교육적인 것인지에 대해서는 무의식적이든 의식적이든 개의치 않았던 것으로 생각된다.

또한 재임 중 한 번도 거르지 않고 참석한 야마모토 요시히사 교동 보통학교 교장은 학교 교육에 종교 교육을 도입하는 것에 대해 찬성의 의사를 표시하였다.[63] 야마모토 교장은 스스로 불교도이면서 참석하였는데, 오하라이 의식이 가진 종교적 성격은 그의 신앙과 아무런 모순을 보이지 않았다. 이를 통해 적어도 야마모토의 경우 교장 본인의 개인적 신앙심과 교장의 직무로서 아동에게 신사를 참배하게 하는 것은 모순 없이 양립하였다고 할 수 있다. 이 경우는 '숭경심'의 함양뿐만 아니라 종교적 제사에 대한 참배를 오히려 교육상 유익한 행위로 간주했을 가능성도 있다.

이상의 검토를 통해, 적어도 오하라이 의식에 대한 참석은 학무 행정을 통해서 각 학교 교장에게 일률적으로 부과된 것은 아니라는 점, 참석에는 교장 개인에 의한 판단의 여지가 존재하였다는 점, 그리고 이는 수신 교과서를 배포하는 권학제와는 크게 다르다는 점을 지적할 수 있다.

제나 지팡이를 들고 '잠깐 도청 좀 다녀오겠다'고 말씀하시고 외출했습니다." "교육자로서의 면면은 그다지 없었다"라고 묘사되었다. 경성삼판소학교기념문집 편찬위원회 편, 《鐵血と千草》(三坂會事務局, 1983년), 47쪽.

62 위의 책, 194쪽.

63 야마모토 요시히사, 〈佛敎徒の目に映ずる社會相二つ三つ〉, 《朝鮮の敎育研究》 제3권 제5호(朝鮮初等敎育研究會, 1930년 5월).

다음으로 〈표 2-6〉을 통해서 사립 보통학교의 참석 상황을 다시 살펴보자. 먼저 권학제의 경향을 보면, 대부분의 사립 보통학교가 참석하기 시작한 것은 1935년이며, 당시까지 사립학교 대부분 '권학제에 참석하지 않는다'는 선택이 가능했던 것으로 보인다. 평양의 기독교 장로파 계열 중등학교 3개 학교의 교장인 미국인 선교사가 신사참배를 하지 않아서 파면당하는 큰 사건이 발생한 것은 1935년 말부터 이듬해에 걸쳐서이다. 이 사건 이후 기독교 계열 학교들은 명령을 받으면 군말 없이 참배하든가, 그렇지 않으면 폐교를 강요당하는 심각한 상황과 맞닥뜨렸다.

그러나 오하라이 의식의 경우는 1936년에 이르러서도 참석 학교는 경성부 내 14개 학교 중 6개 학교에 그쳤으며, 기독교 계열인 공옥攻玉 보통학교나 배화 보통학교는 참석하지 않았다. 평양 사건이 발생했어도 1936년 6월의 '경성'에서는 '권학제에는 참석해야 하지만 오하라이 의식에는 참석하지 않는다'라는 선택의 여지가 존재하였음을 알 수 있다.[64] 이는 사립학교 측이 오하라이 의식을 권학제보다 종교적인 성격이 강한 것으로 인식하였다는 것, 또한 1936년부터는 정무총감도 참석한 오하라이 의식이지만 행정 기관도 사립학교의 불참은 그대로 받아들이는 분위기가 존재하였다는 것을 보여 준다. 고야산高野山 제1 국민학당은 고야산 조선 별원別院이 경영하는 교육 시설이었지만, 권학제에는 참석해도 오하라이 의식에 참석한 기록은 전혀 찾아볼 수 없다. 이 역시 오하라이 의식의 종교성이 참배할지 여부를 결정짓는 판단의 기준이었음을 보여 준다.

---

64 1937년부터는 대부분의 학교가 참석하게 되었다. 1937년에 참석하기 시작한 16개 학교는 같은 해의 권학제에 참석한 학교와 완전히 일치한다.

표 2-6. 사립 보통학교의 권학제와 오하라이 의식 참석 상황 비교

구분번호	학교명	연도	권학제	오하라이 의식
1	화광和光	1933	출석	결석
		1934	출석	결석
		1935	출석	결석
		1936	결석	결석
		1937a	결석	출석
		1937b	/	출석
2	동대문 여자	1933	결석	결석
		1934	결석	결석
		1935	출석	결석
		1936	결석	출석
		1937a	출석	출석
		1937b	/	결석
3	공옥攻玉	1933	결석	결석
		1934	결석	결석
		1935	출석	결석
		1936	출석	결석
		1937a	출석	출석
		1937b	/	출석
4	계성啓星	1933	결석	결석
		1934	결석	출석
		1935	출석	출석
		1936	출석	결석
		1937a	출석	출석
		1937b	/	출석
5	배화培花	1933	결석	결석
		1934	결서	결석
		1935	출석	결석
		1936	출석	결석
		1937a	출석	출석
		1937b	/	출석
6	동덕 여자	1933	결석	결석
		1934	결석	결석
		1935	출석	결석
		1936	출석	출석
		1937a	출석	출석
		1937b	/	결석
7	협성協成	1933	결석	결석
		1934	결석	결석
		1935	출석	결석
		1936	출석	결석
		1937a	출석	출석
		1937b	/	출석

▼ 〈표 2-6〉 계속

8	삼흥三興	1933	출석	출석
		1934	출석	결석
		1935	출석	출석
		1936	출석	출석
		1937a	출석	출석
		1937b	/	출석
9	장훈長薰	1933	결석	결석
		1934	결석	결석
		1935	출석	출석
		1936	출석	출석
		1937a	출석	출석
		1937b	/	출석
10	가명加明	1933	결석	출석
		1934	결석	출석
		1935	출석	결석
		1936	출석	결석
		1937a	출석	출석
		1937b	/	출석
11	화산華山	1934	결석	결석
		1935	출석	결석
		1936	출석	출석
		1937a	출석	결석
		1937b	/	출석
12	보인輔仁	1934	결석	결석
		1935	출석	결석
		1936	출서	출석
		1937a	출석	출석
		1937b	/	출석
13	아현 여자	1936	출석	결석
		1937a	출석	출석
		1937b	/	출석
14	서빙고	1936	출석	결석
		1937a	출석	출석
		1937b	/	결석
15	양영養英	1937a	출석	출석
		1937b	/	결석
16	이태원	1937a	출석	출석
		1937b	/	출석

▼ 〈표 2-6〉 계속

17	고야산高野山 제1 국민학당	1933	출석	결석
		1934	출석	결석
		1935	출석	결석
		1936	결석	결석
		1937a	결석	결석
		1937b	/	결석

※ 구분번호 1-10은《朝鮮諸學校一覽》에서 1933년까지 설립이 확인된 보통학교. 11, 12는 1933년에 설립된 학교. 13, 14는 1936년에 인근 군을 편입하면서 경성부에 편입된 보통학교. 15, 16은 1936년에 설립된 것으로 추정되는 보통학교. 17은 각종학교各種學校.

출전 : 참석 학교 수는《朝鮮神宮年報》(朝鮮神宮社務所 편) 각 연도판, 경성부 내 학교 수는《朝鮮諸學校一覽》(朝鮮總督府 學務局) 각 연도판.

이상에서 살펴본 초등학교 교장의 참배 형태에 대해서 정리해 보면 첫째, 오하라이 의식의 경우 적어도 1936년까지는 권학제와 달리 교장의 재량으로 참석 여부를 결정할 수 있었으며, 결과적으로 각 학교에 따라 참석, 불참에 큰 차이를 보였다. 둘째, 초등학교 교장의 입장에서 권학제와 같은 '반드시 참석해야 하는' 제사와 오하라이 의식과 같은 '반드시 참석하지 않아도 되는' 제사가 병존하였다. 셋째, 특히 사립학교에서는 1934년까지 권학제·오하라이 의식에 참석하는 학교가 극히 적었다. 1935년이 되면 권학제에는 거의 선택의 여지 없이 참석하는 경향을 보였으나, 1936년까지 오하라이 의식에 참석하는 학교는 상대적으로 적었다. 사립 보통학교의 경우, 권학제와 오하라이 의식에 대해 그 대응이 달랐던 배경에 오하라이 의식의 종교성이 강하게 작용하고 있었던 것으로 생각된다.

조선 신궁이 오하라이 의식이라는 장을 제공하고 조선총독부 학무국장의 불참이라는 이른바 '공적 승인'이 결여된 상태에서 어느 교장은 호응하고 어느 교장은 호응하지 않는 상황이 발생하였으며, 이에 호응하는 일부 교장에 의해 '신앙(신비)'과 관련 있는 제사에 아동·학생이 휘말렸던 것이다.

적어도 1930년대 중반까지 교장에게는 재량의 여지가 있었던 오하라이 의식이지만, 교장의 인솔에 따라 참석해야 했던 측에 자기 재량의 여지가 있었는지는 의문이다. 특히 초등학교 아동에게 그러한 선택의 여지는 전무했을 것이다.

1937년에는 여름 오하라이 의식의 참석자 수가 천 명을 넘었고 겨울 오하라이 의식에도 학교의 참석이 시작되는 등 오하라이 의식의 양상은 새로운 전개 국면을 맞이하였다. 이는 당시까지와 다른 추진력이 작용하고 있음을 보여 준다. 그 배경에는 1936년에 신사 관계 제 법령이 개정되어 일본 현지에 준한 공금 지출 제도가 도입되었다는 점, 중일전쟁을 계기로 '애국의 날' 도입에 따라 신사참배를 강력하게 추진하는 등, 조선총독부가 신사 정책을 중시하는 경향이 명확하게 나타난 점이 자리해 있었다.[65]

이와 같은 새로운 전개, 즉 1937년의 양적 확대는 중등 교육 기관의 참배가 많았던 1933년-1936년과는 달리, 보통학교에서 491명, 소학교에서 115명(〈표 2-2〉 참조)이 참배한 것처럼 과반수가 초등학교 아동, 그중에서도 보통학교 아동(조선인 아동)이 차지하였다. 1937년부터 오하라이 의식에 참석하는 주체가 학생층에서 아동층으로 점차 바뀌어 갔던 것이다.

앞 장에서는 다카마쓰 시로 초대 궁사가 신사는 종교라고 단언한 점에 대해 지적하였다. 다카마쓰의 후임인 아치와 야스히코 궁사도 역시 "신사는 종교가 아니다"라는 것은 "매우 잘못된 생각"이라고 어

---

65 야마구치 고이치는 1930년대 중반의 움직임을 "신사 정책의 '부상'"이라고 지적하였다. 야마구치 고이치, 앞의 책, 〈植民地朝鮮における神社政策–1930年代を中心に〉 참조.

느 연설에서 언급하였다.[66] 특히 청년층에 화를 내면서도 '불손'한 학생에게 '신앙심'을 심어 주지 못한 아치와 등 신직들의 목적은 오하라이 의식을 통해서도 달성되지 못하였다. 퇴임 전해인 1939년에 아치와 야스히코는 조선총독부에서 편찬한 잡지 《조선》에서 다음과 같이 분노를 표출하였다.[67]

> 신사의 대전에 나왔을 때나 그 제전에 참석할 때의 국민의 태도는 물론 모두 그렇다는 것은 아니지만, 사실 말도 안 되는 행동을 하는 자가 있다. (…) 아무리 경신 경신이라고 외치며 아침에 참배를 열심히 하고 저녁에 온 나라가 무운장구의 기원제를 거행해도, 진심으로 신을 인식하여 신을 받드는 본의를 분간하지 못한 채 경신을 외쳐서는 어떠한 영험함도 얻을 수 없다. 오히려 이는 신을 우롱하는 자만 못하다고 생각한다.

제3절 일본 현지의 오하라이 의식 부활 캠페인과 조선 신궁

지금까지는 학교의 조선 신궁 오하라이 의식에 참배 상황에 대해 자세하게 살펴보았다. 이제부터는 일본 현지에서 1940년부터 오하라이 의식에 참가할 것을 대대적으로 호소하며 전개되는 움직임을 살펴보고자 한다.

1940년에 일본의 내무성 신사국이 신기원神祇院으로 확충된 것과 때를 같이하여, '하라이祓'가 일본에서 부활의 움직임을 보이기 시

66 아치와 야스히코, 앞의 책, 〈皇軍の武運長久を祈りて〉.
67 위의 책, 〈祭祀の本義を認識せよ〉, 20-24쪽.

작하였다. 오하라이 의식 부활의 실마리로서, 1940년에 신기원 통첩 〈오하라이에 관한 건大祓式ニ關スル件〉이 나와, 《아사히 신문》에 '설은 이것으로 맞이하자: 신기원이 전국에 호령號令'이라는 제목으로 게재되었다.[68] 이 통첩은 '각 관공서, 각종 단체' 등이 신사 이외의 장소에서도 간략하게 오하라이 의식을 행하도록 명하고 있다. 통첩에는 "종래의 실적을 살펴보니 유감스런 점이 적지 않게 있는 듯하다"라고 기재되어 있어, 실제로는 신기 관료神祇官僚의 의도에 따르는 오하라이 의식이 일본에서 철저하게 거행된 것은 아니었음을 보여 주기도 한다.

게다가 이 통첩은 간략한 오하라이 의식의 식순을 제시하고 있는데, 이 식순은 1914년에 전국 신사에서 행한 규정된 식순을 단순하게 간략화한데 머물지 않고, 새로이 '제원경절諸員磬折'[69]이라는 이름으로 배례 동작까지 명기되는 등 변화가 있었다. 본래 예제例祭 등 다른 제사에서는 식순 중에 '녜의禰宜 이하 배례'라고 명기되었다. 그러나 내무성 신사국에 의해 규정된 오하라이 의식의 식순(이세 신궁의 오하라이 의식은 제외)만은 배례 동작이 법령으로 명기되어 있지 않았다. 그 이유는 분명하지 않지만 오하라이 의식이 본래 《연희식延喜式》에서 유래한 행사를 복원한 것으로, 이것이 복원된 메이지 초기에는 여전히 천황 '숭경'의 장으로서 신사, 또는 이에 걸맞은 행동 의례와 같은 개념이 정비되어 있지 않았다는 점과 관련이 있을 것으로 생각된다.

이리하여 전시 체제용으로 새로이 해석된 오하라이 의식을 확대시

---

68 〈大祓式ニ關スル件〉, 神祇院 副總裁 依命 通牒, 1940년 12월1일. 《아사히 신문》, 1940년 12월 4일 조간 7면.

69 '경절(磬折)'이란, 〈神社祭式行使作法〉(내무성 고시 제716호, 1907년 6월 29일)에 따르면 허리를 굽혀서 하는 경례. 신기원 총무국 감수, 《最新神社法令要覽》(京文社, 1941년), 260쪽.

키기 위해서 1940년 12월, 1941년 6월에는 라디오를 통해 국민에게 이를 알리기 시작하였으며, 1942년에도 '학교, 은행, 회사, 공장' 등지에서도 이 의식을 거행하도록 재차 신기원 교무국에서 장려하였다.[70] 신기원이란, 당시까지 신사 행정을 관할하던 내무성 신사국을 개편한 기관을 말한다. 여기서 이러한 오하라이 의식 부활 캠페인 가운데, 신사국장에서 신기원 부총재(총재는 내무대신)가 된 이이누마 가즈미飯沼一省가 출연한 〈사변과 오하라이事變と大祓〉(1941년 6월 방송)라는 라디오 강연에 주목하고자 한다.[71]

> 전 국민이 모두 오하라이에 참석하여, 〔…〕 신의 대전에서 국가를 위해 분골쇄신하겠다는 맹세를 하는 것은 특히 의미 깊은 일이라고 할 수 있습니다. 급한 용무가 있어서 신사의 오하라이 의식에 참석하지 못하는 분들은 근무하시는 곳에서 미소기禊·하라이祓를 거행하기를 희망합니다. 〔…〕 일본은 전 세계를 미소기·하라이하는 주재자입니다.

이이누마의 강연 내용에는 "국가를 위해 분골쇄신"과 같은 내용처럼 1933년에 조선신직회 회보의 논설에서 요코이 도키히사横井時常가 언급하였던 오하라이 의식과 '국방國防'이 연계되어 있다. 다만 신사 관련 행정을 오랫동안 담당해 온 이이누마는 전후戰後 이렇게 술회하였다.[72]

---

70 神祇院 教務官, 〈職場に於ける大祓式について〉, 《皇國時報》 제819호(皇國時報發行所, 1942년 6월 21일), 1쪽.

71 《皇國時報》 제783호(皇國時報發行所, 1941년 6월 21일), 7쪽. 《皇國時報》 제819호(皇國時報發行所, 1942년 6월 21일), 1쪽.

72 《皇國時報》 제785호(皇國時報發行所, 1941년 7월 11일), 2쪽. 《內政史研究資料第80集 飯沼一省氏談話 第2回 速記錄》(內政史研究會, 1969년), 62-63쪽. 이이누마 가즈미(1892-1982)는 1917년 도쿄 제국 대학 법과 대학 졸업, 내무성에 입성. 1928년 신사국 총무과

내무성의 관리라면, 누구나 신사국의 일은 할 수 있을 것입니다. 그러나 당시 실정으로는 내무성을 지원하는 사람 중에 신사 관련 업무를 하고 싶어 하는 사람은 아마 한 사람도 없었을 것입니다. (웃음) 〔…〕 저의 가문은 신도神道를 믿어 신단神棚에 절을 올리는 것은 어릴 때부터 가르침을 받아 실천해 왔습니다. 이는 사람에 따라 미소기라고 하여 물을 뒤집어쓰고 신을 받드는 사람도 있을 수 있지만, 저는 그처럼 특이한 행동은 하지 않습니다. (웃음)

이이누마가 위와 같은 심정으로 자신의 임무를 수행한 것이라면, 이이누마의 강연은 누구의 의도에 따라 작성된 것일까? 여기서 주목해야 하는 것은 1933년부터 1934년에 걸쳐 조선에서 오하라이 의식의 '엄수'를 주장하던 요코이 도키히사가 1940년에는 신기원의 교무관으로 부임하였다는 점이다.[73] 이는 조선신직회 회보와 신기원의 활동을 잇는 직접적이면서 중요한 요인으로 생각할 수 있을 것이다.

조선 신궁에서 오하라이 의식에 학교의 참석이 시작된 것은 1932년이고, 일본 현지에서 오하라이 의식을 부활시키고자 활동이 시작된 것이 1940년이었다는 것은 조선 신궁의 시도가 가진 '선구성先驅性'을 보여 주고 있다. 이와 관련하여, 1937년 미나미 지로南次郎 조선 총독 때에 조선총독부 학무국장(취임 때에는 '국장심득局長心得')으로 취임하여 '황국신민의 서약' 등 여러 시책을 추진하였던 시오바라 도키사부

장, 1931년 대신관방도시계획과장(大臣官房都市計劃課長), 1934년 사이타마 현 지사(埼玉縣知事), 1936년 기원(紀元) 2600년 축전(祝典) 사무국장, 1937년 시즈오카 현 지사(靜岡縣知事), 1938년 히로시마 현 지사, 1939년 가나가와 현 지사, 1940년 내무성 신사국장을 거쳐 신기원으로 바뀌면서 부총재. 그의 백부는 아이즈 한(會津藩) 백호대사(白虎隊士)로 유일한 생존자 이이누마 사다키치(飯沼貞吉[貞雄])이다.

73 〈神祇院官制〉에 따르면 교무관(教務官)은 전임(傳任) 2명, 주임관(奏任官).

로鹽原時三郎가 한 다음과 같은 언급은 주목할 만하다.[74]

> 지금 전 국민의 철저한 단련이 필요한 때, 진정한 일본다운 단련은 '미소기·하라이'일 것이다. (…) 내지에서조차 실행되지 않고 있는 것이라고 말하는 사람도 있을 것이다. 그러나 나는 이러한 말에 대해 이 단 한마디 말로 답하고자 한다. 다시 말해, "이 2, 3년의 정신 지도에서, 내지에서 실행되지 않는다고 해서 자신이 믿는 것을 행하지 않을 수 있겠는가?"라고.

시오바라의 말은 조선에서 실시된 시책의 '선구성'을 상징적으로 보여 준다. 그리고 조선 신궁의 오하라이 의식에서는 일본 신기원이 식순에 '경절磬折'을 명기한 1940년 이전부터 오하라이 의식 중에 배례를 행하는 모습을 《연보》에 실린 사진을 통해 분명하게 알 수 있다.[75] 조선 신궁의 활동이 일본 현지의 오하라이 의식 부활의 '선구'가 되었다는 것을 논증하기 위해서는 더욱 신중한 검토가 필요하다. 가설로서 언급하자면, 조선 신궁이 적어도 1933년까지는 일본인 거류자의 '숭경자崇敬者' 조직을 보유하지 않았다는 것은 물론, 민중 신앙의 기반을 갖추지 않았다는 것이 시류에 따른 제사 해석이나 학교의 참석 유도를 훨씬 용이하게 하였을 것으로 생각된다.[76]

1939년 12월에 거행된 조선 신궁의 오하라이 의식부터는 '오래된

74 岡崎茂樹,《時代を作る男 鹽原時三郎》(大澤築地書店, 1942년), 205-206쪽.

75 《昭和12年 年報》(朝鮮神宮社務所, 1938년), 35쪽 사진. 《昭和14年 年報》(朝鮮神宮社務所, 1940년), 21쪽 사진.

76 '시류에 따른 제사 해석'의 사례는 메이지기(明治期), 다이쇼기(大正期)의 일본 현지에서도 찾을 수 있는데, 이에 대해서는 조선의 신사 행정과의 관련을 포함해 앞으로의 과제로 삼고자 한다.

부적 존영 절취 소각식古神符御尊影切拔燒却式'이 개최되었다.[77] 이는 앞으로 실증을 해야 할 과제이지만, 이를 통해 엄동설한의 오하라이 의식에도 참석하도록 촉구함과 동시에, 급격하게 늘어나는 신궁 부적에 대한 '불경스러운' 일이 발생하지 않도록 오래된 부적의 처분과 새로운 신궁 부적을 받을 준비를 하도록 할 수 있었을 것이다(신궁 부적에 대해서는 제5장에서 자세히 다룰 것이다). 1940년대 이후에는 각지의 일부 신사神社·신사神祠에서 오하라이 의식을 거행하는 모습이 신문 기사를 통해 보도되었다.[78] 여기에서도 권학제와 마찬가지로 '선구적인' 조선 신궁의 활동을 조선 지역 각지로 확대해 가는 양상을 엿볼 수 있다.

'비종교'의 종교성과 관련한 사례로서 마지막으로 '영령공장론英靈公葬論'의 '선구적' 모습에 대해서 서술하고자 한다. '영령공장론'이란, 전사자를 신도 방식으로 장례를 지내 추모해야 한다는 주장이다. 신도에서 죽음은 부정함으로 간주되었고 관국폐사 신직官國幣社神職은 장례에 관여하지 않는 것으로 되어 있어서, 전쟁이 심각하게 전개되기 전까지는 신직 사이에서도 이를 전면적으로 지지하지는 않았다. 그러던 것이 1940년 무렵부터 전국신직회보 등에 '영령공장론'이 자주 등장하기 시작하였다.

그러나 조선에서는 양상이 달랐다. 조선신직회 회보 제6호(1932년 3월)에 다음과 같은 기사가 실렸다. 〈충성스럽고 용맹한 전사자의 장례는 반드시 신도 방식으로 거행되기를 바란다〉라는 제목의 기사로, 지방 신직회 회보로는 드물게 전국신직회 회보에 게재된 기사이다. 집

---

77 앞의 책《昭和14年 年報》, 1939년 12월 31일 社務日誌.

78 《마니이치 신문(每日新聞)》, 1943년 7월 3일, 4일, 6일 등.

필자는 조선 신궁 봉찬 단체의 가와무라 주지로川村十二郎로 추정된다. 지방 신직회 회보의 원본을 확인할 수 없기 때문에 이것이 게재된 전국신직회 회보에서 인용하였다(말미의 〈자료 3〉 참조).[79]

> 아무래도 전사 장병의 장례는 우리나라의 신도 방식으로 거행하여 이 영령을 필히 천상으로 보내드려야 한다고 생각합니다. 또한 이것이 군국君國을 위해 신명身命을 홍모鴻毛처럼 가벼이 여기고 웃으며 폐하 만세를 외치면서 고결하게 전사를 한 장병들의 영령을 위로하는 데에 가장 걸맞은 방도라고 생각합니다.

다시 한 번 말하지만 관국폐사에 소속된 신직의 장례에 대한 관여는 금지되어 있었다. 조선 신궁은 관폐대사이다. 그러나 이 기사를 처음 게재한 조선신직회 회보는 조선 신궁에서 편집을 하였다(보론 참조). 이 기사를 집필한 인물은 신직이 아닌데, 신직의 의향을 일반인이 인용한 것인지, 일반인에게 부탁한 것인지 알 수 없다. 여기에는 중국 대륙과 땅이 연결되어 있어서 전사자나 부상병을 태운 열차가 눈앞에서 통과하는 것을 지켜봐야 하는 조선의 긴박한 상황이 있었을지도 모른다.

이 기사가 게재된 것이 1932년 3월이고, 오하라이 의식에 학생의 참석이 시작된 것은 같은 해 6월이다. 이 시기부터 조선 신궁의 종교적 성격('신비성')은 한층 선명하게 드러난다.

---

79 《皇國時報》 제452호(皇國時報發行所, 1932년4월 11일), 8쪽.

장 요약

이 장에서는 천황 '숭경심崇敬心'을 육성하기 위한 도덕 과목과 같은 교육상 행위로서의 집단 참배와 '신앙'상 행위로서의 참배의 경계는 어떠한 모호함을 안고 있는가 하는 문제의식을 갖고 조선 신궁의 오하라이 의식에 대한 참석 상황을 실마리로 하여 1930년대 전반부터 중반까지의 양상을 주로 검토하였다.

먼저, 1930년 단계의 신사제도조사회 특별위원회는 '하라이祓'가 '숭경'이라는 학교의 신사참배와 관련한 틀을 넘어서 '신앙의 자유'에 저촉된다고 지적하였다. 그러나 조선 신궁에서 주관한 '신앙'과 관련한 제사인 오하라이 의식에 1932년부터 여학교의 참석이 시작되어 이듬해부터 여러 학교로 확대되었다.

일본 현지에서도 드물었던 것으로 추정되는 오하라이 의식에 조선에서는 학교의 참석이 시작된 배경에, 특히 1933년 말까지 일본인의 '숭경자' 조직조차 갖추고 있지 않았던 조선 신궁의 경우, 민중 '신앙'에서 유래한 기존의 '하라이'에 대한 해석에서 탈피하기 쉬웠던 점이 작용했을 것으로 보인다. 이처럼 경계가 불분명한 제사 참석에 조선총독부 학무 담당관은 대체로 신중하였다. 그러나 1930년대에는 참배나 참석이 '신앙'과 관련되었는지 여부에는 관심을 갖지 않고 신사 지원에 열의를 가진 이케다 기요시와 같은 총독부 관리도 존재하였다. 게다가 조선 신궁의 신직은 '숭경'과 '신앙'의 구분을 이해하고 '안녕질서'를 방패삼아 '신앙'을 요구하는 태도를 보였다. 그리고 이러한 요구에 대해, 오하라이 의식의 경우 1932년부터 일부 교장이 호응하면서 아동·학생을 이 '하라이' 제사에 참석시키기 시작하였다.

'신앙심'을 가지고 신사에 참배하게 하는 신직들의 지향성은 오하라이 의식에 여러 학교가 참석을 시작한 시점에 그 의도가 분명히 드러났다. 특히 신직은 청년층의 참배 태도에 불만을 가지고 있었기 때문에, 1932년부터 1936년까지 초등학교보다 중등학교의 참배에 기대가 컸다. 그러나 1937년부터 오하라이 의식의 참석자 수는 1천 명을 넘었으나, 여기에 직접적 영향을 준 것은 초등학교 아동의 참석자 증가였다. 이는 신직이 요구한 '신앙'으로서의 참배자 수와는 다소 거리가 먼 현실이 계속 존재하였음을 보여주는 것이다.

이 장의 첫머리에, 일반적으로 아동·학생은 신사 제사에 참석하는 경우는 없었고 제사 후의 식전에 각 학교 단체가 참석하는 형태를 취하였다는 것에 대해 언급하였다. 그러나 오하라이 의식은 이러한 형태와 크게 달랐다. 오하라이 의식 참석자는 그 주체가 교장 1명의 참석, 교장과 아동·학생 1명의 참석처럼, 개인에 더 초점이 맞추어져 있는 형태였다. 그러나 이 경우의 개인이란, 학교라는 조직을 모체로 하여 포착되는 개인이었다. 이러한 점에서 '학교 단체 참배'라고 지금까지 대략적으로 언급되어 온 문제에 대해서, 오하라이 의식은 중요한 시사점을 던져 준다. 개인을 '신앙'으로 끌고 오겠다는 신직의 기대는 누구를 대상으로 한 것일까? 바로 학교라는 회로를 통한 개인이었다. 학교는 그 자체가 단체 참배의 당사자로서뿐 아니라 개인 참배의 당사자를 배출하는 장으로서의 기능도 담당해야 하였던 것이다.

조선 신궁의 오하라이 의식은 많은 학교가 참석하였지만 단체 참배로 보기 어려운 특수한 형태였다는 점에서, 형식상은 신직이 요구한 '신앙심'을 가진 개인의 참배에 가까운 형태를 창출할 수 있었다. 그러나 당초 신직이 상정한 청년층을 끌어들이기에는 한계가 있었던 것으로 보이며, 특히 1937년부터는 아동이, 그중에서도 조선인 아동이 대거 동원되었다. 그 추진력의 핵이 된 것은 신사라는 '영적' 장소에 대한 '신앙'을 요구하는 신직의 의도에 호응한 초등학교 교장들이었다.

그러나 신사에 협력적인 교장뿐 아니라 비협력적인 교장도 여럿 존재하였다. 또한 사립학교의 대응은 권학제의 참석보다 늦었다는 점, 조선총독부 학무국장이 권학제에는 참석하였지만 오하라이 의식에는 참석하지 않았다는 점 등을 통해, 오하라이 의식이 '신앙의 자유' 영역에 포함되기 어렵다는 판단이 있어서, 적어도 1936년까지는 이러한 분위기가 허용되었다는 점도 다시 한 번 확인하였다.

조선 신궁은 1936년 7월부터 '하계 조조 참배'를 시작하였고, 1937년 1월부터는 여기에 일요 축일마다 '정일定日 참배參拜'를 시작하였다. 어떻게 보면 이는 오하라이 의식을 시도해 보았으나 신직이 기대하였던 '질적' 심화를 달성하지 못하였음을 의미한다.

다음 장에서는 1930년대 중반 이후를 대상으로 하여 조선 신궁 참배자 수의 양적 확대의 요인과 조선총독부 주도와의 관련 등에 대해서 '조선 신궁 하계 조조 참배', '대구 신사 일참회日參會'의 사례를 근거로 분석하고자 한다.

제3장

수업 있는 날에도 매일 참배하게 하다

조선 신궁 하계 조조 참배의 경우

참배증을 손에 들고 참배하는 아동. 배전拜殿 앞에는 남성이 보초를 서듯이 서 있다. (《恩賴 朝鮮神宮御鎭座十周年記念》 朝鮮神宮社務所, 1937년, 310쪽)

제1절 하계 조조 참배夏季早朝參拜 개시까지의 과정

(1) 1930년대의 신사 정책

1930년대 당시는 일본 현지에서도 조치 대학·교세이 고등학교의 야스쿠니 신사참배 거부 사건이 발생하는 등 신사참배에 대한 압력이 점차 거세지고 있었다. 사회학 연구자인 아카에 다쓰야赤江達也는 1930년대 일본 현지의 신사에 대해서 "제전祭典을 거행하거나 신사를 건설하는 일을 통해 사람들의 집단 참배를 촉구하였다. 그러면서 다양한 형태로 집단 참배에 참가하지 않을 수 없게 만들었다. 그 최전선에는 무엇보다 역시 학교가 있었다"라고 지적하였다.[1] 이 지적은 두 가지 의미에서 흥미롭다. 하나는, "왜 '집단 참배'인가?" 또 하나는, "왜 '역시 학교'인가?" 하는 점이다. 아카에의 논고에서는 이 점에 대한 자세한 설명이 없다.

이 책의 서장에서 언급하였듯이, 일본 현지이든 식민지이든 상관없이 이러한 지적은 신사참배 강요의 실태를 충분히 설명해 주지 못한다. 게다가 식민지 지배하에서 신사참배 강요의 특이점이라는 논점도 '전시 체제'라는 시대와 학교 일반의 특수성 속에 매몰되기 쉽다. 예를 들어 조선 신궁에서는 1936년에 '집단 참배'보다 개인 참배자의 비율이 많이 상승하는 양상을 보였다. 본 장에서는 이 점을 염두에 두고 다음과 같은 과제를 설정해 보고자 한다. 식민지 조선에서 '집단 참배'와 '개인 참배'는 어떻게 다른 의도를 갖고 있으며 누구에게

---

1 아카에 다쓰야(赤江達也), 〈神社の統治, 神社による統治 內務省と《國家神道》〉, 소에다 요시야(副田義也) 편, 《內務省の歷史社會學》(東京大學出版會, 2010년) 제8장, 361쪽.

요구한 것이었나?

이 장에서는 조선 신궁이 1936년부터 시작한 행사인 하계 조조 참배에 대한 분석을 해 보려고 한다. 여름의 이른 아침에 한 사람 한 사람이 신사를 참배하는 것, 이러한 참배 방식은 '집단 참배'로 보기 어려운 형태이면서도, 대규모의 참배자 유도를 위한 정교한 장치라 생각되기 때문이다.

'집단 참배'를 조선 신궁에서는 '단체 참배'라고 불렀다. 이 용어는 조선 신궁이 《조선 신궁 연보》에 참배자 수의 '통계'를 게재할 때에 사용하여, 학교나 군인 등이 이러한 단체 참배로 상정되었다.[2] 일례로 그 규모는 학교 단체로 간주된 한 단체의 평균 인원수가 대략 216명이었다.[3] 이러한 형태의 참배를 제외한 참배를 이 책에서는 당분간 개인 참배로 부르기로 하겠다. 일본인인 경우 그 대부분은 정월이나 시치고산七五三 등의 행사 때 개인의 의사에 따라 참배한 사례가 포함되어 있을 것이다. 그러나 신사와 관련한 관행을 경험한 적 없던 조선인 참배의 경우에는 직접·간접적인 다양한 힘이 작용했을 것으로 보인다.

여기서 구체적 분석에 앞서, 이러한 힘으로 작용하게 된 1930년대의 신사와 관련된 정책적 배경에 대해서 확인하고자 한다. 1933년에 '토지 수용령'이 개정되어 '신사神社, 신사神祠, 또는 관공서 건설에 관

---

2 《年報》의 〈단체 참배자 수 조사〉에는 숫자만 기재되었을 뿐 단체명은 기재되지 않았다. 그래서 〈신찬료옥곶료 봉납자명(神饌料玉串料奉納者名)〉(1936년 발행 '昭和10年版'까지 기재되어 있으나 이후의 것은 기재되지 않았다)을 참조하였다. 여기에는 조선 내 각 학교나 조선에 있던 보병 연대, 백화점인 초지야(丁子屋), 일본 현지에서 온 단체인 수학여행단이나 의원 시찰단, 교육 시찰단 등의 이름이 기재되어 있다.

3 〈단체참배자 수 조사 최근 3개년 별표〉(《昭和12年 年報》(朝鮮神宮社務所, 1938년), 152쪽)를 근거로 계산하였다.

한 사업'을 전개할 때에는 토지를 '수용'할 수 있게 되었다.[4] 1911년 '토지 수용령' 제정 때(제령制令 제3호)에 만들어진 '관청 또는 공서公署 건설에 관한 사업'에 사용할 때 그 토지를 '수용'할 수 있다는 조문에, '신사神社, 신사神祠'라는 문구가 첨가되었던 것이다. 또한 같은 해, '국민정신 작흥조서作興詔書'의 10주년을 기해 '국민정신 진흥 주간'을 설정하여 주간이 시작되는 첫날인 11월 7일을 '신사참배의 날'로 결정하였다.[5] 게다가 1935년부터 1936년에 걸쳐 우가키宇垣 조선 총독, 이마이다今井田 정무총감 등이 '심전개발운동心田開發運動'을 제창하는 가운데, '국체명징國體明徵', '경신숭조敬神崇祖'의 표어 아래 신사참배를 강력하게 요구하였다. 미션스쿨 교장의 신사참배 거부가 문제가 되어 파면된 사건을 전후하여 '학교의 경신숭조사상 함양 시설에 관한 건(정무총감 통첩)', '학교 직원의 경신사상 철저화에 관한 건(학무국장 통첩)'[6] 등의 통첩이 나오면서, 미션스쿨을 포함한 모든 학교의 교직원, 아동·학생의 신사참배뿐 아니라, 학교 안에 신사를 설치하거나 학교 교직원이 신사를 관리하도록 하는 등의 요구를 내놓았다.[7]

1936년 8월, 미나미 지로南次郎 총독이 부임하기 직전에 조선총독부는 당시까지의 신사 관련 법령을 전면적으로 개정 혹은 새로이 제

4 1933년 9월 7일 제령(制令) 제21호. 예를 들어, 1929년 조선 신궁에서는 경내 토지의 경계가 미확정이었다는 것을 당시 궁사(宮司)의 수기를 통해 알 수 있다. 다카마쓰 다다키요(高松忠淸) 편, 앞의 책, 312쪽.

5 《昭和8年 年報》(朝鮮神宮社務所, 1934년), 76쪽.

6 '학교의 경신숭조사상 함양 시설에 관한 건'은 1935년 5월 각 도지사에게 보내는 정무총감 통첩, '학교 직원의 경신사상 철저화에 관한 건'은 1935년 9월 각 도지사에게 보내는 학무국장 통첩. 조선신직회, 《朝鮮神社法令輯覽》(帝國地方行政學會 朝鮮本部), 앞의 책, 353-356쪽.

7 〈神社建設要綱〉, 《大阪朝日新聞》 朝鮮西北版(1935년 12월 5일). 《鳥居》(朝鮮神職會, 1936년 2월), 9쪽.

정하여 조선에 일본 현지의 제도와 비슷한 제도, 즉 부공진사府供進社나 도공진사道供進社처럼, 신찬 폐백료神饌幣帛料라는 이름으로 부나 도와 같은 각 지방 관청에서 신사에 공금을 지원하는 제도를 도입하였다.[8] 이를 계기로 재정 면에서 공비지변公費支辨이 조선 신궁 이외의 신사에도 확대되었다.[9] 이후 1937년에는 중일전쟁이 시작되면서 조선총독부 학무국 주도로 '애국의 날'(이하 ' ' 생략)이 정해졌다. 애국의 날은 '학교 애국의 날'로도 보도되었으며, 매월 6일인 애국의 날에는 조선 신궁을 비롯하여 각 지방의 신사에 아동·학생 단체가 신사참배에 많이 동원되었다.[10] 1938년에는 신사참배 거부 사건을 계기로 미션스쿨의 폐교가 잇달았다.[11] 그리고 같은 해부터 당시까지 조선신직회가 담당하던 신궁 부적大麻[12]의 확산을 위해 새로이 각 도 다이마 반포 봉찬회大麻頒布奉讚會가 조직되어 신궁 부적의 확산에 공무원, 교원이 동원되었다.

8 이때 개정 혹은 제정된 법령은 '관국폐사(官國幣社) 직제 중 개정 건' 등 칙령 5건, '국폐소사 열격(國幣小社列格) 건' 등 총독부령 13건, '국폐사에서 항례(恒例)적으로 행하는 식(式) 및 그 식순, 아울러 요배사(遙拜詞), 곡물 및 오하라이(大祓)의 사(詞)의 격례(格例)에 관한 건' 등 총독부 훈령 4건이다.

9 구체적으로는 도공진사, 부공진사, 읍·면공진사 등의 명칭이 도입되어, 각각 연 3회의 대제(大祭)(祈年祭, 例大祭, 新嘗祭)에는 도, 부, 읍, 면의 장이 '폐백 공진사'로서 금품을 바쳤다(공금을 지변하였다).

10 《文敎の朝鮮》 제144호, 朝鮮敎育會, 1937년 10월. 애국의 날은 당초에 학교를 대상으로 설정되었으나, 같은 해 11월부터 일반인들에게도 확대되어, 매월 6일 혹은 15일에 신사참배를 하도록 장려하였다.

11 한석희(韓晳曦), 앞의 책, 183쪽.

12 신궁 부적(神宮大麻)은 이세 신궁과 관련된 조직 중 하나인 신궁신부서(神宮神部署)가 매년 10월부터 많은 경우에는 이듬해 책력(冊曆)과 함께 배포한 증표이다. 일본 현지에서는 각 지방 신직회가 배포를 청하는 것으로 되어 있었고, 조선에서는 1932년부터 조선신직회가 배포를 담당하였다(1933년 8월 각 도지사에게 보내는 내무국장 통첩, '신궁 부적 및 책력 반포에 관한 건', 앞의 책 《朝鮮神社法令輯覽》, 341쪽). 각도 다이마 반포 봉찬회(各道大麻頒布奉贊會)에 대해서는 《鳥居》 제8권 제9호(朝鮮神職會, 1938년 9월), 6-7쪽.

또한 '심전개발운동'으로 나타난 '심전 개발 시설에 관한 건'[13]에서는 '국체 관념을 명징明徵할 것', '경신숭조사상 및 신앙심을 함양할 것' 등의 사항이 포함되어 신사에 특별히 중요한 지위가 부여된 것으로 보인다. 이 장에서는 이러한 시기(1930년대 중반)에 두드러지게 나타난 조선 신궁의 개인 참배자 증가의 내실을 앞 장에서처럼 아치와 야스히코阿知和安彦의 언급을 단서 삼아 밝혀 보고자 한다.

(2) 하계 조조 참배가 실시되기까지 조선 신궁의 노력과 '놀이터'로서의 주변 환경

여기서는 조선 신궁이 하계 조조 참배를 실시하게 된 역사적 배경을 주변 환경을 통해 고찰하고자 한다. 먼저, 당시(1930년대 후반-1940년대 전반)의 조선 신궁이 학교 관계자에게 어떻게 비춰졌는지에 대해서 확인하기 위해, 이하에서 두 사람의 회상을 참조하고자 한다. 모두 당시 조선에 있던 일본인의 회상이다. 먼저, 1930년대의 미사카三坂 소학교 재학생(1940년 졸업), 다음으로 1942년 '경성'에 부임한 경성제국대학 조교수의 회상이다.

> 남산에는 조선 신궁의 신성한 구역이라는 곳이 설정되어 있어, 정상 바로 아래부터 신궁을 둘러싸는 형태로 철조망이 길게 둘러쳐져 있었다. 아마도 남산 전체 면적의 7분의 1 정도는 차지하지 않을까 하는 생각이 들었는데, 월 3회 정도는 셰퍼드를 끌고 감시인이 순시를 하였다.[14]

---

13 '심전 개발 시설에 관한 건'은 1936년 1월 정무총감 통첩. 가와세(川瀨), 앞의 책 외에 《鳥居》 제6권 제6호(朝鮮神職會, 1936년, 4-6쪽) 참조. '심전개발시설 요항(心田開發施設要項)'에서 신사는 기타 종교나 유교와 나란히 열거된 한 항목이면서도 필두에 자리해 있었다.

14 경성 미사카(三坂) 소학교 기념 문집 편찬위원회, 앞의 책, 139쪽.

필승 기원이라는 이름의 정신 동원이었을 것이다. 도착한 신궁에서 무엇을 하였는지는 잊었지만, 그곳이 나무들이 울창한 산을 끼고 있는 장소였는데 건물이나 앞 광장은 진수鎭守라는 느낌과 거리가 있어 국민 행사 장소와 같은, 다소 삭막한 느낌이었던 기억이 난다.[15]

이들의 회상을 통해 1930년대부터 1940년대에 조선 신궁은 '철조망이 길게 둘러쳐져' 있는 '삭막한' 공간이었다는 것을 엿볼 수 있다. 조선 신궁의 '신역神域'은 식민 지배자 측이 의도적으로 설정한 것이었다. 당시 조선 신궁에는 '경찰관 출장소'가 준공 당시(1925년)부터 설치되어 있었다.[16] 또한 조선 신궁은 '신역'에 있는 '부랑자 추방'을 실시하기도 하였다.[17]

이처럼 긴박감이 감도는 식민지의 '총진수總鎭守'에서 권학제나 오하라이 의식과는 달리 제례를 목적으로 하지 않는 아동의 대규모적이고 개별적인 참배가 어떻게 시작된 것일까? 여기서는 그 구체상에 대해서 다음과 같은 점에 주목하여 고찰하고자 한다. 하나는 조선 신궁을 모임의 장소로 삼아 아동들을 드나들게 하기 위한 시도에 대해서 주목할 것이고, 또 하나는 결과적으로 조선 신궁에 대한 아동의 참배를 말 그대로 옆에서 지탱하는 역할을 담당한 경성 신사京城神社에 대해 주목할 것이다.

먼저, 1932년의 사무일지社務日誌 7월 21일 항목에는 "제1 도리이鳥居 광장에 라디오를 달아 오늘 아침부터 8월 말까지 라디오 체조를 실

---

15 西順藏, 《日本と朝鮮の間 京城生活の斷片, その他》(影書房, 1983년), 28쪽.

16 《朝鮮神宮造營誌》, 앞의 책, 62쪽.

17 《昭和12年 年報》(朝鮮神宮社務所, 1938년), 20쪽.

시한다"라고 기재되어 있다.[18] 여름 방학의 라디오 체조회는 1930년에 도쿄에서 처음 실시되어 이후 전국적으로 확산되기 시작한 시기였다.[19]

다음, 1933년의 사무일지 7월 11일에 "체신국 라디오 체조 지도자 나가타 미치야스長田軌泰 씨 내방"이라는 기술이 보이는 것으로 보아 이듬해에도 라디오 체조가 계속된 것으로 보이는데, 이 해에 이 이상의 기술은 보이지 않는다. 다만 7월 22일의 항목에 "오늘부터 9월 9일까지 매주 토요일 경내에서 경신사상 함양 강연을 위한 활동사진 영사映寫 예정이었으나 우천으로 인해 중지"라는 기술이 보여, 라디오 체조와는 별도로 아동을 대상으로 하는 기획을 시작하였음을 알 수 있다. 조선 신궁 경내에서의 영사는 결국 이해 8월 5일, 12일, 9월 9일에 실시하였다는 기술이 보인다.[20] 흥미로운 점은 같은 토요일에 동쪽 참배로를 따라 내려온 곳(경성 신사 아래)에 있는 조선총독부 과학관이 여름뿐 아니라 매주 토요일에 실험과 영사 모임을 개최하였다는 점이다.[21] 조선 신궁의 영사 모임 실시 시간은 정해져 있지 않았지만, 조선 신궁에 들렀다가 과학관에 가면 하루에 두 번 영사를 보았을 가능성이 있다.

1934년의 사무일지 8월 12일 항목에는 "이노우에井上 체신국장 이하 직원 일동 남산정 광장에서 라디오 체조를 하다"라고 기술되어 있

---

18 《昭和7年 年報》(朝鮮神宮社務所, 1933년), 43-44쪽.

19 黑田勇, 《ラジオ體操の誕生》(青弓社, 1999년), 203쪽.

20 《昭和8年 年報》(朝鮮神宮社務所, 1934년), 19쪽, 25쪽.

21 《文教の朝鮮》(조선교육회 기관지)에는 매월 과학관 월보가 실려서 실험과 영사 모임의 내용에 대해서 자세히 알 수 있다. 이 밖에 《경성 남산 공립 심상(尋常) 소학교 창립 70주년 기념지—언덕길과 포플러와 푸른 하늘과》(경성 남산소학교 동창회, 1996년), 102쪽 참조.

다.[22] 이 당시의 상황을 살펴보면, 조선 신궁을 모임 장소로 하는 라디오 체조는 그다지 사람들로 붐비지 않았다는 사실을 추측해 볼 수 있다. 그 이유는 아마도 이미 각 학교 등을 모임 장소로 라디오 체조가 실시되었기 때문일 것이다.[23]

그리고 하계 조조 참배가 실시되기 한 해 전인 1935년 7월 21일에 "경성 새벽 모임 주최 신사 불각佛閣 참배 조기회 개시, 호우에도 불구하고 소학교 아동 약 200명 참배"라는 기록이 보인다.[24] 조선 신궁은 라디오 체조나 영사 모임 등을 기획해 실시하기는 했지만 산발적인 시도에 그쳤기에, '경성 새벽 모임'이라는 단체가 '신사 불각 참배 조기회'라고 칭하여 '약 200명'이나 되는 아동을 호우 속에 데려오자 이듬해부터 조선 신궁 측에서 직접 하계 조조 참배를 기획하였던 것으로 추측된다.

조선 신궁은 1936년의 하계 조조 참배 도입에 즈음하여 날인을 하기 위한 참배증을 마련하였다. 이는 아동의 '자발적 의사'를 불러일으키는 교묘한 장치로 기능했을 뿐 아니라, 이를 마지막에 제출하게 함으로써 이상할 정도로 상세한 참배자 수의 '통계'를 가능하게 하였다. 다만 참배증이라는 방법 자체는 조선 신궁이 하계 조조 참배를 시작

---

22 《昭和9年 年報》(朝鮮神宮社務所, 1935년), 40쪽.

23 경성 미사카 소학교를 1938년에 졸업한 '무명씨'는 '편도 40분' 걸리는 '연병장'에서 라디오 체조 모임을 가졌다. 체조가 끝나면 조식으로 우유와 빵이 배급되었다고 회고하였다(경성 미사카 소학교 기념문집 편집위원회, 앞의 책[1983년], 223쪽). 인접 지구의 용산 소학교 동창회지에는 1941년 졸업생의 회상 중에 "떠오르는 아침 해의 햇살을 받으며 한강통, 육군 관사, 철도 관사 등의 거리에서 '출석 도장 받는 표'를 목에 걸고 삼삼오오 건강한 친구들이 라디오 체조 모임 장소인 학교로 달려갔습니다"라는 기술이 있다(경성 용산 소학교 동창회, 앞의 책, 143쪽). 전황에 따라 모임 장소가 '연병장'에서 학교로 옮겨졌을 가능성도 있다.

24 《年報》 昭和10年版(朝鮮神宮社務所, 1936년), 21쪽.

하기 전부터 일본 현지의 몇몇 신사에서 실시하던 방법이기도 하였다. 조선 신궁에서 특징적인 것은 참배증 그 자체보다도 그것을 바탕으로 다양한 '통계'를 작성했을 것으로 추정할 수 있다는 점과 이러한 통계를 《연보》에 공표하였다는 점에 있다. 개근한 자는 학교명, 학년, 이름까지 게재하였다(이름은 1936년에만).

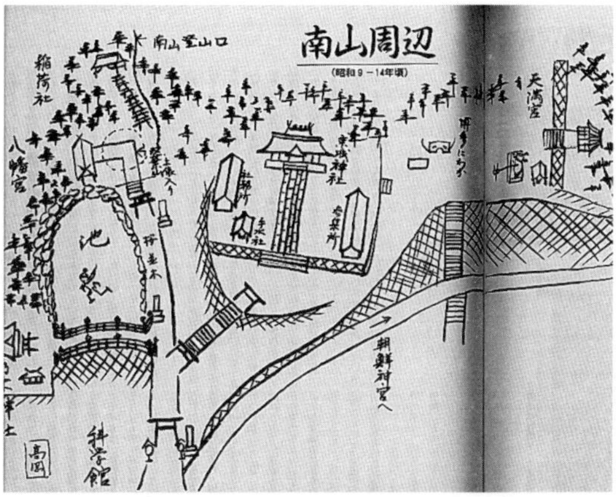

[지도 1] 남산 소학교 출신(일본인)이 그린 '남산 주변도' [《京城南山公立尋常小學校 創立 70周年 記念誌 坂道とポプラと碧い空と》 경성 남산 소학교 동창회, 1996년, 170-171쪽]

부산에서는 각 초등학교를 모임 장소로 하여, 인천에서는 각 학교와 더불어 신사에서도 라디오 체조가 실시되었다는 보도 내용이 남아 있다.[25] '경성'부에서는 조선 신궁에서 실시한 라디오 체조에 사람들이 그다지 모이지 않았던 것으로 추측되는데, 아동은 1936년 이후 매일 아침 조선 신궁 조조 참배와 학교에서의 라디오 체조 참가를 증명하는 참배증에 '도장 받기'를 하는 등 이중으로 활동을 해야 했다.

조선 신궁의 활동을 옆에서 지지한 것은 조선 신궁보다 앞서 조선 거류 일본인들이 창건한 경성 신사였다. 조선 신궁과 경성 신사는 남산 기슭에 서로 인접해 있었으며, 조선 신궁의 안쪽 참배로는 경성 신

25 인천의 경우에는 '라디오 체조 성황리 마치다', 《경성일보(京城日報)》(1937년 8월 21일) 조간 5면. 부산의 경우에는 '부산 라디오 체조 16만 명이 참가', 《오사카 아사히 신문(大阪朝日新聞)》 남선판(南鮮版)(1936년 8월 30일) 조간 5면.

사의 정면 입구와 연결해 조성되었다(〈지도 1〉 참조).

경성 신사 경내에는 경성 신사의 섭사攝社(신사 경내의 소규모 신사를 섭사·경내사라고 한다)로서 덴만구天滿宮, 이나리샤稻荷社, 하치만구八幡宮가 자리해 있었다. 본래 경성 신사(제신은 天照大神·大己貴神·少彦名神·國婚大神)는 조선 신궁보다 이른 1898년부터 일본인이 모여 살던 이 지역에 조성되었다. 조선 신궁이 조영된 당초(1925년)에는 두 신사의 성격, 지위가 모호하였기 때문에 신직들은 이를 고심하였다.[26] 제1절에서 살펴보았듯이, 1936년에 일본 현지의 사격 제도社格制度에 준하는 제도가 도입되자, 경성 신사는 부산의 용두산 신사와 함께 국폐소사國幣小社로 지정되었다. 그리고 관폐대사官幣大社 조선 신궁을 정점으로 하는 조선의 신사 피라미드에서 제2인자의 위치에 자리하게 되었던 것이다.[27] 또한 조선 내의 신직들로 구성된 조선신직회(전국신직회의 하부 조직)의 본부는 조선 신궁 완성 후부터 조선 신궁 사무소에 설치되었는데, 조선 신궁이 '어진좌御鎭座 10주년제'와 그 기념행사로 사무가 바빴기에 1934년부터 3년간 경성 신사에 편집부를 이전하기도 하

---

26 다카마쓰 다다키요(高松忠淸), 《松廼舍遺稿 高松四郎遺文選》(비매품, 1960년), 305쪽. 데즈카 미치오(手塚道男), 〈朝鮮神宮御鎭座前後の記〉, 고가사와라 쇼조(小笠原省三) 편술 앞의 책, 423-450쪽. 조선총독부는 당초에 조선 신궁을 숭경(崇敬)의 사(社)로서 가능한 한 기원 기도 등의 종교적 행위와는 거리를 두고 싶어 했던 것으로 보인다. 또한 경성 신사 우지코 총대회(氏子總代會)와 조선 신궁 초대 궁사(初代宮司)와의 회합에서 '결혼식 문제'가 의제로 나왔다. 이는 공적 지원금을 보증받지 못했던 당시 경성 신사에게는 커다란 수입원이었기 때문에 조선 신궁이 결혼식을 거행하게 되면 경성 신사의 경영에 문제가 발생할 것이라고 판단하였기 때문이 아닐까 싶다.

27 1939년도의 조선 신궁, 경성 신사의 예산은 각각 다음과 같다.

조선 신궁: 11만 5653엔(이 중 국고로부터 7만 엔, 그 밖에는 사입금 등)

경성 신사: 6만 4214엔(이 중 국고로부터 1천 엔, 경기도로부터 3천 엔, '경성'부로부터 4천 엔, 기타는 사입금, 우지코 거출금(氏子據出金) 등) 《鳥居》 제9권 제10호(朝鮮神職會, 1939년 10월), 4쪽.

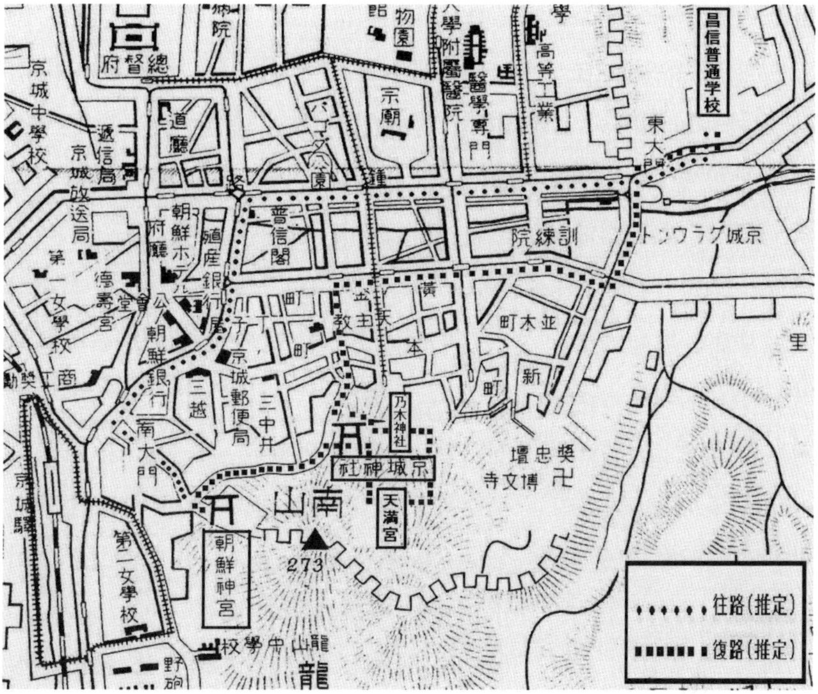

[지도 2] 창신 보통학교(지도에서 오른쪽 위) 아동이었던 증언자는 노면전차와 도보로 조선신궁, 경성신사를 참배하였다. 지도 왼쪽 아래의 '경성역'이 오늘날의 서울역, 왼쪽 위의 '총독부'는 경복궁. [《京城案內》(朝鮮總督府府鐵道局, 1935년) 게재 지도를 바탕으로 저자가 작성]

였다(보론 참조).[28] 이러한 과정을 거치면서 두 신사의 긴장 관계는 어느 정도 완화되었을 것으로 추측된다.

경성 신사는 1936년에 국폐소사로 승격되면서 대규모 사전社殿 공사를 실시하였으며,[29] 1935년에는 경성 신사의 네 번째 경내사境內社로서 조선 노기乃木 신사가 완성되었다. 같은 경내사인 덴만구[天滿宮]에는 아동의 서예 작품이 전시되었다. 경성 신사에서 노기 신사로 가는 길목에는 태고교太鼓橋가 만들어졌으며, 그 아래의 연못은 스케이

28 《鳥居》 제37호(朝鮮神職會, 1934년 9월), 22쪽.

29 아오이(靑井), 앞의 책, 250쪽.

트장으로 사용되었다(〈지도 1〉 참조).[30] 경성 신사 대제大祭는 예년 10월 17일과 18일로 조선 신궁 대제(10월 17일)와 날짜가 겹쳤으나, 섭사 덴마구의 제祭는 4월이어서 연초에 덕담을 나눌 때에 맞춰 서예 대회 등이 열려 그 모범 작품을 전시하였다. 주위의 광대한 숲은 여름의 곤충 채집에 적합하였다. 또한 여름에는 섭사 하치만구八幡宮에서 검도나 씨름 대회가 개최되었다.[31] 하치만구의 제는 6월, 노기 신사의 제는 9월에 거행되었다. 조선 신궁이 '국가의 종사宗祀'로서 '엄격함'의 상징이었던 데에 반해, 경성 신사는 조선 신궁에 인접해 있으면서 사계절을 통해 '진수鎭守'적 신사가 가지는 '번잡함', '친숙함'을 표상하는 기능을 1935년까지는 갖추었을 것으로 보인다. 경성 신사의 거의 정면에 위치한 경성 남산 소학교의 동창회지에는 이 '신역神域'을 '놀이터'로 기억하는 내용의 회상이 많이 발견되었다.

다만 '놀이터'로서의 기억은 어디까지나 일본인 아동이 가진 기억으로, 본래 거주 지역이 대부분 원거리였던 조선인 아동에게는 '놀이터'로서의 기억은 없었을 것이다. 한편으로 조선인 아동이 조선 신궁을 참배한 뒤에 경성 신사와 그 섭사를 돌며 참배하도록 되어 있었다는 증언도 있다. 저자가 만나본 사람 중에 창신 보통학교 아동이었던 정순태鄭淳泰 씨는 "경성 신사와 노기 신사는 반드시 조선 신궁을 참배할 때 같이" 참배하였다고 한다.[32] 여기서 밝혀진 참배 경로를 지도상에 표시하면 〈지도 2〉와 같다.

---

30 《京城南山公立尋常小學校 創立 70周年 記念誌 坂道とポプラと碧い空と》(京城南山小學校同窓會, 1996년), 220쪽.

31 앞의 京城南山小學校同窓會 자료, 28쪽, 100쪽, 220쪽.

32 히우라 사토코(樋浦鄉子), 〈植民地期朝鮮半島における初等教育經驗 — 鄭淳泰氏への聞き取り記錄から〉, 《教育史フォーラム》 제3호(教育史フォーラム 京都, 2008년 3월), 132쪽.

이 증언을 통해 조선 신궁 참배자의 증가는 경성 신사참배자 증가로 이어졌음을 알 수 있는데, 경성 신사는 이처럼 '매력적'인 환경 속에서 조선 신궁의 '삭막함'을 보완하는 역할을 담당하였음을 엿볼 수 있다.

(3) '참배증'으로 개인 참배를 유도

경성 신사가 제공하는 '놀이터'와 같은 환경으로 인해 조선 신궁의 삭막함이 교묘하게 보완되었다고는 하지만, 떨쳐내기 쉽지 않은 긴박감이 감도는 식민지의 '총진수'인 조선 신궁에 제사 참석의 목적이 아니라 그저 매일 아침 조선인 아동을 참배하게 하려던 신직의 의도는 무엇이었을까? 《연보》는 하계 조조 참배를 장려한 의도를 다음과 같이 설명하였다.[33]

> 순신도純神道의 입장에서 보면 신을 경애하는 것은 물론이지만, 한편으로 그리워하며 사모하는 〔…〕 감격을 느끼도록 하는 것도 잊어서는 안 되는 일이다. 속담에 경원敬遠이라는 말이 있는데, 신에게 지나치게 의례적으로 이른바 경敬만을 중시해 멀어져[遠]서는 안 될 것이다.
> 특히 조선의 아동에게 신의 무언교설無言敎說과 같은 마음의 소리를 들려주기 위해서는 거듭거듭 신궁·신사의 분위기를 접하게 해야 한다고 생각한다. 이에 7월 1일부터 8월까지 2개월 동안 조조 참배를 장려하였다.

여기서 주목하고자 하는 점은 조선 신궁의 신직은 '경(敬)만을 중

---

33 《昭和11年 年報》(朝鮮神宮社務所, 1937년), 65쪽.

시'하는 것보다 '그리워하며 사모하는' 것을 중시하였다는 점이다. 이는 앞 장에서 서술하였듯이, '의례적'인 경례에 대해 아치와 야스히코 궁사가 지속적으로 불만을 토로하였던 것과도 깊은 관련이 있는 것으로 해석할 수 있다. 현실적으로 일본인의 눈으로 바라보아도 그리운 공간이라고는 할 수 없었던 조선 신궁에서는 조선인 참배자를 끌어들이는 방법으로 '입춘대길'의 부적 배포(1932년 이후)나 수신 교과서에 대한 '감사 참배'를 개인에게 요구(1934년 이후)하는 등의 기획을 고안하였던 것이다. 이와 더불어 1936년부터 하계 조조 참배가 시작되었다.

조선 신궁은 하계 조조 참배를 도입할 때에 날인을 하기 위한 '참배증'(이하 ' ' 생략)을 준비하였다. 이것은 아동의 '자발적 의사'를 불러일으키는 교묘한 '소도구'로서 기능하였을 뿐만 아니라, 이를 마지막에 제출하게 함으로써 이상할 정도로 상세한 '통계'를 가능하게 하였다. 다만 참배증이라는 방법 자체는 조선 신궁이 조조 참배를 시작하기 이전부터 일본 현지의 몇몇 신사에서 실시하던 방법이었다.[34] 조선 신궁에서 특징적인 것은 참배증 그 자체보다도 이것을 바탕으로 다양한 '통계'를 작성하였을 것으로 보인다는 점과 이 통계를《연보》에 공표한 점이다. 개근한 자는 학교명, 학년, 개인명까지 게재되었다 (개인명은 1936년에만 게재되었다).

같은 시기에 신사를 참배하게 하기 위한, 이른바 정책적인 뒷받침은 잇달아 정비되었다. 조선 신궁도 이와는 미묘하게 다른 동기를 갖고 독자적인 행사를 창출하여 개인 참배를 유도하였으나 눈앞의 조

---

34 〈神社中心兒童教化事業の實際〉(1)-(6),《皇國時報》(皇國時報發行所, 1935년 4월-8월). 참배 때에 지참하는 카드의 명칭은 '朝詣帖', '朝詣表', '參拜章' 등 다양하다.

선인 참배자에게서 '자발성'을 발견하지 못하는 상태가 지속된 결과, 하계 조조 참배를 기획하고 참배증을 지참하게 하였으며 그 '통계'를 공개하기에 이르렀던 것으로 추정된다.

하계 조조 참배는 개인에게 이른 아침에 신궁에 갈지 여부를 판단하게 한다는 점에서 '자발성'을 끌어내려는 측면을 가지고 있었다. 그러나 개인의 의사를 이끌어 내기 위해서 참배증 날인과 그 제출(학교명, 개인명 기입)을 요구함으로써, '자발성'의 질은 의문스러워지고 말았다. 이에 따라 '자발성'을 일으켜 신사를 참배한 아동은 실제로는 전체 아동 가운데 소수였을 것으로 보인다(이에 대해서는 다음 절에서 분석하겠다). 다만, 그 소수의 아동이 특히 조선인 참배자의 전체 수를 증가시키는 데에 '공헌'하기도 하였다. 일부 아동 덕분에 '결실'을 본 참배자 수는《조선 신궁 연보》에 게재되었으며, 이 연보는 조선총독부는 물론 척무성, 궁내성에도 송부되었다.[35] 이는 조선 신궁으로서는 하나의 '실적'이었을 것이다. 자신들이 추진한 하계 조조 참배에 대해 "조선의 미래를 위해 기쁘기 그지없다"라고 조선 신궁의 신직은 평하기도 하였다.[36]

35 《昭和4年の朝鮮神宮》(朝鮮神宮社務所, 1930년), 16쪽.

36 《昭和11年 年報》(朝鮮神宮社務所, 1937년), 66쪽.

제2절 조선 신궁 참배자의 내실

(1) 1930년대 중엽 참배자 급증

본 항에서는《연보》의 '통계'를 바탕으로 1936년의 하계 조조 참배의 상황을 중심으로 살펴보고, 이 기획이 해당 월의 참배자 증가에 어느 정도 영향을 미쳤는가 하는 점에 대해서 검토하고자 한다. (1), (2)에서는 당시의 조선 신궁 참배자, 하계 조조 참배자의 인원수에 대해서 검토를 하고, (3)에서 그 환경적 요인과 실질적인 동원력에 대해서 고찰하고자 한다.

먼저, 1939년대 중반부터 후반에 걸쳐 조선 신궁 참배자의 총 인원수에 대해서 〈그래프 3-1〉 〈표 3-1〉을 보면서 확인하겠다.

〈그래프 3-1〉을 살펴보면, 먼저 1936년부터 1938년에 걸친 총 참배자 수의 급증 양상이 눈에 띈다. 1936년의 참배자 수는 약 117만 명, 1938년의 참배자 수는 약 268만 명(통계상 알 수 있는 조선 신궁 사상 최대 인원수)으로 어마어마하게 증가하였다. 그러나 〈표 3-1〉을 통해 확인해 보면, 1934년부터 1936년까지 3년 동안에도 약 61만 명에서 117만 명으로 2배 가까운 증가를 보였다. 다만, 1934년부터 1936년에는 전체 참배자에서 차지하는 단체 참배자의 비율은 43.2%에서 33.8%로 떨어져, 전체 참배자의 증가에 역행하는 듯한 동향을 보이기도 한다. 게다가 단체 참배자가 전체 참배자에서 차지하는 비율은 1929년부터 1940년까지 일관되게 과반수를 넘지 않는다. 전체 참배자 수의 급격한 증가와는 대조적으로, 1936년에는 단체 참배자가 전

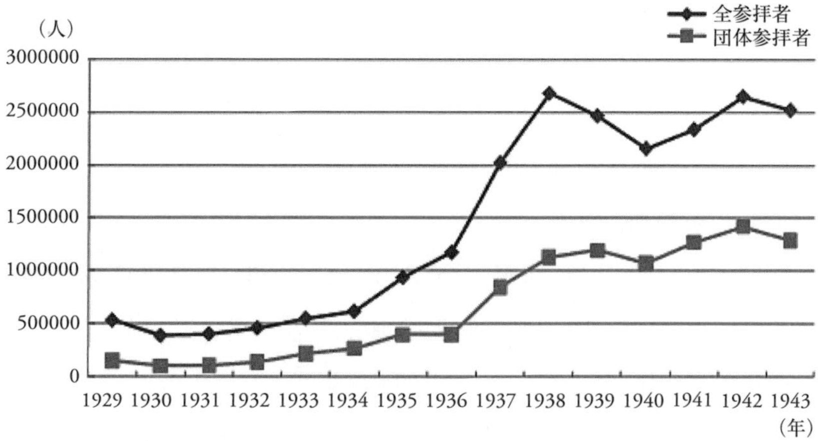

〈그래프 3-1〉 조선 신궁 참배자 총 인원수의 변천 (1)

출전 :《朝鮮神宮年報》(朝鮮神宮社務所, 각 연도 판)

표 3-1. 조선 신궁 참배자 총 인원수의 변천(2)

연도	전체 참배자 수(A)	단체 참배자 수(B)	(B)가 (A)에서 차지하는 비율(%)
1929	531,373	151,782	28.6
1930	386,807	97,794	25.3
1931	403,550	104,818	26.0
1932	461,140	135,223	29.3
1933	552,910	216,183	39.1
1934	618,622	267,271	43.2
1935	937,588	393,972	42.0
1936	1,173,853	396,435	33.8
1937	2,022,292	846,704	41.9
1938	2,679,304	1,129,588	42.2
1939	2,465,918	1,191,643	48.3
1940	2,158,859	1,072,422	49.7
1941	2,339,164	1,271,242	54.3
1942	2,648,365	1,418,269	53.6
1943	2,521,263	1,288,939	51.1

출전 :《朝鮮神宮年報》(朝鮮神宮社務所, 각 연도 판)

체 참배자에서 차지하는 비율이 낮아졌다는 점, 그리고 이후에도 단체 참배자의 비율은 1940년까지 개인 참배자의 비율에 미치지 않는다는 점은 다시 한 번 이 시기의 조선 신궁을 찾는 개인 참배자의 양태를 주목할 필요가 있음을 말해 준다고 할 수 있다.

(2) 하계 조조 참배의 영향력

다음으로, 1936년에 시작된 하계 조조 참배가 이러한 참배 인원수 증가와 개인 참배자의 총 인원수에 어떻게 영향을 미쳤는지에 대해서 검토하고자 한다.

이미 서술하였듯이, 조선 신궁은 1936년 7월 1일부터 하계 조조 참배를 시작하여 아동·학생에게 참배증을 배포하였고, 마지막에 이를 회수, 통계를 내어 《조선 신궁 연보》에 학교명, 인원수, 개근한 자의 학년과 이름 등을 상세하게 공표하였다. 또한 당시의 교육 제도(제2차 조선교육령)에서는 '국어를 사용하는 자', 즉 대부분의 조선 체류 일본인을 위해서 소학교·중학교·고등여학교를 설치하고, '국어를 사용하지 않는 자', 즉 대부분의 조선인에게는 보통학교·고등보통학교·여자고등보통학교를 설치하여, 실질적으로는 일본인과 조선인의 학제를 완전히 구분한 상태였다.[37] 그러나 조선인에게는 의무 교육이 적용되지 않았으며 입학 연령도 정해져 있지 않았다. 김부자金富子가 정리한 내용에 따르면, 1930년대 후반 조선인 6세 아동의 입학률은 30% 정도였다.[38]

여름 방학에 이른 아침이나 매월 정해진 날짜에 '조예朝詣' 등의 명칭을 붙여 아동을 참배하게 한 예는 일본 현지의 신사에서도 찾아볼 수 있다. 그러나 조선 신궁의 하계 조조 참배는 다음과 같은 점에서 다른 점을 보여 준다. 첫째, 매일 아침 참배를 해야 하는 기간의 길이이다. 조선 신궁에서 지정한 2개월은 다른 신사에 비해 훨씬 긴 기간

---

37 다만 실업학교, 각종 학교는 민족 공학이었으며 민족의 비율이 비슷비슷한 학교도 많았다.

38 김부자, 《植民地期朝鮮の教育とジェンダー》(世織書房, 2005년), 370쪽.

이다. 1935년의 전국신직회 회보지에 게재된 설문 조사 결과를 살펴보면, 일본 현지의 신사에서 실시한 같은 종류의 행사가 적어도 12개 신사(이 가운데 스와 신사諏訪神社 등 관폐대사 6개, 관폐중사 1개, 별격 관폐사 3개, 현사縣社 1개, 향사鄕社 1개)에서 있었음을 확인할 수 있다. 그러나 대부분은 '하계 1주일간(도쇼구東照宮)', '하계휴가 중 14일간(게이만 신사敬滿神社)' 정도이다. 가장 긴 히에 신사日枝神社의 경우에도 약 40일간으로, 조선 신궁의 2개월보다 짧다.[39] 조선에서는 도지사가 결정권을 가지고 있던 보통학교의 여름 방학 기간은 '경성'부를 포함한 경기도의 경우 7월 21일부터 8월 20일까지였다.[40] 따라서 조선 신궁이 설정한 7월 1일부터 8월 31일까지라는 기간은 여름 방학에 들어가기 20일 전부터 여름 방학이 끝나고 10일 뒤까지 이어지는 기간이었다. 여름 방학의 2배나 되는 긴 기간이었음에도 불구하고, 《연보》에 따르면 이해(1936년) 2개월 동안 개근한 참배자가 관·공·사립 소학교·보통학교 및 여러 학교 등을 합쳐 모두 105명이었다. 개근한 자를 이처럼 발표하는 것 자체가 조선 신궁의 '2개월 개근'을 장려하려는 강한 의도의 표현으로 생각된다. 이 105명이 각자 62회 참배함으로써 증가한 참배자 수는 모두 6510명분이나 된다.

둘째, 《연보》에 공표한 참배자 관련 통계의 심상치 않은 상세함이다. 특히 하계 조조 참배가 시작된 해인 1936년도판 《연보》에는 '2개

39 《皇國時報》 561호, 562호, 563호, 570호, 571호(皇國時報發行所, 1935년 4월-8월).

40 여름 방학이나 학년 말 방학의 날짜는 도령(道令)에 의한 보통학교 규정 세칙으로 정해졌다. 따라서 지역의 기후 등에 따라 각 도마다 약간 차이가 있었다. '경성'부에 있는 관립 경성사범부속보통학교의 종업식은 7월 20일, 개학식은 8월 21일이었다. 경성 용산공립소학교도 날짜가 같았다. 와타나베 마나부(渡邊學)·아베 히로시(阿部洋) 편, 《史料集成》 33권(龍溪書舍, 1989년), 115-116쪽. 《龍山小學校史·龍會史》(경성 용산공립소학교 동창회 용회, 1999년), 135쪽.

표 3-2. 1936년 공립보통학교(조선인) 하계 조조 참배 아동 수

지도 상의 번호	학교명	2개월(a)/ 40일이상(b)/ 30일이상(c)	a,b,c 소계 (d)	25일이상 (e)/ 15일이상 (f)/ 10일이상 (g)	e,f,g 소계 (h)	d,h 합계(i)	※A 추정 전체 학교 아동 수(j)	아동참가 비율(i/j) (%)
※B (1)	관립사범부속	0 / 4 / 4	8	0 / 0 / 5	5	13	356	3.7
1	교동	2 / 2 / 10	14	0 / 1 / 8	9	23	1,631	1.4
2	재동	0 / 0 / 0	0	0 / 0 / 4	4	4	1,276	0.3
3	어의동	5 / 3 / 16	24	0 / 8 / 3	11	35	1,773	2.0
4	인현	0 / 0 / 0	0	0 / 1 / 0	1	1	993	0.1
5	수하동	1 / 1 / 2	4	1 / 9 / 2	12	16	851	1.9
6	정동	14 / 15 / 33	62	0 / 44 / 6	50	112	993	11.3
7	매동	1 / 13 / 5	19	1 / 13 / 9	23	42	1,560	2.7
8	미동	5 / 9 / 21	35	0 / 20 / 6	26	61	1,347	4.5
9	마포	1 / 0 / 6	7	0 / 0 / 2	2	9	851	1.1
10	덕수	2 / 5 / 18	25	0 / 0 / 19	19	44	1,843	2.4
11	용상	1 / 3 / 10	14	0 / 15 / 1	16	30	1,276	2.4
12	창신	0 / 6 / 2	8	0 / 7 / 1	8	16	1,276	1.3
13	수송	0 / 2 / 4	6	1 / 11 /8	20	26	1,276	2.0
14	효창	10 / 13 / 28	51	0 / 80 / 6	86	137	1,347	10.2
15	부교	2 / 3 / 9	14	0 / 10 / 5	15	29	1,347	2.2
16	청운	2 / 0 / 22	24	0 / 2 / 1	3	27	1,276	2.1
17	죽첨	0 / 0 / 8	8	0 / 16 / 4	20	28	1,631	1.7
18	혜화	0 / 0 / 0	0	0 / 0 / 2	2	2	1,064	0.2
19	왕십리	1 / 0 / 4	5	0 / 5 / 5	10	15	567	2.6
20	아현	0 / 0 / 0	0	0 / 5 / 5	10	10	780	1.3
합계 인원수		47 / 75 / 198	320	3 / 247 / 97	347	667	24,957	
추정동원 횟수		2,820/3,000 /5,940	11,760	75/ 3,705 / 970	4,750	16,510		
							'참배증' 제출 아동이 교내에서 차지하는 비율 평균(%)	2.7

※ A 추정 아동 수는 공립학교는 70.9×학교 수, 관립학교는《朝鮮諸學校一覽》에 게재된 실제 수.

※ B 관립학교는 이 밖에 경성 여자 사범학교 부속 보통학교가 설치되어 있었으나《朝鮮神宮年報》에 기재된 내용은 없다.

※ C 공립학교는 위에 기재된 학교와 더불어, 용강, 한강, 숭인, 영등포 각종학교가 존재하였으나《朝鮮神宮年報》에 기재된 내용은 없다.

월', '40일 이상', '30일 이상', '25일 이상', '10일 이상' 등 6단계로 나누고, 관·공·사립별로 '소학교', '보통학교', '중등학교(제諸학교도 포함)', '기타'로 구분한 다음, 인원수를 기재하였다. 나아가 "참배증을 제출한 자만 게재한다"라는《연보》에 나온 기술을 볼 때 마지막에

표 3-3. 1936년 공립소학교(일본인) 하계 조조 참배 아동 수

지도상의 번호	학교명	2개월(a)/40일이상(b)/30일이상(c)	a,b,c 소계 (d)	25일이상(e)/15일이상(f)/10일이상(g)	e,f,g소계 (h)	d,h 합계 (i)	※A추정 전체 학교 아동수(j)	아동참가비율 (i/j)(%)
(一)	관립사범부속	2 / 4 / 7	13	0 / 1 / 2	3	16	589	2.7
一	三坂	※B 64 / 9 / 96	169	3 / 26 / 24	53	222	1,872	11.9
二	日出	0 / 10 / 8	18	1 / 2 / 53	56	74	1,404	5.3
三	동대문	1 / 8 / 0	9	0 / 1 / 2	3	12	1,872	0.6
四	남대문	19 / 26 / 45	90	0 / 59 / 33	92	182	1,755	10.4
五	櫻井	2 / 1 / 7	10	1 / 3 / 5	9	19	1,755	1.1
六	서대문	0 / 6 / 5	11	0 / 6 / 26	32	43	1,112	3.9
七	남산	1 / 3 / 11	15	0 / 1 / 20	21	36	1.170	3.1
八	元町	1 / 1 / 1	3	0 / 4 / 4	8	11	1,931	0.6
九	종로	0 / 0 / 0	0	1 / 3 / 4	8	8	1,170	0.7
十	용산	1 / 0 / 1	2	0 / 1 / 1	2	4	1,697	0.2
합계 인원수		91 / 68 / 181	340	6 / 107 / 174	287	627	16,326	
추정 동원 횟수		5,460/2,720/5,430	13,610	150/1,605/1.740	3,495	17,105		
'참배증' 제출 아동이 교내에서 차지하는 비율 평균(%)								3.7

※ A 추정 아동 수는 공립학교는 60.2×학교 수, 관립학교는《朝鮮諸學校一覽》에 게재된 실제 수.
※ B《朝鮮神宮年報》통계상 63명이지만 개근한 자 이름은 64명이었기 때문에 이 표에서도 64명으로 표기하였다.
※ C 영등포 소학교는《朝鮮神宮年報》에 기재되지 않았다.
출전 :《朝鮮諸學校一覽》(조선총독부 학무국, 1937년),《昭和11年 朝鮮神宮年報》(朝鮮神宮社務所, 1937년).

표 3-4. 1936년 기타 참배 수

학교 종류	2개월(a)/40일이상(b)/30일이상(c)	a,b,c 소계 (d)	25일이상(e)/15일이상(f)/10일이상(g)	e,f,g 소계 (h)	d,h 합계
기타 초등 교육기관 ※A	13 / 41 / 72	126	1 / 128 / 36	165	291
기타 중등 교육기관 ※B	2 / 2 / 20	24	21 / 14 / 59	94	118
합계 인원수	15 / 43 / 92	150	22 / 142 / 95	259	409
추정 동원 횟수	900 / 1,720 / 2,760	5,380	550 / 2,130 / 950	3,630	9,010

※ A 사립보통학교와 더불어 수험 준비학교 등도 포함.
※ B 공사립중학교 · 고등여학교 · 고등보통학교 · 여자고등보통학교와 더불어 기예학교 등도 포함.
출전 :《朝鮮諸學校一覽》(조선총독부 학무국, 1937년),《昭和11年 朝鮮神宮年報》(朝鮮神宮社務所, 1937년).

참배증을 제출하게 하였을 뿐 아니라 제출하지 않은 자의 존재도 시사하고 있어, 여기에서 인원수 파악에 대한 강한 집착을 엿볼 수 있다.

그리고 〈표 3-2〉, 〈표 3-3〉, 〈표 3-4〉를 통해, 같은 해의 하계 조조 참배가 참배자의 증가에 어느 정도로 영향을 미쳤는지에 대해 검토하고자 한다.

조선 신궁이 공표한 '통계'는 앞에서 서술하였듯이 '2개월', '40일 이상', '30일 이상', '25일 이상', '15일 이상', '10일 이상' 등 6단계로 분류되어 있으며, 누가 몇 번 참배하였는지에 대해서는 알 수가 없다. 여기서 단지 추정을 해 보는 차원에서 '2개월'을 '60회 참배', '40일 이상'을 '40회 참배', '30일 이상'을 '30회 참배', '25일 이상'을 '25회 참배', '15일 이상'을 '15회 참배', '10일 이상'을 '10회 참배'로 상정하여 최소한의 동원 수를 추정해 본 것이 표에 있는 '추정 동원 횟수'이다. 이 '추정 동원 횟수'에 따르면, 1936년 7월부터 8월, 2개월 동안 하계 조조 참배를 통해 동원된 총 참배 횟수는 아주 최소한으로 상정해 보아도 4만2천 회를 넘는다. 다만 같은 해 7월, 8월에 조선 신궁에 개인으로 참배한 것으로 간주되는 수(전체 참배자 수와 단체 참배자 수의 차)는 대략 24만 명이었으므로,[41] 하계 조조 참배가 개인 참배자 중에서 차지한 비율은 (하한) 17% 정도였을 것으로 추정해 볼 수 있다. 이 비율은 이해의 참배자 증가를 설명하는 데에 결정적으로 큰 수치라고 단언할 수는 없지만, 이 기획이 일정한 영향력이 있었음을 보여준다고 할 수 있을 것이다. 나머지 (상한) 83% 정도의 참배자의 내실에 대해서도 분석이 필요하지만 이는 앞으로의 과제로 남겨 둔다.

---

41 2개월 동안의 전체 참배자는 약 27만 7천 명, 이 가운데 단체 참배는 약 3만 8천 명. 〈參拜人員數調〉, 〈團體參拜數調〉, 《昭和11年 年報》(朝鮮神宮社務所, 1937년) 참조.

(3) 참배 아동 수에 관한 검토 — 거리와 참배율에 초점을 맞추어서

(2)의 고찰을 통해 하계 조조 참배가 1936년 전체 참배자 수 증가에 영향을 주었으며, 특히 조선인 개인 참배자의 증가에 일정한 영향력을 행사했다는 것을 추정해 볼 수 있었다. 하계 조조 참배에 대한 아동의 참가 상황과 관련하여 이제부터는 하계 조조 참배에 대한 각 학교의 대응의 차이와 환경적 원인에 대해서 검토하고자 한다. 〈지도 3〉 '학교 분포도'를 참고하려고 한다.

지도상의 아라비아 숫자는 조선인 대상 학교(보통학교), 한자 숫자는 일본인 대상 학교(소학교)를 의미한다. 〈지도 3〉을 통해 알 수 있는 것을 다음과 같이 정리해 보았다. 첫째, 지도상에서 청계천 이남에서부터 조선 신궁이 있는 남산 주변 지역에 관공립소학교 12개 학교 중 11개 학교가 편재하고 있다. 이에 반해 공립보통학교는 '경성'부 전체(혹은 인접군)에 편중된 곳 없이 산재해 있다. 청계천 이북은 주로 조선인 주거 지역이며,[42] 이남은 일본인 거주 지역이었다. 조선 신궁이 일본인 거주 지역과 인접한 곳에 창건되었다는 점, 특히 청계천 이북 지역에서는 노면 전차를 타지 않으면 쉽게 갈 수 없는 거리였다는 점, 이들 학교 중에도 노면 전차역이 가깝지 않은 학교도 여럿 있었다는 점 등까지 고려해 살펴보면, 조선인 아동의 조선 신궁 참배는 일본인 아동의 참배보다 시간, 비용, 체력이 훨씬 필요한 가혹한 것이었다는 점을 알 수 있다.

〈표 3-2〉, 〈표 3-3〉과 〈지도 3〉을 통해 다음과 같은 점을 알 수 있

---

42 지도상은 '○○동'이라고 표기되어 있는 곳이 주로 조선인의 거주 지역이다. 다만 1936년 4월부터 '○○동'은 '○○정(町)'으로 변경되었다.

다. 먼저 〈표 3-2〉의 보통학교(조선인 아동)에 대해서 말하면, 정동 보통학교(〈지도 3〉의 6번)와 효창 보통학교(〈지도 3〉의 14번)가 눈에 띄게 높은 참배증 제출율을 보이고 있다. 이는 〈지도 3〉을 참조해 살펴보면, 지리상 거리가 가깝다는 점이 영향을 주었을 것으로 생각된다. 이들 2개 학교는 보통학교 20개 학교 중에서 가장 조선 신궁과 거리가 가까운 학교이다. 이 두 학교의 참배 아동이 보통학교 참배 아동 전체 중 차지하는 비율은 667명 중 249명으로 37.3%이다.

〈표 3-2〉 전체를 살펴보면, 대부분의 보통학교 참배율은 거리와 비례하고 있다. 다만 마포 보통학교(9번), 청운 보통학교(16번), 왕십리 보통학교(19번)는 조선 신궁에서 거리가 매우 떨어져 있어서 전체적으로 아동 참배자의 비율은 높지 않지만, 각각 1명 이상의 개근 참배자와 30일 이상 참배자 32명이 나오기도 하였다. 3개 학교 가운데 왕십리 보통학교를 제외한 2개 학교는 근처에 노면 전차 정류소도 찾기 어렵다. 또한 이 해의 여름은 특히 긴 우기와 태풍으로 남부 지역에 수해가 나서 큰 피해를 입었고, 8월에는 '경성'부 내에서 두 차례나 한강이 범람하여 주택이 침수하였다는 신문 보도도 있었다.[43] 8월에 부임한 미나미 지로南次郎 조선 총독의 첫 업무가 수해 시찰이었을 정도이다. 이 수해로 침수된 지역은 마포 보통학교 지구, 영등포 보통학교 지구였다. 보통학교 중에서도 조선 신궁에서 멀고 노면 전차 등의 교통편도 불편한 학교에서도 한정된 인원수이기는 하지만 여름 방학 기간(30일)이 끝나고 수업하는 날도 포함하여 매일 참배한 아동이 있었다.

---

43 《京城日報》, 1936년 8월 13일 석간 2면, 8월 14일 석간 2면, 8월 29일 석간 7면. 《大阪朝日新聞》南鮮版, 1936년 8월 13일 조간 5면.

한편 〈표 3-3〉의 소학교에서는 미사카三坂 소학교(1번)와 남대문 소학교(4번)가 눈에 띄며, 이 두 학교의 참배 아동 합계 340명은 소학교 참배 아동 합계 547명의 62.2%를 차지하고 있다. 이 두 학교 모두 조선 신궁에서 거리가 가깝고 특히 미사카 소학교의 경우에는 통학 도중에 참배가 가능할 정도였을 것이다. 다만, 거리가 가까웠다고 해서 이것이 그대로 참배율로 이어졌던 것은 아니었다. 남산 소학교(7번)나 사쿠라이櫻井 소학교(5번)의 참배증 제출율이 반드시 높지 않은 점은 이를 뒷받침해 준다.

이처럼 조선 신궁과의 지리적 관계는 각 학교의 대응을 좌우하는 중요한 한 요인이었을 것으로 추정해 볼 수 있다. 그러나 보통학교의 경우는 거리와 참배증 제출율 사이에 일정한 상관관계가 보이는 데에 반해, 소학교의 경우에는 가까운 학교 중에서도 '열심'인 학교와 그렇지 않은 학교가 존재하는 다소 다른 경향을 보이고 있다.

이상에서 알 수 있는 특징을 정리해 보겠다. 첫째, 전체 학교 아동수에서 차지하는 아동의 하계 참배증 제출율은 보통학교·소학교 모두 최대 10% 전후, 대부분의 경우 2% 내지 3% 정도에 불과하여, 각 학교의 대응은 크게 다르게 나타났다. 특히 주목되는 것은 관립 경성사범학교 부속 보통학교, 부속 소학교 모두 2% 내지 3% 정도라는 점이다. 이와 같은 점들을 통해서, 하계 조조 참배는 학무·학교 행정을 통해 일률적으로 실시된 것이 아니라 신사의 요청을 각 학교의 판단에 맡기고 있어, 대체로 그 대응은 소극적이었음을 알 수 있다. 저자는 앞 장에서 6월 오하라이 의식의 참석에 관해서 적어도 1936년 무렵까지 '경성'에서는 신사참배와 관련하여 각 학교 교장의 판단의 여지가 존재하였음을 밝혔다. 하계 조조 참배에서도 각 학교 교장의 판단의 여지는 오하라이 의식과 마찬가지로 존재하여, 오하라이 의식보다 자유롭게 아동·학생을 참석시킬지 여부를 판단할 수 있었으며, 각 교원의 재량의 폭도 존재했을 가능성도 있다. 결과적으로 조선 신궁에서 먼 거리에 많이 위치해 있던 보통학교에서는 하계 조조 참배를 하는 아동이 적었을 것으로 추정된다. 그러나 일부 아동이 매일 참배함으로써 조선 신궁 입장에서는 '통계'상으로 많은 수의 조선인 참배자를 얻을 수 있었다.

다음으로, 특히 보통학교의 경우에는 거리와 참배증 제출율이 서로 관련이 있다는 점, 전체 참배자 수는 8월에 감소하였다는 점[44]을 통해, 상대적으로 조선 신궁과 가까운 곳에 사는 아동이 적어도 7월 중에는 통학과 참배를 겸한 경우가 많았을 가능성을 추정해 볼 수 있다. 가설이기는 하지만, 실제로 통학이라는 목적이 없으면 참배 아동은 감소할 것이라는 짐작은 조선 신궁 측에서도 하고 있어서, 일본 현지와 달리 여름 방학 전에 통학하는 아동의 확보가 기대되는 7월 1일부터 하계 조조 참배 기간을 설정하였을 것이다.

또한 이는 통학이라는 행동이 참배의 동기가 되었을 뿐 아니라 참배 뒤에 학교에 가면 교사의 칭찬이나 좋은 평가 등 아동에게 '이익'이 주어졌을 가능성을 보여준다. 이 점과 관련해서는 간접적인 자료이기는 하지만, 다음 두 가지 증언을 통해 가늠해 볼 수 있다. 먼저 저자가 이전에 실시했던 전 보통학교 졸업생과의 인터뷰에서 매주 일요일에 갔다고 하는 신사참배에 대한 기억(1937년 시작된 '정기 참배'로

---

44 1936년 7월의 개인 참배자는 약 17만 명(이 중 약 2만 명이 단체 참배), 8월은 약 10만 명(이 중 약 만 8천 명이 단체 참배)이다. 또한 전년까지는 계속 7월보다 8월의 참배자 수가 많은 경향을 보였다. 《年報》 각 연도판 〈團體參拜數調〉 참조.

추정된다)에 대해서 저자가 질문하였을 때의 증언이다.[45]

> 정: 출석부를 학교에서 만들어서 학생들에게 나누어 주면 이것을 갖고 매주 일요일에는 신궁 참배를 했다. 〔…〕 이것을 가져가면 신궁에서 신주神主가 도장을 찍어 줬다. 도장을.
>
> 저자: 매주 일요일마다.
>
> 정: 응. 매주 일요일마다. 그리고 그 도장을 받고 선생님에게 보이면 그것이 성적에 크게 반영되었다. 〔…〕 그 출석이 신궁을 참배했다는 증거가 되는, 도장을 받은 그 출석부. 그리고 이것을 선생님에게 제출한다. 월요일 아침에. 그리고 만약 이것을 게을리하면 반드시 벌을 받았다.
>
> 저자: 어떤 벌을 받았는가?
>
> 정: 뭐랄까? 수신 점수가…

여기서 인용한 증언 외에 증언자는 도장이 적은 아동이 신직에게 "너는 왜 오지 않는 거니?"라는 말을 들으며 혼나는 것을 보았다고 한다.[46] 신사참배를 하지 않는 것이 '게으름'으로 받아들여져 신직에게 혼이 날 뿐만 아니라, 학교에서도 '벌'을 받았다는 점이 중요하다. 반대로 '상'을 받는 좋은 평가를 받은 증언도 있다. 1941년 '경성'의 창천 국민학교 졸업생의 회상이다.[47]

---

45 매주 일요일이라고 하면 1937년에 시작된 정기 참배를 가리키는 것으로 생각된다. 앞의 졸고, 〈植民地期朝鮮半島における初等教育經驗 — 鄭淳泰氏への聞き取りから〉, 134쪽. 정순태 씨는 1928년에 태어나 1937년에 보통학교에 입학하였다.

46 위의 138쪽.

47 증언을 해 준 류덕인 씨는 1933년에 태어나, 1940년에 소학교(이듬해부터 국민학교로 개칭)에 입학하였다. 서울특별시사 편찬위원회 《서울 역사 구술 자료집(3)—서울 사람이 겪은 해방과 전쟁》(2011년 2월), 69쪽.

국민학교 2학년 때, 남산에 있는 조선 신궁에 갔다. 아마테라스오미카미天照大神를 받드는 조선 신궁이라는 곳이 있었다. 그곳에 가서 참배하고 도장을 받아서 그 도장이 1백회분 모이면 창천 국민학교가 상을 주었다.

이 증언에서도 신사가 아니라 학교가 '상'을 주었다고 기억한다는 점이 중요할 것이다. '수신'을 중심으로 한 교육상의 행위를 '게으름'이 있고 없고를 따져 평가하여 '상별'의 대상으로 삼았다는 점. 그러나 신직의 기대는 아동을 '신비'로 이끄는 데에 있었다는 점. 이러한 생각의 차이는 점점 커져, 아동은 도장이라는 '소도구'의 감시를 받으면서 '100회'를 목표로 신사에 매일 가야 했다. '상'과 관련해서는 당시 일본인 교원이었던 증언자의 증언도 있다.[48]

아이들도 교사에게서 카드를 받아 참배할 때마다 신사에서 도장을 받았다. 도장이 꽉 차면 조례에서 표창을 받기 때문에 열심히 참배하러 갔다.

이와 같은 증언들은 아동의 신사참배가 신직의 종교가로서의 발의에 기초하여 실시되기는 하였지만, '수신'을 중심으로 한 학교 교육상 아동의 평가에도 분명 영향을 미쳤음을 보여 준다.

조선 신궁은 개인과 물자가 빈번하게 오가는 행사를 많이 창출하였다는 점에 대해 앞에서 지적하였다. 조선 신궁은 이처럼 개인을 참

---

48 아시아에서의 일본의 전쟁 책임을 묻는 민중법정준비회 편, 《連續〈小法廷〉の記錄③ 教育の戰爭責任 舊植民地化の皇民化教育》(樹花舍, 1995년). 이 증언은 조선인 대상 국민학교 교원이었던 이케다 마사에(池田正枝) 씨의 증언이다.

배시키고자 하는 바람을 구체화하고자, 예를 들면 숭경자의 가정이나 마을(동네) 모임 등을 통해서가 아니라, 조선총독부와 연대하지도 않고 학교를 통해 아동 한 사람 한 사람을 개별적으로 참배시키려고 하였다. '상벌'이라는 평가 방법을 구사하는 학교 교육의 '지도력'을 최대한 활용하려는 행위였다고도 할 수 있다.

제3절 1937년 이후의 참배자

(1) 개인과 단체 참배의 동향

1937년, 하계 조조 참배 기간 중인 7월 7일에 노구교 사건蘆溝橋事件이 발생하였다. 이를 계기로 조선 신궁에서 같은 해 7월 1일부터 성인 참배자를 대상으로 시작한 '大祓詞竝神拜詞奉唱會'는 '大祓詞竝國威宣揚祈願詞奉唱會'로 명칭이 바뀌었다. 그리고 7월 14일에 출정 군인을 위한 '부적 수여 봉고제', 7월 15일에는 '국위 선양 황군皇軍 무운장구武運長久 기원제'가 열리는 등, 전쟁은 조선 신궁이 제사를 더 많이 거행하게 되는 사태를 가져왔다. 그러면 이와 같은 상황 속에서 2년째를 맞이하며 실시된 하계 조조 참배에 대해서 고찰해 보자.

먼저, 〈표 3-5〉를 통해 1937년 7월-8월의 참배자와 연간 참배자 수를 확인해 보자. 이해부터 '내지인', '조선인', '기타'라는 민족별 통계가 사라지고, '내선인內鮮人', '만지인滿支人', '기타'라는 항목으로 바뀌었기 때문에, 일본인 몇 명, 조선인 몇 명이라는 형태로 인원수를 파악할 수가 없다.

표 3-5. 1937년의 월별 참배자 총 인원수

	내선인	만지인	기타)	월 합계(a)	단체 참배자(b)	(b)/(a) %
1월	125,836	29	27	125,892	14,980	11.9
2월	68,324	33	74	68,431	26,584	38.8
3월	88,871	439	33	89,343	27,374	30.6
4월	141,429	1,102	698	143,229	62,436	43.6
5월	116,115	425	91	116,631	61,615	52.8
6월	73,637	205	55	73,897	27,835	37.7
7월	285,675	16	91	285,782	36,448	12.8
8월	170,252	13	27	170,292	29,530	17.3
9월	214,205	83	36	214,324	123,206	57.5
10월	351,042	0	20	351,062	201,109	57.3
11월	237,042	122	15	237,179	141,155	59.5
12월	146,199	25	6	146,230	94,432	64.6
총합계	2,018,627	2,492	1,173	2,022,292	846,704	41.9

출전 : 《昭和12年 朝鮮神宮年報》(朝鮮神宮社務所, 1938년).

〈표 3-5〉에 따르면, 전체 참배자 수는 전년(1936년)의 약 117만 명에서 1937년에는 2백만 명을 넘어 급증하는 양상을 보였다. 당시 경성의 인구가 약 70만 명 정도(이 중 일본인이 약 13만 명[49])이었으므로 그 급증 양상이 어느 정도로 엄청난 것이었는지 엿볼 수 있다. 이 가운데 단체 참배자는 약 40만 명(1936년)에서 약 85만 명(1937년)으로 증가하였다. 이 중 74%(62만 5880명)가 7월부터 12월 사이에 집중되어 있어 전쟁의 영향은 전체적으로 보아 단체 참배자에게도 강하게 나타났음을 알 수 있다.

그러나 노구교 사건이 발생한 7월에 단체 참배자가 급증하였는지를 살펴보면 꼭 그렇지만도 않다. 7월의 전체 참배자 수는 28만 5천 명 이상이라는 많은 수치를 보여 주지만, 이 가운데 단체 참배자 수

49 《京城 仁川 水原 開城》 昭和13年版(朝鮮總督府鐵道局, 1938년), 3쪽.

는 3만 6천 명 정도였다. 따라서 나머지 약 25만 명은 개인 참배자인 셈이다. 이 수치에는 이해에도 계속된 하계 조조 참배 아동의 수가 일정 비율로 포함되어 있다. 좀 더 자세하게 살펴보겠다.

(2) 2년째에 접어든 하계 조조 참배와 정기 참배의 시작

2년째를 맞은 하계 조조 참배의 실시 상황에 대해서 살펴보자. 조선 신궁은 새로이 1937년 1월부터 6월 말일까지와 9월부터 12월 말일까지 매주 일요일과 각 기념일에 '정기 참배(이하 ' ' 생략)'를 장려하기 시작하였다. 그리고 7월과 8월에는 전년과 마찬가지로 하계 조조 참배를 실시하였다. 1937년의 《조선 신궁 연보》에는 정기 참배와 하계 조조 참배를 구분하여, 통계를 11종류, 12쪽에 걸쳐 게재하였다. 다만, 하계 조조 참배의 통계 작성 방법은 전년과는 약간 다른 변화가 보인다. 1936년의 통계는 '2개월', '40일 이상', '30일 이상', '25일 이상', '15일 이상', '10일 이상' 등 6단계로 나누어 게재하였으나, 1937년의 통계는 '2개월', '1개월', '15일 이상', '15일 이하'의 4단계로 나누어 게재하였다. 1936년에는 가장 적은 일수가 '10일 이상'이었으나 1937년에는 '15일 이하'로, 1일 이상부터 수치화가 가능해졌다. 그렇기 때문에 1937년은 1936년보다 참배율이 더 높아질 가능성이 있다. 다시 〈표 3-6〉, 〈표 3-7〉, 〈표 3-8〉을 통해 1937년의 하계 조조 참배 아동 수를 확인해 보자.

이 해의 《연보》에 게재된 하계 조조 참배 아동 수는 공립보통학교 아동 1713명, 공립소학교 아동 693명 등 합계 3362명으로, 전년보다 큰 폭으로 증가하였다. 공립보통학교·소학교의 내역을 분석

표 3-6. 1937년 공립보통학교 하계 조조 참배 아동 수

지도상의 번호	학교명	2개월(a)/ 1개월이상(b)	a,b 소계 (c)	15일이상(d)/ 15일이하(e)	d,e 소계 (f)	c,f 합계 (g)	※A추정전체 학교 아동수 (h)	아동참가 비율(g/h) (%)
(1)	관립사범부속	5 / 27	32	4 / 9	13	45	367	12.3
(2)	관립여자 사범부속	0 / 2	2	0 / 0	0	2	321	0.6
1	교동	23 / 33	56	0 / 0	0	56	1,709	3.3
2	재동	0 / 2	2	0 / 4	4	6	1,353	0.4
3	어의동	21 / 114	135	6 / 2	8	143	1,851	7.7
4	인현	24 / 44	68	1 / 0	1	69	1,353	5.1
5	수하동	12 / 32	44	0 / 2	2	46	854	5.4
6	정동	27 / 66	93	4 / 3	7	100	1,068	9.4
7	매동	35 / 82	117	2 / 1	3	120	1,780	6.7
8	미동	22 / 66	88	6 / 2	8	96	1,780	5.4
9	마포	7 / 11	18	1 / 2	3	21	926	2.3
10	덕수	55 / 204	259	23 / 3	26	285	1,851	15.4
11	용산	15 / 30	45	0 / 0	0	45	1,424	3.2
12	창신	31 / 29	60	0 / 0	0	60	1,424	4.2
13	수송	7 / 27	34	2 / 0	2	36	1,353	2.7
14	효창	65 / 125	190	2 / 1	3	193	1,353	14.3
15	舟橋	70 / 128	198	2 / 0	2	200	1,424	14.0
16	청운	3 / 12	15	0 / 0	0	15	1,353	1.1
17	竹添	7 / 53	60	1 / 1	2	62	1,638	3.8
18	혜화	2 / 11	13	8 / 0	8	21	1,210	1.7
19	왕십리	4 / 30	34	1 / 0	1	35	641	5.5
20	아현	22 / 54	76	0 / 1	1	77	1,139	6.8
※B 번외	용강	5 / 3	8	0 / 1	1	9	926	1.0
번외	종암	1 / 7	8	0 / 0	0	8	712	1.1
번외	한강	3 / 7	10	0 / 0	0	10	570	1.8
합계 인원수		461 / 1,170	1,631	59 / 23	82	1,713	29,690	
추정 동원 횟수		27,660/35,100	62,760	885 / 345	1,230	63,990		
'참배증' 제출 아동이 교내에서 차지하는 비율 평균(%)								5.4

※ A 추정 아동 수는 공립학교는 71.2×학교 수, 관립학교는 《朝鮮諸學校一覽》에 게재된 실제 수.
※ B '번외'는 〈그림 1〉의 범위 밖에 있는 학교.
※ 마찬가지로 학교 가운데 영등포 보통학교만 《朝鮮神宮年報》에 기재되지 않았다.
출전 : 《朝鮮諸學校一覽》(조선총독부 학무국, 1937년), 《昭和12年 朝鮮神宮年報》(朝鮮神宮社務所, 1938년).

표 3-7. 1937년 공립소학교 하계 조조 참배 아동 수

지도상의 번호	학교명	2개월(a)/1개월이상(b)	a,b 소계(c)	15일이상 (d)/15일이하(e)	d,e 소계 (f)	c,f 합계 (g)	※A추정 전체 학교 아동 수 (h)	아동참가 비율(g/h) (%)
(一)	관립사범부속	12 / 26	38	0 / 2	2	40	596	6.7
一	三坂	60 / 105	165	9 / 12	21	186	1,776	10.5
二	日出	3 / 6	9	0 / 9	9	18	1,421	1.3
三	동대문	7 / 21	28	0 / 0	0	28	2,013	1.4
四	남대문	76 / 127	203	14 / 11	25	228	1,776	12.8
五	櫻井	7 / 18	25	1 / 4	5	30	1,776	1.7
六	서대문	9 / 49	58	4 / 8	12	70	1,125	6.2
七	남산	16 / 38	54	3 / 6	9	63	1,125	5.6
八	元町	2 / 3	5	0 / 1	1	6	1,954	0.3
九	종로	1 / 1	2	0 / 4	4	6	1,184	0.5
十	용산	9 / 4	13	0 / 6	6	19	1,176	1.1
※B 十一	青葉	18 / 20	38	1 / 0	1	39	474	8.2
합계 인원수		208 / 392	600	32 / 61	93	693	16,398	
추정 동원 횟수		12,480/11,760	24,240	480/915	1,395	25,635		
				'참배증' 제출 아동이 교내에서 차지하는 비율 평균(%)				4.4

※ A 추정 아동 수는 공립학교는 59.2×학교 수, 관립학교는《朝鮮諸學校一覽》에 게재된 실제 수.
※ B 青葉 소학교는 1937년 신설된 학교. 영등포 소학교만《朝鮮神宮年報》에 기재되지 않았다.
출전 :《朝鮮諸學校一覽》(조선총독부 학무국, 1937년),《昭和12年 朝鮮神宮年報》(朝鮮神宮社務所, 1938년).

표 3-8. 1937년 기타 학교(사립 초등 교육 기관, 공사립 중등 교육 기관 외 일반)

학교종류 외	2개월(a)/1개월이상(b)	a,b 소계(c)	15일이상(d)/15일이하(e)	d,e 소계(f)	c,f 합계
기타 초등교육기관※A	209 / 405	614	24 / 10	34	648
기타 중등교육기관※B	9 / 24	33	3 / 2	5	38
합계 인원수	218 / 429	647	27 / 12	39	686
추정 동원 횟수	13,080/12,870	25,950	405 / 180	585	26,535

※ A 사립 보통학교와 더불어 수험 준비학교 등도 포함.
※ B 공사립 중학교·고등여학교와 더불어 기예학교 등을 포함. 고등보통학교·여자고등보통학교에 대한 기재는 없다.
출전 :《朝鮮諸學校一覽》(조선총독부 학무국, 1937년),《昭和12年 朝鮮神宮年報》(朝鮮神宮社務所, 1938년).

해 보면, 공립보통학교의 아동 수가 전체 아동에서 차지하는 비율은 5.4%(1936년에는 2.7%), 공립소학교 아동은 4.4%(1936년에는 3.4%)이다. 이해의 하계 조조 참배자의 과반수는 공립보통학교 아동이며 공립보통학교의 참배증 제출율은 전년보다 두 배 가까이 상승하였다. 또한 공립보통학교 아동 1713명 가운데 '2개월', '1개월 이상'에 기록된 인원수는 1631명, 소학교 아동도 693명 중 600명으로 참가 아동의 대부분을 차지한다. 전년에는 '30일 이상'부터 '2개월'까지의 인원수와 그 이하의 인원수의 비율은 거의 1 대 1이었다. 따라서 1937년부터는 요청받은 기간 중 매일, 즉 8월이 되어서도 '열심히' 참배를 계속한 아동이 급격하게 증가하였음을 알 수 있다.

그리고 앞서 1936년의 통계와 관련해서 적용했던 방식과 마찬가지로 '2개월'을 '60회', '1개월 이상'을 '30회', '15일 이상', '15일 이하'는 모두 '15회'로 참배 횟수를 추정해 보면, 참배 횟수의 합계(보통학교, 소학교, 기타 합계)는 대략 11만 6천 회 분량, 해당 달의 개인 참배자 수인 약 39만 명 중 약 30%를 차지하여 전년에 비해 '통계'에 미치는 영향도가 눈에 띄게 증가하였음을 추측해 볼 수 있다.

참배증 제출율이나 이것이 개인 참배자에서 차지하는 비율을 추정해 보면, 전체적으로 전년보다 높아지기는 하였지만, 여전히 각 학교의 대응은 제각각인 양상도 확인할 수 있다. 공립소학교에서는 미사카三坂 소학교와 남대문 소학교가 두드러지게 높다. 이는 전년과 같은 경향을 보이지만, 미사카 소학교는 8.4%에서 10.5%로, 남대문 소학교는 5.2%에서 12.8%로 오히려 전년보다 '일부 인접 학교의 열성'이 높아졌다. 공립보통학교의 경우에도 전년과 마찬가지 경향을 확인할 수 있다. 덕수 보통학교(〈지도 3〉, 10번), 주교 보통학교(15번), 어의동 보통학교(3번) 등이 참배증 제출율이 높았으며, 이들 보통학교도 대개 인접해 있는 학교였다.

각 학교의 대응은 전년과 마찬가지로 제각각이기는 하지만, 전체적으로 보면 거리와의 상관관계는 강해져 참배증 제출율이 상승하였다. 이러한 경향은 보통학교에서 한층 강하게 나타나며, 특히 관립 경성사범학교 부속 보통학교는 12.3%로 두드러진 상승 양상을 보였다. 그 배경으로 들 수 있는 하나는《조선 신궁 연보》에 전년의 하계 조조 참배 참가 학교명과 인원수가 공개된 것이 각 학교 교장에게 아동의 참배를 강요하는 압력으로 작용하였을 가능성도 있다는 것이다. 게다가 전쟁이라는 '시국'이 요인으로 작용하였을 것이다. 1937년 7월, 학교에 참배를 요청하는 지시가 여름 방학 전에 '경성'부에서 나왔던 것이다.《경성일보》는 '휴가라도 피서 등 금물'이라는 제목으로 학무과의 '엄격한 지시'를 이렇게 전하였다.[50]

> 신체상의 특별한 이상이 있는 아동을 제외하고는 어떠한 휴양지로도 피서를 가는 것을 피하고, 매일 아침 신궁이나 신사에 가서 참배하여 황군의 무운장구를 기원하고 신문에 난 시사 기사나 사진을 오려 두게 한다.

이 글에는 '신궁이나 신사'라고 되어 있는데, 조선에 '신궁'은 조선 신궁밖에 존재하지 않았다. '신사'는 경성부에는 조선 신궁에 인접해 있는 경성 신사와 그 섭사攝社밖에 존재하지 않았다. '경성'부의 아동은 이해에 모두 '신역神域'인 남산의 신사에 가서 매일 아침 '무운장구

50 《京城日報》1937년 7월 21일, 조간 7면.

를 기원'하도록 하는 지시를 받은 것이었다. 이처럼 1937년의 참배 아동의 눈에 띄는 증가는 조선 신궁의 참배증을 통한 압력만이 작용하였던 것이 아니라, 전년과는 달리 '경성'부 학무과의 '무운장구 기원' 지시라는 구체적인 형태로 개인 참배자를 증가시키는 데에 전쟁의 영향도 있었던 것으로 보인다. '기원'을 종교 행위가 아니라 애국심을 보여 주는 행위로 요구한 점, 그 주체가 조선총독부도 조선 신궁도 아닌 지방 학무 행정 당국이었다는 점이 중요하다.

조선 신궁이 실시한 하계 조조 참배의 영향력은 조선 신궁의 개인 참배자를 '통계'상 증가시키는 데에 머물지 않았다. 이에 대해서는 제4절에서 다시 다루어 보고자 한다.

(3) 애국의 날 시작과 조선총독부 학무 행정의 목적

이상 중일전쟁의 본격화와 더불어 2년째를 맞는 하계 조조 참배 상황에 대해서 살펴보았다. 이제부터는 1937년 7월 이후의 학무·학교 행정 측면에서의 배경에 대해서 고찰해 보고자 한다.

1937년 9월부터 개인 참배자가 아니라 단체 참배자를 급격하게 증가시키는 계기가 될 애국의 날이 시작되었다. 애국의 날은 조선총독부 학무국의 주도 아래, 먼저 학교를 대상으로 1937년 9월 6일(월), 10월 6일(수), 11월 6일(토), 12월 6일(월)에 실시되었다. 같은 해 11월부터는 정무총감이 각 도지사에게 통첩을 보내, 애국의 날을 일반 회사나 단체로까지 확대시켰으며, 이즈음에는 매월 1일이나 15일을 골라 신사참배를 하도록 요청하였다.[51] 1937년 9월부터 12월까지 애국

51 《朝鮮》 제271호(朝鮮總督府, 1937년 12월), 159쪽.

의 날 총 4일에만 20만 명 이상의 단체 참배자가 동원되었다.[52]

그러면 애국의 날을 만든 조선총독부 학무국·학교 행정 측의 목적은 무엇이었을까? 부산부의 《예규집例規集(학사 관련)》에 있는 〈학교에서의 애국의 날 행사 요강〉에 따르면, 그 취지는 "아동으로 하여금 국체의 존엄, 황국의 지위 사명 확인 및 각자의 본분을 명확하게 자각하게 해서 내선일체 거국일치하여 〔…〕 봉공의 지성을 다하여 어려운 시국에 대처하는 긴장의 견지를 기한다"는 데에 있었다.[53] 비슷한 시기에 일본 현지에서 나온 '국민정신 총동원' 실시 요강[54]에는 '거국일치', '진충보국盡忠報國'의 문구가 보이는데, 조선의 애국의 날은 이와 대응하는 형태로, 더 구체적으로 조선인을 전쟁의 목적을 위해 '총동원'할 방책이었다. 〈학교에서의 애국의 날 행사 요강〉에는 이러한 취지의 실시 요강의 첫 번째에 '신사참배', '황군 무운장구 기원'이 기재되어 있다. 여기서 조선총독부 측이 기대하는 신사참배의 모습은 '총동원' 정신을 구체화하는 것인 단체 참배였다. 이와 시기를 같이하여 3개 조로 구성된 '황국신민의 서약'이 만들어져(학무국장 통첩 〈국민의식의 강조에 관한 건(國民意識ノ强調ニ關スル件)〉) 학교를 중심으로 행사가 열릴 때마다 제창하도록 하였다.[55] 중일전쟁이 본격화하면서 조선총독부가 학무 행정을 통해 아동들에게 요구한 것은 단체로 신사에 참배하여 '무운장구 기원'을 하는 모습, 혹은 '황국신민의 서약'을 직립

---

52 《昭和12年 年報》(朝鮮神宮社務所, 1938년), 127-128쪽.

53 《例規集(학사 관련)》(釜山府, 1939년), 79쪽. (《史料集成(朝鮮篇)》 제8권 수록).

54 1937년 8월 24일 각의(閣議) 결정. 이시카와 준키치(石川準吉), 《國家總動員史 資料編 第四》(國家總動員史刊行會, 1976년), 452-453쪽.

55 1937년 10월 2일, 각 도지사, 경성제국대학 총장, 각 관립 학교장, 각 공사립 전문학교장에게 보내는 학무국장 통첩. 《現行朝鮮教育法規》(朝鮮行政學會, 1942년), 236-239쪽. 《朝鮮》 제270호(조선총독부, 1937년 11월), 113-114쪽.

부동의 자세로 제창하는 모습이었다. 다시 말해, 그 목적은 전쟁에 대한 동원을 목적으로 한 집단으로서의 순종적인 모습을 보여 주어 '총동원'하는 데에 있었던 것으로 생각된다.

그러나 여기서 더 나아가 조선 신궁은 하계 조조 참배에다가 정기 참배라는 이름으로 일요일과 기념일에 개인이 참배증을 지참하고 참배하도록 하는 시도를 계속하였다. 아치와 야스히코阿知和安彦 궁사가 언급한 참배자의 의례적인 태도에 대한 불만은 퇴임하기 직전인 1940년에도 계속되어, 이것이 하계 조조 참배와 더불어 정기 참배까지 실시한 배경이 된 것으로 보인다. 예를 들어, 1940년 6월의 《총동원》에 이와 같이 기술되어 있다.[56]

> 평상시 비상시 구별 없이 진심으로 황실의 번영과 무운장구를 빌고 빌어야 한다. (…) 제전祭典 이외의 날에는 사무소社務所에 용무가 있어서 와도 참배를 하지 않는다. 혹은 신전을 지나가도 예를 갖추지 않는다. 혹은 오늘은 복장이 맞지 않아 실례가 된다는 등 변명을 하며 말 그대로 진짜 실례를 범하는 사람이 종종 있다. 더구나 개중에는 다른 사람에게 경신숭조를 권장해야 하는 지위에 있는 사람이 그러기도 한다. 이는 참으로 직분상 억지로 하는 경신이다.

이것이 《총동원》이라는 국책 수행을 위한 잡지였다는 점, 그리고 아치와 야스히코 자신이 총동원 조선 연맹 평의원이었다는 점 등을 고려하면, 아치와의 '직분상의 경신'이라는 발언은 1930년대 후반의 '황국신민화'와 관련한 여러 시책의 전개나 신사와의 관계가 강화되던 시대 상황 속에서조차 '경신숭조를 권장하는' 조선총독부 고관들

56 아치와 야스히코, 〈時局と敬神精神〉, 앞의 책, 9쪽.

에 대한 불만의 정도가 커져, 이들과의 관계가 계속 삐거덕거리고 있었다는 당시의 양상을 그대로 보여 준 것이라고 할 수 있다.

그러나 아무리 조선 신궁과 학무 관료 사이에 생각의 차이가 있었다고 하더라도 각자의 목적에 들어맞도록, '모범적' 아동은 애국의 날에 단체 참배와 더불어, 매주 일요일과 기념일에 개인적으로 정기 참배를 하였다. 예를 들어, 1937년 11월의 경우에는 11월 3일(천장절), 6일(애국의 날), 7일(일요일, 국민정신 진흥 주간 신사참배의 날), 14일(일요일), 21일(일요일), 23일(신상제), 28일(일요일)에 참배를 하였다.

1936년 1년 동안에 단체 참배를 위해 조선 신궁을 방문한 인원수는 약 40만 명인데 반해, 1938년에는 약 113만 명으로 증가하였다. 1937년 9월에 시작한 애국의 날 식전이 열릴 때마다 실시된 단체 참배가 조선 신궁의 참배자 수를 증가시켜 준 결과, 1938년의 총 참배자 수는 조선 신궁 20년 동안 가장 많은 약 268만 명을 기록하였다. 당시의 '경성'에 사는 모든 사람이 한 사람당 3회부터 4회 정도 참배하였다는 계산이다.

앞서 서술하였듯이, 신앙이라는 신직의 목적과 정책 수행이라는 조선총독부 학무국의 목적은 차이를 안은 채 관계를 지속해 갔다. 그러한 상황 속에서 조선총독부 학무국의 주도로 이루어진 애국의 날 학교 단체 참배를 통해 조선 신궁으로서는 일찍이 경험하지 못한 규모로 단체 참배자가 '총동원'되었던 것이다. 그러나 1937년 9월 이후에도 조선 신궁은 이에 만족하지 않고 같은 해 1월부터 시작한 정기 참배, 즉 일요일과 기념일에 개인적으로 참배증을 지참하고 참배하도록 하는 시도를 지속하여, 그 '통계'를 《조선 신궁 연보》에 게재하였다. 아치와 야스히코의 발언에서 알 수 있듯이, '의례적'인 참배에 불만을 갖고 있던 신직은 '애국심'의 표명으로서 단체 참배를 장려하는 조선총독부나, 이에 충실하게 학교에서 단체로 '애국심'을 표명하려고 참배하러 오는 아동·학생·교원의 태도에 만족하지 않았기 때문에, 애국의 날을 통해 참배자가 급증한 뒤에도 정기 참배라는 다른 형식으로 참배를 요구하였을 것으로 보인다.

전쟁 수행이라는 정책적 요청에 의한 단체 참배와 함께, 이와는 색깔이 다른 신직의 목적에 따라서도, 즉 '애국심'의 발로로서의 참배와 더불어 '이른바 국교國敎'로서의 '신앙심'까지 가져야 하는 아동이 단체로 인솔을 받는 형태가 아닌 형식을 통해서도 대규모로 동원되면서 1938년에 최대 참배자 수를 기록할 수 있었던 것으로 생각된다. 중일전쟁이 본격화되면서 학무·학교 행정 측은 신사에서 '무운장구 기원'을 하도록 요구하였다. 다만 '신사 비종교론'의 입장에서 학무·학교 행정 측은 '애국심'의 발현을 위한 '무운장구' 쪽에 역점을 둔 것에 반해, 신사 측은 '빌고 비는' 행위를 요구한 아치와 야스히코 궁사의 말에 나타났듯이, '기원' 쪽에 역점을 두었던 것으로 추정된다. 바꾸어 말하면, 같은 '무운장구 기원'의 슬로건하에서도 동상이몽이었던 셈이다.

신직의 의도는 학무 행정 당국과 질적으로 다른 측면이 존재하기는 하였지만, '총동원'식의 단체 참배에 대해서는 적극적·직접적으로 반대한 것은 아니었다. 아치와 야스히코 궁사는 제사 참석자나 학생 단체 참배자에 대해서는 "의례적이 되기 쉽다", 조선총독부 관리의 태도에 대해서는 "직분상 경신"이라는 말까지 사용하여 불만을 분명하게 드러내기는 하였지만,[57] 매월 애국의 날의 단체 참배와 관련해서

57 앞 장 제1절 참조.

조선 신궁은 그 수를 헤아려 '통계표'를 작성해 《조선 신궁 연보》에 게재하는 형태로 애국의 날의 '총동원'식 참배에도 협조적인 자세를 보였다.

또한 조선총독부의 신사 정책 중에서 개인적 참배가 명확하게 자리매김하지 못하였다고 해도, 혹은 단체 동원에 비해 경시되었다고 해도, 각 학교와 밀참접하게 관련된 지방 학무 행정 면에서는 권학제와 함께 주요 절기를 맞아 신사를 참배함과 동시에, 학교의 참배증 작성이나 포상을 권장하였음을 확인할 수 있다. 1937년에 충청남도가 작성하여 도내 전체 학교에 배포한 《충청남도 교육 요강》에는 다음과 같은 내용이 기재되어 있다.[58]

> 신사神社·신사神祠 참배의 지도는 앞의 취지 정신을 지켜, 아동의 자발적 참배를 지도·장려하도록 하여, 특히 다음에 해당하는 당일은 교장 및 기타 교직원 인솔하에 엄숙한 참배가 이루어지도록 하겠다.
>
> 4대 기념일, 권학제(입학 때), 사은제(졸업 때)
>
> 매월 초하루, 15일, 지방제, 히나 절기雛節句, 창포 절기菖蒲節句 아동의 자유 참배는 형식적인 단체 참배보다 한층 의미 있는 것이므로 특히 장려를 하며, 그리고 참배표를 작성하거나 표창하는 방법을 강구하는 등 이를 습관화하는 데에 힘쓰고자 한다. 또한 시기를 정해 신사神社·신사神祠 의 경내 청소 등을 실천하여 직원과 아동이 협력해 작업을 하도록 한다. (강조 고딕은 인용자)

여기서 두 가지 주목해야 할 점을 지적하고자 한다. 첫째로 4대 기념일이나 권학제 등 학교 교육에서 중요한 행사와 메이지 유신기에

58 《충청남도 교육요강》(충청남도, 1937년 2월), 46-47쪽. 이 자료가 각 학교에 배포되었다는 점에 대해서는 《충남 교육사》(충청남도 교육연구원(한국), 1982년), 243쪽 참조.

국가 제사에서 제외된(그러나 조선 신궁에서는 1930년대 중반에 시작되었다) 일본인의 풍습인 절기 행사를 모두 권장하였다는 점이다. 둘째로 매월 1일과 15일의 참배를 장려하였다는 점이다. 이 요강은 1937년 2월에 배포된 것으로, '애국의 날'을 통해 두 차례의 참배를 조선 전체에 장려한 것은 같은 해인 1937년 11월 이후의 일이다. 즉, 지방 학무 행정의 실천이 조선총독부의 정책보다 앞서 있는 것이다.

1920년대부터 1930년대 초에 걸쳐서 조선총독부와 조선 신궁이 대립적인 긴장 관계에 놓여 있었다는 점을 제1장에서 지적하였다. 1930년대 후반의 조선총독부와 조선 신궁은 생각의 차이를 해소하지 못한 채, 신사참배 촉진이라는 결론에서만 의견 일치를 보였다. 그리고 조선총독부와 조선 신궁의 틈새에서, 앞에서 살펴본 '경성'부나 지금 살펴본 충청남도와 같은 지방의 학무 행정 당국과 학교가 양자 간의 근원적 생각의 차이를 노출하지 않기 위해 중요한 역할을 담당하였던 것이다.

제4절 지역사회로의 확대와 그 배경

(1) 대구 신사 일참회日參會 — 1930년대 후반부터 1940년대

이 장에서 마지막으로, 하계 조조 참배 등 조선 신궁에서 실시한 행사가 조선 각 지역의 신사로 확대된 양상과 배경에 대해서 고찰하고자 한다.

1937년에 국폐소사가 된 대구 신사(경상북도)에서는 같은 해 7월

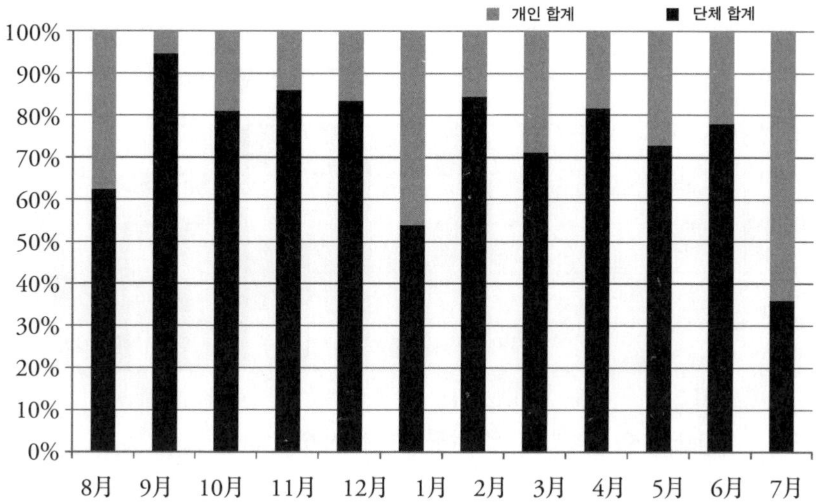

〈그래프 3-2〉 대구 신사 참배자 내역(개인 참배와 단체 참배의 비율)

부터 여름 휴가 중인 아동을 대상으로 '무운장구 기원 하계 일참회(이하, 일참회라고 부른다)'를 시작하였다. 대구는 현재 한국 중부에 위치하며 식민지 시기에도, 현재에도 경상북도의 도청 소재지이다. 그리고 당시 일본인 거주민 수를 살펴보면 '경성'부, 부산부에 이어 3위, 조선인 거주민 수는 '경성'부, 평양부, 부산부에 이어 4위인 도시였다.[59]

대구 신사에서도 매일 도장을 받기 위해 '일참증'이 배포되어 조선신궁 이상으로 상세하게, 각 학교, 각 학년에 관한 자세한 '통계'가 공표되었다.[60] 일참회 외에도 대구 신사는 상세한 참배자 '통계'를 1937년부터 1938년에 걸쳐 게재하였다. 이에 근거하여, 1937년 8월부터 이듬해 7월까지 1년 동안 참배자의 내역을 그래프로 만든 것이 〈그래

59 昭和8年 6월 5일 조선총독부 고시 제259호(《朝鮮總督府官報》, 1933년 6월 5일)를 근거로 하였다.

60 《神威》 제6권 제8호(大邱神社社務所, 1938년 8월), 1쪽, 7쪽. 제6권 제9호(1938년 9월), 6쪽. 제7권 제10호(1939년 10월), 6쪽.

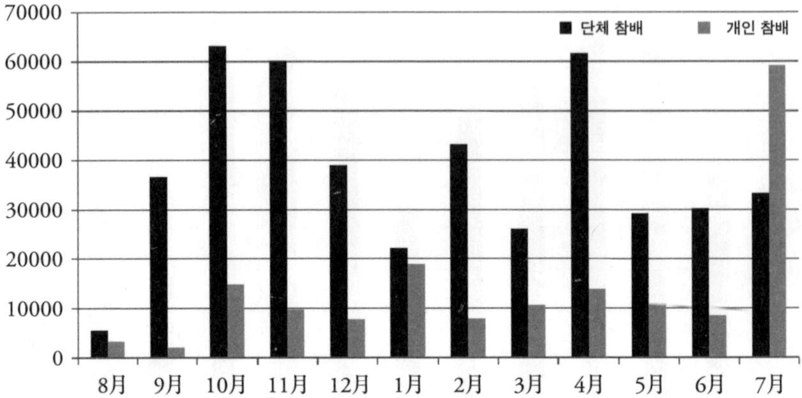

〈그래프 3-3〉 1937년-1938년 대구 신사참배자 수의 변천

프 3-2〉, 〈그래프 3-3〉이다.

〈그래프 3-3〉을 통해서는 당시까지 단체 참배자가 다수를 차지하였던 것이 1938년 7월에 그 비율이 역전되어 개인 참배자가 급증하였음을 알 수 있다. 바로 이 달에 일참회가 시작되어 약 5만 명이나 되는 소학교(조선인 아동을 대상으로 한 보통학교에서 개칭한 학교를 포함한다) 아동이 동원되었던 것이다(이 중 일본인이 약 2만 명, 조선인이 약 3만 명[61]). 같은 해 같은 달의 개인 참배자는 약 6만 명이었으므로[62] 7월 중 개인 참배자의 80% 이상이 일참회를 통한 것이었음을 추정해 볼 수 있다. 대구 신사가 일참회를 시작하기 이전의(사료를 통해 알 수 있다) 11개월 동안은 지속적으로 단체 참배자 수가 개인 참배자 수를 능가하고 있어서, 이는 1940년까지 개인 참배자가 더 많았던 조선 신궁과는 다른 경향을 보인다. 그 배경에는 도청 소재지에서 일본인 거

61 〈大邱神社夏季日參者統計表〉, 《神威》 제6권 제8호(大邱神社社務所, 1938년 8월), 7쪽. 제6권 제9호(1938년 9월), 6쪽.

62 〈大邱神社參拜人員調〉, 《神威》 제6권 제9호(大邱神社社務所, 1938년 9월), 6쪽.

대구신사. 여성훈도, 조선인 아동 (1940년 무렵 촬영, 개인 소장)

주 규모가 부산에 이어 조선에서 3위인 도시라고는 해도, 그 규모는 '경성'에 비하면 훨씬 적었다는 점('경성'부에서는 10만 명 이상, 대구부에서는 약 2만 6천 명[63])이 자리해 있다.

1940년에는 경성 신사에서도 계절에 상관없이 '아침 참배'를 하고 사보社報를 통해 각 학교 참배 아동의 인원수를 발표하였다.[64] 각 도 소재지에서 국폐소사에 이름이 오른 대규모 신사뿐만이 아니라 각 지역의 신사(神祠에 대해서는 다음 장에서 상세히 기술하겠다)에서도 유사한 행사를 진행하였다. 예를 들어 강원도 금화남 공립 심상고등소학교(조선인 대상 학교)에서도 '조조 신사참배'를 실시하였다.[65] 이 학교

63 昭和8年 6월 5일 조선총독부 고시 제259호(《朝鮮總督府官報》, 1933년 6월 5일)의 통계에 근거한다.

64 《神祇月報》 제3권 제3호(京城神社社務所, 1941년 3월), 6쪽.

65 진노 오사무(神野修), 〈兒童訓育上の諸施設〉, 《文教の朝鮮》 제287호(朝鮮教育會, 1939년 4월), 49쪽.

교장이 기고한 글에 기록된 것으로 보아 해당 신사의 명칭은 나와 있지 않지만 아마도 금화군 금화면에 1933년에 설치 허가가 난 신명신사神明神祠가 아닐까 추정해 볼 수 있다.

여기서 적어도 대구 신사의 사례를 통해서 아동의 '일참'으로 참배자가 하계 참배자 중에서 가장 많은 수를 차지하였음을 논증할 수 있었다. 이 밖에 대구 신사에서는 설분세節分祭와 조선인 참배자를 대상으로 한 '입춘 부적 배포'를 진행하였다.[66] 이는 앞서 언급하였듯이 조선 신궁이 1932년에 시작한 행사로 일본 현지에서는 그 예를 찾아볼 수 없는 행사이다. 수신 교과서를 배포하는 권학제도 1943년에는 조선 내 26개 신사神社·신사神祠에서도 배포하였다.[67] 조선의 '총진수'인 조선 신궁의 활동은 지역 사회 신사의 모델로 기능하여, 대구 신사의 일참회를 예로 살펴보면, 아동의 참배를 요구하는 것은 한층 중요한, 아동에게는 가혹한 것이었을 것으로 추정된다.

또한 앞 장의 주제이기도 한 '비종교'의 종교화라는 논점과 관련하여, 여기서 대구 신사나 경성 신사의 상황에 대해서 부언을 하고자 한다. 이들 신사는 본래 일본인 거류민 사회가 창건하여 1936년의 신사 법령 개정 때까지 '무격無格' 신사의 대접을 받았다. 따라서 장제葬祭에 대한 관여는 문제시되지 않았다. 그러나 1936년에 국폐소사라는, 일본 현지에서라면 대개 '지역 이치노미야(一ノ宮)'에 해당하는 사격社格을 부여받아, 신직 역시 관국폐사의 신직으로 자리했기 때문에, 이 단계에서 장제에 대한 관여는 금지되기에 이르렀다. 그러나 대구 신사에서도 경성 신사에서도 국폐사로서의 사격을 받은 뒤에도 장제

66 《神威》 제6권 제1호(大邱神社社務所, 1938년 1월), 1쪽.

67 〈神宮·神社による修身書の配布〉, 《文教の朝鮮》 제210호(朝鮮教育會, 1943년 5월), 69-70쪽.

에 대한 관여는 아무런 변화 없이 계속되었다.[68] 1936년의 일련의 법 개정 때에 언급되었던 내용인지에 대해서는 현 단계에서 알 수가 없다. 그러나 조선에서 신사 '비종교'의 종교화(잠재한 '신비' 영역의 현재화顯在化) 상황은 이처럼 일본인 거류민이 설치한 사당에서 유래한, 즉 본래 민사적民社的인 성격을 가진 신사에서도 나타났던 것이다.

(2) 조선 신궁과 신궁황학관神宮皇學館

모델로서 조선 신궁의 활동이 지방에 수용될 수 있었던 배경의 요인 중 하나로, 학벌과 관련된 밀접한 인간관계 속에서 실시된 신직의 인사이동을 들 수 있을 것이다.[69] 조선 신궁이 완성될 때, 초대 궁사인 다카마쓰 시로(1898년 신궁황학관 본과 졸업. 이하 학교명 생략)를 비롯하여 모든 신직(궁사, 권궁사, 녜의, 주전)은 신궁황학관 출신자로 채워졌다. 신궁황학관 본과는 주임奏任 대우 신직뿐만 아니라 중등 교육기관(중학교·고등여학교)의 수많은 교사를 배출한 관립 학교이다. 강습을 받고 신직 자격을 얻은 '진수' 신사의 신직이 압도적으로 많은 가운데, 신궁황학관 또는 국학원을 수료하고 관국폐사에서 근무한 신직은 신사계(神社界)의 엘리트 집단이었다고 할 수 있다. 조선 신궁 신직의 인사는 다카마쓰 시로 궁사의 의견이 강한 영향을 주었을 것이다.

내무성 신사국장을 역임한 사타케 신이치佐竹信一와 우시오 시게노스케潮惠之輔는 신사국장의 직무 가운데 어려운 일이 인사人事라고 하

68 대구 신사 사보, 경성 신사 사보에 개인의 장제, 위령제의 기록이 게재되어 있다.
69 또한 본래 신도(神道) 중에서도 다양한 지방의 제사(특수 신사特殊神事)가 존재할 수 없었다는 것도 이유로 들 수 있을 것이다.

였다. 사타케는 구체적으로 "국학원 출신자와 신궁황학관 출신자가 서로 대치하고 있어 〔…〕 궁사가 교체되면 신임 궁사는 기회가 있을 때마다 녜의에서부터 주전까지 자신의 학교 출신자로 교체해 버린다"라고 회고하였다.[70] 사타케가 재직할 때에 완성된 관폐대사는 조선 신궁뿐이었으므로, 이는 조선 신궁 궁사 선발이 난항을 거듭한 결과,[71] 다카마쓰 시로의 주장을 크게 수용하여 궁사로 취임하였음을 가리키는 것으로 추정된다. 조선 신궁 창건 당시, 관폐대사라도 일부밖에 인정받지 못하는 칙임관 대우 등 '삼고초려' 끝에 임명된 다카마쓰 시로의 의도는 적어도 창건 당시의 조선 신궁 인사에 영향을 미쳤을 것이다. 이후 다카마쓰 궁사는 1930년부터 신직 심상尋常 시험 위원 및 사사 사장社司社掌 시험 위원에 임명되었다.[72] 이듬해인 1931년에 아치와 야스히코 2대 궁사도 부임과 동시에 이러한 시험 위원을 역임하였다. 그렇기 때문에 1930년대에 조선 신궁 궁사는 조선 내 신사의 녜의나 주전, 도공진사道供進社 이하 신사의 신직 인사 선발에 관여할 수 있었다.[73]

---

70 〈神社局時代を語る〉, 《近代神社行政史研究叢書 V》(神社本廳教學研究所, 2004년), 39쪽(원판은 神祇院教務局調査課 편, 1942년). 우시오 시게노스케도 "신사국이 얼마나 어려운지는 인사 하나만 보아도 곧바로 알 수 있습니다. 신사국 관련 인사라면, 주로 신관신직(神官神職)의 신분 취급입니다만, 때때로 있는 궁사의 이동을 예로 들더라도 참으로 복잡 미묘하여 매우 머리가 아픈 일입니다"라고 술회하였다(〈神社局時代を語る〉, 35쪽).

71 다카마쓰 시로의 취임 경위에 대해서는 다카마쓰 시로, 〈朝鮮神宮懷舊錄〉(다카마쓰 다다키요 편, 앞의 책) 참조.

72 《昭和5年 7月 1日 現在 朝鮮總督府及所屬官署職員錄》(朝鮮總督府), 1931년.

73 궁사(宮司), 권궁사(權宮司)(奏任官待遇, 다만 조선 신궁 궁사는 칙임관 대우)는 신직 고등 시험 위원 전형 또는 신직 고등 시험을 거쳐 결정되며, 그 다음 직위인 녜의(禰宜), 주전(主典—判任官待遇)은 신직 심상 시험 위원 전형 또는 신직 심상 시험을 거쳐 결정되었다. 신궁황학관 전과(專科) 졸업의 경우에는 무시험으로 판임관 대우 신직에, 본과 졸업의 경우에는 주임관 대우 신직이 될 자격을 얻었다. 신직 임용에 대해서는 아오노 마사아키

여기서 이 책 말미의 〈자료 1〉 '조선 신궁 신직 일람'을 참조하여 살펴보자. 조선 신궁 신직(궁사, 권궁사, 녜의, 주전)의 이력이다. 이를 통해 신궁황학관 출신자가 압도적 다수를 차지하고 있다는 점, 특히 궁사와 권녜의權禰宜, 녜의는 신궁황학관 출신자가 독점적으로 차지하는 지위였다는 점을 알 수 있다.

지금 이 장에서 대상으로 삼고 있는 1936년부터 1939년까지의 직원을 살펴보면, 모두 19명 가운데 11명은 조선 신궁에서 근무한 뒤, 조선 내의 신사 또는 관련 기관으로 이동해 근무하였다. 또한 19명 중 적어도 13명은 신궁황학관 졸업생이라는 점을 확인할 수 있다. 예를 들어 1937년에 대구 신사는 국폐소사로 지정되면서 조선 신궁 녜의인 나카 이사오仲公(1917년 전과 졸업)가 궁사로, 조선 신궁의 주전인 요코이 도키히사(1928년 본과 졸업)가 녜의로 이동하였다. 또한 1936년에 이미 국폐소사로 지정된 경성 신사에서는 신궁황학관 출신이 아닌 이치 아키히로市秋弘가 사장社掌, 궁사로 근무하였으나, 1944년에 이치가 퇴임하자 대구 신사 궁사였던 나카 이사오가 경성 신사로 이동하였다. 대구 신사와 마찬가지로 1937년에 국폐소사로 지정된 평양 신사에는 신궁황학관 출신이 아닌 마쓰오 마사에松尾正枝가 사장社掌, 궁사를 역임하였으나, 국폐소사로 지정됨과 동시에 녜의로 조선 신궁 주전인 오카모토 마사토키岡本正勅(1921년 전과 졸업)가 부임하였고, 1938년에 마쓰오가 사망하여 공석이 되자 조선 신궁 녜의인 스즈키 시게미치鈴木重道(1924년 본과 졸업)가 궁사로 부임하였다. 1938년 12월에는 일본 현지의 스미요시 신사住吉神社로 이동한 요코이 도키히

(青野正明), 〈植民地朝鮮の神職に關する基礎的研究〉 松田利彦·やまだあつし 편, 《日本の朝鮮·臺灣支配と植民地官僚》(思文閣出版, 2009년), 〈植民地期朝鮮における神社の職制·神職任用關連の法令: 1936년の神社制度改編を中心に〉, 앞의 책에 상세하게 나와 있다.

사를 대신하여 이노우에 군이치井上薫一(1923년 전과 졸업)가 대구 신사 녜의로 부임하였다. 같은 시기에 전라북도의 전주 신사(도공진사道供進社) 사장社掌이었던 미즈노 마사하루水野正陽(1921년 전과 졸업)가 조선 신궁 주전이 되었다. 또한 함경남도의 원산 신사(부공진사府供進社) 사장으로 조선 신궁 주전인 야마다 사나에山田早苗(1919년 전과 졸업)가 이동하였다.

다카마쓰 시로 궁사나 아치와 야스히코 궁사가 인사에 어떻게 관여하였는지에 대한 과제는 좀 더 신중하게 조사할 필요가 있다. 현 단계에서 인사이동의 결과를 통해 알 수 있는 것은 인사이동을 계기로 조선 신궁 경험자가 조선의 각 지역으로, 특히 국폐소사로 지정된 신사를 중심으로 확산되어 갔으며, 하계 조조 참배를 비롯한 조선 신궁의 시도가, 즉 정책 주도가 아니라 신직의 종교상의 바람을 배경으로 한 행사가 1930년대 후반부터 1940년대에 걸쳐 조선의 각 지역의 신사神社·신사神祠에도 침투하는 회로가 되었다는 것이다. 또한 그 배경에는 조선 신궁의 각종 시도가 모델로서 본보기가 되었다는 점과, 신궁황학관의 졸업생('관우館友'라고 불렀다)을 중심으로 한 신직의 끈끈한 네트워크의 존재가 있었다는 점을 알게 되었다.

여기서 상세히 설명할 여유는 없지만, 다카마쓰 시로와 아치와 야스히코는 신궁황학관 졸업 후 얼마 뒤인 1920년 무렵에 신궁황학관과 국학원의 합병 문제가 불거지자 둘 다 이에 반대하는 정치 운동에 참여하기도 하였다.[74]

---

74 다카마쓰 다다키요 편, 앞의 책, 5쪽.

장 요약

이 장을 정리하면 다음과 같다. 먼저 1936년의 참배자 수에 대해 살펴보면, 하계 조조 참배를 통해 아동·학생 개인의 참배가 '개인 참배' 중에서 적어도 20% 가까운 비율을 차지하였고, 이듬해인 1937년에는 해당 월의 '개인 참배' 중 30%에 가까운 비율을 차지하게 된 것으로 추정되었다. 게다가 1937년에는 정기 참배, 중일전쟁을 계기로 한 정책적인 움직임인 애국의 날 참배 등의 영향과 더불어, 7월부터 12월까지 단체 참배자 수도 눈에 띄게 증가하면서 전체 참배자 증가로 이어졌다.

조선 신궁의 하계 조조 참배는 조선 신궁을 그리움의 대상으로 만들고자 하는 신직의 의도가 바탕에 깔려 있는 시도였다. 하계 조조 참배 실시에 이르는 배경으로, 조선 신궁 2대 궁사인 아치와 야스히코의 부임과 함께 '의례적'이 아니라 신앙심의 발로로서 개인 참배가 이루어지기를 바라는 조선 신궁 측의 강한 기대, 종교가로서의 '열의'가 존재하였다. 그리고 이는 아동·학생에게 '애국심'으로서의 참배를 요구하는 학무·학교 행정의 의도와 반드시 일치하였다고는 보기 어렵다는 추측을 가능하게 한다. 그러나, 전쟁 수행을 위한 '무운장구 기원'이라는 말 속에는 동상이몽을 내포하고 있기는 하지만 어느 정도 그 온도 차가 줄어든 측면도 있었다. 다만 그 차이가 완전히 해소되지 않았다는 점은 1940년까지 아치와 야스히코 궁사가 관리의 제사 참석 태도에 불만을 토로한 것을 통해 알 수 있었다.

여기서 다시 확인해 두고자 하는 점은 하계 조조 참배에서 보여 준 참배 형식은 단체가 아니라 개개의 '자발성'에 따르는 형식을 가졌다는 점이다. 그러나 그 '자발성'은 '참배증'을 통해 야기된 것으로, 학교명을 공개함으로써 교장에게 일종의 압력이 되었으며, 이로 인해 강제적으로 아동들을 참배하러 보냈을 가능성도 있었다. 신사참배를 요구한 주체와 그 의도는 정책 수행상의 요청 혹은 종교가의 열의 혹은 교장이나 교원의 '훈육'이라는 사명감 등 하나가 아니었을 것이다. 그러나 이것이 아무리 중층적·다성적多聲的이었다고 해도, 한 목소리로 가장 포섭하고 싶었던 대상은 바로 아동들이었다. 그리고 아동은 1930년대에는 참배증, 신직의 말, 혹은 학교로부터 받는 상벌이라는 갖가지 장치로 인해, 수업이 있는 날에도 외관상 일본 현지보다 가혹한 일참을 '자발적'으로 하였다.

또한 하계 조조 참배는 조선 신궁뿐만 아니라 지방의 신사에 모델사례로 기능하였다는 의미 있는 분석을 얻었다. 대구 신사의 사례에서 보았듯이, 학교의 동원력에 의존하면서도 많은 사람이 신사를 방문하고 있다는 모습을 보여 주고 싶어 하는 경향은 조선 신궁보다 오히려 조선 각 도의 신사에서 현저히 나타났으며, 이러한 신사는 하계조조 참배나 그 '실적' 공개 방법까지 조선 신궁의 다양한 시도를 수용하였고, 그 배경에 조선 신궁에서 이동해 온 신직이 존재하였음을 확인할 수 있었다.

마지막으로 대구 신사 일참회의 사례를 들어, 조선 신궁의 시도가 지역에서 전개되는 양상을 살펴보았는데, 여기에서 지역 사회의 신사와 학교의 연계는 '경성'보다 긴밀하지 않았는가 하는 가설을 유추할 수 있었다. 대구는 부제府制가 실시된 도시로 2만 6천 명 이상의 일본인이 거주하고 있었는데, 조선의 지역 사회('면面')에서는 일본인 거주자가 10명 이하인 경우도 허다하였다. 다음 장에서는 이와 같은 지역

사회에 신사가 창건되는 1930년대 후반부터 1940년대에 초점을 맞추어 검토해 가고자 한다.

제4장

지역에서 신사를 유지·관리하게 하다

신사 설치와 학교의 역할

경기도 수원신사에서 청소하는 학생들(《恩賴 朝鮮神宮御鎭座十周年記念》朝鮮神宮奉讃會, 1937년, 172쪽)

제1절 신사에 대한 기억과 행정 당국이 학교에 거는 기대

(1) 신사神祠는 어떻게 기억되는가?

제1장부터 제3장까지 조선의 '총진수'였던 조선 신궁이 아동을 중요한 동원 대상으로 삼았다는 점, 그 '동원' 형태는 단체가 아니라 주로 개인적인 참배였다는 점, 이를 위해 모든 사물, 장치를 만들었다는 점을 밝혔다. 또한 앞 장에서는 대구 신사 일참회의 검토를 통해, '경성'에서 지역 사회로 신사 설치를 확대해 가는 과정을 분석할 필요가 있음을 지적하였다. 따라서 본 장에서는 신사神祠라는 작은 규모의 신사에 주목하여 지역 사회에서의 신사 설치, 관리, 참배 강요가 확대되어 가는 실태를 분석하고자 한다.

조선의 지역사회를 고찰하기 위해, 먼저 행정 구분과 인구 규모에 대해서 살펴보고자 한다. 일본의 정촌제町村制에 해당하는 행정 구분으로, 조선에서는 읍·면제가 실시되었다. 대개 읍은 정에, 면은 촌에 해당하는데, 읍이 설치되지 않은 군도 많았다. 조선의 지역 사회에 사는 일본인 대다수는 읍 또는 인구가 많은 면에 거주하였다. '강화도 사건'의 무대가 된 강화군의 인구를 예로 들어 보자.[1] 강화군에는 읍이 없고 14개의 면으로 구성되어 있었다. 1932년 현재 7만 4844명의 조선인과 182명의 일본인, 그리고 17명의 외국인이 거주하고 있었다. 182명의 일본인 가운데 119명은 중심지인 부내면에 거주하였고, 나머

---

1 〈昭和8年 6月 5日 朝鮮總督府 告示 제259호〉(《朝鮮總督府官報》 1933년 6월 5일 게재)를 근거로 하였다.

지 13개의 면에 거주하는 일본인은 각각 10명 이하, 4개의 면에는 일본인이 한 사람도 거주하지 않았다. 이처럼 일본인끼리 모여 살거나 '공존'하는 형태는 조선 전체에서 일반적인 형태였다.

조선에서는 1925년에 조선 신궁이 관폐대사官幣大社로서 창건된 뒤, 1936년 8월에 경성 신사(경기도)·용두산 신사(경상남도)가, 1937년 8월에 대구 신사(경상북도)와 평양 신사(평안남도)가 국폐소사國幣小社라는 일본 신사의 계층적 서열(사격 제도社格制度) 중에서도 격格이 높은 신사로 지정되었다.[2] 그러나 이처럼 높은 사격을 가진 신사는 조선 13개 도에 9개뿐이었다. 따라서 읍·면에 사는 많은 조선인은 이러한 신사와 일상 속에서 그리 큰 관련을 갖지 않는 생활을 하였을 것으로 추정된다. 위의 신사들을 포함하여 '병합' 이전부터 '해방' 때까지 조선에 설립되었던 신사는 대략 80개[3]였다. 중일전쟁이 확대되면서 1937년 9월에 '애국의 날(처음 2개월은 학교 애국의 날)'이 정해져,[4] 각 신사에서 '무운장구 기원제'도 거행되어, 학교 단체의 식전 참석, 신사神社·신사神祠 참배를 요구하는 기회가 더욱 확대되는 계기가 되었다. 그러나 주로 일본인이 거주하는 지역에만 신사가 존재하였고, 교통망도 제한적이었던 당시 조선에서 신사·신사 참배를 확대하기 위해서는 조선인을 일상적으로(예를 들어 매일, 걸어서) 참배가 가능한 지

---

2 1941년에 강원 신사(강원도)·광주 신사(전라남도), 1943년에 전주 신사(전라북도)·함흥신사(함경남도)도 국폐소사로 지정되었다. 타이완에서는 1901년에 타이완 신사가 관폐대사로 창건된 이후, 1942년에 新竹神社와 臺中神社가, 1944년에 嘉義神社가 국폐소사로 지정되었다. 국폐소사의 사격(社格)을 가진 신사는 시기에 따라 다르지만 일본 현지에 40개 정도 있어서, 대개 '지역의 이치노미야(一の宮)'에 해당하는 신사였다.

3 사토 고키(佐藤弘毅), 〈戰前の海外神社一覽Ⅱ〉, 《神社本廳教學研究所紀要》 3호(1998년)는 82개 신사로, 아오이 아키히토(青井哲人), 앞의 책(2005년)은 81개 신사로 기술하였다.

4 마찬가지로 일본 현지에서 신사참배가 장려되면서 시작된 '흥아봉공일(興亞奉公日)'은 1939년부터였다.

역에 신사·신사를 창설하는 일부터 착수할 필요가 있었다. 이러한 배경 속에서 1930년대 이후, 많은 신사神祠가 창설되어 1944년까지 9백 개 이상이 창설되었다.[5]

따라서 신사를 만드는 일, 그리고 일본인이 거의 혹은 전혀 살지 않는 지역에서 '불경스러운' 상태로 신사가 방치되지 않도록 관리하는 일, 그리고 그 참배의 '현장'이었던 시설은 법적으로 분류하자면 신사神社보다 신사神祠였을 가능성이 매우 높다. 그렇기 때문에 조선에서의 신사참배 사실을 고찰하기 위해서는 신사神社의 수보다 10배 이상 존재하였던 신사神祠의 실태를 반드시 밝혀야 한다. 이 장에서 신사神社가 아니라 신사神祠에 초점을 맞추는 이유가 바로 여기에 있다.[6]

이 장의 더 구체적인 과제는 첫째로 신사神社·신사神祠가 일본인 거주 지역에서 일본인이 거의 살지 않는 현지 지역 사회 속으로 확대되

---

5 '9백 개 이상'이라는 것은《朝鮮總督府官報》를 통해 설치 허가를 받은 것이 확인된 신사의 수를 말한다. 이 밖에 백화점이나 유곽 등에 설치된 '사적'인 사당(무원신사[無願神祠])을 합치면 1천 개를 넘을 것으로 추정된다. 예를 들어 조선 신궁 권궁사(權宮司)를 역임한 다케시마 히데오(竹島榮雄)는 패전 당시 신사의 수를 1062개라고 하였다. 모리타 요시오(森田芳夫),《朝鮮終戰の記錄》(嚴南堂書店, 1964년), 108쪽 표 참조.

6 조선의 신사(神祠)에 관한 일본의 선행 연구로는 아오노 마사아키(青野正明),〈朝鮮總督府の神社政策〉,《朝鮮學報》160집(朝鮮學會, 1996년),〈朝鮮總督府による神社·神祠の增設政策(中編) — 一面一神社·神祠設置方針を中心に〉,《國際文化論集》41호(桃山學院大學, 2009년 12월). 다카타니 미호(高谷美穗),〈植民地朝鮮における神社政策の展開と實態〉,《姜德相先生古稀·退職記念 日朝關係史論集》(新幹社, 2003년), 357-390쪽 등을 들 수 있다. 아오노 마사아키(2009년)의 연구에서, 1939년 이후에 실시된 '一面神社·神祠' 방침은 사실 1935년에 시작된 '심전 개발(心田開發)' 정책의 중심 과제였던 것으로 밝혀졌다. 다카타니 미호는 신사 설치의 경우 각 지방마다 차이가 컸다는 점, 그중에서도 도(道)뿐만 아니라 같은 도에서도 각 군의 설치 상황이 차이가 있었음을 지적하였다. 또한 〈가나가와 대학(神奈川大學) 21세기 COE 프로그램: 해외 신사(옛터)에 관한 데이터베이스〉에는, 전라남도를 중심으로 16개 사당(祠)만이 게재되어 있다. http://www.himoji.jp/database/db04/index.html 이 데이터베이스 2011년 개정판에서는 그 수가 더욱 감소하였다.

어 가는 단계에서 누가 어떤 장소에 이를 창설하였고 누가 실제로 관리하였는가 하는 기본적인 사항을 가능한 한 밝혀내는 일이다. 둘째로, 이러한 과정에서 조선 신궁에서 보았듯이, 참배자 대부분을 학교(특히 초등 교육 기관의 아동[7]을 동원하는 것)에 의존하는 경향에 변화를 보였는가 하는 점에 대해서도 검토하고자 한다.

먼저, 신사神祠가 식민지기에 교육을 받은 당시 조선인 아동에게 어떻게 기억되고 있는지에 대해서 살펴보자. '神社'든 '神祠'든 한국어로 발음하면 '神'은 '신'이다. '社'와 '祠'는 모두 '사'이다. 그렇기 때문에 표기해 놓으면 '神社'든 '神祠'든 모두 '신사'라고 읽는다. 한국에서 간행되는 학교 기념 잡지류에서는 1940년대의 학교 생활을 회고하면서 '신사'라는 언급이 적지 않게 등장한다. 여기서 두 가지 사례를 소개하고자 한다.

먼저 1943년 경상북도 고아高牙 국민학교 부설 간이 학교(같은 해에 고아 동부 공립 국민학교로 개칭)의 기념지에 실린 회상을 담은 글이다. 이 글에서는 학교와 '신사'가 구분 없이 사용되고 있다.[8] 인용 원문은 모두 한글로 되어 있고 한자 표기는 없어서 '神社'인지 '神祠'인지 혹은 다음 장에서 기술할 신사형神社型 신궁 부적 봉재奉齋 시설인지 알 수가 없다.

> 지금의 구미역 앞 선로 건너편에 있는 금강사 자리가 구미학교 신사 자리였다. 고아학교의 신사는 운동장 서북쪽에 있었다. 선산학교의 신사는 선산의 뒷산 높은 곳에 있어서 감천교에 가면 볼 수 있었다. 신사

---

7 당시 사용례에 따라 '아동'이라고 하였지만, 조선인에게는 의무교육 제도가 없었으며 취학 연령이 일정하지 않았다는 점에 주의해야 한다.

8 구운 60년 편집위원회 편, 《九雲六十年》(教育文化院(한국), 2003년), 191쪽.

의 특징은 높이 쌓은 돌계단과 도리이鳥居라는 독특한 문이다. 멀리서 바라보는 계단과 문은 아주 위압적이었다. 시골의 학교는 가까운 산에 자리를 만들어 신사를 세웠고, 도시의 학교는 장소에 따른 제약으로 대부분 학교 안에 있었다.

다음으로 전라북도 무장국민학교의 기념지에 실린 회상의 글이다.[9]

무장초등학교의 신사(진자삼빠이)는 서쪽 산에 있었다. 매월 8일에는 전교생이 신사 앞에 서서 조회를 하였다. 일본의 아마테라스오미카미天照大神를 받드는 신사로 오르는 계단은 교장 선생님도 3개 이상은 오를 수 없었다. 월 3회 이상 전교생이 참배하도록 의무화되어 있었다. 등하교 때에는 신사를 향해 의무적으로 경례를 해야 하였다. 경례는 물론, 아동들은 등교하면 신사에 가서 예를 올리면서 하루를 시작하였다.

여기에 등장하는 '신사'는 법적으로 설치 인가를 받은 신사神祠 또는 인가를 받지 않은 '사적'인 사당 또는 신궁 부적 봉재 시설 혹은 봉안전일 수도 있다. 그러나 창설될 때에 기부금이나 노동을 강요받았고 창설 후에는 참배를 강요당한 조선인 아동의 입장에서 볼 때, 그 시설이 신사이든 봉안전이든 그 구별 자체가 무의미하였을 것이다. 특히 당시의 회상을 통해, 아동들이 '신사'를 학교 시설의 일부로 인식하였음을 알 수 있다는 점이 중요하다. 적어도 1940년대에 실질적으로 학교에 대해 이 정도까지 신사와의 일체화를 꾀하지 않았다

9 무장초등학교 총동창회 편, 《茂長百年史》(무장초등학교-한국), 2010년), 302쪽. 이 밖에 충남 대술국민학교 졸업생도 "교정에 신사가 있었던 기억이 있습니다"라고 회상하였다. 대술초등학교 80년사 편찬위원회 편, 《大述初等學校八十年史》(대술초등학교-한국), 2010년), 621쪽.

면 '신사'는 설치될 수 없었을 것이다.

이어 이 같은 회상을 통해 알 수 있는 학교에 대한 의존 상황, 학교와 신사의 일체화를 낳은 그 과정과 배경에 대해 1930년대의 상황을 검토함으로써 부각시키고자 한다,

(2) 기대를 받는 학교

앞서 언급하였듯이, 신사神社·신사神祠는 1930년대에 들어서서 조선의 지역 사회로 한층 눈에 띄게 확대되어 갔다. 각 면에 하나의 신사神社·신사神祠 창설을 목표로 한 계획을 '일면일사·사(一面一社·祠)' 정책이라고 한다. 선행 연구를 통해서, 이 정책은 본래 1935년에 시작된 농촌진흥운동의 일환인 '심전개발운동'의 중심 시책으로서 기획된 것임이 밝혀졌다.[10]

평안남도에서는 1935년 7월의 경찰서장 회의에서 "학교 소재지로 아직 신사가 창설되지 않은 지역에 씨신氏神을 받들고 경신사상 배양을 통해 도민의 정신 함양을 도모한다"는 결정이 있었다.[11] 시기로 볼 때, '심전개발운동'에 대응하고 있음을 알 수 있다. 같은 해 11월에는 "일면일사를 적극 종용하고 있는 평안도에서는 〔…〕 신사神社를 세울 수 없는 면에는 우선 신사神祠를 세워 장차 신사로 승격시키며, 〔…〕 **우선 소학교 교장이 신관神官을 맡고 사무소도 학교 직원 숙소에 둔다**"(강조 고딕은 인용자)라는 '신사건설요강'을 군수에게 통지하였다.[12] 도지사였던 야스타케 다다오安武直夫는 이 일에 열심이었다. 같은 해 11월 11일

10 앞의 책(2009년) 참조.

11 《鳥居》 제5권 제7호(朝鮮神職會, 1935년 7월), 9쪽.

12 《大阪朝日新聞》 朝鮮西北版, 1935년 12월 5일.

부터 13일까지 열린 초등학교 교장 모임에서는 평양 신사 사장社掌(부현사府縣社 이하 신사의 궁사에 해당)인 마쓰오 마사에松尾正枝를 초빙해, '일면일사一面一祠'를 실시할 때에 교장이 '신주神主' 역할을 하도록 상정하여 축사祝詞 강습을 실시하였다.[13] 그 이튿날인 14일에 열린 중등학교 교장 모임에서는 회의 전에 전 교장에게 평양 신사참배를 강요하여, 이에 미션스쿨 교장의 참배 거부(뒤에 파면)라는 커다란 문제를 야기하였다.

그런데 1936년 5월에 가미우치 겐사쿠上內彦策가 새로운 도지사로 부임해 오면서 그 실시는 연기되었다. 가미우치 도지사는 취임 직후 "일면일사一面一社 방침은 야스타케 전 도지사도 도의 기본 방침으로 결정하였던 것"이라고 언급하면서도 "1년이나 2년에 실시하는 것은 무리"[14]라고 단언하였다. 이후 '일면일사·사一面一社·祠' 정책은 진전을 보이지 않았으며, 이 정책이 다시 이목을 끌게 된 것은 1937년에 열린 도지사 회의에서 나온 '국체명징國體明徵'에 관한 구체적 정책 자문에 대한 각 도의 답신을 통해서였다. 김근희金根熙의 연구에 따르면, 이 당시의 답신에서 '일면일사 건립' 계획을 경기도, 충청북도, 충청남도, 황해도, 강원도에서 표명하였다.[15] 다만 이 역시 그 실현을 내다보고 상정한 표명이라고 보기는 어렵다.

그러나 여기서 주목해야 할 점은 본래 '일면일사·사' 계획이 만들

---

13 〈校長さんたちに神前行事を傳受〉, 《大阪朝日新聞》 朝鮮西北版, 1935년 11월 13일.

14 《大阪朝日新聞》 朝鮮西北版, 1936년 6월 5일.

15 '국체관념을 명징하여 제국의 진정한 사명을 확인함으로써 중서(衆庶)의 국민적 신념을 굳건히 흔들림 없이 배양하기 위해 실시해야 할 방책'에 대한 답신. 김근희 〈《皇民化政策期》の神社について〉, 《姜德相先生古稀·退職記念日朝關係史論集》(新幹社, 2003년), 407-408쪽. 이 밖에 '일군일사(一郡一社) 건립'을 경상북도, 평안남도, 함경남도에서 답신에 표명하였다.

어지는 단계에서 "학교 소재지로 아직 신사가 창설되지 않은 지역"이라는 표현에서 알 수 있듯이 학교의 소재가 전제로 되어 있다는 점이다. 또한 동시에, 1936년까지 평안남도의 '일면일교一面一校'가 완성될 예정이었다는 점[16]도 이와 관련해 중요한 부분이다.

다음 절에서는 1936년에 대폭 개정된 신사神祠 관련 법령에 대해서 다시 한 번 확인하고, 1930년대 중반 이후의 신사 창설 수의 변화에 대해서 검토하겠다.

제2절 신사神祠 설치의 근거 법령과 설치 수의 추이

(1) 근거 법령

여기서 다시 신사神祠에 대한 법 제도를 확인하고 나아가 조선에 어느 정도의 신사가 설치되었는지에 대해 분석하고자 한다.

본래 식민지기 조선에서의 신사神祠란 "신사神社가 아닌 곳에서 공중公衆을 참배시키기 위해 신기神祇를 봉사奉祀하는 곳"(〈신사神祠에 관한 건〉)으로, 신사神社의 소규모 형태를 의미한다. 예를 들어 신사(神社)의 건설 비용은 2만 엔 이상, 신사神祠의 건설 비용은 1천 엔에서 5천 엔 정도로, 신사神社보다 설치 관련 비용(기부금 모금)이나 신청 절차라는 측면에서 상대적으로 설치가 용이하였다. 신사神祠에 대한 규정은 1917년 3월 22일 〈신사에 관한 건〉(총독부령 제21호)으로 정해졌다. 이 규정은 1936년 8월 11일(총독부령 제79호)와 1939년 4월 14

---

16 《朝鮮中央日報》, 1935년 10월 19일.

일(총독부령 제57호)에 개정되었다.

먼저 1917년의 총독부령에서는 일본인 거류민이 각자 사당(祠)을 설립하였던 상태를 조선 총독의 허가제를 통해 관리하도록 하였다. 그리고 1936년에는 다음과 같이 관리 규정을 덧붙이는 형태로 개정하였다.

1917년 3월 22일 〈신사에 관한 건神祠ニ關スル件〉(조선총독부령 제21호, 모두 7개 조【발췌】)

제2조 신사神祠를 설립할 때에는 숭경자崇敬者 10명 이상이 연서하여 다음 사항을 갖추어 조선 총독의 허가를 받아야 한다.
1. 설립 사유 2. 신사神祠 칭호 3. 설립 지명 4. 제신祭神 5. 건물 및 부지의 평수, 아울러 건물의 구조, 도면 6. 설립비 및 그 지불 방법

제4조 신사神祠를 폐지할 때에는 〔…〕 조선 총독의 허가를 받아야 한다.

제5조 신사에는 숭경자의 협의를 통해 총대總代를 정하고 〔…〕 신사 소재를 관할하는 도 장관에게 신고해야 한다.

1936년 8월 11일 개정(조선총독부령 제79호, 모두 11개 조【발췌】)

제2조 신사를 설립할 때에는 숭경자 10명 이상이 연서하여 다음 사항을 갖추어 조선 총독의 허가를 받아야 한다.
1. 설립 사유 2. 신사 칭호 3. 설립 지명 4. 제신 5. 건물 및 부지의 평수, 아울러 건물, 그 밖의 사설물의 구조, 도면 및 배치도 6. 설립비 및 그 지불 방법

제5조 신사에 숭경자 총대회總代會를 설치한다.
총대회는 숭경자의 협의를 통해 선임하는 숭경자 총대 3명으로

조직한다.

총대회는 총대 중에서 총대장을 선임해야 한다.

총대 및 총대장을 선임할 때에는 지체 없이 관할 부윤, 군수, 또는 도사島司에게 신고하며, 그 이동이 있을 때 역시 마찬가지이다.

도지사는 총대 또는 총대장이 부적임자라고 판단될 때에 이를 경질할 수 있다.

제9조 총대장은 신사神社의 예에 따라 매년 수지 예산을 책정하여 장부를 작성하고 그 수입을 명시해야 한다. 총대장은 신사神祠에 속한 재산의 대장을 작성하여 그 증감을 명시해야 한다.

제10조 신사神社 규칙 제12조, 제13조, 제26조, 제29조 및 제30조의 규정은 신사神祠에도 이를 준용한다.

제11조 허가를 받지 않고 신사神祠를 설립한 자는 1년 이하의 금고 또는 200엔 이하의 벌금에 처한다.

이상에서 확인할 수 있듯이, 그 내용은 신사神祠의 보급 및 촉진을 목적으로 한다기보다 오히려 신사에 관한 규정을 엄격하게 하는 것이었다. 다시 말해, 첫째, 신고해야 하는 사항으로 제2조에 “건물 및 부지의 평수, 아울러 건물, 그 밖의 사설물의 구조, 도면 및 배치도”라는 문구를 추가하였다. 이는 장차 신사神社로 승격시킨다는 전제를 두고, 신사神祠에도 ‘도리이鳥居’나 ‘초즈야[手水舍]’, ‘등롱灯籠’ 등 신사神社의 형식을 갖추도록 요구한 것으로 보인다. 둘째, 본래 “숭경자의 협의를 통해 총대를 정한다”라고 되어 있는 총대와 관련한 규정이 “총대회는 숭경자의 협의를 통해 선임하는 숭경자 총대 3명으로 조직한다”라고 총대회 설치를 의무화하였고, 나아가 “도지사는 총대 또는 총대장이 부적임자라고 판단될 때에 이를 경질할 수 있다”는 문구를 추가하여 도지사의 권한을 명확하게 규정하였다. 셋째, 신사神社와 마찬가지로 수지 장부 작성을 의무화하였다. 넷째, 신사神祠 설치 허가를 받지 않고 설치한 경우의 벌칙 규정을 마련하였다. 이러한 내용들은 모두 장차 신사神社로 승격시킨다는 것을 전제로, 신사神社 규칙과 다르지 않은 규칙을 적용한 것이다. 1939년의 재개정에서는 신사神祠를 "유지하기 곤란한" 경우에 총독이 이를 폐지할 수 있다고 하여 그 권한을 명확히 하였다. 이제 이와 같은 엄격한 규제로 인해 초래된 결과에 대해서 설명하겠다.

(2) 신사神祠 설치 억제 경향

본 항에서는 신사神祠 설치가 엄격해지는 상황에 대해서 검토해 보겠다. 먼저 〈표 4-1〉을 통해 조선에서의 신사 설치 허가 수의 추이를 확인해 보자.

〈표 4-1〉의 '연도별 합계'를 통해 알 수 있듯이, 1935년에 32개의 신사가 설치 허가를 받은 것을 정점으로, 이듬해는 25개 신사, 그 이듬해에는 22개 신사, 1938년에는 9개의 신사만이 설치 허가를 받았을 뿐이었다.[17] 이는 1936년의 법 개정이 전체적으로 신사 설치 허가 신청을 억제하였음을 분명하게 보여 주는 것이라고 할 수 있을 것이다.

그 억제 배경으로, 조선총독부의 의향과 조선 신사 관계자의 의향을 지적할 수 있다. 먼저 조선총독부(신사를 관할하는 내무국)의 방침

17 아오노(青野), 앞의 논문(2009년, 139쪽)은 《朝鮮總督府 統計年報》를 바탕으로 1938년에 18개 신사(神祠)가 있었다고 기록하였다. 기록된 모든 숫자를 보아도 감소 경향이었던 것은 확실하다. 다만 '설치 허가' 건수와 실제 준공 수에 차이가 있다는 문제가 있음을 주의해야 한다.

표 4-1. 각 도별 신사神祠 설치 허가 수의 추이

연도 / 도	-1931	1932	1933	1934	1935	1936	1937	1938	1939	1940	1941	1942	1943	1944	도별 합계
평남	3	3	3	1	3	4	2	0	2	4	2	1	3	0	31
평복	18	1	2	2	2	2	0	1	6	3	3	4	24	5	73
함남	8	0	0	1	4	3	0	1	3	0	3	0	0	0	23
함북	6	0	1	2	1	1	3	2	0	3	4	3	0	0	26
강원	13	1	2	3	1	0	3	0	5	8	3	2	3	0	44
황해	9	2	0	2	5	0	3	1	2	6	74	25	14	9	152
경기	19	3	2	2	4	4	2	0	13	17	41	12	6	8	133
충남	20	0	0	1	2	2	2	0	3	0	0	2	1	0	33
충북	11	0	0	0	0	1	0	0	0	2	0	1	9	0	24
경남	22	2	3	1	5	1	1	1	0	2	1	1	0	2	42
경북	27	0	3	2	3	4	0	0	3	4	9	3	1	2	61
전남	14	0	0	4	1	2	6	2	134	68	16	0	0	0	247
전북	10	2	2	3	1	1	0	1	2	0	0	0	4	0	26
연도별 합계	180	14	18	24	32	25	22	9	173	117	156	54	65	26	915
신사 누계	180	194	212	236	268	293	315	324	497	614	770	824	889	915	

출전 : 1931년까지는 김승태金承台, 《日帝下の神社に關する硏究》, 앞의 책, 1932-44년은 《朝鮮總督府官報》.

으로 신사 설치의 남발에 대한 신중한 태도가 다음 자료를 통해 나타나고 있다. 1933년에는 평안남도지사가 보낸 "신사라고 칭하는 범위에 의문이 있다"라는 조회의 회답으로, 각 도지사에게 보내는 통첩 〈신사 창립에 관한 건〉을 발송하였다.[18]

1. 광산, 탄광에서 주로 그 관계자만을 숭경자로 하여 개인의 저택 혹은 사무소 구내에 신기神祇를 봉대奉戴하는 것은 개인 제사를 위한 저내사邸內祠라도 현지민을 숭경자로 하여 사실상 관계자와 현지 일반인의 숭경 대상으로서 구분하기 어려울 때에는 신사神祠로 삼는다.

18 〈신사 창립에 관한 건(神祠創立ニ關スル件)〉 1933년 8월 내무국 통첩 각 도지사(평안남도를 제외)에게 보내는 통첩, 조선신직회(朝鮮神職會), 《조선신사법령집람(朝鮮神社法令輯覽)》(帝國地方行政學會 조선 본부, 1937년), 286-288쪽.

2. 상점 등 집안에 설치한 신사우神祠宇는 개인 제사를 위한 저내사로 인정하는 것이 마땅하다. 따라서 제사를 지낼 때에 일반인의 참배를 종용하는 듯한 광고는 하지 말아야 한다. 다만 개개의 상점을 찾은 자가 이에 예를 올리는 경우는 상관없다. (후략)

이는 조선에 유입된 일본인이 믿는 신사와 관련한 다양한 신앙 형태 중에 위정자가 적극적으로 그 증설을 바라지 않는 신사가 있어서, 이에 대한 제한을 두려는 방향성을 보여 준 것이라고 할 수 있다. 예를 들어, '경성'의 미쓰코시 백화점 옥상에 '상업 번창'을 기원하면서 설치한 이나리稲荷[19]나 광산의 '안전 기원'을 위한 사당, 나아가 일본의 유곽에서 자주 볼 수 있던 구역 내의 이나리 등을 말한다. 이러한 신앙들은 이나리 신앙이나 신불습합神佛習合의 역사를 가진 하치만八幡 신앙 등에서 유래한 것이다. 이나리란, 일반적으로 상업 번창을 비는 신앙이다. 예를 들어 백화점이라는 현대의 상징인 옥상에 이나리를 모시는 것은 일본인 거류민에게 낯익은 광경이지만, 조선인에게는 기이한 현상으로 비춰졌을 것이다. 이는 조선인에게 신사참배를 시키는 시정 방침에 방해가 될 수도 있다고 조선총독부는 판단하였을 것이다.

이 통첩과 상관없이, 본래 신사神社는 조선인과 거의 관련이 없는 시설이다.[20] 1925년에 조선 신궁이 완성되었을 때에 거행된 진좌제鎭

---

19 앞의 〈가나가와 대학(神奈川大學) 21세기 COE 프로그램: 해외 신사(옛터)에 관한 데이터베이스〉 참조.

20 그러나 이는 통첩이 발송된 1930년대 전반에 조선인에게 신사참배를 강요하지 않았다는 것을 의미하지는 않는다. 이미 1910년대에 신사참배 강요 사례가 있었다는 것을 다시 한 번 상기할 필요가 있다. 야마구치(山口), 앞의 책(2006년, 85-86쪽), 본론 제1장 참조.

座祭에서는 "예불전 앞에 이르면 내지인은 탈모를 하고 절을 하였고, 조선인은 발길을 돌리는" 모습이 관측되었다.[21]

진좌제에서뿐 아니라, 1930년대에 들어와서도 이러한 상황은 계속되었다. 신직 양성 기관인 신궁황학관神宮皇學館에서는 매년 '하계 신사 봉사'라는 신사 실습을 실시하였다. 전국의 신궁·신사에서 신직 체험을 하는 실습생을 식민지의 신사로서 받아들인 곳은 조선 신궁뿐이었다. 이 당시 이에 참여하였던 실습생들이 남긴 솔직한 감상문이 있다. 1933년은 "조선인의 참배가 없어서 섭섭하였다",[22] 이듬해인 1934년의 실습생은 "대부분의 조선인은 여전히 무관심하다"[23]라고 언급하였다. 또한 1940년대 '경성'에서 여학교 생활을 한 나영균羅英均은 "신사 앞에서 박수를 치고 머리를 숙이는 것도 관광객이 신기한 듯 바라보는 정도라면 좋지만, 진지한 얼굴로 직접 그렇게 할 만한 것은 아니었다"[24]라고 기술하였다. '총진수總鎭守'인 조선 신궁이 조선인에게 경원시되는 상황은 1920년대부터 1940년대까지 크게 변하지 않았다.

1935년의 천황 기관설 사건天皇機關說事件으로 인해 '국체명징' 운동이 고양되면서, 같은 해에 잇달아 두 가지의 통첩이 발송되었다. 하나

---

21 오가사와라 쇼조(小笠原省三) 편술, 앞의 책, 73쪽.

22 《神路》 11호(神宮皇學館神道學會, 1933년 12월), 183쪽. 《神路》는 신궁황학관 신도학회라는 학내 연구 단체의 기관지이다. 이 단체는 1918년에 신궁황학관 본과에 재학 중이었던 데즈카 미치오(手塚道男)(朝鮮神宮 初代禰宜)에 의해 창설되었다(〈神宮の文化事業(神宮皇學館)〉, 《神宮·明治百年史 上》(神宮司廳, 1968년), 365쪽 참조).

23 《神路》 12호(1934년 12월), 143쪽. 또한 실습생들이 남긴 감상문을 통해 알 수 있는 조선인 참배 모습은 앞 장에서 분석한 하계 조조 참배 시작 후에 약간 그 양상에 변화가 있었다.

24 나영균, 앞의 책, 152쪽.

가 7월의 〈신사神社·신사神祠의 경내에 동상 또는 비표 건설 건〉[25]이고, 또 하나가 10월의 〈신사神社의 시설 개선에 관한 건〉[26]이다. 7월의 통첩이 나오면서 신사 경내의 구조물이 "제신祭神 또는 국가와 직접 관련 있는 것"으로 제한되었다. 그리고 10월의 통첩이 나오면서 신사의 전임 신직傳任神職 취업을 강력하게 촉구하였고, 신사神祠에도 "신사神社로 승격되는 것을 전제로 설치하려는 취지"여야 한다는 경고를 하였다. 이 통첩에는 "신사 경내와 공원을 혼동하는 경향 역시 그 구분을 분명히 하여 경내를 유원지화하지 말 것", "신사 경내의 엄숙함을 유지·향상시킬 것" 등의 문구가 들어가 있었다. 이는 신사가 '천황 숭경' 하나만을 위한 곳으로 정비되어야 한다는 점을 강조한 것이다. 당시 신사 중에는 '유원지화'한 곳이나 '엄숙'하지 않은 곳이 있었음을 엿볼 수 있다. 〈신사神祠에 관한 건〉에 규정된 조선 총독의 허가를 받지 않고 설치된 신사神祠(무원신사無願神祠라고 부른다)도 상당수 존재하였던 것으로 보이며, 1936년에 무허가 신사神祠에 대한 처벌 규정이 마련된 뒤인 1939년에도 다음과 같이 무원신사의 건립에 관한 통첩[27]이 각 도지사 앞으로 발송되었다.

> 표기標記의 건(무원신사 건립을 말한다 — 저자 주)에 대해서는 누누이 통첩을 보냈으나 여전히 허가 없이 공중의 참배용으로 이용해야 할 신

---

25 〈신사(神社)·신사(神祠)의 경내에 동상 또는 비표 건설 건(神社神祠ノ境內ニ銅像又ハ碑表建設ノ件)〉, 1935년 7월 내무국장 통첩 각 도지사 앞. 朝鮮神職會《朝鮮神社法令輯覽》(帝國地方行政學會 조선 본부, 1937년), 243-244쪽.

26 〈신사의 시설 개선에 관한 건(神社ノ施設改善ニ關スル件)〉, 1935년 10월 내무국장 통첩 각 도지사 앞. 朝鮮神職會《朝鮮神社法令輯覽》(1937년), 240-241쪽.

27 무원신사의 건립에 관한 통첩(無願神社ノ建立ニ關スル通牒)〉, 1939년 5월 16일 내무국장 통첩 각 도지사 앞.《鳥居》제9권 제6호(조선신직회, 1934년 6월), 7쪽.

사神祠를 설립하는 경향이 있다. 게다가 한 때의 정세에 사로잡혀 신기봉재神祇奉齋의 본뜻을 이해하지 못하고, 또한 사려 깊지 못하여 그 건설 위치, 사전社殿의 구조 양식 등이 적절하지 않기 때문에 신사神祠가 존엄을 기리기 어렵고 오히려 존귀한 국풍 선포에 누를 끼치고 있어, 때마침 발흥하는 경신관념에 악영향을 주고 있어 참으로 유감이다. 신사神社·신사神祠에 대한 사전 감독을 엄중히 하여 적어도 허가 없이 공중의 참배에 이용해야 할 신사神祠를 건립하는 일이 없도록 서로 일단 배려한다.

이 통첩을 통해, 조선총독부의 '존귀한 국풍 선포'를 위해 설치되어야 하는 이상적인 신사와 현실 속의 신사 사이에 채워지지 않는 간극이 있었음을 알 수 있다.

'억제 경향'의 두 번째 배경으로, 신사神祠가 '불경스러운' 상태에 놓이는 일에 대한 신사 관계자의 위기감을 지적하고 싶다. 조선신직회는 1935년의 총회에서 〈신사 제사에는 아직도 비신직非神職 또는 신도 종교가가 봉사하는 경향이 있다. 철저한 조사와 단속 방법 관련의 건〉[28]을 가결함으로써 그 위기감을 드러냈다.[29] 이 결의에는 신직이 '신도 종교가'를 경멸하고 경계하는 모습이 배어 있다. 종교 행정을 담당하고 있던 교파 신도教派神道나 신도계 신종교 관계자 역시 신직에

28 〈朝鮮神職會通常總會 議案及び建議案〉, 《鳥居》 제5권 제9호(조선신직회, 1935년 9월), 9쪽.

29 이후에도 신사(神祠)가 급격하게 증가하기 시작한 1939년에는 그들이 바라던 대로 지방 신사(神祠)가 관리되지 않는 상황에 대해서, "일상의 봉사는 소홀히 하는 가운데 제(祭) 이하의 제전(祭典)은 완전히 손을 놓고 있는 것이 실상이 아니다('실상이지 않은가'의 오류? — 인용자 주). 따라서 그 봉사는 신사 숭경자 총대 기타가 담당하지만, 단순한 신사 관리의 개념 이외에는 도무지 신기(神祇)에 대해서 이해하지 못하는데 하물며 제식(祭式)에 대해서는 더 말할 것도 없이 완전히 문외한인 사람들"이라고 '숭경자 총대 기타' 사람들을 강한 어조로 비난하고 있다(〈神祠奉務の重要性〉, 《鳥居》 제9권 제3호(조선신직회, 1939년 3월), 1쪽).

게는 적대적 존재였다.

이러한 점들을 통해 일본인과 함께 유입된 다양한 신사의 모습 속에서 '국체'를 따르지 않는 자를 배제하려는 방향성은 식민지 관료와 신직 사이에 일치를 보았음을 엿볼 수 있다.[30]

이 절 앞부분에서 서술하였듯이, 〈신사神祠에 관한 건〉을 가필하는 형태로 개정하여 신사 설치를 억제하고 엄격하게 관리하자, 일반인들은 이를 '신사神社·신사神祠 설치 중지설'처럼 적극적으로 수용하였던 것으로 보인다. 이러한 점들이 1935년을 정점으로 1938년까지 신사의 신규 창설 허가 수가 감소한 배경에 있었다고 할 수 있다.

1937년의 22건에서 9건으로 급격한 신규 설립 허가 건수의 감소를 보인 1938년에는 조선총독부나 도 단위에서 '신사·신사 설치 중지설'을 부정하려는 노력이 있었다는 것을 "신사·신사 창립 및 조영 중지설은 전혀 헛소문. 전라북도 각 군에 통첩 발송"이라는 보도[31]나 "반도에서의 신사 조영에 지장 없다. 신사·신사 의 창설 및 조영에 관한 본부 통첩"[32]이라는 신직회 회보 기사 등을 통해 짐작해 볼 수 있다.

마침 이 시기는 '황국신민화'와 관련한 시책이 잇달아 실시되던 시기였다. 예를 들어, 1937년 9월에는 '학교 애국의 날'이 시작되면서 이 날 신사에서 거행되는 식전에 단체로 참배하도록 장려하였으며, 같은 해 10월에는 '황국신민의 서약' 제창이 시작되었다.[33] 이듬해인 1938년에는 '육군 특별 지원병' 제도와 '제3차 조선교육령'을 통해 새

30 타이완에서는 신사(神祠)에 해당하는 것을 사(社)라고 불렀는데, 같은 시기(1934년 이후) 타이완에서도 새로운 '사'의 설치를 억제하였음이 차이친탕(蔡錦堂)의 연구를 통해 밝혀졌다. 蔡錦堂, 《日本帝國主義化臺灣の宗教政策》(同成社, 1994년), 144-149쪽.

31 《每日新報》, 1938년 11월 7일.

32 《鳥居》 제8권 제11호(朝鮮神職會, 1938년 11월).

33 학무국장 통첩 제266호〈國民意識ノ强調ニ關スル件(別紙)〉.

로운 제도(보통학교에서 소학교로 명칭 변경, 조선어 선택 과목화)가 시행되었다. 또한 같은 해에 국민정신 총동원 연맹이 결성되어 이후 순차적으로 '애국반'이 개설되었다. 그리고 1939년 11월에 조선 민사령民事令이 개정('창씨개명')되기에 이르렀다. 이와 같은 '황국신민화' 시책이 진행되는 가운데, 신사神祠와 관련해서는 계속 증설되지는 않았다는 점, 특히 1937년부터 이듬해인 1938년에 걸쳐 신사 신설이 급격하게 억제된 것과 같이 언뜻 보아 역행하는 듯한 상황이 나타났다는 점에 주목할 만하다.

다음 절에서는 신사 설치의 대표자에 대해서 그 민족과 직업의 측면에서 검토하고자 한다.

제3절 신사 설립을 신청한 대표자와 실제 관리자 —1932년부터 1939년까지

(1) 일본인 신청자의 경우

여기에서는 1932년부터 1939년까지 신사神祠 설립을 조선 총독에게 신청한 자로서 《조선총독부 관보》에 기재된 이름을 통해 한국사편찬위원회 한국사 데이터베이스[34]와 《직원록職員錄》을 활용하여 직업을 조사하고, 일본인과 조선인 신청자의 차이점에 대해서 검토하겠다.

《조선총독부 관보》에는 "○군 ○면에 ○ 신사 설립의 건 ○외 ○명이 청원함에 ○월 ○일에 허가하다"와 같이 정형화된 문구로 기재되

34 한국 '국사편찬위원회'의 사이트 참조. http://www.history.go.kr/app.main.Main.top

어 있다. 이 중 '○외 ○명이 청원함'에 주목하여, 여기에 신청자의 우두머리로 개인명이 기재되어 있는 인물에 눈을 돌렸다.

현 단계에서는 여전히 불분명한 부분이 많지만, 일본인 신청자의 경우, 회사 경영, 간부 등 지역의 민간인 '유력자'로 보이는 계층과 더불어, 학교 조합 관리자, 우편소장을 확인할 수 있다. 우편소장의 경우 같은 군내에 여러 명의 소장이 같은 시기에 신청하는 사례를 볼 수 있다. 교원이나 학교 조합 관리자를 발견할 수 있다는 점도 중요하지만, 그 수는 우편소장보다 적었다.

일본인 신청 대표자로 회사 경영자에 이어 우편소장이 많은 이유로, 조선에서 우편소장이라는 직위는 일본이 독점하고 있었고 이들 일본인들은 주조업이나 운수업의 간부도 겸임하는 등 지역의 유력자로 자리해 있었다는 점을 들 수 있다. 위에서 언급한 '국사편찬위원회 한국사 데이터베이스'를 통해, 우편소장은 '한일병합' 후 얼마 뒤인 1910년-1920년대부터 같은 인물이 계속 역임하는 수많은 예를 확인할 수 있으며, 그중에는 대를 이어 같은 직을 승계한 예도 발견할 수 있다. 예를 들어, 1933년에 신사神祠 설치 허가를 받은 오카자키 기이치岡崎貴一(황해도 서흥 우편소장)는 통감부 시대인 1908년에 통신수로 조선에 와, '한일병합' 후에는 체신서기를 거쳐 1925년에 서흥 우편소장으로 부임하였다. 1934년에 신사 설치 허가를 받은 고가 쇼조古賀正藏(경상북도 현풍 우편소장)는 1915년부터 계속 우편소장을 지냈다. 1936년에 허가를 받은 이토 데쓰료伊藤撤亮(평안북도 차련관 우편소장)는 통감부 시대부터 우편소장을 역임한 부친의 직책을 1931년부터 승계하여 역임하였다.[35]

---

35 이토 데쓰료(伊藤撤亮)가 우편소장이 된 것은 25세 때로, 신사(神祠) 설치 신청을 한

언뜻 보아 관련이 없어 보이는 신사와 우편소이지만, 선행 연구를 살펴보면 우편소 직원의 '사상 선도 사자'로서의 성격이 '국민 총력 운동'과 용이하게 결합되었음을 알 수 있다.[36] 당시 우편 저금이나 간이 보험은 호별戶別 수금, 권유를 통해 이루어졌다. 나아가 체신 기관 '경신운동敬神運動'의 일환으로 '학교 애국의 날' '애국의 날'보다 앞서 '체신 정신 진흥 행사'로 신사참배 등을 매월 1일에 시행하였다. '학교 애국의 날'이 일본인을 대상으로 하는 '애국의 날'로 확대되었을 때, 체신국에서는 '체신 애국의 날'에 신사참배, 황거요배皇居遙拜, '황국신민의 서약' 제창 등을 실시하기도 하였다.[37] 이 밖에 신궁 부적[大麻](당시는 일본 현지의 신궁신부서神宮神部署가 배포한 것으로, 일반적으로는 신단에 올리는 이세 신궁의부적)과 '봉안단奉安棚'을 체신국이 정비하여 각 부국部局에 배포하였다. 그 수는 1937년에 신궁 부적 1200장, '봉안단' 501개였다.[38]

이처럼 우편소가 조선총독부의 '사상 선도' 정책과 밀접했을 뿐만 아니라 지역에서 개개의 우편소와 신사가 연대하는 사례도 있었다. 경기도 인천신사의 '새해 첫 신사참배 사랑의 저금',[39] 경상북도 대

당시는 30세였다. 이 밖에도 1936년에 설치 허가를 받은 미즈누마 도모카즈(水沼知一)(경기도 양성 우편소장), 야스다 기요유키(安田清行)(경기도 광주 우편소장)는 '한일병합'이 되던 해부터 우편국 서기 또는 서기보를 역임하였다. 이력은 모두 '국사편찬위원회 한국사 데이터베이스'의 내용을 따랐다.

36 후쿠이 유즈루(福井譲), 〈朝鮮總督府の遞信官僚とその政策觀 — 朝鮮簡保制度の施行を中心に〉, 마쓰다 도시히코(松田利彦)·やまだあつし 編《日本の朝鮮·臺灣支配と植民地官僚》(思文閣出版, 2009년), 356-358쪽.

37 《昭和15年度 朝鮮總督府遞信年報》(朝鮮總督府遞信局, 1938년 11월), 41쪽.

38 우편소는 1935년 현재 조선 내에 730군데(이 중 출장소 6군데)가 있었다. 《昭和15年度 朝鮮總督府遞信年報》(朝鮮總督府遞信局, 1938년 11월) 참조.

39 《鳥居》 제9권 제3호(朝鮮神職會, 1939년 3월), 6쪽.

구 신사의 '보국애아報國愛兒 저금'[40]이 그 예이다. 이러한 사례들은 새해 첫 참배를 온 부모들에게 미리 소액의 입금을 한 저금통장을 증여하고, 신사에서 우편소에 연락을 해서 후일 우편소 직원이 그 가정을 방문해 수속을 하는 교묘한 방법을 이용하였다. 또한 우편소가 납세 업무를 담당한 경우도 있어서 신사 설치를 위한 기부를 요구하기가 좀 더 수월하였을 것으로 보인다.

우편소장이 신사 설치를 신청할 때에 신사의 설치 장소 선정에도 관여한 사례를 확인할 수 있다.[41] 지역 사회에서 우편소장은《직원록》에 게재된 관리로 보기도 어렵고, 지방 회사 경영자과 같은 순수한 민간 업자로 보기도 어렵다. 이와 같은 '반관반민'의 특색은 행정 당국이 바라는 형태(한편으로는 '국체'를 따르지 않는 일본인의 다양한 신앙을 억제하는 형태, 또 다른 한편으로는 기부자, 건설을 위한 노동력, 유지·관리자, 참배자로서 조선인을 동원하는 형태)로 신사의 설치를 추진하는 데에 적합하였을 것으로 생각된다.

(2) 조선인 신청자의 경우

다음으로 조선인 신청 대표자의 직업에 대해서 살펴보자. 〈표 4-2〉를 통해 알 수 있듯이, 조선인이 대표자가 되는 경우 대개가 군수나 읍·면장이었다. 이 점은 일본인 신청 대표자와 분명하게 다른 점이다.

제1절에서 언급하였듯이, 평안남도에서는 1935년에 군수에게 〈신사神社 건설요강〉을 통지하였다. 이를 뒷받침이라도 하듯 평안남도의

40 《神威》 제56호(대구 신사, 1938년 5월), 7쪽.

41 社務日誌 1941年 4月 20日〉,《昭和16年 年報》(朝鮮神宮社務所, 1942년), 10쪽.

제주도의 조선인 면장. 신사神祠에 '봉무奉務'하였다고 한다(1941년 무렵 촬영. 개인 소장)

경우 그 전체 수를 살펴보면, 한정적이기는 하지만, 실제로 군수가 이에 응한 사례를 찾아볼 수 있다.

예를 들어, 1936년에 평안남도에서 허가를 받은 4개 신사神祠의 신청 대표자의 내역을 살펴보면 1명이 일본인(군郡 산업기수), 3명이 조선인으로 이 3명 중 1명은 면장, 나머지 2명은 군수이다. 이듬해 허가를 받은 2개 신사神祠의 신청 대표자는 2명 모두 군수이다. 이처럼, 〈신사건설요강〉을 통지한 이후 군수끼리 경쟁이라도 하는 듯한 분위기가 형성되었던 것으로 추정된다.

이러한 군수의 심정을 알 수 있는 실마리로, 1936년과 1937년에 신사 건설을 신청한 변기찬邊基燦의 사례를 살펴보겠다. 변기찬은 1911년 조선총독부 측량과 기수, 1925년 조선총독부 임야조사위원회 통역생을 거쳐, 1933년 평안남도 맹산군수로 부임하였고, 1937년에는 평안남도 성천군수로 부임하였다. 그리고 군수로 부임한 각 군에서 직접 신청 대표자로서 신사 설립을 신청하였다.[42] 이 인물에 대

42 1936년 3월 26일 평안남도 맹산군 맹산면 신명신사(神明神祠) 설치 신청 허가. 1937년 8월 18일 평안남도 성천군 성천면 신명신사 설치 신청 허가. 《朝鮮總督府官報》 1936년 3월 31일, 1937년 8월 24일 게재.

표 4-2. 《관보》에 게재된 신청 대표자의 직업

연도	관공서	군수, 읍면장 (전 면장 포함)	교장/훈도	우편소장	자영업, 회사경영	불명
	일본인/조선인	일본인/조선인	일본인/조선인	일본인/조선인	일본인(학교조합 관리자수)/조선인	일본인/조선인
1931	0/0	0/0	2/0	1/0	5(1)/0	3/0
1933	1/0	0/1	1/0	3/0	4(1)/1	6/1
1934	0/0	0/2	1/0	2/0	11(2)/0	4/0
1935	4/0	0/6	0/0	3/0	10(3)/1	7/0
1936	1/0	0/5	0/0	4/0	7(0)/0	4/0
1937	0/0	2/3	0/0	5/0	3(2)/0	6/1
1938	0/0	0/0	0/0	0/0	3(1)/0	5/1
1939	2/2	0/117	5/1	3/0	7(0)/2	12/19
합계	8/2	2/134	9/1	21/0	46(9)/4	47/22

출전 : 국사편찬위원회 한국사 데이터베이스, 《朝鮮總督府及所屬官署職員錄》.

해서 《윤치호 일기》에 다음과 같은 언급이 기술되어 있다.[43]

> 변기찬은 맹산군수이다. 그는 매달 98엔의 월급을 받는데, 평균 20엔 정도나 되는 거금을 모두 기부하여야 한다. 이 남자는 처음 관직을 얻었을 때에 6백 엔 혹은 그 이상이나 되는 돈을 지방의 상관들에게 줄 선물을 마련하기 위해 빌려야 했다. 달리 방법이 없었다.

이 기술을 통해, 변기찬이 군수가 되기 위해 거액의 자금을 빌려야 했고 군수가 되어서도 '모두 기부'해야 했음을 엿볼 수 있다. 조선인의 신사 설립 신청이라는 것이 '충성'의 증거임과 동시에, 그 '충성'이 자리 보전과 관련 있었을 가능성, 그리고 (신사 설치는 기부가 전제

43 대한민국 문교부 국사편찬위원회 편, 《한국사료총서 제19 윤치호 일기 10(1934년 5월 29일 목요일)》(1988년), 267쪽. 이 일기는 영어로 되어 있다. '지방의 상관들'의 원문 표현은 "Provincial Superiors"이며, 도지사를 포함할 가능성이 높은 것으로 생각되는데, 복수형으로 표기되어 있다는 점도 흥미롭다.

된 것이었는데) 군수로서 실제로 내놓아야 하는 기부금의 크기를 보여 주는 것이라고 할 수 있을 것이다.

〈표 4-2〉에 표기한 1939년의 조선인 읍·면장 117명은 대부분 전라남도의 '일면일사一面一祠' 정책 실시로 인한 결과이다. 새삼 어느 정도의 압력이 전라남도 읍·면장에게 일률적으로 가해졌는지를 말해 준다고 할 수 있다. 이에 대해서는 다음 절에서 검토하겠다.

제4절 '일면일사一面一祠' 정책의 실시 과정

(1) 신사의 건립과 유지에 동원된 소학교 교장과 아동

여기에서는 신사神祠 설치, 유지·관리와 소학교의 관계에 대해서 살펴보고자 한다. 인건비가 들지 않는 신사의 실제 관리자로서 소학교 교장이 기대를 모은 것은 1935년 평안남도의 〈신사건설요강〉에서도 확인하였다. 그리고 선행 연구를 통해서, 1935년 2월에 조선총독부 내에서도 이러한 소학교 교장의 역할이 논의되었음을 보여 주는 보도가 있었음이 지적되었다.[44] 이는 동시에 조선신직회에도 전해져, 신직회 회보에서 "일설에 따라 신사 소재지 소학교 교장의 겸임설이 실현될 수 있다면 그 사람을 얻는 것이라고 할 수 있을 것이다",[45] "신사와 학교와 자치 단체를 삼위일체의 생명줄로 이어 주어 하나로 기능하게 할 것이다"[46]라는 기사를 통해 크게 찬사를 보냈다.

---

44 아오노(青野), 앞의 책(2009년), 165쪽.

45 《鳥居》 제9권 제3호(朝鮮神職會, 1939년 3월), 1쪽.

46 《鳥居》 제9권 제5호(朝鮮神職會, 1939년 5월), 1쪽.

여기서 말하는 소학교란, 1938년 제3차 조선교육령하에서 소학교로 명칭을 변경한 보통학교(조선인 대상 초등학교)를 포함한다. 아니, 오히려 이후 김포군의 예에서 보듯이, 조선인 대상 소학교가 그 수와 규모 면에서 일본인 대상 소학교를 압도하였다.

그러면 '일면일사' 정책과 학교의 관계를 고찰하기 위해서 그 구체적 사례를 살펴보자. 경기도 김포군에서는 1937년에 일본인이 신청 대표자로서 면의 중심지에 신사를 하나 만든 후, 나머지 8개 면에는 1939년 11월 말에 한꺼번에 설치 허가를 받아 '일면일사'가 완성되었다. 이 8개 면 가운데 6개 면에서 조선인 면장이 신청 대표자였음을 확인할 수 있다.

김포군의 예에서 좀 더 주목하고자 하는 것은 '신청 대표자'로서의 면장과는 달리, 실질적인 신사 관리자로서 소학교 교장(조선인 대상 소학교)이 설치 허가를 받기 전부터, 적어도 5개월 전부터 '강습회'에 출석하여 훈련을 받았다는 점이다.

조선에서는 모든 신사에 전임 신직이 임명된 것은 아니었다. 따라서 '일면일사'의 속도에 맞추어 신직을 양성하는 일은 불가능하였으며, 신사에 전임 신직을 두는 재정상·법률상의 뒷받침도 없었다. 그렇기 때문에 각 지역의 유력자가 '신사 봉무자'로서 축사祝詞 등의 강습을 받아야 했던 것이다. 1938년에 조선에서의 신직 양성을 위해 설립된 황전강구소皇典講究所 조선 분소가 조선 신궁을 모임 장소로 '신사 봉무에 관한 강습회'를 실시하였다.[47] 한편 황전강구소란, 당시 신직

---

47 《年報》각 연도판에 게재된 '사무 일지(社務日誌)'에 따르면 다음과 같이 연 1-2회 실시되었다.
제1회 1939년 3월 21일부터 23일까지.
제2회 1939년 7월 20일부터 26일까지.
제3회 1939년 10월 22일부터 25일까지.

양성 기관이었던 국학원 대학 신도 전문부神道專門部나 신궁황학관神宮皇學館을 거치지 않고 학계學階라는 자격을 취득하여 신직이 되는 양성 기관이었다. 황전강구소 조선 분소는 조선 신궁 궁사를 소장으로 조선 신궁 경내에 설치되었다. 이 밖에도 각 도 단위에서 봉무자 강습회를 실시하였다.

그러나 이와는 별도로, 1939년 6월 14일부터 18일까지 조선 신궁에서 '신사 봉무에 관한 강습회'가 개최되었다. 이는 황전강구소 조선 분소가 개최한 강습회가 아니라, 경기도 김포군 교육회가 회원(즉 교장을 중심으로 한 교원)만을 대상으로 특별히 황전강구소 조선 분소에 요청하여 열린 임시 강습회였다. 5일 동안 조선 신궁에서 실시된 이 특별한 강습회에 김포군 내의 교장들이 참가하였고,[48] 그 후 11월에 김포군에 8개 신사神祠가 인가를 받아 군 내 9개 면 모두에 신사가 청설되었던 것이다. 김포군에서 일본인 대상 소학교가 있는 곳은 1937년에 신사가 설치된 김포면뿐이었다.

이를 통해 적어도 김포군에서는 신청 대표자로서 조선인 면장의 동의를 얻었을 뿐 아니라 설치 허가 이전 단계에서 (이를 '總代'라고 부르는지 여부는 별도로 하고)[49] 실질적인 신사의 관리자로서 교장이 상정되었다는 점, 그리고 교장이 이에 응하였다는 점을 분명히 알 수 있

제4회 1940년 6월 2일부터 15일까지.

제5회 1941년 11월 5일(끝난 날이 기재되어 있지 않음).

제6회 1941년 11월 12일부터 18일까지.

48 《鳥居》 제9권 제6호(朝鮮神職會, 1939년 6월), 8쪽. 이 기사에는 "소학교 교장 등 약 20명을 모아"라는 표현이 있을 뿐 교장 이외에 교육 행정 담당자 등이 포함되어 있는지의 여부는 확인할 수 없다. 참가자 20명에 대해 신사(神祠)와 면의 수가 9개라는 점을 고려하면, 각 면의 소학교에서 교장뿐 아니라 교원도 참가했을 가능성이 있다.

49 다카타니(高谷), 앞의 논문에서는 《官報》에 게재된 '신청 대표자'를 '총대(總代)'라고 하고 있는데, 이는 별도의 내용이다.

다. 1939년에 김포군의 조선인 대상 소학교는 9개가 있었으며, 일본인 교장이 7명, 조선인 교장이 2명이었다. 신청 대표자로서의 조선인 면장과 실질적인 관리자로서의(일본인이 대부분을 차지한다) 교장이 역할 분담을 하여 신사에 관여하였음을 분명히 보여 준다.[50]

이와 같은 소학교 교장에 거는 기대는 다른 도에서도 마찬가지였다. 강원도는 1939년부터 일면일사 정책을 위해 본격적인 예산을 계상計上하였으며, 이와 동시에 "주재主宰는 각 면에 있는 소학교 교장이 담당한다"는 보도가 나왔다.[51] 168개 면으로 구성된 강원도의 학교 수(1937년 시점)는 모두 공립으로 일본인 대상 소학교가 26개 학교, 조선인 대상 소학교가 177개 학교(이 중 4년제 96개, 6년제 81개 학교)로 모두 203개 학교, 이 가운데 30개 정도의 학교가 조선인 교장을 두고 있었다.[52] 여기에서는 일면일사 정책이 완료되었으므로 각 면에 적어도 교장이 1명씩 존재한 것을 전제로 하였다는 점이 중요하다. 교장에게 건 기대는 신사의 '주재'뿐 아니라 그 학교의 아동을 신사 설립을 위한 노동력, 그리고 유지·관리, 제례 참석자 등으로 동원하는 것이었다.

먼저 설립을 위한 노동력으로서의 측면을 살펴보자. 경기도 개풍군 중면에서는 '면, 경찰, 학교, 3개 기관이 협력하여' 신사를 설립하

---

50 〈신사(神祠)에 관한 건〉에서는 '총대(總代[長])'라는 용어를 사용하고 있지만, 실제로 《年報》에는 '신사(神祠) 봉무자 강습회' 개최와 같이 '신사 봉무자'라는 용어도 사용하고 있었다. 지금 단계에서는 이들 용어에 대해서 구별을 할 수 없으며, 이 책에서는 '실질적 관리자'라는 용어를 이러한 '총대(장)'와 '신사 봉무자'를 가리키는 말로 사용하겠다.

51 《每日新報》, 1939년 2월 23일.

52 《資料集成》 제60권, 〈學事參考資料〉, 12쪽. 조선인 교장 수와 면 수는 《職員錄》. 다만 《職員錄》에 기재된 이름을 통해 민족을 판별하기 어려운 예가 발견되기 때문에 대략적인 수밖에 파악할 수 없다.

려고 하였다.[53] 그 과정에서 중면 공립보통학교 아동은 '기지基地와 참배로 공사'에 청년 단체 등보다 앞서 동원되었다. 동원이 시작된 날은 1938년 3월 6일 애국의 날이었다. 교장을 협력자로 확보함으로써 학교 교육에서의 '애국심' 함양을 명목으로 무보수 노동력을 쉽게 확보하는 길을 마련한 셈이다. 같은 시기에 충청남도 당진군의 순성 공립소학교(조선인 대상 소학교)에서는 아동들의 노동력이 동원되었을 뿐만 아니라 학교 소유의 산림을 이용하여 설립 자금을 마련하기도 하였다.[54]

이러한 과정을 거쳐 설립된 신사는 완성 후에 '불경스러운' 상태가 되지 않도록 어떻게 유지·관리할 것인가 하는 문제와 직면하게 된다. 여기에도 아동이 동원되었다. 시기적으로 조금 거슬러 올라가면, 1934년 평안남도 순천군 순천면 신사의 사례에서는 이듬해 평안남도에서 표명한 소학교에 거는 기대의 선구적 형태를 발견할 수 있다. 이곳의 신사는 1934년 10월에 준공하여 11월 15일에 설립 허가를 받았지만, 총대회總代會를 개최하여 총대를 추대한 것은 12월 20일이 되어서였다. 이 당시 총대회에서는 "순천면 내 학교 학생의 응원 참가를 요청하여 1일, 15일에 청소를 실시한다"는 것을 결정하였다.[55] 여기서 말하는 "순천면 내 학교 학생"의 내역과 그 규모를 조사해 보면, 순천심상소학교 일본인 아동 808명, 순천보통학교의 조선인 아동 약 650명(추정),[56] 순천 공립 중견 농민학교의 조선인 학생 29명이다. 이는 실

---

53 《每日申報》, 1939년 3월 17일. 이 당시 목표였던 '신사(神祠)'는 같은 해 4월에 '부적봉안전'으로 일단 완성되었다(《每日申報》, 1938년 5월 6일). 개풍군(開豊郡)에서는 신사가 공식적으로 설치 허가를 받은 기록은 없다.

54 《每日新報》, 1938년 8월 8일.

55 《每日申報》, 1934년 12월 27일.

56 《昭和11年 朝鮮諸學校一覽》(1937년, 朝鮮總督府學務局編)에 따르면, 1936년 5월 말 시

질적 관리자로서 교장에게 거는 기대가 매우 컸을 뿐 아니라, 그 교장의 명을 받은 '실질 노동 부대'가 지역의 학교에 다니는 압도적으로 많은 조선인 아동이었다는 점, 그러한 아동 동원에 거는 기대는 1935년 평안남도의 〈신사건설요강〉보다 앞서서 구체화하였다는 점을 분명히 보여 준다. 한편, 이 순천면의 신사 설치를 신청한 대표자는 김화준金化俊 군수이지만, '총대'에는 일본인 우편소장이 추대되었다.[57]

또 하나의 예로, 경기도 양주군 금곡면 신사(1936년 9월 준공)의 예를 살펴보자. 이 신사는 '보통학교에 인접'하도록 만들어져, '진좌제'에는 "전교생이 시종 똑바로 서서 부동의 자세로 예의 바르고 정숙하게 장시간 기립"해 있었다는 기록도 있다.[58] 금곡보통학교의 당시 재학생 수는 430명으로 추정된다.[59] 이 사례를 통해서는 조선인 아동의 동원뿐 아니라, 신사 설치 장소로서 '보통학교에 인접'한 장소가 선정되었다는 점을 주목해 볼 수 있다.

1941년에 조선총독부 학무국이 내놓은 《조선에 부임하는 국민학교 교원을 위해서》라는 지침서에는 조선에서의 학교 역할이 "지방 촌

점에서 순천군 내의 한 학급 평균 아동 수가 72.2명. 순천보통학교의 학급 수는 9학급. 이듬해에는 한 학급이 늘어 70명 이상의 아동 수가 증가한 것으로 추정된다. 와타나베 마나부(渡部學)·아베 히로시(阿部洋) 공편, 《史料集成》 제60권(龍溪書舍, 1998년) 수록.

57 '총대(總代)'를 그 지역의 유력한 일본인이 담당하는 것은 이 순천면의 사례만이 아니다. 한정된 자료이지만, 예를 들어 1942년에 황해도 안악군에서 신사(神祠)가 폐지되고 신사(神社)가 창설되었을 때의 총대장(總代長)은 학교 조합 관리자나 소방대장 등을 역임한 오카다(岡田謙作)라는 인물이었다. 《鳥居》 제5권 제2호(朝鮮神職會, 1935년 2월), 7쪽. 한국 국사편찬위원회 한국사 데이터베이스.

58 《鳥居》 제6권 제10호(朝鮮神職會, 1936년 10월), 12쪽.

59 《昭和11年 朝鮮諸學校一覽》(1937년, 朝鮮總督府學務局編)에 따르면, 1936년 5월 말 시점에서 양주군 내의 한 학급 평균 아동 수는 71.7명. 금곡보통학교의 학급 수는 6개 학급. 와타나베 마나부(渡部學)·아베 히로시(阿部洋) 공편, 《史料集成》 제60권(龍溪書舍, 1998년) 수록.

락의 문화적 중심"[60]이라는 설명이 기술되어 있다. 여기에는 "조선에서는 학생의 교외 환경을 이루는 사회의 문화 수준이 낮아서 학교 교육에서 일본 현지와 같은 정도의 효과를 보기 위해서 교원은 솔선해서 사회 교육의 첨병이 되어야 한다. 이것이 조선에서 교육 기관이 할 이중의 임무이다"[61]라는 내용도 기술되어 있다. 이 노골적이고 차별적인 기술은 학교에서 한 발짝이라도 나가면 식민지(특히 '문화적' 측면) 정책을 관철하기 위한 수단을 찾을 수 없는 상황을 충실하게 설명하고 있다. 그리고 그 언급대로, 일본의 신사라는 것은 소학교와 손을 잡지 않으면 그 확대를 위한 길을 찾을 수 없었던 것이다. (1)에서 언급한 회상에서 등장한 '신사'와 학교의 일체화 상황은 이러한 과정을 거치면서 갖추어졌다.

(2) 전라남도의 사례를 통해 본 극단적인 양상

신사神祠 신설이 억제되는 경향은 1939년 2월 말에 전라남도[62]가 '일

60 《朝鮮に赴任する國民學校教員の爲に》(朝鮮總督府 學務局 學務課, 1941년)는 일본 현지에서 조선으로 부임해 오는 교원을 위해 '조선 인식 강화'(《朝鮮に赴任する國民學校教員の爲に》, 3쪽)를 목적으로 작성된 가이드북. 집필자의 서명은 없다.《일제 파시즘기 한국 사회 자료집》 5권(방기중方基中 편저. 선인(한국), 2005년) 수록.

61 《朝鮮に赴任する國民學校教員の爲に》(朝鮮總督府 學務局 學務課, 1941년), 10쪽.

62 당시 전라남도 도지사는 신카이 하지메(新貝肇)였다. 신사 행정을 담당하던 내무부장은 이원보(李源甫)였다. 이원보는 이 '계획'에 착수한 직후인 1939년 3월에 총독부 학무국 사회교육과로 이동하였다. 이 '계획'을 완성시킨 것은 후임 내무부장으로 총독부에서 부임한 김대우(金大羽)였다. 김대우는 '황국신민의 서약' 원안 작성에 관여하였다고 한다(미즈노 나오키(水野直樹), 〈皇民化政策の虚像と實像 —「皇國臣民の誓詞」についての一考察〉, 國立歷史民族博物館 편,《「韓國併合」100年を問う 2010年國際シンポジウム》(岩派書店, 2011년), 101쪽. 한편, 도지사였던 신카이 하지메는 체신 관료였음이 앞의 후쿠이(福井) 논문에서 밝혀졌다 (말미 자료 2-2 참조). 신사(神祠) 설치 신청자에 우편소장이 많았다는 점과의 관련성을 강하게 상기시켜 준다.

면일사·사' 정책을 급격하고도 대규모로 추진하기 시작하면서 변화를 보였다. '일면일사·사'를 말 그대로 실현시킨 곳은 1945년에 이르기까지 전라남도 단 하나뿐이었다. 그러므로 여기서 1939년 이후 전라남도에서 '일면일사' 정책이 어떻게 실시되었는지 살펴보고자 한다.

앞에서 김포군의 '일면일사' 완성 과정을 통해 '군의 한결같은 신청'(각 면에서 신청한 것이 시기적으로 같았다는 점), '이전부터 있던 신사는 일본인이 신청 대표자였으며, 1939년 이후의 신청 대표자는 주로 조선인 면장'이라는 것을 확인할 수 있었다. 이는 전라남도에서도 마찬가지였다. 전라남도는 1939년 2월 23일에 15개 신사의 설치가 허가된 것을 시작으로, 같은 해에만 10회에 걸쳐 모두 134개의 신사 설치를 허가받았다. 먼저 2월 23일의 설치 허가는 〈표 4-3〉과 같다.

이 표를 통해서, 전라남도의 '일면일사'는 군을 단위로 실시되었음을 알 수 있다. 이는 '일면일사' 정책에 대한 대응 속도를 각지의 군수가 경쟁적으로 스스로 결정하였다는 점을 보여 주는 것이다.

그리고 신사 설치를 신청한 대표자의 이름은 전원이 조선인 면장이었다는 점을 확인할 수 있었다. 이후의 신청 대표자도 모두 면장이기는 하지만, 이처럼 같은 날에 허가를 받은 신사 가운데 전원이 면장인 예는 이 날밖에 없었다. 다시 말해 행정 기구의 말단에서 '일면일사' 정책에 대한 대응을 통해 군수뿐만 아니라 모든 면장이 순순히 따르는지를 가늠해 볼 수 있는 일종의 확인 수단이었기 때문에, 그런 '앞장서기'에 면장들이 어깨를 나란히 하였던 것으로 추정된다.

여기서 곡성군의 사례(〈표 4-4〉)를 참조해 보고자 한다. 곡성군은 모두 11개 면으로 구성되어 있었다. 1937년 곡성면에서 잡화상을 하면서 학교 조합 관리자이기도 한 일본인이 대표로서 신사 설치를 허

표 4-3. 전라남도 '일면 일사一面一祠'의 시작 상황

관보 게재일	소재지	명칭	신청인	직업	허가일
1939.2.27	순천군 낙안면	神明神祠	김재균 외 12명	면장	2.23
〃	순천군 쌍안면	〃	신철휴 외 20명	〃	〃
〃	순천군 별량면	〃	김봉진 외 21명	〃	〃
〃	순천군 송광면	〃	이●조 외 12명	〃	〃
〃	순천군 황전면	〃	고식주 외 27명	〃	〃
〃	순천군 서면	〃	임태유 외 14명	〃	〃
〃	순천군 해룡면	〃	소진호 외 12명	〃	〃
〃	곡성군 오곡면	〃	안규선 외 10명	〃	〃
〃	곡성군 옥천면	〃	김동근 외 10명	〃	〃
〃	곡성군 고달면	〃	임기택 외 10명	〃	〃
〃	곡성군 화면	〃	허준환 외 10명	〃	〃
〃	장성군 북일면	〃	고광필 외 10명	〃	〃
〃	장성군 북상면	〃	김복수 외 9명	〃	〃
〃	장성군 동북면	〃	김채수 외 10명	〃	〃
〃	장성군 삼서면	〃	김흥균 외 9명	〃	〃

출전 : 《朝鮮總督府 官報》, 《朝鮮總督府及所屬官署職員錄》, 〈국사편찬위원회 한국사 데이터베이스〉.

표 4-4 . 곡성면의 사례

관보 게재일	소재지	명칭	신청인	직업	허가일
1939.2.27	곡성군 오곡면	神明神祠	안규선 외 10명	면장	2.23
〃	곡성군 옥천면	〃	김동근 외 10명	〃	〃
〃	곡성군 고달면	〃	임기택 외 10명	〃	〃
〃	곡성군 화면	〃	허준환 외 10명	〃	〃
1939.3.2	곡성군 겸면	〃	김병기 외 10명	〃	2.25
〃	곡성군 입면	〃	곽운학 외 10명	〃	〃
1930.3.10	곡성군 석곡면	〃	國吉求方 외 10명	곡성산업	3.1
〃	곡성군 목사면	〃	이상혁 외 10명	면장	〃
〃	곡성군 삼기면	〃	정호석 외 10명	전 면장	〃
〃	곡성군 죽곡면	〃	조환규 외 10명	면장	〃

출전 : 《朝鮮總督府 官報》, 《朝鮮總督府及所屬官署職員錄》, 〈국사편찬위원회 한국사 데이터베이스〉.

가받았다.[63] 따라서 1939년에 '일면일사' 정책이 실시되는 단계에서는 10개 면이 설치 대상이었다. 그 가운데 4개 면은 '일면일사' 실시 시작일인 2월 23일에 설치가 허가되었다. 나머지 가운데 2개 면은 역시 조선인 면장이 대표자로서 2월 23일에 허가를 받았고, 나머지 4개

63 《朝鮮總督府 官報》 1937년 4월 7일.

면도 3월 1일에 허가를 받아 불과 일주일도 안 되는 시간에 '일면일사'의 허가를 마쳤다. 이 사례를 통해 먼저 주목하고자 하는 점은 일주일도 안 되는 단기간이기는 해도 허가일이 '늦었던' 2개의 군은 현직 면장이 대표가 아니라는 점이다. 이는 조선인 면장 가운데에 신사 설치 신청을 둘러싼 경쟁뿐 아니라 '망설임', '저항'도 있었음을 의미하는 것은 아닐까? 면장이 신청 대표자가 아닌 경우, 예를 들어 광양군 진월면, 광산군 극락면에서는 교장 경험자가 이 일을 맡았던 사례를 확인할 수 있었다.[64]

다음으로 주목한 것은 〈표 4-4〉의 '신청인' 면장의 이름 옆에 있는 '외 10명'이라는 부분이다. 이미 서술하였듯이, 곡성군은 11개 면으로 구성되어 있었다. '신청인'은 어느 면에서나 마찬가지로 대표자를 합쳐서 11명이다. 이는 신청자로서 면장들이 나란히 서명하였을 가능성을 보여 주는 대목일 것이다.

전라남도에서 '일면일사'는 1941년에 달성되었다. 1935년의 통첩 '신사神社의 시설 개선에 관한 건'에서 신사神祠는 신사神社로 '승격'되는 것을 전제로 하였지만, 신사가 신사神社로 승격된 예는 매우 드물어, 전라남도에서는 여수신사가 여수신사神社로 승격한 사례(1939년 8월 15일 허가) 단 하나뿐이었다.

앞에서 언급한 평안남도의 사례와 같은, 군수의 이름은 전라남도에서 자료상 발견하기 어렵지만, 〈표 4-3〉, 〈표 4-4〉를 통해 신사神祠 설치 신청이 각 군에서 있었다는 점은 분명하게 드러났다. 따라서 각 도에, 각 군에, 각 면에 신사 설치의 경쟁을 부추기는 분위기는 조선

---

64 《朝鮮總督府 官報》 1939년 3월 1일. 직업은 앞의 〈국사편찬위원회 한국사 데이터베이스〉를 따랐다.

전체에 존재하였으며, 그 극단적인 상황이 전라남도에서 나타났던 것이다.

전라남도에서 1년에 134개의 신사라는 극단적인 설치 강요 사례는 실제 건축을 하거나 관리자 육성 면에서 이를 쫓아가지 못하는 상황을 낳았다. 그 예 가운데 하나로, 신사에 상주하는 신직이 없었기 때문에 실질적 관리자로서의 '신사 봉무자'가 전라남도에서 한꺼번에 다량으로(몇 백 명이라는 규모로) 속성으로 육성되어야 했음에도 불구하고, 이를 위한 강습회가 개최된 기록이 《조선 신궁 관보》에도 조선신직회 회보에도 확인 불가능하며, 1939년에 조선 신궁을 모임 장소로 실시한 '신사 봉무자 강습회'에도 참가자 48명 중 전라남도에서 온 참가자는 단 한 명뿐이었다는 점을 들 수 있다.[65] 이와 같은 점들을 통해, 전라남도에서는 《관보》를 살펴본 대로 눈에 띄게 많은 신사가 설치 허가를 받기는 하였으나, 실제 건축과 관련해서는 기부금 모금이나 관리자로서 교장의 협력을 얻는 데에 어려움이 있었음을 엿볼 수 있었다.

(3) 변질되는 신사神祠 — 1940년대

앞에서 살펴본 '설치 신청'이라는 형식상의 확대는 1940년대에 다른 지역에서도 마찬가지 양상으로 전개되었다. 예를 들어 1941년 이후

65 강습회 참가자 가운데, 조선인 이름은 7명 확인할 수 있다. 이 중 한 명은 도 지방과에 근무하는 사람으로 판명되었는데, 나머지는 불분명하다(《鳥居》 제9권 제4호(朝鮮神職會), 10쪽). 전라남도에서 독자적인 강습회가 열린 흔적이 없다는 점에 대해서는 현 단계에서 확인 가능한 자료를 찾지 못하고 있을 뿐이며, 예를 들어 광주 신사 등 이 지역 큰 규모의 신사를 모임 장소로 어떠한 모임이 있었을 가능성은 배제할 수 없다. 그러나 그러한 경우라면 신문이나 조선신직회 회보에 게재되는 것이 자연스러운 일이었을 것이다.

경기도나 황해도의 신사 설치 허가에서 전라남도와 마찬가지로 각 군에서 같은 날에 여러 개의 신사 설치 허가가 잇달아 나오는 상황을 발견할 수 있다.

그런데 이와 함께, 1940년 이후에는 특히 전라남도의 신사가 급증하는 시기에 통일적으로 사용된 '신명신사神明神祠'(〈표 4-3〉 '명칭' 참조)가 아니라 단순히 '신사'라는 명칭으로 설치를 허가하기 시작하여, 1942년 이후 한 가지 예를 제외하고 모두 '신사'라는 명칭이었다는 점도 살펴볼 필요가 있다. '신명神明'이란, 아마테라스오미카미天照大神를 제신祭神으로 한다는 의미이다. '신명'이라는 말을 빼고 '신사神祠'라는 명칭으로 통일된 이유 중 하나로, 1930년대에 조선총독부의 주도로 일본인이 보유한 다양한 신앙을 억제(제2절의 (2) 참조)해 오다가, 우선 신사神祠의 수를 확대하기 위해 이를 완화해야 했던 상황은 아니었을까?

이러한 시각으로 구리타 에이지栗田英二가 거문도 신사의 사례를 바탕으로 고찰을 하였다.[66] 구리타는 '신사'의 등장을 일본인의 '국가 신도 이외의 제신(특히 신불습합적 요소)'과 관련지어, 일본인의 '금비라金毘羅' 등에 대한 사적 신앙을 조선총독부가 "공적인 신앙 안으로 끌어왔다"라고 고찰하였으며, 신사와 관련하여 메이지 이래 존재해 온 '국가 의지와 민중 의식의 격차'를 찾아내려고 하였다. 거문도의 일본인 이주 사회의 경우에 이러한 고찰은 설득력을 갖는다. 그러나 조선 전체에 신사의 확대를 꾀하였다는 것은 일본인 사회가 형성되지 않은 지역에도 신사가 설치되었음을 의미한다. 이 점에 대해서는 어떻게 생

---

66 구리타 에이지(栗田英二), 〈植民地下朝鮮における神明神祠と「ただの神祠」〉, 최길성(崔吉城) 편, 《日本植民地と文化變容 — 韓國·巨文島》(お茶の水書房, 1994년), 제6장.

각해야 할까?

이 책에서는 하나의 가설을 제시하고자 한다. 바로 '1940년대에는 각지의 신사가 조선인의 오락 장소로, 혹은 조선의 전통 제사의 장으로 활용되는 실태를 보이면서 조선총독부가 기대하는 '존귀한 국풍의 선포'와는 전혀 다른 장소로 변질되어 가는 데에 더욱 박차를 가했던 것은 아닐까?' '그 변질을 인정하지 않는다면 신사의 설치가 불가능하였던 것이 아닐까?' 하는 가설이다. 또한 그렇기 때문에 '신명'이라는 아마테라스오미카미天照大神를 의미하는 말을 사용하지 않는 규정이 나온 것이 아닐까 하는 가설을 제시해 본다. 바꾸어 말하면, '국가 의지와 조선인 의식의 차이'의 타협점으로서 '신명'이라는 명칭을 철폐하였다는 해석이다.

제1장이나 제2장에서 지적하였듯이, 모든 신사는 아니지만 몇몇 지역의 신사에서는 권학제나 오하라이 의식, 아동의 일참日參도 실시되었다. 그러나 이와 더불어, 신사가 '존귀한 국풍의 선포'와는 다른 목적으로 사용되는 경우가 신문 기사에 종종 등장하였다. 예를 들어, 1937년 11월 강원도 금화군에서는 신사를 모임 장소로 하여 전통적인 '산천제山川祭(동제洞祭)'를 '동신사제洞神祠祭'로 명칭을 변경해 실시하였다.[67] 1938년 9월 경기도 여주의 신명신사에서 제사 후에 체육대회가 개최되었다.[68] 1939년 10월에는 강원도 이천 신사에서도 신사봉찬 행사의 운동회가 열렸고, 경기도 김포군의 신명신사에서는 경찰의 사격 대회가 열렸다.[69] 1942년부터 황해도 평산군 남천 신사의 예

67 《每日申報》, 1937년 11월 25일.

68 《每日新報》, 1938년 9월 18일.

69 《每日新報》, 1939년 10월 21일. 10월 28일.

제例祭에서는 전년까지와 달리 활쏘기와 씨름 대회가 개최되었다.[70] 같은 해에 조선 전체의 신사神社·신사神祠의 예제에서 낮 동안의 음주가 허락되었다.[71] 이 밖에도 같은 해 황해도 연안 신사에서 '축구 대회', 함경남도 신흥 신사에서는 '체육대회', 화천 신명 신사에서는 '연극', 함경남도 석왕사 운봉 공립 국민학교 교정에서는 '문산신사 봉납 체육대회'가 열렸다.[72] 여전히 한계가 많은 조사 결과이지만, 행정·경찰 당국 주도의 '오락'이었더라도, 오락 공간으로서 이용 빈도는 해마다 강화되었던 것으로 보인다.

이러한 보도들을 통해, 지역 사회의 오락 공간으로서 신사를 이용하거나 전통적인 제사를 거행하는 공간으로 이용하는 등, 당시까지 조선 신궁에도 관심이 없었던 조선인과 조선인 사회가 지역 사회에서 자신의 주변으로 압박해 오는 신사에 대해 어떻게 대응하였는지, 그 일단을 유추해 볼 수 있을 것이다.

그러나 1940년대의 신사는 오락 공간으로 변질되었다는 것으로만 그치지 않는다. 이 책 서장에서 지금까지의 신사참배 강요 문제는 주로 기독교 신자의 '체포', '옥사' 등의 서술에 국한되는 경향을 보여 왔다는 점을 비판적으로 논하였다. 그렇지만 여기서 역시 체포라는 문제를 다루어 보지 않을 수 없다.

1940년대의 신사는 오락 공간으로 이용되기도 함과 동시에 그곳이 불경죄로 체포되는 현장이 되기도 하는 사태가 발생하였다. 두 가지 사례를 들어보겠다. 먼저, 1942년 '가네타케 요시아키金武克明(사료상 성명을 판독하기 어렵기 때문에 창씨개명 후의 '氏名'만 기록)'가 불경죄

70 《每日新報》, 1942년 10월 13일.

71 《每日新報》, 1942년 10월 13일.

72 《每日新報》, 1942년 10월 22일. 10월 24일. 10월 25일. 10월 26일.

로 징역형에 처해졌는데, 그 이유 중 하나는 강원도 양구 신명 신사에서 6백 명 이상의 국민학교 아동들과 함께 참석한 제사 중에 '아이가 장난치듯' 박수를 친 일 때문이었다.[73] 다음으로, 1942년 나상풍羅相豊(창씨개명한 '씨명'은 '富田相豊')은 전라북도 김제 신사에서 실시된 '대동아 전쟁 제2차 승전 기원 및 축하식'에서 신직의 축사 진상 중 "머리를 숙이지 않을 뿐 아니라 바지 주머니에 손을 찔러 넣거나 손을 휘두르고", 축사가 끝나자 "혀를 찼다"는 이유로 체포되어 징역형에 처해졌다.[74]

이와 같은 경우를 통해 알 수 있듯이, 신사참배와 관련된 체포라는 심각한 사태는 지금까지 주로 기독교도에 대한 탄압으로 파악되어 왔으나, 꼭 그렇지만도 않다는 것을 알 수 있다. 신앙에 바탕을 둔 참배 거부라는 결과로 인한 체포가 아니라, 지역 사회의 신사神社·신사에서 조선인이 보이는 아주 경미한 행동이 불경으로 간주되어 체포, 징역형에 처해졌던 것이다.

강제적으로 지역 사회에서 신사가 증가할수록 조선인의 '박수'가 '아이'처럼 장난스런 짓인지 아닌지 등 세세한 행동거지를 끊임없이 감시해야만 하는 사태와, 그 결과 불경죄로 인해 체포되는 사람을 양산하는 현장을 계속 늘려가는 사태에 빠지고 말았다. 근대 조선사 연구자인 미야타 세쓰코宮田節子가 지원병 제도의 전개를 밝히는 가운데, "'완전한 일본인화'를 요구할수록 지배자의 눈에는 조선인이 더욱 조선인으로 보였다"[75]라는 예리한 지적을 하였다. 이 지적은 1940년대 신사의 실태를 잘 보여 준다. 스모가 아니라 씨름, 전통적인 제사

73 조선총독부 재판소 1942년 형공(刑控) 제284호 판결.

74 전주 지방 법원 1942년 형공 제350호 판결.

75 미야타 세쓰코(宮田節子), 《朝鮮民衆と「皇民化」政策》(未來社, 1985년), 73쪽.

를 신사에서 거행, 그리고 체포. 이러한 것으로 상징되는 1940년대의 신사는 조선인을 더욱 조선인답게 보여 주는 공간이었던 것이다.

장 요약

먼저, 신사는 숫자상 신사神社를 압도하였다는 점을 통해, 신사참배 강요의 주된 현장은 신사神祠라는 추정을 해 보았다. 그리고 그 신사와 관련된 기초적인 사실史實을 확인하는 것, 그리고 공립학교(학교장, 교원, 아동)의 '현장'에 대한 관여에 주목하면서 검토하는 것을 이 장의 과제로 삼았다.

이 장을 통해 판명된 점을 다음과 같이 정리해 보고자 한다. 먼저, 1932년부터 1939년까지의 신사 창설 상황을 확인해 보았는데, 1936년의 법령 개정이 어느 정도 제동 장치의 역할을 하여 이를 통해 '황국신민화' 시책이 잇달아 실행된 시대 상황 속에서 신사의 증설은 한동안 억제되었다. 그 이유로, 조선인과 신사는 아무런 인연이 없는 관계인 데 반해, 다른 한편으로 일본인이 가진 다양한 신앙 중에서 '존귀한 국풍의 선포'에 도움이 되는 것만을 설치하려는 조선총독부나 신직과 실제로 허가를 받지 않고 무원신사無願神祠를 세운 일반 일본인과는 생각의 차이가 있었다는 점을 들 수 있을 것이다.

다음으로, 신사 설치 신청 대표자의 직업을 조사하였는데, 조선인과 일본인의 경우에 분명한 차이가 발견되었다. 구체적으로는 여전히 불분명한 점도 많지만, 조선인 신청자의 경우에는 대개 지방 행정 구분의 수장(군수나 읍·면장)이었으며, 일본인의 경우에는 자영업을 하면서 학교 조합 관리자를 겸하고 있는 인물이나 우편소장이 신청 대표자였다. 신사 설치는 식민지 조선의 지역 사회에서 일본인 우편소장이 어떠한 존재였는지 그 한 단면을 반영하기도 하였다.

신사의 설치 허가가 나온 뒤, 총대를 선출하는 단계에 이르면 설치 신청 대표자가 반드시 총대로 선출되는 것은 아니라는 사례를 발견할 수 있었다. 이처럼 신사 설치 신청의 대표자와 실질적인 관리자가 다른 사례의 경우, 전자는 조선인, 후자는 일본인인 사례를 확인할 수 있었다. 또한 실질적인 관리자로서 학교장이 지명된 점, 학교장에 대한 기대는 적어도 평안남도에서 1935년부터 발견된다는 점, 1930년대 후반에 들어서면서 조선 전체로 확대되었다는 점 등을 알 수 있었다. 교장에는 일본인이 많았지만, 실제로 청소 등에 동원된 것은 압도적 다수의 조선인 아동이었다. 일본인을 대상으로 한 소학교는 지역에서 중심지에만 존재하였기 때문에, '일면일사' 정책이 진전을 보이면서 '일면일교一面一校' 정책하에서 각 면에 설치된 조선인 대상 소학교(1938년 3월까지 보통학교)의 아동이 신사의 유지·관리를 위해 매우 중요한 존재였다고 할 수 있다.

그리고 경기도 김포군이나 전라남도에서 추진된 '일면일사' 정책의 추진 상황을 확인함으로써, 군수나 면장의 '공순한 경합'을 실시해 볼 기회가 되었을 것이라는 점, 그리고 그 이면에 '저항', '망설임'도 있었다는 점을 추정해 볼 수 있었다. 게다가 경기도 김포군의 사례를 통해서는 조선교육회 지방 지부가 직접 관여하여 조선인 대상 소학교 교장을 미리 훈련시켰음을 확인할 수 있었다.

다만 1939년 이후 전라남도의 경우처럼, 대규모의 '일면일사' 정책이 실시된 사례에서 실제 건설보다도 '설치 허가 후'가 중시되어, 실질적으로 건설에 착수하거나 완성, 유지·관리하는 일은 뒷전이었던 것으로 보인다. 그런데 전라남도에서도 면장이 신청 대표자로 나선 것이 아닌 경우에는 교장 유경험자가 그 일을 맡은 사례도 간과할 수 없는 점이다.

서장에서 "조선 신궁에서 발견된 예와 같은, 참배자 대부분을 학교(특히 초등 교육 기관의 아동을 동원한 것)에 의존하는 경향에 변화를 보일지 아닐지"에 대해서 기술하였다. 이와 관련해서, 아동을 참배자로 동원할 대상으로 삼기에 앞서, 지역 사회에 신사를 창설하는 것 — 토지 제공, 정지 작업, 지속적인 청소 등 '불경' 상태에 빠지지 않도록 유지·관리 — 자체를 학교에 의존하지 않을 수 없는, 의존해야만 완수할 수 있는 상태였음을 전망해 볼 수 있었다.

조선인에게 기억되는 신사의 이미지에 대해서 앞부분에서 인용하였는데, 법적으로 신사神社든 신사든 혹은 신궁 부적 봉재 시설이든 참배를 강요당한 조선인에게 그것은 그저 모두 '신사'였다. 그 기억은 1940년대에 신사·신사가 학교에 의존하지 않고는 존재할 수 없는 실상을 부각시켰다. 1935년의 신문 보도에서 발견한 평안남도 도지사의 기대("신관으로 소학교 교장이 봉사하고 사무소社務所도 당분간 학교 직원 숙소에 둔다"), 즉 신사의 실질 관리자로서 교장에 거는 기대는 1940년대에 평안남도에 한하지 않고 구체화되었다. 이는 오히려 신사·신사를 지역 사회에 확대해 가는 과정에서 '일면일사' 정책으로 각 면에 하나씩 건설된 조선인 대상 소학교(1938년 3월까지 보통학교) 이외에 기댈 곳이 없었음을 말해 준다. 식민지에서 현지 아동이 다니는 공립소학교란, 과연 어떠한 기대를 받았으며 또한 어떠한 장소였는지, 그 모습의 일단을 여기서 발견할 수 있다.

이 장 마지막에, 학교에 의존하면서 설치된 신사가 1940년대에는 한편으로 조선인 사회에서 오락 공간으로 이용되는 경우가 늘어났고, 다른 한편으로 경미한 행동거지가 불경으로 간주되는 현장이 되기도 하였음을 알 수 있었다. 신사 설치를 강행할수록 체포 사건이 증가하는 사태로 발전하기도 해, 조선총독부의 기대('존귀한 국풍')에서 멀어져 갔던 것이다. 조선의 지역 사회에 신사를 확대하는 정책은 조선총독부가 기대하는 '신사다움'을 상실해 가는 만큼 강행되면서 체포되는 사람이 늘었으며, 자승자박의 정도가 도를 더해 갔다.

이 장에서는 지역사회가 신사를 설치할 때에 어떻게 학교에 의존하였는가 하는 점에 초점을 맞추었다. 이 책의 마지막으로, 다음 장에서는 학교 측의 문제에 초점을 맞추어 식민지의 학교는 왜 교육을 하면서 신사神社와 밀접한 관계를 맺어야 했는지에 주목하면서 그 역사적 구조와 의미를 검토해 보겠다.

제5장

학교 안에 신사를 만들다

신궁 부적과 학교 의례 공간

각 학교의 선봉이 된 동대문 소학교 옥상의 부적 봉사전大麻奉祀殿
(《鳥居》 朝鮮神職會, 1934년 4월)

제1절 조선에 신궁 부적[大麻] 배포

(1) 일본 현지의 신궁 부적—1930–1934년

지금까지 조선 내의 신사神社가 학교에 의존하던 구조의 사적史的 전개에 대해서 논의하였다. 본 장에서는 시각을 학교로 옮겨, 조선인 대상 소학교의 의례儀禮[1]를 위한 준비와 그것이 형성해 낸 공간에 대해서, 특히 신궁 부적과 '어진영'에 주목하여 검토해 보겠다. 신궁 부적이란 본래 메이지 이전부터 신궁어사神宮御師가 배포한 부적으로, 근대에 들어와서(1900년 이후) 이세 신궁 부속 조직인 신궁신부서神宮神部署가 매년 10월에 일괄 배포해 온 것을 말한다.[2]

먼저, 학교 의례의 상징인 교육칙어와 '어진영'의 조선 도입이라는 측면에서 확인해 보고자 한다. 교육칙어에는 제국주의 시대의 부적합한 문제들이 들어가 있었다. 이와 더불어 이노우에 데쓰지로井上哲次郎의 교육칙어 개정론에서 알 수 있듯이, 다른 민족으로 이루어진 식민지에서 교육칙어를 그대로 적용하기에는 부적합하였다는 점에 대해

1 이 책에서는 삼(사)대절[三(四)大節] 등의 학교 의식(儀式)과 더불어, 학교 생활상의 예법을 포함한 의미에서 '의례'라는 용어를 사용한다.

2 일반적으로 다이마(大麻)라고도 하며, '아마테라스오미카미(天照大神)의 표장(標章)'으로서 신단 중앙에 모신다(《神道史大辭典》 吉川弘文館, 2004년. 國學院大學 日本文化硏究所 편, 《神道事典》, 弘文堂, 1994년). 일본 현지에서는 1927년부터 각 지방 신직회가 배포를 담당하였다(國學院大學 日本文化硏究所 편, 《神道事典》, 弘文堂, 1994년). 타이완에서는 1932년부터 타이완 신직회가 배포를 담당하였다(蔡錦堂《日本帝國主義下 臺灣の宗教政策》, 同成社, 1994년, 178쪽). 조선에서도 1932년부터 조선신직회가 배포를 담당하였다(1933년 8월 각 도지사 앞 내무국장 통첩 〈神宮大麻及曆頒布ニ關スル件〉, 《朝鮮神社法令輯覽》, 앞의 책, 341쪽).

논하였다.[3] 선행 연구에 따르면, '병합' 직후인 1910년대부터 이미 교육칙어를 조선에 적용하려는 시책에 대하여 조선총독부에서는 소극적인 태도를 보였으며,[4] 1920년대에 들어서면서 조선교육령에서 "교육은 교육에 관한 칙어의 취지에 따라"로 시작되는 제2조가 삭제되었다. 그러나 이념적으로 부적합하면서도 준비 도구로서 교육칙어의 등본을 '병합' 직후에 학교에 교부하기 위한 절차 규정이 정해졌으며,[5] 조선인 교육의 장으로 계속 이용되었다. 이러한 상황은 식민지 '해방' 때까지 계속되었지만, 1920년대 이후 조선에서 교육칙어 등본이 어떻게 다루어졌으며 학교 의식의 양상이 어떠했는지에 대한 연구가 충분히 이루어졌다고 보기는 어렵다.

또한 조선의 '어진영'과 관련한 선행 연구를 살펴보면, 조선 전체에 교부된 수나 1943년 시점에서 조선인 대상 학교에 교부된 수가 3181개 학교 가운데 72개 학교였다는 것을 알 수 있다.[6] 그러나 숫자로 결과를 표시하는 연구 이상의 본격적인 고찰은 더 이상 이루어지지 않았다. 이 밖에 조선에서 천황에 대한 '충성'을 맹세하기 위한 '황국신민의 서약'에 대해서는 잘 알려져 있지만 그것이 1937년 10월이 되

---

3 久木幸男,《20世紀日本の教育》(サイマル出版會, 1975년), 20쪽. 久木幸男 〈明治期天皇制教育研究補遺〉,《教育學部論集》 6호(佛教大學, 1995년 3월). 佐藤秀夫 편, 앞의 책, 375-416쪽. 駒込武, 앞의 책(1996년), 95-100쪽.

4 本間千景,《韓國「併合」前後の教育政策と日本》(思文閣出版, 2010년), 63-66쪽.

5 平田諭治, 〈日本統治下朝鮮における教育勅語の導入〉,《教育學研究紀要》 제42권 제1부(中國四國教育學會, 1996년), 117쪽.

6 조선 전체에는 444개 학교, 공립 조선인 대상 초등학교에 교부된 수는 1943년 시점에서 3181개 학교 가운데 72개 학교, 공립 일본인 초등학교는 672개 학교 중 140개 학교였다. 小林輝行, 〈舊日本植民地下諸學校への「御眞影」下付(Ⅰ)(Ⅱ)〉《信州大學教育學部紀要》 66호, 67호(1989년 8월, 12월). 佐野通夫,《日本植民地期の展開と朝鮮民衆の對應》(社會評論社, 2006년), 111쪽.

어서야 제정되어, 지금까지의 연구에서는 그 사실만이 언급되었을 뿐, 사용 실태나 그 영향력에 관한 연구는 거의 축적된 것이 없다.

이와 같은 이른바 준비 도구로서 중대한 결함을 가지고 있다는 점을 바탕으로, 조선인 대상 학교에서 천황 숭배를 위해 어떠한 장치를 마련하였는지, 어떠한 학교 의식이 실시되었는지, 실제로 학교란 어떠한 공간이었는지 등에 대해서 근거 자료를 확인하고 검증하는 작업이 필요하다.

다음으로 이 장이 특히 신궁 부적에 주목하는 이유에 대해서 설명하겠다. 조선에서도 타이완에서도 아마테라스오미카미를 제신祭神으로 모시는 이세 신궁의 부적인 신궁 부적이 대량으로 배포되었다.[7] 이는 학교의 문제와는 별개로, 오직 종교 정책상의 문제로 간주되어 신사와 관련한 정책의 일부로 논의되어 왔다.[8] 그러나 본 장에서 자세히 서술하겠지만, 신사의 부적이라는 '종교적' 도구는 일본 현지의 학교에서는 한정적인 방식으로 도입된 데에 반해, 식민지에서는 학교 의례 공간에서 중요한 위치를 차지할 뿐만 아니라 그 주요 수용자가 학교·교원·아동 및 학생이었다.

서장에서도 언급하였듯이, 사토 히데오佐藤秀夫는 근대에 형성된 '천황제의 마쓰리天皇制の祭り(학교에서 가장 중요한 의식)'와 '일본의 전통적인 '마쓰리(신도 교의상 중요한 제사)' 사이에 균열이 있었으며 학교

---

7 신궁 부적은 '유상 배포'를 원칙으로 한다. 그러나 학교에 관한 자료에서 사용되는 용어 대부분은 '배포(配布)'이다. 이 책에서는 자료에 따라 '반포', '배포' 양쪽을 사용하겠다.

8 다만, 종교 정책 연구에서도 신사참배의 문제를 논하는 과정에서의 부분적 서술에 머물고 있다. 蔡錦堂, 《日本帝國主義下臺灣の宗教政策》(同成社, 1996년), 제5장. 金根熙, 〈『皇民化政策期』の神社政策について〉, 《姜德相先生古稀·退職記念日朝關係史論集》(新幹社, 2003년).

의식이 후자의 영향을 받으면서도 전자로 구성되어 있었다는 점을 지적하였다.[9] '천황제의 마쓰리'는 신사의 제사와 다소 거리가 있어 교육칙어와 '어진영'을 통해 '비종교'를 내세웠다. 그러나 '천황제 마쓰리'와 '비종교'는 '교육과 종교의 충돌' 논쟁[10]에서 나타나듯이 모순을 내포하고 있었다. 특히 1930년대 이후, 기독교 계열 학교에 신사참배를 강요하였을 때, '천황제 마쓰리'의 '비종교'라는 가면이 벗겨지며 표면으로 드러났다.[11]

그러나 조선과 관련해서 문제는 여기에 그치지 않는다. 교육칙어의 이념은 실제로 적용하기가 곤란하였고 '어진영'은 거의 배포되지 않아 교육 현장에 없었다는 점을 통해, 학교 의식은 처음부터 '비종교'를 가장하는 것조차 불가능하였던 것으로 생각된다. 한편 '종교적'인 도구는 기독교를 억압하는 존재로서뿐 아니라 학교 교육에서 한층 넓고 중요한 의미를 갖게 된 것은 아닐까? 이와 같은 문제의식을 갖고 본 장에서는 조선에서의 신궁 부적이나 '어진영'의 배포 상황을 밝혀서, 천황제와 학교를 둘러싼 문제 구조가 조선에서 어떻게 나타났는지를 전망해 보고, 왜 학교가 신사참배·신단 배례를 조선인 아동에게 요구하게 되었는지를 밝혀 보겠다.

---

9 佐藤秀夫 편(1994년), 앞의 책, 32-37쪽.

10 1890년부터 1891년에 걸쳐 발생한 이른바 '우치무라 간조(內村鑑三) 불경 사건'을 이노우에 데쓰지로가 〈교육과 종교의 충돌〉이라는 제목으로 논문을 써서 비판한 것을 말한다. [상세한 것은 久木幸男 편, 〈教育と宗教の衝突〉 제1차 논쟁, 제2차 논쟁(久木幸男 편, 《日本教育論爭史錄》 수록) 참조].

11 모순의 파탄은 일본 현지에서 조치 대학(上智大學) 야스쿠니 신사(靖國神社) 참배 거부 사건이나 미노(美濃) 미션스쿨 사건 등이 보여 준 그대로이다. 조선에서의 신사참배를 둘러싼 알력이나 갈등에 관해서 한석희(韓晳曦), 《日本の朝鮮支配と宗教政策》(未來社, 1988년), 이성전(李省展), 《アメリカ人宣教師と朝鮮の近代·ミッションスクールの生成と植民地下の葛藤》(社會評論社, 2006년) 등에 자세히 실려 있다.

먼저 본 절에서는 조선의 학교에 존재했던 신궁 부적에 대해서 검토해 보겠다. 그 전제로 1930년 무렵 일본 현지의 학교에서 신궁 부적이 어떠한 우려를 야기하였는지를 확인하기 위해, 시가[滋賀] 현 신단 사건에 대해서 알아보겠다. 1929년 10월, 시가 현 신직회는 현의 보조금을 받아 현에 있는 모든 소학교에 신단을 배포하였고, 이듬해인 1930년 1월에 각 학교의 '부적 및 신단의 수용·불수용', '봉안 장소' 등을 조직적으로 '조회', '시찰'하였다.[12] 신단 배포는 말 그대로 신단의 설치를 독려하였을 뿐 아니라, 신궁 부적의 수수收受도 촉구한 일이었다. 이에 대해 불교계, 특히 정토진종淨土眞宗 측에서 강하게 반발하였다.[13] 이 사건을 계기로 신사가 종교인지 아닌지를 둘러싼 '신사 문제' 논쟁이 격화되었다. 애초에 신궁 부적을 그 중앙에 안치해야 하는 신단을 학교에 설치할지 여부를 둘러싼 분쟁으로 시작된 논쟁이었기 때문에, 신사가 배포하는 '부적[神札]'의 종교성이 논의 선상에 올랐다. 신궁 부적은 바로 이 '神札'을 말한다.[14]

정토진종 제파諸派는 1930년 1월에 〈신사 문제 비견卑見〉을, 당시 종교 법안을 논의 중이었던 신사 제도 조사회에 제출하였다. 이 문건에는 다음과 같이 '부적'의 종교성을 비판하고 있다.[15]

신사는 결코 종교와 관련 없는 국민 도덕의 중심이어서는 안 되는데,

---

12 長谷外余男, 〈神棚問題に就て(下)〉, 《皇國時報》 제386호(1930년 6월), 6쪽. 하세(長谷)는 당시 다가 신사(多賀神社) 궁사(宮司)로, 시가 현 신직회 부회장이었다.

13 특히 승려이면서 히코네(彦根) 상업학교 교사였던 후지이 이와오(藤井巖)가 현에 강력하게 반대 의사를 피력하였는데, 그 결과 오히려 휴직당하고 말았다. 赤澤史朗, 《近代日本の思想動員と宗教統制》(校倉書房, 1985년), 159-164쪽.

14 각주 2 '신궁 부적神宮大麻'의 정의 참조.

15 《中外日報》, 1930년 1월 16일.

현재 신사에는 각종 종교적 의미를 허락하는 요소가 적지 않다. (…) 종교 신념에 부합하는 신부호찰神符護札을 주는 것과 같다. 선조의 혼령이 가진 위력 만능을 인정하고 유명상통幽明相通하는 종교 신앙의 내용을 띠고 있다. (…) 무릇 진종眞宗의 입장에서는 1. 정신正神에게는 참배하고 사신邪神에게는 참배하지 않는다. 2. 국민 도덕적 의미에서 숭경하고 종교적 의미에서는 숭경할 수 없다. 3. 신사에 길흉화복을 빌지 않는다. 4. 이런 의미를 포함하는 신찰호찰神札護札을 배수拜受할 수 없다.

게다가 이러한 움직임을 지켜보던 기독교 제 단체도 5월에 〈신사 문제에 관한 진언〉을 신사 제도 조사회에 제출하였다.[16] 이 문건은 〈신사 문제 비견〉보다 짧은 글이지만, "제사 형식의 종교적 내용을 제외하고 기도, 기원, 부적, 호부護符의 배포, 또는 장례식 집행, 그 밖의 모든 종교적 행위를 폐지할 것", "이른바 학생 참배의 강제 문제, 신단 문제 등과 같은 한스러운 일을 야기하지 말 것" 등, 한층 구체적으로 학교 교육과 관련한 문제를 지적하였다.

여기서 진종, 기독교 양측의 의견서를 보면 모두 '부적' 수수를 종교 행위로 보고 있음을 알 수 있다. 중요한 점은 첫째, 종교 제 단체의 혹독한 비판은 공립소학교의 사건을 계기로 나왔다는 점, 다시 말해 종교 제 단체가 운영하고 있는 학교가 아니라 공립학교에서 실시하는 교육의 본질과 관련되어 있다는 점, 둘째, 신사 제도 조사회라는 정책 입안의 중추에 제출하였다는 점, 셋째, 적어도 1934년 무렵까지 시가 현뿐만 아니라 가고시마 현, 히로시마 현, 미에 현 등 다양한 지역에

16 《皇國時報》 386호, 1930년 6월 1일.

서 같은 문제가 발생한 점이다.[17] 1934년 6월에 열린 진종 오타니파종의회에서는 이어지는 신단 문제에 대한 진종의 대응이 '시국 상황'에 대해 지나치게 신중하다고 하며, 말사末寺의 의원이 시가 현, 미에 현의 사례를 들면서 간부를 맹렬하게 비판하였다.[18]

또한 제1장에서 검토한 다카마쓰 시로의 수기에는 다카마쓰 취임 때, 조선 신궁에 "부적, 신찰神札도 상황에 맞지 않는다"라고 내무국장 이하 '대부분의 고관'이 언급하였다고 기록되어 있다.[19] 이어서, 이러한 1920년대 조선총독부의 상황이나 1930년대 시가 현 신단 사건으로 상징되는 일본 현지의 상황이 있었음에도 불구하고, 조선의 학교에서 신궁 부적이 신단뿐 아니라 옥외형 신사 유사 시설에까지 확대되는 양상에 대해서 분석해 보고자 한다.

(2) 신궁 부적[大麻]·신단[神棚]·'부적 봉사전[大麻奉祀殿]'— 1934-1936년

이번에는 1930년대 전반부터 중반에 걸쳐서 조선에서 신궁 부적을 확대해 가는 정황에 대해서 검토하겠다. 본래 신궁 부적은 학교가 아니라 '이세 신궁에서 각 가정에'[20] 각 지역의 신직을 통해 배포한 것이었다. 전국의 지방 신직회가 배포를 담당하였고, 조선에서는 조선신직회가, 타이완에서는 타이완 신직회가 각각 1933년부터 배포를 담당하였다.[21]

---

17 《中外日報》, 1934년 6월 19일. 《敬愼》 제7권 제3호(臺灣神職會, 1933년 9월), 76쪽.

18 '부적[大麻] 문제 폭발하다' 《中外日報》, 1934년 6월 19일.

19 제1장 제1절 참조.

20 入江晃, 《皇國臣民敬神讀本》(近澤商店印刷部, 1941년), 220쪽.

21 1933년 8월 각 도지사에게 보내는 내무국장 통첩 〈神宮大麻及曆頒布ニ關スル件〉, 《朝鮮神社法令輯覽》(朝鮮神職會, 1937년), 341쪽. 各道大麻頒布 奉贊會에 대해서는 《鳥居》 제8

그러나 조선에서 신궁 부적은 실제로 학교에 대거 모셔졌으며, 또한 학교를 통해 아동·학생의 가정에도 배포되었다. 그럼, 왜 신직이 '각 가정'에 배포하는 신궁 부적을 학교에서 모셨는지에 대해서 고찰해 보겠다.

우선 배포 대상인 조선의 '각 가정' 수를 확인해 보면, 1935년에 약 426만 세대(이 중 추계 약 12만 세대가 일본인 세대)였다.[22] 〈표 5-1〉은 조선에서의 신궁 부적 배포 상황을 표로 만들어 본 것이다. 부적 배포 수는 1934년부터 1935년에 걸쳐서, 그리고 1936년부터 1937년, 1937년부터 1938년에 걸쳐서 현저하게 증가하였다. 매년 10월에 조선 신궁에서 실시한 신궁 부적 배포식에는 적어도 1934년 이후 학교장도 출석하였음을 확인할 수 있으므로,[23] 일본 현지에서 '신단 사건'이 이어지던 1934년부터 배포 대상으로 학교가 상정되었을 가능성이 있다. 1934년 3월, 경성부 동대문 공립소학교(일본인 대상 학교) 옥상에 '부적 봉사전奉祀殿'을 완성하였으며, 이는 '조선 내 소학교·보통학교보다 앞선' 것으로 평가된다.[24]

그리고 1934년부터 1935년의 증가는 '심전개발운동'과의 관련에 주목해야 한다. 여기서 여러 차례 언급하였듯이, 조선에서는 농촌 진흥 정책의 일환으로 사회 교화 분야에서 종교를 이용한 기획인 '심전개발운동'이 1935년 초에 시작되었다.

1935년 5월에는 정무총감 통첩으로 〈학교에서의 경신숭조정신 함

권 제9호(朝鮮神職會, 1938년 9월), 6쪽, 17쪽.

22 《昭和10年 朝鮮國勢調查報告》, 朝鮮總督府, 1937년.

23 《鳥居》 제38호(朝鮮神職會, 1934년), 11쪽. 1938년의 배포식에도 학교장의 참석을 확인할 수 있다(《鳥居》 제8권 제11호(1938년 11월, 5쪽).

24 《鳥居》 제30호(朝鮮神職會, 1934년 3월), 8쪽.

표 5-1. 부적 배포 장 수[大麻頒布枚數]

연도	배포 장 수
1932	42,948
1933	45,078
1934	48,410
1935	80,092
1936	75,364
1937	176,578
1938	578,038
1939	848,576
1940	1,263,648

출전 : 《鳥居》(朝鮮神職會) 1933-40년

양 시설에 관한 건〉이 나왔다. 이는 본래 강원도지사가 조선총독부 정무총감에게 제출한 지도 편달을 구한 문건에 대한 회답이다. 그 질문의 내용은, 보습 학교, 농민 훈련소에서는 농경의례에 관련한 '사당祠堂'을 지어 참배하게 하여 "깊은 신앙생활로 인도하고자 한다", 조선인 대상 초등학교에는 "직원실에 신단을 설치하여 조선 신궁의 부적을 봉사奉祀해 아동으로 하여금 수시로 참배하게 하고자 한다"는 것이었다. '심전개발운동'이 농촌 진흥 정책의 일환인 운동이었다는 점에서, 이 문건에 나타난 농경에 관련한 제례를 채택하려는 움직임이 '심전개발운동'과 관련이 있었음을 미루어 짐작할 수 있게 한다.

강원도에서 제출한 이 문건에 대해 조선총독부는 다음과 같이 회답하였고, 이를 다시 전국의 도에 발송하였다.[25]

1. 학교 교정 또는 실습지 등에 학교 교직원 및 학생·아동의 숭경 대상으로 사당을 지어 신기神祇를 봉재奉齋하거나, 학교 강당(강당이 없으면 직원실)에 신단을 만들어 고타이皇大 신궁 부적을 봉재하면 된다. 단,

25 昭和10年(1935년) 5월, 각 도지사에게 보낸 정무총감 통첩. 朝鮮神職會 편, 《朝鮮神社法令輯覽》(帝國地方行政學會 朝鮮本部, 1937년), 354쪽.

이를 봉재할 때는 아래 사항에 따라야 한다.

(ㄱ) 제신祭神: 제신은 아마테라스오미카미, 그 밖에 공인받은 신기神祇여야 하며, 그 제전祭典도 신사神社의 제식祭式에 준해야 한다.

(ㄴ) 사당의 건축 양식: 사당의 건축 양식은 신사의 특징을 본떠, 일본 고유의 신사 건축 양식에 따라야 한다.

(ㄷ) 신단[神棚]: 교육칙어 등본을 봉치奉置하는 학교에서 신단을 설치하는 경우에는 교육칙어 등본을 향해 오른쪽의 같은 위치여야 한다.

2. 고타이 신궁 부적의 의미는 대략 다음과 같다.

부적은 신궁 신부서神部署에서 만들어 배포하는 것으로, 신민이 고타이 신궁에 밤낮으로 참배할 수 없음에 이 부적을 각 가정에서 봉사奉祀하여 밤낮으로 고타이 신궁을 참배의 대상으로 할 수 있다. 따라서 각 신사에서 배포하는 일반 부적 혹은 복권과는 그 의미를 달리한다.

이 회답의 다음과 같은 점에 주목하고자 한다. 먼저, 직원실에 신단을 설치하겠다는 의견에 대해, "학교 강당(강당이 없으면 직원실)에 신단을 만든다"라는 회답으로 볼 때 직원실보다 강당에 신단을 설치하게 하였다는 점이다. 강당은 아동·학생의 눈에 띄는 빈도가 높고, 또한 학교 의식이 거행되는 공간이기도 하다. 그런 의미에서 직원실보다 비중 있는 역할을 기대할 수 있는 곳을 찾으려는 의도를 읽을 수 있다. 그리고 신궁 부적의 '의미'를 '일반 부적'과는 다르다고 설명한 점이다. 시가 현 신단 사건을 계기로 제출된 의견서에는 "신찰호찰神札護札을 배수拜受할 수 없다"라고 하여 같은 종교 행위로 언급하였으나, 이와는 분명 다르다. 학교에서 실시되는 신사참배를 정당화할 때에 이용된 신사 비종교라는 주장[26]이 신궁 부적에도 적용된다는 조

26 다만 이 시기의 신사 비종교론은 신사가 일반적인 종교와 다른 특별한 종교라고 하

선총독부의 확대 해석된 견해를 읽어 낼 수 있다.[27] 일본 현지에서는 "신단 사건과 같은 유감스러운 일을 야기하지 말 것"이라는 지적을 받은 신궁 부적이 이처럼 조선에서는 공립학교의 강당에 모셔지게 된 것이다.

같은 해 1935년 가을, 조선총독부 학무국장의 주창으로 조선교육회를 통해 교원에게 1만 개 가까운 신단이 배포되었다.[28] 당시 공립 조선인 대상 초등학교에서 조선인 교직원 수는 약 7500명으로,[29] 신단이 설치되지 않은 조선인 교원 가정을 주된 대상으로 신단을 배포한 것으로 추정된다. 그리고 이 단계에서 조선인 교원이 조선의 가옥 구조상 신단이 없어 신궁 부적을 모실 수 없다는 '핑계'라도 댈 수 있는 길이 봉쇄되었다.

교원에게 신단을 배포함과 동시에 경찰서 구성원에게도 1만 개 이상의 신단을 배포하였다.[30] 〈표 5-1〉에서 보았듯이, 1934년까지 5만 장 이상이었던 조선의 신궁 부적 배포 수는 1935년 단번에 3만 장 이상 증가하였다. 2만 개 가까운 수의 신단이 교원과 경찰서 구성원에게 배포되었다는 것은, 신단에 신궁 부적을 모셔야 한다는 점을 고려하면, 이 증가된 3만 장의 신궁 부적 대부분은 교원과 경찰서 구성원이 구입한 것임을 보여 주는 것이라고 할 수 있다.

는 실질적인 '국민적 종교론'을 내포하고 있었다는 아제가미 나오키(畔上直樹)의 지적은 조선의 사례에서도 중요하다(아제가미 나오키, 앞의 책, 제7장).

27 신사참배의 비종교성을 주장한 1932년의 조치 대학(上智大學) 야스쿠니 신사참배 거부 사건을 둘러싼 문부 차관 회답에서도 '부적'의 비종교성에 대해서는 언급이 없었다.

28 《鳥居》 제5권 제11호(朝鮮神職會, 1935년 11월), 16쪽.

29 《昭和11年 朝鮮諸學校一覽》(1937년). 와타나베 마나부(渡部學)·아베 히로시(阿部洋) 편, 《史料集成》(제60권, 龍溪書舍, 1988년).

30 《鳥居》 제5권 제11호(朝鮮神職會, 1935년 11월), 16쪽.

또한 경찰서 구성원에게 배포를 주도한 인물은 조선총독부 경무국 경찰과장이었던 신카이 하지메新貝肇이다. 신카이는 체신 관료로, 나중에 조선총독부 체신국장도 역임한 인물인데, 이 당시에는 경찰·내무행정을 담당하고 있었다. 또한 앞 장에서 밝혔듯이, 1939년 이후 전라남도에서 신사神祠 설치가 급격하게 진행되었는데, 그 당시의 도지사가 바로 이 신카이 하지메였다(말미 〈자료 2-2〉 참조).

1935년, 한꺼번에 2만 개 이상이나 되는 새로운 신단이 필요하였다. 그러나 조선에서 신속하게 신단을 공급하기란 여간 곤란한 일이 아니었다. 그렇기 때문에 공업 학교 등의 학생들을 동원해 '실습' 시간을 통해 신단을 제작하게 하였다. 공업 학교 학생들은 대부분 조선인으로 구성되어 있었다. '실습'이라는 명목하에 신단이라고는 본 적도 없는 조선인 학생들이 무상으로 제작하도록 강요를 받았던 것이다.[31]

또한 같은 시기인 1935년 9월에는 〈학교 직원의 경신사상 철저화에 관한 건〉[32]이라는 학무국장 통첩이 나왔다. 이는 교원의 가정에 신단을 설치해야 한다는 것을 지시한 다음, "각 학교에서는 소재지 신사神社 또는 신사神祠를 중심으로 학생·아동에게 경신사상의 함양을 위해 노력하고 있지만, 신사神社·신사神祠가 없는 지방도 있어서, 이럴 경우 주변 실정을 감안해 교내의 청정한 곳에 부적 봉사전을 설치하는 등의 적절한 방도를 강구하여 학생·아동의 교양에 도움"이 되도록 하라는 내용으로, 신사·신사가 없는 지역에서는 교내에 '부적 봉사

---

31 《鳥居》 제5권 제11호(朝鮮神職會, 1935년 11월), 16쪽. "심전 개발 일석이조의 안. 경관, 교사의 가정에 먼저 신단을 설치한다. 직업 학교 학생에게 제작을 하게 한다. 조선 전체에서 주문 쇄도"《京城日報》, 1935년 10월 23일.

32 1935년(昭和10年) 9월 각 도지사 앞 학무국장 통첩. 朝鮮神職會, 《朝鮮神社法令輯覽》(帝國地方行政學會 朝鮮本部, 1937년), 356쪽.

전'을 설치하도록 지시한 것이었다. 여기서 신단이 아니라 '부적 봉사전'을 장려한 이유는 교원의 가정에 신단을 설치하는 것이 당연하고, 학교 옥외에 신사 모양의 시설을 설치하는 것이 지역 신사를 대신할 수 있다고 판단하였기 때문임을 알 수 있다. '부적 봉사전'은 신사와 완전히 같은 형태였음을 사진 자료를 통해 확인할 수 있다.[33]

일본 현지에서 가정 내 신단에 모시는 부적을 조선에서는 교내의 신단과 더불어 옥외의 신사 모양 설비에도 모셨다.[34] 이 설비가 신사 양식이었던 것은 〈학교의 경신숭조사상 함양 시설에 관한 건〉(1935년 5월)의 "사우祠宇의 건축양식은 신사의 특징을 본떠 우리나라 고유의 신사 건축 양식에 따라야 한다"는 문구와 일맥상통한다. 이 통첩을 계기로 학교에 '부적 봉사전'이 설치된 것으로 보인다.

학교에서 부적을 모실 때에 1장에 10전을 주고 매년 교환하는 신궁 부적의 성격[35]으로 인해 '불경 사건' 유발에 대한 경계심을 풀어주어 그 종교성 여하에 구애되지 않고 수용된 것으로 보인다.

1935년 12월에는 함경남도 함주군의 공립 초등학교에 신궁 부적이 배포되었으며 '부적 봉안전[大麻殿]'이 '아동의 모금'으로 설치되기도 하였다. 이때 부적이 배포된 학교는 군 내의 일본인 대상 학교 전체 4개 학교 중 2개 학교, 조선인 대상 학교 전체 20개 학교 중 19개

33 경성부 동대문 공립소학교의 사례(《鳥居》 제31호(朝鮮神職會, 1934년 4월). 1쪽 사진). 경성사범학교 부속 제2 국민학교(조선인 대상 학교)의 사례[金昌國 저, 《ボクラの京城師範附屬第二國民學校》(朝日新聞出版, 2008년), 29쪽 사진].

34 다만 일본 현지에서도 '昭和10年代' 직원실에 신단을 설치한 사례가 있다는 사실이 지적되었다[山本信良·今野敏彦, 《大正·昭和教育の天皇制イデオロギー》(新泉社, 1986년), 297쪽].

35 조선 신궁 신직이었던 이리에 아키라(入江晃)가 저술한 《皇國臣民敬神讀本》(앞의 책, 220쪽)에는 "부적은 매년 새로 받는 일이 습관이 되었습니다. 〔…〕 상쾌한 마음으로 새해를 맞으면서 먼저 새 부적을 받아 신궁 숭경의 마음을 더욱 새로이 하여, 연초에 황국신민으로서 자각을 환기하였으면 합니다"라는 설명이 있다.

학교였다.[36] 이 사례는 신궁 부적과 그 설비 보급의 주된 대상이 조선인 대상 초등학교였으며, 설치 재원도 아동에게 의존하였음을 보여준다. 같은 시기에 경기도 수원군 안용 공립보통학교에서는 '부적 봉안전' 설치를 위한 '공동 저금'이 시작되었다(완성은 1938년 2월[37]). 신궁 부적의 시설이 '봉안전'으로 이름 붙여진 예는 현 단계에서 자료상 확인할 수 있는 것은 이 사례뿐인데, '어진영'이 없는 학교에서 신궁 부적이 그 대체물로서의 역할을 어느 정도 담당하였을 가능성을 엿볼 수 있다.

이처럼 금전적 부담도 만만치 않은 신궁 부적을 학교에 보급시키는 방책이 잇달아 나오는 가운데, 1937년 말부터는 일부 조선인 대상 학교에 '어진영'이 교부되었다. 이는 '어진영'과 신궁 부적을 둘러싼 새로운 문제를 야기하기도 하였다. 이에 대해서는 다음 절에서 상세히 서술하기로 하고, 본 절에서 마지막으로, 같은 시기 일본 현지의 사례를 소개하겠다. 전국에서 '선견지명'으로 평가받은 치바 현 도가네東金 소학교의 '신단 교육'에 대한 사례가 그 예이다.

치바 현 도가네 소학교에서는 1935년부터 '집단 훈련'의 일환으로 교실에 신단을 설치하여 '신전 봉사'를 실천하였다. 지역의 거점 학교인 도가네 소학교의 이러한 실천은 전국적으로 주목을 받아, 치바 현의 각 학교로 확산되었다. 그러나 1938년, 이 실천은 치바 현 의회에서 비판의 표적이 되었다. 다만 이 당시의 비판은 교실에 신단을 모시

---

36 《鳥居》 제6권 제2호(朝鮮神職會, 1936년 2월), 8쪽. 이 당시 참가하지 않은 학교의 불참 이유에 대해서 현 단계에서는 분명히 알 수 없다.

37 1938년 2월 완성되었을 때에 계획된 지 '2년 6개월'이라고 기록되어 있으므로, 1935년 여름 무렵에 착수된 것으로 보인다. 《鳥居》 제8권 제2호(朝鮮神職會, 1938년 2월), 14쪽.

는 종교성과 관련한 시시비비가 아니라, 형식적으로 신단을 설치만 하면 된다고 여기는 교원 사회의 인식을 비판한 것이었다.[38]

일본 현지에서는 학교에 신단을 설치하는 것이 전국적으로 주목받는 '선견지명'으로 인식되고 있었다는 점, 그리고 그 조직적인 실시는 치바 현뿐이었던 것으로 추정된다는 점, 나아가 1938년에 치바 현 의회에서 비판이 있었다는 점 등이 조선의 경우와 차이를 보인다는 점에서 중요하다.

제2절 조선의 '어진영'과 이를 둘러싼 혼란

(1) 조선의 학교 의식儀式 규정과 교육칙어 등본

이번에는 조선의 학교에 대한 '어진영' 교부와 신궁 부적의 관계를 둘러싼 혼란에 대해서 서술해 보겠다. 먼저 '어진영'을 검토하기에 앞서, 조선인 대상 학교에서 교육칙어 등본을 둘러싼 분위기와 학교 의식과 관련한 규정에 대해 개관하겠다.

선행 연구에서 교육칙어 등본은 1912년까지 "공립보통학교 거의 대부분"에 교부되었다고 지적하였다.[39] 이 이후에 설립된 학교에도 조선 내의 학교를 총망라해 소개한 《조선교육대관朝鮮教育大觀》(1932년

38 '신단 교육'에 대해서는 마에다 가즈오(前田一男), 〈戰時下教育實踐の史的研究—東金小學校·國民學校を事例として〉, 《日本教育史研究》 제14호(日本教育史研究會, 1995년), 야마다 게이고(山田惠吾), 《近代日本教員統制の展開–地方學務當局と小學校教員社會の關係史》(學術出版會, 2010년), 제6장 참조.

39 平田論治, 앞의 논문, 118쪽.

간행)[40]에 따르면, 개교 후 1년 이내에는 교육칙어 등본이 교부되었다.[41] 교육칙어 등본 '봉호奉護'를 위한 설비는 옥외에 있는 경우에도 '칙어 봉안소'로 불렸다.[42]

다음으로 학교 의식 관련 규정을 살펴보자. 제1차 조선교육령 아래 제정된 '보통학교 규칙(1901년 부령府令 제10호)'에는 기원절紀元節 등 휴교일을 정한 조문은 있지만, 학교 의식에 관한 기술은 없다. 그렇기 때문에 제2차 조선교육령이 나올 때까지 11년 동안 교육칙어 등본은 교부되어 있었지만 학교 의식이 법률상 제도화되지 않은 채 그대로인 상황이었던 것으로 보인다.

제2차 조선교육령 아래 '보통학교 규정(1922년 부령 제8호)'에 '어진영' 관련 부분을 제외한 학교 의식 규정이 추가되었고, 제3차 조선교육령 아래 '소학교 규정(1938년 부령 제 24호)'에서는 일본 현지의 규칙과 거의 동일해졌다(〈표 5-2〉). 조문을 일본 현지의 '소학교령 시행규칙(1900년 문부성령(令) 제14호)'의 해당 부분(제28조)과 비교해 보자. 조선의 '보통학교 규정'에는 '어영御影' 관련 부분이 전혀 기재되지 않았던 점으로 보아, '병합' 이후 27년 동안에 조선인 대상 학교에 법적으로 '어진영' 교부가 상정되지 않았다는 것을 알 수 있다. 또한 이후 제3차 조선교육령 하의 규정에서도 〈표 5-2〉의 밑줄 부분이 전부 다

---

40 다만 전체 학교에 대한 교육칙어 등본 교부 상황이 기재된 것이 아니기 때문에, 확실한 교부율은 알 수 없다. 西村綠也, 《朝鮮教育大觀》 上中下권(朝鮮教育大觀社, 1932년, 渡部學·阿部洋 편, 《史料集成》 제40-42권(1989년) 수록).

41 사립학교에는 1915년 〈教育ニ關スル勅語謄本下付方ニ關スル件〉에 따라 교부의 길이 열렸다. 大正4年(1915년) 12월 학제1865호, 각 도 장관 앞.

42 《忠淸南道 教育要綱》(충청남도, 1937년), 42-44쪽. 충청남도뿐 아니라 경기도의 다케조에(竹添) 공립보통학교에서도 옥외 설비가 '칙어 봉안소'로 불렸기 때문에, 이 명칭이 일반적으로 사용되었을 것으로 추정된다. 西村綠也, 《朝鮮教育大觀》 上中下권(朝鮮教育大觀社, 1932년, 渡部學·阿部洋 편, 《史料集成》 제40권(1989년), 119쪽).

표 5-2. 의식 규정儀式規程의 비교

일본 현지의 소학교
소학교령 시행규칙 (1900년[明治33] 8월 21일 문부성령 제14호 28조)
紀元節, 天長節 및 1월 1일에는 직원 및 아동이 학교에 모여 다음의 의식을 행해야 한다.
직원 및 아동은 '기미가요'를 합창한다.
2. 직원 및 아동은 천황폐하 황후 폐하의 어영에 대해 최대의 예를 갖춰 경례한다.
3. 학교장은 교육에 관한 칙어를 봉독한다.
4. 학교장은 교육에 관한 칙어에 근거하여 성지聖旨 부분을 회고誨告한다.
5. 직원 및 아동은 그 기념일에 해당하는 창가를 합창한다.
어영을 받들지 않는 학교 및 특히 부현지사의 인가를 받아 복사한 어영 혹은 부현지사가 적절하다고 인정한 어영을 봉대하지 않는 학교는 앞 항 제2호의 의식을 생략한다. 또한 창가를 부르지 않는 학교는 제1호 및 제5호의 의식을 생략할 수 있다.

조선의 보통학교
제2차 조선 교육령 하의 보통학교 규정 (1922년[大正11] 2월 15일 조선총독부령 제8호 제43조)
紀元節, 天長節 및 1월 1일에는 직원 및 아동이 학교에 모여 다음의 의식을 행아햐 한다.
직원 및 아동은 '기미가요'를 합창한다.
(해당 조문 없음)
2. 학교장은 교육에 관한 칙어를 봉독한다.
3. 학교장은 교육에 관한 칙어에 근거하여 성지 부분을 회고한다.
4. 직원 및 아동은 그 기념일에 해당하는 창가를 합창한다.
(해당 조문 없음)

른 것으로 보아, '복사된 어진영'은 '해방'이 될 때까지도 교부되지 않았음을 추정해 볼 수 있다.

본래 모어母語가 다른 조선인 아동·학생들은 교육칙어를 교장이 두 손으로 받쳐 들고 가는 진기한 행동과 함께 기억하였다.[43] 학교 의식의 '비종교성'을 가장한 중요한 도구 중 하나인 교육칙어는 기대만큼의 기능을 하지 못하였음을 알 수 있다. 이러한 상황 속에서 '어진

43 나영균(羅英均), 앞의 책, 152쪽. 힐디 강(Hildi Kang), 앞의 책, 202쪽. 경기 고등여학교 학생이었던 나영균은 흰 장갑을 끼고 칙어 사본을 "높이 높이 받쳐 든" 교장의 모습을 "솔직히 꼴불견이었다"라고 회상하였다.

표 5-3. 교종별校種別 민족별 교원 수와 조선인 교원 비율, '어진영御眞影' 교부율(1937년 말 시점)

공사립별	교육 단계별	교종별	일본인 교원(a)	조선인 교원(b)	외국인 교원(c)	합계(d)	조선인 교원비율(b/d)	1937년 '어진영' 교부율
관공립	초등	관공립보통학교	4,518	8,035	0	12,553	64.0%	1.1%
	중등	공립고등보통학교	304	52	1	357	14.6%	93.8%
		공립여자고등보통학교	87	33	0	120	27.5%	81.8%
사립	초등	사립보통학교	59	571	0	630	90.6%	0.0%
	중등	사립고등보통학교	34	189	3	226	83.6%	0.0%
		사립여자고등보통학교	34	135	11	180	75.0%	0.0%

출전 : 宮內廳書陵部所藏《御寫眞錄》(1937년도 판).《昭和12年 11月 學事參考資料》(朝鮮總督府學務局, 1938년, 渡部學·阿部洋 공편《日本植民地敎育政策史料集成 朝鮮篇》제60권 [龍溪書舍, 1988년]) 수록.

표 5-4. 1945년까지의 '어진영' 교부 학교 수와 교부율

대상(모든 공립학교)	'어진영'교부 장 수(a)	※공립학교 수(b)	1945년까지의 교부율(a/b)
조선인 대상 초등학교	77	3,717	2.1%
조선인 대상 중학교	17	47	48.9%
신설 중학교(민족공학)	6		
조선인 대상 고등여학교	13	48	41.7%
신설 고등여학교(민족공학)	7		
실업학교 · 사범학교 · 전문학교 (민족공학)	39	127	30.1%
합계	159	3,939	4.0%

※ 1943년 5월 말 현재. 중학교·고등 여학교는 90% 재학생을 기준으로 조선인 대상으로 판단하였고, 민족 비율이 비슷비슷한 곳은 공학으로 판단하였다. 학교 합계 수도 마찬가지로 계산하였다.
출전 : 宮內廳書陵部所藏《御寫眞錄》(1937-1945년도 판).《朝鮮諸學校一覽料》(朝鮮總督府學務局, 1937-1943년도 판)
※ 일본인 대상 학교는 제외.

영' 역시 제대로 교부되지 않아 현장에서 접할 수 없었던 것이다.

(2) '어진영' 교부 – 1937년(1)

여기에서는 1937년 말에 시작된 조선인 대상 학교의 '어진영' 교부에 대해서 검토해 보겠다. 이 장의 서두에서 서술한 대로, 1937년 말에 이르러 비로소 일부 조선인 대상 학교에 '어진영'이 교부되었다.

앞 절에서 살펴보았듯이, 이 시기에 실시된 제2차 조선교육령하의 보통학교 규정에는 '어영御影에 대해서 최대한 예를 갖춘 배례'가 들어가 있지 않았다. 따라서 법 제도상 정비되지도 않은 상태에서 갑자기 이루어진 교부였던 것이다.[44] 결과적으로 대부분의 보통학교에 '봉안전'도 마련되지 않은 상태였다.

이 당시, 보통학교 28개 학교, 고등보통학교 9개 학교, 여자고등보통학교 9개 학교에 '어진영'이 교부되었다. 이를 해당 연도의 조선인 대상 학교 수와 민족별 교원 비율이라는 관점에서 살펴보자.

〈표 5-3〉을 살펴보면, 중등교육기관에는 우선적으로 교부되었다는 점, 중등교육기관의 교원은 대부분 일본인이었다는 점을 알 수 있다. 초등교육기관에 교부된 것은 제1단계로 28개 학교, 이후에는 〈표 5-4〉에 나타나 있듯이, 1945년까지 49개 학교(합계 77개 학교)에 교부되었으며, 공립의 경우 초등교육기관에 대한 교부율은 2% 정도에 그쳤다. 사립학교에는 초등·중등을 포함해 하나도 교부되지 않았다. '어진영'을 교부받은 초등교육기관은 도시의 대규모 학교뿐으로, '경성부' 내의 학교가 많았다.

그런데 왜 초등교육기관에는 거의 교부되지 않았을까? 《어사진록御寫眞錄》(궁내공문서관宮內公文書館 소장)을 확인해 보면, 신청 학교명, 아동·학생 수, 개교 연도에 이어서 "봉안소를 설치하고 어진영 봉호奉護 규정을 마련하여 봉호에 만전을 기한다"라는 문구가 일률적으로

44 이는 미나미 지로(南次郎) 조선 총독의 '폭주'에 가까운 지시였을 것으로 추정된다. 이에 대해서는 2012년 교육사학회 제56회 대회(樋浦鄉子 〈植民地朝鮮の「御眞影」－不在と偏在〉)에서 발표하여, 현재 논문을 준비 중이다.

들어가 있다. 여기서 다시 〈표 5-3〉을 살펴보면, 교부율이 낮거나 제로인 학교(공립보통학교, 모든 사립학교)는 조선인 교원 비율이 높다는 공통점이 있다. 바꾸어 말해, '어진영'을 교부할지 말지 그 선별 자체에 조선인 교원에 대한 불신이 있었음을 알 수 있다.

보통학교 교원의 60% 이상은 조선인 교원이었으며, 오늘날 한국의 학교 기념지에는 종종 당시 회상을 통해 실제로 수업 중에 조선인으로서의 민족성을 잃지 않도록 지도하는 조선인 교원이나, 일본인 교원과의 갈등 모습에 대한 회상을 찾아볼 수 있다.[45] '어진영' 교부의 전제가 '봉호의 만전'이었다는 점을 고려하면, 보통학교에서 차지하는 조선인 교원의 비율 정도가 위정자 시각에서는 우려되는 점이었을 것이다.[46]

중등 교육 기관의 교부 상황을 살펴보면, 조선인 대상 공립 고등보통학교(민족 공학인 신설 학교 제외. 1938년 4월에 중학교로 개칭)는 1940년 말까지 전체 학교, 공립 여자고등보통학교(민족 공학인 신설 학교 제외. 1938년 4월에 고등여학교로 개칭)는 전체 11개 학교 중 9개 학교에 교부되었다. 당분간 교부가 보류된 학교는 전주 공립 여자고등보통학교(1926년 설립, 1938년 전북 공립 고등여학교로 개칭, 1944년 2월 교부), 함흥 공립 여자고등보통학교(1935년 설립, 1938년 함남 공립 고등여학교로 개칭, 1943년 12월 교부)였다. 1937년 시점에 교직원 수와 민족별 비

---

45 무장초등학교 총동창회 편, 《武長百年史》(무장초등학교-한국, 2010년), 315쪽. 남양백년사 편찬위원회 편, 《南陽百年史》(남양초등학교-한국, 1998년), 143쪽. 강원교육사 편찬위원회 편, 《江原教育史》(강원도교육위원회-한국, 1980년), 135-136쪽.

46 일본 현지에서는 사립대학의 〈어진영봉호규정(御眞影奉護規程)〉에서 외국인 교원은 숙직에서 제외하였다는 점, '봉대(奉戴)' 때에도 외국인에게 넘겨주지 않았다는 점 등이 선행 연구를 통해 지적되었다. 久保義三 편, 앞의 책, 56-57쪽. 久保義三 《昭和教育史 上》(三一書房, 1994년), 217쪽.

율[47]은 전주 공립 여자고등보통학교의 경우 교직원 11명, 전임 교직원 6명(이 중 조선인 4명)이었다. 함흥 공립 여자고등보통학교는 교직원 7명, 전임 교직원 6명(이 중 조선인 2명)이었다. 이는 조선인 교직원 비율이 높다는 점이 영향을 주었다는 가설을 뒷받침해 주고 있다.

중등 교육 기관에 대해서는 일본인 교원의 수가 갖는 힘에 '봉호'를 기대하면서 '어진영' 교부를 허락하였다. 그러나 1939년 10월에 '어진영'을 교부받은 동래 공립 중학교의 '봉안전' 앞에 학생이 대변을 보아 체포되어 징역형을 받는 사건이 발생하였다.[48] '어진영'을 위해 설치된 '봉안전'이 새로운 '불경'을 야기하는 현장이 되고 만 것이다. 이후 1940년대에 걸쳐서 특히 신설된 중학교·고등여학교에서 민족 공학화가 진행되었으나 '어진영' 교부는 처음의 위세를 완전히 상실하였다.

(3) 신단[神棚] 이설移設 지시 — 1937년 (2)

앞에서 자세히 서술하였듯이, 1937년 말에 조선인 대상 학교에 처음으로 '어진영'이 교부되었다. 여기에서는 '어진영'이 교부되지 않았던 조선의 학교에서 교육칙어 등본과 신궁 부적이 어떠한 공간을 형성하였는지, 그 공간에 '어진영'이 등장하였을 때 어떻게 변화하였는지에 대해서 검토해 보겠다.

1937년 말까지 조선인 대상 학교에는 '어진영'이 교부되지 않았기

---

47 《昭和12年 11月 學事參考資料》(朝鮮總督府 學務局 學務課, 1938년, 渡部學·阿部洋 편, 《史料集成》 제60권, 1988년 수록), 22쪽.

48 정재정(鄭在貞), 〈日帝下朝鮮における國家總力體制と朝鮮人の生活−「皇國臣民の練成」を中心に〉, 《日韓歷史共同硏究委員會 第1期 第3分科會 報告書》(日韓文化交流基金, 2005년), 379쪽.

때문에 '봉호' 대상은 교육칙어 등본뿐이었다. '부적 봉사전'이 장려되면서 이것이 신궁 부적뿐 아니라 교육칙어 등본의 '봉호' 설비를 겸하는 사례가 나타났다. 부산부는 1937년, 다음과 같이 〈부적 봉사전에 칙어 등본을 봉안하는 건〉을 통첩하였다.[49]

> 부적 봉사전에 칙어 등본을 봉안하는 건.
> 이 건과 관련해 별지 갑호 사본의 조회에 대해 을호의 회답을 통해서 당국의 통달이 있을 것이라는 점을 양지하지 바란다.
> (갑호) 1937년(昭和12) 7월 12일
> 학교 교정에 부적 봉사전을 겸하는 칙어 등본 봉안고를 설치하여 봉안 상자에 넣어 봉안하면 일단 지장이 없을 것이다. 존숭의 대상인 부적과 칙어 등본을 이 봉사전 안에 봉안하는 것에 관념상 다소 의문이 있어서 회답이 번거롭겠지만 임박한 안건도 있어 이에 서둘러 회답을 바란다.
> (을호) 1937년 8월 4일
> 7월 12일자 조회한 건은 지장이 없으니 이를 양지하기 바란다.
> 그런 경우에는 부적을 향해 오른쪽에 봉치하는 등 신중한 주의가 필요하여 결코 실수가 없도록 유념하기 바란다.

여기에서는 부적과 칙어 등본을 같은 공간에 두는 것을 '의문이 있는' 상황이라고 한 점이 주목된다. 1937년의 조선에서는 앞에서 인용하였듯이, 교육칙어 등본과 신궁 부적을 함께 둘 때, 신궁 부적을 오른쪽에 두는 것이 '실수 없이' 안치하는 방법이었다. 이와 같이 생각

---

49 〈大麻奉祀殿ニ勅語謄本ヲ奉安スルノ件〉, 釜內1944호(1937년 9월 1일). 釜山府, 《昭和14年 4月 現在 例規集(學事關係)》(渡部學·阿部洋 편, 《史料集成》 제8권, 1987년 수록), 75쪽.

한 이유를 지금 단계에서는 입증하기 어렵다.[50] 그러나 제1절 (2)에서 인용한 1935년의 통첩 〈학교의 경신숭조사상 함양 시설에 관한 건〉에서도 "교육칙어 등본을 봉치하는 학교에서 신단을 설치하는 경우에는 칙어 등본을 향해 오른쪽 같은 높이로 해야 한다"라고 지시한 점을 통해서, "교육칙어 등본은 왼쪽, 신궁 부적이나 신단은 오른쪽"이라는 방침이 존재하였음을 확인할 수 있다.

앞에서 서술하였듯이, 1937년 말이 되어 일부이지만 조선인 대상 학교에 '어진영'이 교부되었다. 이 당시 처음 '어진영 봉안 설비'를 설치할 필요성과 함께, 강당의 정면 중앙은 신궁 부적 아니면 '어진영' 중 어떤 것이 자리할지를 둘러싼 혼란이 생겼다. 그렇기 때문에 경상북도 도지사가 조선총독부 학무국장 앞으로 다음과 같은 질의를 보냈다. 그 내용은 강당 중앙 정면에 이미 신단을 설치하였고, 그 신단을 이설하지 않고 '어진영'을 수령하여 학교 의식을 거행할 때마다 신단을 오른쪽으로 이설하였다가 의식을 마친 뒤 강당 중앙으로 다시 옮기고자 하는데, 이에 '의문이 생겼기' 때문에 '고견'을 듣고자 한다는 내용이었다.

적어도 경상북도의 조선인 대상 학교에서 '어진영'이 한 학교에도 교부되지 않은 가운데, 강당 정면 중앙에 이미 신단이 설치되어 있었다는 점, 경상북도에서는 의식이 있을 때마다 신단을 오른쪽으로 이동시키겠다는 고육지책의 (혹은 절묘한) 대응을 생각하였음을 알 수 있다. 강당 안의 신단 설치는 〈학교의 경신숭조사상 함양 시설에 관

50 저자는 '좌존우비(左尊右卑)'(대면하는 쪽에서 볼 때 오른쪽이 상석, 왼쪽이 말석)라는 일본의 풍속에 따라 신궁 부적을 상석에 상정한 것으로 추정하고 있다. '좌존우비'에 대해서는 秋葉隆, 〈禁繩と注連繩〉, 《朝鮮民俗誌》(六三書院, 1954년, 礫川全次 편, 《左右の民俗學》, 批評社, 2004년 수록)을 참조하였다.

한 건〉(1935년 5월)에 조응하는 것으로, 오른쪽으로 이동시킨다는 발상은 〈부적 봉사전에 칙어 등본을 봉안하는 건〉(1937년 9월, 경상남도 부산부의 통첩)과도 상통한다. 이에 대해 조선총독부는 학무국장 이름으로 각 도지사 앞으로 통첩 〈어영 봉안에 관한 건〉을 발송하였다.[51]

> 어영 봉안에 관한 건
>
> 이 건과 관련하여 경상북도 도지사가 질의를 하여 별지 갑호를 통해 회답을 하니 양지하기 바란다.
>
> (갑호) 경상북도 도지사 앞 학무국장
>
> 1. 신궁 부적을 강당 안에 봉재奉齋한다. 천황 황후 폐하의 어진영 봉안소를 향해 강당 안에 설치하는 경우, 어진영 봉안소는 실내 정면 중앙에 두며 부적은 좌우 어느 한쪽으로 위치(실내 청정한 곳으로 참배자가 친숙하게 여길 수 있는 위치라면 실내 위쪽 적당한 위치에 봉재해야 한다. 출입구 위쪽은 피해야 한다)를 정해 봉재한다. 사대절 등 잠시라도 옮기는 일 없이 항시 일정한 장소에 안치할 것.
> 2. 천황 황후 폐하 어진영의 강당 안 봉안소는 이유가 있어서 옮길 때 외에 항시 공위空位로 둔다. 평소에 청정함을 유지할 것. 따라서 종래 강당 안 중앙 정면에 부적을 봉재한 학교는 어진영 하사를 계기로 앞 항에 따라 부적을 항구적으로 옮겨 두도록 설비할 것.

조선총독부 학무국의 회답은, 중앙의 위치는 '어진영'을 위해 '공위'로 해 둘 것, 이를 계기로 신단을 이설할 것이었다. 1937년에 일부이기는 하지만 새로이 등장한 '어진영'으로 인해 기존의 방침이 재정

---

51 1937년(昭和12) 12월 23일 학제306호. 각 도(경북 제외)지사 앞. 《現行朝鮮敎育法規》(朝鮮行政學會, 1942년), 25-26쪽.

비되었다고 할 수 있다. 이는 '어진영'이 등장한 조선인 대상 학교의 학교 의식 공간에서 '어진영'이 중심적 역할, 신단이 보조적 역할의 의미가 있었음을 보여 준다.

다만 조선신직회는 여전히 '우지코氏子 교화'의 관점에서 신궁 부적 보급에 온 힘을 기울였으나, 그 종교적 열의는 때로 학무 행정의 의도와 달라, '조례'에 관한 다음과 같은 주장(1937년의 조선신직회 회보)에서 볼 수 있듯이 광신적이기까지 하였다.[52]

> 교장이여, 단을 내려와라! 그리고 교장 스스로 직원·학생을 따라 정면을 향해 서라! 그리고 공손히 일동 최대의 예를 갖춰 경례를 하라. 아마테라스스메오미카미와 천황 폐하를 받들라.
>
> 그리한 뒤에 교장은 단에 올라 학생들과 서로 인사하고 필요한 일을 거행하라. 이런 의미에서도 우리는 학교에 어진영 봉안전을 겸하고 있는 신전 양식의 부적 봉안전을 계속 건설하기를 바라 마지않는다.

조선신직회로서는 부적도 '어진영'도 모두 '신전'에 모셔야 하는 것으로, '어진영 봉안'만으로는 부족함을 느꼈던 것이다. 부적 보급을 둘러싸고 학무 행정과 조선신직회 사이에 동기나 인식의 차이가 존재하였다는 점은 주의해 살펴볼 필요가 있다.

---

52 川村五峯, 〈學校の朝禮と神拝問題〉, 《鳥居》 제7권 제3호(朝鮮神職會, 1939년 3월), 9쪽.

제3절 1938년 이후의 의례 공간

(1) 신궁 부적 배포의 실태—1938년

신궁 부적 배포 수는 1937년부터 1938년에 걸쳐 3배 가까이 증가하였다(제1절 〈표 5-1〉 참조). 이는 1938년부터 조선총독부가 적극적인 배포에 나섰기 때문이다. 여기에서는 신궁 부적 배포 수가 크게 확대된 상황 속에서 그 실태는 어떠하였는지에 대해서 검토하고자 한다.

1938년 일본 현지에서는 제1절의 말미에 서술하였듯이, 치바 현의 '선구적' 실천인 '신단[神棚] 교육'이 치바 현 의회로부터 형식적이라는 비판을 받았다. 또한 1938년 치바 현에서 현 의회가 '신단 교육'에 비판을 가하였다는 것은 조선의 사례를 생각할 때에 중요한 일일 것이다. 본래 의회라는 것이 존재하지 않는 식민지 조선에서는 치바 현과는 달리, 1938년 이후 조선총독부의 개입으로 인해 부적·신단이 더욱 가속이 붙어 지역 사회로 확대되어 갔다.

앞에서 신궁 부적 배포에 학교라는 회로가 1934년 무렵부터 구상되고 있었다는 지적을 하였다. 1938년 무렵부터는 제사를 모시는 장으로서 이용되던 학교가 신궁 부적 및 신단 배포자로서의 역할도 담당하게 된 것이다. 실제로 아동·학생을 통해 조선인 가정에 배포된 예를 여럿 확인할 수 있다.[53] 설비가 없어서 발생하는 '불경'을 방지하

53 학생의 80% 이상을 조선인이 차지한 개성 공립 상업학교에서는 학생 전원에게 매년 신궁 부적을 배포하였을 뿐만 아니라 입학시험 때에 '시험용 신단'을 이용하여 한 사람씩 예법 시험을 실시하였다[《鳥居》 제8권 제4호(朝鮮神職會, 1938년 4월), 7쪽]. 1938년 경성여자사범학교의 졸업생 전원에게 신궁 부적을 배포하였다. 민족 공학이었던 이 학교 재학생의 민족별 내역을 살펴보면 대략 60%가 조선인이었다[《鳥居》 제8권 제4호(朝鮮神職

기 위해서인지, 신궁 부적보다 신단을 입학식이나 졸업식에서 배포한 예도 있었다.[54] 그러나 학교를 경로로 삼았다고 해도 가정에 배포된 신궁 부적은 그대로 방치되어, 때로 '불경 행위'로서 다음과 같이 경찰의 수사 대상이 되었다.[55]

> 충남 공립 서천 소학교에서는 아동을 통해 국체명징 경신숭조사상을 고양시킬 목적으로, 1938년도(昭和13년) 350장의 부적을 아동에게 배포해 봉제하게 하였으나, 그 후 실정을 조사해 본 결과, 헛간에 방치하거나 아궁이에서 소각하는 등 불경 행위를 하는 자를 발견하게 되었다. 관할 서에서 배후 관계를 극비리에 조사 중이다.

"헛간에 방치하거나 아궁이에서 소각"하는 일이 있었다는 것은 물론, 애초에 학교가 '실정 조사'를 실시하였다는 것 역시 학교 측이 품고 있던 불신을 보여 준다는 점에서 중요한 부분이다. 조선신직회뿐만 아니라 학교라는 회로를 통하였다고 해도 신궁 부적이 조선인 가정에 파고드는 일은 분명 불가능한 일이었다.

1938년 여름부터 가을에 걸쳐 조선총독부가 전면적으로 협조하여 각도 부적배포 봉찬회奉贊會를 조직하면서 조선신직회가 담당해 오

會, 1938년 4월), 7쪽. 민족 비율은 《昭和14年 朝鮮諸學校一覽》(朝鮮總督府學務局, 1940년)을 따랐다].

54 부산 제2 공립 상업학교(전원이 조선인 학생)에서는 1938년부터 신단을 신입생에게 배포하였다. 《釜商百年史》(한국어, 부산 상업고등학교 동창회 편찬 발행, 1995년), 99쪽. 또한 실업학교는 원칙적으로 민족 공학이었지만, 부산에서는 제1 상업학교는 일본인만, 제2 상업학교는 조선인만이 재학 중인 상황이었으며, 이러한 사실상의 별학(別學)은 17개 학교의 공립 상업학교 가운데 부산의 2개 학교와 경성 공립 상업학교가 있었다. 《昭和12年 11月 學事參考資料》, 앞의 책(渡部學·阿部洋 편, 《史料集成》 제60권, 1988년), 33-34쪽.

55 《昭和14年 前半期 朝鮮思想運動槪況》(宮田節子 해설, 앞의 책, 184쪽), 33쪽.

던 배포 역할을 '읍·면 직원'이 동원되어 담당하게 되었다.[56] 신궁 부적은 이세 신궁의 신궁신부서에서 조선신직회로, 조선신직회에서 각 도청에 설치된 각 도 부적 배포 봉재회로, 각 도 부적 배포 봉재회에서 각 부·군·도(府郡島)에 설치된 봉재회 지부로, 각 지부에서 각 읍·면에 설치된 분회로 행정망을 통해 배포되었던 것이다. 배포를 담당한 각 도 봉재회, 각 지부, 분회는 각각 소정의 배포 수수료를 받았다.[57]

배포를 담당해 왔던 신직의 입장에서 이 조직화는 신직회의 재정을 윤택하게 할 뿐 아니라 종교가의 열의(앞 절 참조)를 보여 주었으며, "획기적이고 강력한 배포 진용을 보이기에 이르렀다. (…) 본년도의 부적 배포는 경이적 실적을 보여 반도 정신 분야에 빛나는 광명을 보여 줄 것이다"라고 하며 기쁨을 드러냈다.[58] 같은 해 조선신직회가 받은 '수수료'는 총 배포 장 수를 고려할 때 약 6천 엔이었던 것으로 추정된다.

그러나 읍·면 직원을 동원하여 신궁 부적을 조선인 가정에도 배포하기는 하였으나, 당시 조선에는 군수도 면장도 모두 조선인이 차지하고 있는 지역이 대다수였다. 따라서 배포받는 측뿐 아니라 배포하는 자도 조선인인 경우를 여기저기서 발견할 수 있었을 것으로 추측된다. 이러한 배경 속에서 '불경'스러운 상황이 발견되었던 것이다.[59] 조

---

56 《鳥居》 제9권 제11호(朝鮮神職會, 1939년 11월), 5쪽.

57 1만 장의 신궁 부적을 배포한 경우, 1장에 10전이었으므로 수입은 1천 엔이 된다. 이 중에서 각 분회(읍·면)이 150엔, 지부(부·군·도)가 50엔, 각 도 봉재회가 10엔, 조선신직회가 1백 엔을 받았고, 나머지 6백 엔을 이세 신궁의 신궁신부서에 납부하는 방식이었다. 《鳥居》 제8권 제9호(朝鮮神職會, 1938년 9월), 6-7쪽.

58 《鳥居》 제8권 제11호(朝鮮神職會, 1938년 11월), 1쪽.

59 '불경'의 실태, 예를 들어 "서랍장에 넣어 두거나 핀으로 벽에 고정하거나 대부분은 그저 방치"한 상황이 《日本人の海外活動に關する歷史的調査》(집필자 서명이 없다)에 기재되어 있다. 大藏省 管理局 편, 《日本人の海外活動に關する歷史的調査》 제2권 조선편 1(복각판,

선신직회 회보에는 부적 배포자가 된 조선인의 '고백'이 다음과 같이 게재되었다.[60]

> 참배는 단체로 아이들부터 하기 시작하였으나, 그 귀한 이세 신궁의 부적을 가정에 모시는 것에 대해서는 무엇보다 그 의미를 이해시키는 일이 필요하며, 다음으로 절을 하는 방법을 모른다. 그리고 어디에 어떻게 모셔야 하는지도 알려 주어야 한다. 내지인의 가정은 알고 있겠지만, 조선의 영세민 가정에서는 어디에 어떻게 모셔야 하는가? 다음으로는 그 귀한 부적을 왜 매년 바꾸어야 하는가? 이는 우리에게 물어도 잘 모르기 때문에 참으로 곤란하다. 여러 사람에게 물어보면 사람마다 다른 말을 해서, 어느 얘기가 맞는지 당혹스럽기 때문에 오늘은 꼭 알고 싶다. 이러한 이유로 위에서 명령을 하니까 부적을 모시지만, 어떻게 해야 좋을지 몰라, 오히려 불경을 범하게 되는 경우도 있을 것이다. 나는 부적을 모시기 위한 철저한 교육을 선행하기를 바란다.

조선인에게 신궁 부적은 신사참배 이상으로 '잘 이해가 되지 않는' 것이었다.[61] 신사참배는 '단체로 아이들부터' 하고 있었다. 신궁 부적도 신사와 마찬가지라는 논리를 붙여 학교에서 배포하는 것 외에 수용하게 할 방법이 없었던 것이다. 행정 대응의 단계적 확대가 지역에서 각종 혼란을 야기하였다. 이러한 상황 속에서 학교 부지 안이야말로 신궁 부적에 대한 배례를 조선인에게 일상적으로 강요할 수 있었던 거의 유일한 공간이었으며, 이러한 강요를 받은 대상은 필연적으

ゆまに書房, 2000년), 439쪽.

60 《鳥居》 제9권 제10호(朝鮮神職會, 1939년 10월), 5쪽.

61 이듬해인 1939년 5월에는 조선총독부에서 "간절한 봉재 방법을 지도"해야 한다는 내용의 통첩을 각 도지사에게 보냈다. 《鳥居》 제9권 제5호(朝鮮神職會, 1939년 5월), 7쪽.

로 조선인 아동이었다는 실태가 더욱 선명하게 드러나게 되었다.

(2) '황국신민의 서약' — 1938-1939년

여기에서는 신궁 부적 배포에 조선총독부가 본격적으로 개입하기 시작한 것과 거의 동시에 제정된 '황국신민의 서약'[62]에 대해서 살펴보겠다.

1937년 10월, 3개 조의 '황국신민의 서약'이 정해져, 조회와 학교 의식에서 제창해야 하였다. 조선교육회가 배포한 서약 카드에는 한글로 일본어 발음이 적혀 있었다. 선행 연구에서는 서약을 소리 내어 읽는 것이 내용 이해보다 우선시되었다는 지적이 있었다.[63] 이처럼 신체 규율의 강요는 머지않아 위정자를 더욱 초조하게 만드는 사태를 초래하였다. 1938년 7월, 부산부는 "헛되이 단순한 암송에 그치는 일이" 없도록 주의를 환기시켰다.[64] 또한 같은 해 8월 《경성일보京城日報》 지상에 이 신문사 사장은 "마치 스님이 불경을 외는 듯해 아무런 느

---

62 〈國民意識ノ强調ニ關スル件〉 昭和12年 10月 2日 학제266호. 각 도지사, 경성제국대학 총장, 각 관립 학교장, 각 공사립 전문학교장 앞.
또한 서약 자체는 통첩의 본문이 아니라 '별지'에 교부 관련 내용이 나와 있다. 통첩 본문이 아니라 '별지' 부분에 '복응(服膺)'시키는 문구 전부를 기록한 형식, 본문에는 '황국신민의 서약'이라는 그 명칭이 기재되지 않은 형식은 교육칙어 형식과 동일하다. 이는 조선인에게 서약의 의미를 생각할 때 중요한 부분이다.
《官報》 明治23年 10月 31日 게재, 〈北海道廳 府縣宛 文部省 訓令 第8號〉, 〈直轄學校宛 文部省 訓令 (호가 없음)〉, 〈別紙 勅語〉 참조.

63 水野直樹 〈朝鮮史研究會 關西部會例會 報告書 「皇國臣民ノ誓詞」と「皇國臣民之柱」についての考察〉, 《朝鮮史研究會會報》 168호(朝鮮史研究會, 2007년), 3쪽.

64 昭和3年 7월 5일 〈皇國臣民ノ誓詞ノ齊唱普及方ニ關スル件〉 釜內1453호, 釜山府, 《昭和14年 4月 現在 例規集(學事關係)》(渡部學·阿部洋 편, 《史料集成》 제8권, 1987년), 77-78쪽.

낌이 없다"라고 솔직하게 언급하였다.[65] 그리고 같은 해에 경상남도 진주중학교(진주 고등보통학교에서 개칭)에서는 '황국신민'을 '망국 국민'이라고 개사해 제창한 일이 문제가 되어 6명의 학생이 퇴학 처분을 받았다.[66]

이 서약은 단순히 암송을 기대한 것이 아니라, 예를 들어 금화 공립 심상소학교(조선인 대상 학교)에서는 '각 교실 정면'에 서약 액자를 걸어 교실을 출입할 때마다 경례를 하게 하였다.[67] 장수 공립 심상소학교(조선인 대상 학교)에서는 〈황국신민의 서약 실천 일지〉를 만들기도 하였다.[68] 이 일지는 아동용 서약의 제1조 "우리는 대일본제국의 신민입니다"에 이어서 "궁성요배宮城遙拜, 부적 봉사전 봉배, 국어 애용은 진심에서 우러나왔습니까?"라고 이미 기재된 질문에 답하게 하는 것이었다. 여기서는 그 자체가 공허한 서약을 구체화하는 회로로서 '부적 봉사전 봉배'를 이용하였다는 점이 중요하다.

1939년 11월에는 조선교육회 주도로 조선 전체 아동·학생과 교육 관계자로부터 모금을 하여 조선 신궁 경내에 '황국신민 서사지주誓詞之柱'라는 구조물을 세워,[69] 그 앞에서 '행동'에 관한 통첩 〈황국신민

65 〈愛國朝鮮を語る座談會(8)〉, 《京城日報》, 1938년 8월 25일. 이 좌담회에는 시오바라 도키사부로(鹽原時三郎) 조선총독부 학무국장도 출석하여 다구치 스케이치(田口弼一) 사장의 발언을 듣고 "그것은 학교장에 따라 다릅니다. 다시 말해 지도자가 진심으로 마음을 담아 진행하면 자연히 그 정신이 학생을 감화시킵니다"라고 답하였다.

66 그러나 다음 달에 처분이 유보되어 복학하였다. 晉高70年史 編纂委員會 편, 《晉高70年史》(진주 고등학교 동창회-한국, 1995년), 114쪽.

67 神野修 〈兒童訓育上の諸施設〉, 《朝鮮》 제287호(朝鮮總督府, 1939년 4월), 51쪽.

68 《朝鮮の教育研究》 제124(특집)호(경성사범학교 부속 소학교 내 조선초등교육연구회, 1938년 12월), 189-190쪽.

69 설계는 조각가 아사쿠라 후미오(朝倉文夫)가 하였으며, 높이 약 16.7m, 폭 약 25.5m. 조선 신궁 정면 참배로 좌측을 정지하여 건립하였다. 《鳥居》 제9권 제12호(朝鮮神職會, 1939년 12월), 4쪽.

황국신민서사지주皇國臣民誓詞之柱(《관립 경성 여자 사범학교官立京城女子師範學校 졸업 앨범》. 개인 소장)

서사지주 앞 행동에 관한 건皇國臣民誓詞之柱ノ前ニ於ケル擧措ニ關スル件〉을 발표하였다.[70] 이 통첩에는 개인의 경우에도 궁성을 향해 최대한 예를 갖춰 배례를 한 다음, "소리 여부에는 상관없이 서약의 본뜻을 가슴 속에 되풀이해 새기며 충성봉공 사상을 새로이 해야 한다"라고 규정하였다.

서약 제창은 부적과 달리 '종교' 색과는 거리가 먼 신체 규율이었다. 이 서약은 통첩이 발표된 뒤 얼마 지나지 않아 무력해지기 시작한 가운데, 액자, 기둥 등의 구조물과 '행동' 지침이 마련되었다. 그러나 이는 '어진영' 교부가 새로운 '불경' 사태를 초래하였던 것과 마찬가지로, 위정자에게 한층 더한 불신감·초조함·경계를 불러일으키는 장치로 변질되었다.

(3) 경상도에 있는 학교에 '부적 봉재전奉齋殿' 설치 계획 — 1940년 전후

여기에서는 《기원 2600년 축전 기록》(이하에서는 《기록》이라고 하겠다)

70 학무국장 발송, 昭和14年 11月 28일. 《文教の朝鮮》 제176호(朝鮮教育會, 1940년 4월), 82쪽.

중 〈제5편 기타 내외지에서의 사업其ノ他內外地ニ於ケル事業〉에 게재된 조선에 대한 기록을 활용하여, 1940년 전후에 어떠한 '봉축' 사업이 계획되었는지 확인하고자 한다. 이를 통해 다시 한 번 신궁 부적에 한하지 않고 천황 숭배와 관련한 제반 장치의 실태에 대해서 고찰해 보겠다.

《기록》은 '정부의 공식 기록'으로 1943년에 12부만 발행되었다.[71] 일본 현지의 사업과 관련해서는 각 도·부·현의 '통계'에 큰 차이가 있어 '여기에만 의존하는 것은 위험'[72]하다고 한다.

《기록》에는 경상북도에서 전개된 사업이 학교 이외의 것까지 포함하여 모두 455개 기재되어 있는 데에 반해, 황해도는 불과 5개 사업으로, 그 도의 인구 규모 등의 차이를 고려하더라도 사업 수의 격차가 심하다. 여기서는 경상북도와 경상남도(학교 이외의 것도 포함해 211개 사업)의 사업이 어느 정도 신뢰도가 있는 것으로 판단하여, 경상남북도 전체 사업 중 각 학교가 주체가 된 사업 계획을 살펴보고자 한다. 또한 표에 있는 모든 계획은 공립학교의 경우를 근거로 한 것이다.

〈표 5-5〉, 〈표 5-6〉을 통해 경상남북도의 공통된 경향을 발견할 수 있다. 먼저 조선인 대상 초등학교의 경우, 가장 많은 것이 '부적 봉재전' 계획이다. 특히 경상북도에서는 압도적으로 많다고 할 수 있다. 다음으로 두 번째와 세 번째는 '기타', '식수(경상북도와 경상남도에서 순위는 반대)'이며, 네 번째는 '동상·탑·액자·비'이다. 이 중에서는 니노미야 손토쿠二宮尊德, 구스노키 마사시게楠正成 동상이 대부분을 차

---

71 古川隆久, 〈解題〉, 《近代未完史料叢書二 紀元二千六百年祝典記録》 別卷(ゆまに書房, 2002년), 182쪽.

72 다만 '외지' 기록에 대해서는 '자료 가치가 높다'는 평가를 받고 있다. 古川隆久, 〈解題〉, 《近代未完史料叢書二 紀元二千六百年祝典記録》 別卷, 194-195쪽.

표 5-5. 경상북도의 학교 계획(대상 민족이 불분명한 1개 학교 제외)

교종별校種別	부적 봉재전※1	신사 관계※2	봉안전·봉안고	황국신민서사지주(탑)	동상·탑·액자·비	국기게양탑·교기제조	식수植樹	기타
조선인 대상 초등학교	86	14	13	12	14	9	38	48
일본인 대상 초등학교	2	2	5	0	7	1	8	17
조선인 대상 중학교·고등여학교	0	0	1	0	1	0	1	11
일본인 대상 중학교·고등여학교	0	1	0	0	1	0	0	4
실업학교·사범학교(민족 공학)	0	0	0	1	0	0	1	3
계획의 합계 수	88	17	19	13	23	10	48	83
평균 사업 예산	¥601	¥494	¥3,330	¥278	¥489	¥179	¥104	¥1,721

※1 : 개축, 경내 정비 포함.
※2 : 신단神棚, 신사神祠, 신부神府 등.
출전 : 《近代未完史料叢書二 紀元二千六百年祝典記錄》(19권, ゆまに書房, 2002년), 《昭和14年度 朝鮮諸學校一覽》(朝鮮總督府學務局, 1940년).
※분류는 저자가 한 것이다.

표 5-6. 경상남도 학교의 계획

교종별校種別	부적 봉재전※1	신사 관계※2	봉안전※3	황국신민서사지주(탑)	동상·탑·액자·비	국기 게양탑·교기제조	식수·조림	기타
조선인 대상 초등학교	24	2	2	2	12	2	13	10
일본인 대상 초등학교	3	0	1	0	3	1	2	4
조선인 대상 중학교·고등여학교	0	0	0	0	0	0	0	3
일본인 대상 중학교·고등여학교	0	1	0	0	1	0	2	3
실업학교·사범학교(민족 공학)	1	1	1	0	1	1	8	2
계획의 합계 수	28	4	4	2	17	4	25	22
평균 사업 예산	¥522	¥1,437	¥1,667	¥82	¥479	¥134	¥550	¥1,679

※1 : 개축, 경내 정비 포함.
※2 : 도리이鳥居 헌납, 신사神祠 등.
※3 : 정지정비 포함.
출전 : 《近代未完史料叢書二 紀元二千六百年祝典記錄》(19권, ゆまに書房, 2002년), 《昭和14年度 朝鮮諸學校一覽》(朝鮮總督府學務局, 1940년).
※분류는 저자가 한 것이다.

지하며, 인물은 타이완이나 일본 현지 학교의 계획과 공통적이었다. '황국신민 서사지주(탑)'은 '황국신민의 서약'을 돌기둥에 새긴 것인데, 조선인 대상 학교에서 특징적으로 발견되지만 선택 순위는 낮다.

다음으로, 일본인 대상 초등학교의 경우, 가장 많은 계획은 '기타'로, 피아노 구입이나 라디오 설치 등 다양하다. '황국신민 서사지주(탑)'는 하나도 발견할 수 없다. 또한 중학교와 고등여학교는 조선인 학교, 일본인 학교 모두에서 '부적 봉재전', '국기 게양 탑·교기 만들기', '황국신민 서사지주(탑)'의 예를 하나도 발견할 수 없다는 점이 특징적이다. 중등 교육 기관에서는 초등 교육 기관에 비해 '어진영' 교부를 마친 학교가 많았다는 점과의 관련성을 엿볼 수 있다.

경상남북도의 계획을 살펴보았을 때, 지금까지 본 장에서 인용한 자료에 보이는 '부적 봉사전'이 아니라 '부적 봉재전奉齋殿'이라는 용어를 거의 일률적으로 사용하고 있는 것으로 보아, 학무 행정의 지시를 받았거나 도나 학교끼리의 연대 가능성을 생각해 볼 수 있다.

일본 현지의 학교 관련 사업 계획을 살펴보면, '어진영 봉안전 건설'이 눈에 띄며 신단을 포함한 부적 관련 설비에 관한 기술은 좁은 식견으로 볼 때 도·부·현 모두 합쳐 15개 사례가 있으며 그 명칭은 통일되어 있지 않았다.

신단이 아니라 옥외형 부적 관련 설비를 조선인 대상 초등학교에서 계획한 배경으로, 그 하나는 1935년의 통첩 〈학교의 경신숭조사상 함양 시설에 관한 건〉에 따라 이미 신단이 학교 안(강당)에 존재하였을 가능성을 생각해 볼 수 있다. 또 하나는 역시 같은 해의 통첩 〈학교 직원의 경신사상 철저화에 관한 건〉에서 "신사神社·신사神祠가 존재하지 않는 지방"에 '부적 봉사전'을 장려한 점이 보여 주듯이, 지역에서 신사神社의 부재를 보완하는 역할을 기대하였을 가능성을 생각해 볼 수 있다. 앞 장에서 검토하였듯이, 당시 조선에는 신사神祠를 각 면에 설치하는 '일면일사 계획'을 실행하려고 하였다. 그러나 경상북도와 경상남도는 이 '일면일사 계획'의 진척도가 각각 27%, 19% 정도였을 때에 패전, '해방'을 맞은 지역이다.[73]

게다가 비용면에서도 '부적 봉재전'은 기부금을 통해 조달하는 금액으로 '타당'하다는 판단을 학교 측에서 내린 것이 아닐까 추측해 볼 수도 있다. 완벽한 방화 대책이 중요한 '봉안전'은 2천 엔 안팎인데 반해, '부적 봉재전'의 평균 비용은 6백 엔 전후였다. 또한 '황국신민 서사지주(탑)'와 '동상'을 비교한 경우, 더 고액임에도 불구하고 많은 조선인 대상 학교가 '동상'을 선택한 점에도 주목할 필요가 있다. '동상'은 '황국신민 서사지주'와 달리, 기본적으로 '예의범절'을 요구하지 않았다. 그리고 앞 절에서 살펴본 것과 같은 서약 자체의 무력함을 드러내고 있는 것으로 볼 수 있을 것이다. '봉축' 사업을 통해 학교에서의 천황 숭배를 위한 제반 장치 중에서도 '부적 봉재전'은 단기간에 경상도의 조선인 대상 초등학교에 기부를 강요하면서 확대되었을 것으로 추정해 볼 수 있다.[74]

---

73 다케시마 히데오(竹島榮雄) 조선 신궁 권궁사(權宮司)의 자료를 바탕으로 모리타 요시오(森田芳夫)가 작성한 일람(一覽)에 따라 계산하였다. 森田芳夫, 《朝鮮終戰の記錄》[巖南堂書店, 1979년(초판은 1964년)], 108쪽.

74 이러한 경향이 조선 전체에서 있었는지 여부에 대한 검토는 앞으로의 과제이다. 현 단계에서는 '부적 봉재전' 계획은 그 지방의 '일면일사' 계획 진척도와 반비례하지 않았을까 추측해 본다.

(4) 1940년대의 신단과 신궁 부적

마지막으로 1940년대의 조선인 대상 학교에서 신단·신궁 부적과 조선인의 관계를 부각시켜 주는 두 가지 사례를 소개하고자 한다. 그 하나는 진주 공립 중학교 '신단 시위 사건' 사례, 또 하나는 사립 계성 초등학교 교장 체포 사건 사례이다.

먼저 '신단 시위 사건'에 대해서 살펴보겠는데, 1941년 3월, 경상남도 진주 공립 중학교에서 졸업식이 끝난 뒤, 오른손에 졸업 증서, 왼손에 졸업 기념품인 신단을 들고 '아리랑'과 '쾌지나 칭칭 나네' 등 조선의 민요를 부르면서 거리를 행진하는 '신단 신위 사건'이 발생하였다. 다음은 이 학교 기념지에서 인용한 내용이다.[75]

> 매년 졸업식을 마치면 교사들은 졸업생을 인솔하여 공원에 있는 진주 신사에 가서 참배하고 졸업 기념품으로 신단(노송나무로 장난감처럼 만든 목공으로, 그 안에 일본 개국신을 봉안한 상자 — 원주)을 하나씩 수여하였다. 수여할 때에는 "가정에 반드시 모셔서 충실한 황국신민이 되어라"라는 엄숙한 훈시를 하였다. […] 3월 3일, 졸업생 64명이 11시 무렵 졸업식을 마치고 신사참배를 하고 신단을 하나씩 받아 들고 촉석루에 이르자, 강대근姜大根 등의 학생들은 하충락河忠洛을 중앙에 세우고 원을 만들어 '모두 모여라'라고 외쳤다. 강대근과 하충락은 선두에 서서 나아가면서 아리랑을 제창하였다. […] 신단을 발로 밟아 파괴하는 자도 있었는데, 뒤를 따르던 김성규金成圭가 나중 일을 생각해 그 파편을 모아 하수구에 버리고 전진하였다.

---

75 晉高70年史 편찬위원회 편, 앞의 책, 116쪽.

앞서 서술하였듯이, 조선인 학생이 다니는 실업학교에서 '실습' 명목으로 대량의 신단을 제작하였고, 그 신단을 받은 조선인 중학생(의무 교육이 아니어서 입학 연령이 늦어 20세 전후의 학생도 많았다)은 받자마자 발로 밟아 버렸던 것이다.

다음 사례로, 제2장에서 오하라이 의식에 대한 참석과 관련해서 논한 교장 개인의 신앙과 아동의 신사참배 강요의 관련성에 대해서 여기서 다시 한 번 언급하고자 한다. 가톨릭교도인 조선인 김영호金永浩 계성 학교장(사립 초등학교)의 경우, 교원을 통해 아동들에게 부적을 배포하였으나, 본인의 집에서는 이것이 혐오스럽다고 하여 쓰레기통에 버렸고, 이 일로 체포되어 불경죄로 징역 3년에 처해지는 사태가 발생하였다.[76] 이는 신궁 부적 처리가 불경죄의 대상이 된 사건으로, 개인에게는 개인 신앙에 대한 탄압이라고 할 수 있다. 그러나 또 하나, 김영호 교장은 아동에게 신궁 부적을 배포하는 것에 대해서는 특별히 저항하지 않았다는 점도 특별한 권력 공간으로서의 학교에 주목한 이 책의 논점에서 볼 때 중요한 대목이다.

여기서 개인으로서 자신의 신앙을 지킨 교장은 체포되었다. 그러나 교육의 목적으로 신사참배, 신궁 부적 배포에 협력하였다는 점에서, 한편으로 학교 권력을 배경으로 한 아동에 대한 강요이면서 또 다른 한편으로 결과적으로 아동을 폐교의 압력으로부터 지킨 측면도 있을 수 있다. 조선인이면서 교장이면서 가톨릭교도라는 위치에 있는 매우 복잡한 의미를 가진 '교장에 의한 강요'라는 모습도 간과해서는 안 된다.

---

76 전주 지방법원 1943년(昭和18) 형공(刑公) 제137호 판결.

장 요약

이 장에서 서술한 내용을 다음과 같이 정리해 보겠다. 첫째, 조선에서의 학교 의식을 위한 특유의 도구 배치이다. 일본 현지에서는 교육칙어 등본과 '어진영'으로 구성된 학교 의식이었지만, 조선에서는 교육칙어가 충분히 기능을 못하는 가운데, 특히 초등학교에는 '어진영'도 교부되지 않았다. 아니, 조선인 교원이 60% 이상을 차지한 초등학교에서는 '봉호奉護에 만전'을 기대하지 못한 채, '학교의 본존本尊'[77]인 '어진영'을 교부할 수 있는 상황이 아니었다.

이러한 '정규正規' 또한 '비종교적' 도구 준비가 결여된 가운데, '어진영'을 위한 공간인 강당 중앙 정면에 신단을 설치하였다. 일본 현지에서 '신단 문제'가 야기되고 있던 바로 그 시기부터 조선의 학교 현장에는 부적과 그 설비가 파고들기 시작하였다. 학교에 부적과 그 설비의 도입은 칙어등본 대 부적, '어진영' 대 신단과 같이, 학교 의식의 준비 도구로서 '비종교' 질서에 종교적 요소가 들어오면서 기묘하고 독특한 혼란을 야기하였다.

둘째, 직원실이 아니라 강당에 설치하도록 장려한 신단에는 '어진영'을 대체하는 기능을 기대하였을 것으로 생각되는 한편, 교내 건물 밖에 마련된 '부적 봉사(봉안·봉재)전'에는 지역에 신사가 존재하지 않던 식민지의 상황을 보완하는 역할까지 기대하였을 것으로 보인다. 다시 말해, 부적에는 천황·황조 숭경이라는 본래 교육칙어나 '어진영'이 담당한 학교 교육상의 목적과, 일본 현지의 지방 개량 운동이나 조선의 '심전개발운동'에서 찾을 수 있는 지역의 신사를 이용한 사

77 사토 히데오(佐藤秀夫), 앞의 책(1994년), 해설 19쪽.

회 교화라는 이중의 역할이 기대되었다. 그러나 조선에서 실제로 이를 담당한 것은 오로지 학교였다. 하지만 중등 교육 기관에서는 봉안전이 '불경' 상태를 야기하였고, '황국신민의 서약'은 '망국 국민'이라는 말로 개사되었으며, 신단은 발에 밟혀 부숴졌다. 이러한 가운데 초등학교에 대한 압력은 더욱 가혹해져 갔을 것으로 생각된다.

또한 일본 현지에서는 1934년 무렵까지 불교 측의 부적·신단에 대한 '저항'을 각지에서 확인할 수 있으며, 1935년의 '국체명징'을 거쳐 치바 현에서는 '신단 교육'을 전개하였으나, 이 역시 1938년에 현 의회에서 비판의 표적이 되었음을 확인할 수 있었다. 조선에는 분명하게 '저항'을 표시할 만한 진종眞宗과 같은 불교 단체가 없었으며, 의회라는 조직도 존재하지 않는 식민지였기 때문에, 치바 현 의회에서 '신단 교육'을 비판하던 그 시기인 1938년부터 조선총독부가 직접 부적 배포에 개입하게 되었다. 치바에서 제동을 걸던 바로 그 시기에 조선에서는 가속 페달을 밟았던 것이다.

마지막으로, 천황제와 교육을 둘러싼 문제 구조가 조선에서 어떻게 드러났는지 그 특성에 대해서 서술하겠다. 학교 의례 공간에서 '비종교'를 가장할 수 없었던 조선에서는 한편으로 부적과 같은 종교적 장치도, '황국신민의 서약'과 같은 신체 규율도, 모두 그 의미 부여가 눈에 띄게 간략화되었다. 그러나 다른 한편으로 학교 의례는 '비종교'이자 '정규'의 도구로서 그 준비가 미비한 채, 종교에 근거한 신비와 극단적인 신체 규율('행동')이라는 양극단으로 달리려 하였다. 그 양극단의 한쪽인 종교적 측면에서는 눈에 보이는 '저항'과는 또 다른, "무엇보다 그 의미를 이해시킬 필요가 있다"는 근본적인 '벽'에 직면하였다. 그리고 다른 한쪽인 종교성을 배제하여 단순화한 신체 규율의 측면에서는 '황국신민의 서약'이 '스님의 불경'처럼 들리는 사태에 맞닥뜨렸다.

'천황제 교육의 역기능'이 '주변부로 밀려난 사람들의 교육' 속에 존재하는 것을 히사키 유키오久木幸男는 이전부터 지적하였다.[78] 이 책의 처음부터 여기까지 서술해 온 내용을 살펴볼 때, 천황 숭경 교육의 관철을 목적으로 도입된 신사神社·신사神祠·부적전[大麻殿]·신단·봉안전奉安殿 등 하나하나의 도구·장치 중에 기대했던 '효과'를 발휘한 준비물은 하나도 없었으며, 오히려 지배자가 식민지 지배 당초부터 안고 있던 내부의 어긋나거나 모순된 구조를 그대로 드러내는 데에만 일조하였다. 따라서 내부의 당착이나 비틀림을 드러내는 이러한 장치가 늘어날수록 이를 설치한 사람들은 스스로가 부지런히 만들어 온 구조 속에서 더 커진 초조함에 사로잡혀 다음 방법을 찾아 나서야만 하였다.

보론 신직회 회보神職會會報라는 매체

조선신직회朝鮮神職會 회보 《도리이鳥居》에 대해서

1920년대 이후, 전국신직회 하부 조직인 지방 신직회의 회보 출판이 활발해졌다.[79] 타이완 신직회, 조선신직회도 마찬가지였다. 조선신직회 회보 《도리이鳥居》는 지금까지 일본 국학원 대학 시부야 도서관에서 열람 가능한 1938년부터 1939년 분을 제외하고, 대부분 그 성격

78 久木幸男, 〈明治期天皇制教育研究補遺〉, 125-126쪽.

79 예를 들어, 도치기 현(栃木縣) 신직회에서는 《栃木縣神職會會報》, 시가 현(滋賀縣) 신직회에서는 《淡海神園》, 도쿄부 신직회에서는 《東神》, 타이완 신직회에서는 《敬愼》 등이 간행되었다. 대개 1910년대 후반부터 1920년대에 걸쳐 창간되었다.

은 물론 그 존재조차 잘 알려져 있지 않았다. 여기서 저자가 고서점이나 신사 관계자를 방문하여 수집한 《도리이》의 기사 일람(말미의 〈자료 3〉)과 함께, 이 잡지에 대해서 약간의 보족 설명을 하고자 한다.

조선신직회의 경우, 1920년대부터 '등사판 인쇄 1장'으로 된 회보를 발행하였으나, 이에 대한 상세한 내용은 전혀 알려지지 않았다. 1931년 10월에 《도리이》 제1호가 발행되었다. 월간 5전(연간 구독료 50전)으로, 저자가 현존을 확인할 수 있었던 것은 1941년 12월호까지 모두 120부 정도 가운데 약 80부였다.

회보 편집부는 대략 10년 동안 조선 신궁 사무소, 경성 신사 사무소, 다시 조선 신궁 사무소로 이동하였다. 편집부의 이관을 기준으로, 1931년 10월호부터 1933년 9월호까지(조선 신궁 편집)를 제1기, 1933년 10월호부터 1937년(월 불분명, 경성 신사 편집)을 제2기, 1938년 1월 이후(조선 신궁 편집)를 제3기로 볼 수 있다. 대개 1930년대 전반을 조선 신궁에서, 신사가 '신비화'를 강화하는 1930년대 중반에는 경성 신사에서, '황국신민화' 관련 제반 시책이 잇달아 실시된 1930년대 후반에는 다시 조선 신궁에서 편집되었다. 집필자 서명에 실명은 거의 찾아볼 수 없다. 필명을 통해서 조선 신궁 편집기에는 대부분 조선 신궁 신직이었다는 것, 경성 신사 편집기에는 천청회天晴會라는 교화 단체 관계자가 집필하는 경우가 많다는 것을 알 수 있었다. 이제 각각의 시기에 나타난 특색에 대해서 개관하고, 표제 일람(말미 〈자료 3〉)도 이 구분에 입각해 제시하고자 한다.

말미 〈자료 3〉을 참조해 보자. 먼저 제1기는 조선 신궁 사무소에서 편집되었다. 이 시기의 특징은 조선 신궁 네의禰宜가 편집을 담당하였고 첫머리에 '메이지 천황 어제御製'라는 말이 들어갔으며 황실

관련 기사(〈궁정록사宮廷錄事〉)가 게재되는 등, 천황과 황실에 다가가려는 의도를 보이고 있다는 점이다. 또한 논설란이 존재하지 않기 때문에 주장의 강도가 제2기에 비해 떨어진다. 다만 본론 제1장(권학제 분석)이나 제2장에서 언급한 〈권학제를 제창하다勸學祭を提唱す〉(하야마시즈오早山靜夫), 〈제국 오하라이의 제창諸國大祓の提唱〉(요코이 도키쓰네橫井時常)이 게재된 것은 이 시기였다.

1934년 7월, 조선신직회 총회에서 조선신직회 사무국이 조선 신궁에서 경성 신사 사무소로 이전하는 것이 결정되었다(제2기). 조선 신궁의 10주년 기념제(1935년)를 즈음하여 매우 바빠지면서 나온 결정이었던 것으로 보인다. 이에 따라 《도리이》 편집도 경성 신사에서 담당하게 되었다. 1934년 11월호부터 편집 발행인은 고바야시 고이치小林鄕一 경성 신사 차석 사장次席社掌으로 변경되었다.[80] 고바야시에 관해서는 《신도神道 인명사전》 1955년판에도 1986년판에도 기재된 내용은 없으나, 국학원의 동창회 명부인 《원우회 명부》(1942년판)에 이름이 기재되어 있다. 이 밖에 경성 신사의 신직도 대부분은 《원우회 명부》에서만 이름을 발견할 수 있었다. 이를 통해, 신궁황학관 졸업생이 매우 많았던 조선 신궁(제3장 참조)과 경성 신사 사이에는 일본 현지와 마찬가지로 신직 양성 학교끼리 인사와 관련해 대항 관계에 있었음을 짐작해 볼 수 있다.

경성 신사에서 편집이 시작되고 얼마 뒤 《도리이》라는 타이틀이 《조신 도리이朝神鳥居》로 변경되었다. 《조신朝神》(조선신직회의 약칭)을 삽입한 데에는 회보를 조선 신궁의 '엘리트' 신직만의 전유물로 해서

80 편집부의 이전과 관련해서 전임자인 조선 신궁 녜의 나카 이사오(仲公)는 "《도리이》만이라도 조선 신궁에서 육성하고 싶다"는 뜻을 내비치기도 하였다고 한다. 《鳥居》 제11권 제10호(朝鮮神職會, 1941년 10월), 2쪽.

는 안 된다는 생각이 반영된 것이었다. '편집 후기'가 '주마등'으로 바뀌었고 '메이지 천황 어제', '궁정록사'가 사라졌으며, 첫머리에 논설이 게재되기 시작하였다. 이러한 경성 신사의 조선 신궁에 대한 대항적 자세는 다음과 같은 말에 잘 나타나 있다. "《도리이》는 반도 유일의 신도 잡지이기도 하고 조신의 기관지이기도 하다. 어느 12명에 의해서만 만들어져서는 안 된다", "《도리이》는 결코 고위직의 꽃이 아니다".[81]

경성 신사 신직은 당시까지의《도리이》를 일부 '고위직의 꽃'으로 인식하고 있었다. '고위직'이란 조선 신궁 신직을 가리키는 말이 분명하다.[82] 두 신사는 거리상 인접해 있었음에도 불구하고《도리이》의 기사 집필과 관련한 협력 체제는 거의 찾아볼 수 없다. 경성 신사로 편집부가 이관되고 나서 글을 실은 조선 신궁 신직은 하야마 시즈오뿐이었다. 하야마는 말미 〈자료1〉(조신신궁 신직 일람)을 통해 알 수 있듯이, 조선 신궁에서는 매우 드물게 신궁황학관 졸업생(무시험으로 신직 자격이 부여된다)이 아니라 신직 고등 시험 합격자로서 채용된 신직이었다.

본래 두 신사에는 '분위기'가 다르다는 말이 있었는데,[83] 이러한 두

---

81 〈鳥居は云う〉,《鳥居》 제5권 제2호(朝鮮神職會, 1935년 2월).

82 경성 신사 신직과 조선 신궁 신직 사이에 긴장감이 도는 양상은《鳥居》 편집부 이관 직후 다음과 같은 말로도 표현되었다. "우두머리가 바뀌어 〔…〕 세속 일은 하찮으면서 고생이 많아 〔…〕 피리를 불어 주어도 춤추지 않는 형상이라고 할 수 있다"(주마등), "널리 국체신도를 선양하고, 민심의 귀추를 올바르게 해야 할 때에 안에 의지할 힘이 없다면 어떻게 해서든지 세도인신(世道人身)을 얻어야 한다"(〈昭和9年を送る〉)《鳥居》 제4권 제11호, 제12호(朝鮮神職會, 1934년 11월, 12월).

83 1930년대부터 1940년대에 걸쳐 세 차례 조선 반도와 중국 대륙 신사를 시찰한 국학원 대학(國學院大學) 교수인 고노 쇼조(河野省三)는 조선 신궁과 경성 신사에 대해서 "모든 신직 제군도 일조(日朝) 융화를 염원하며 봉사하고 있는데, 전자의 시설에는 이른바

신사 사이의 '차이'는 예를 들어 신사神祠 설치(이 책 제4장 참조)를 둘러싼 표현의 차이에서도 상징적으로 나타나 있다. 구체적으로 살펴보면, 제1기 《도리이》에서 신사 설치와 관련해 '신사 설치 허가'라는 이름으로 조선총독부로부터 허가를 받은 신사의 장소 등에 대해 담담하게 기재하였다. 이에 반해 제2기에서는 여기에 덧붙여 '아름다운 융화의 미', '내선인의 땅과 땀의 결정', '조선인 우지코氏子의 미담' 등 조선인이 참여하고 있음을 유달리 감정적인 말로 표현하였다. 조선 신궁에서 《도리이》가 편집되던 시기에도 신사 설치 신청 대표자가 조선인인 사례는 있었지만, 경성 신사 편집 시기와 같은 감정적인 표현은 발견할 수 없었다.

1938년에는 《도리이》 편집부가 다시 조선 신궁 사무소로 이전되었다(제3기). 이때부터 편집자명에는 조선 신궁의 촉탁이나 주전主典이 이름을 올렸는데, 각각 1년 정도 교대로 맡았다.[84] 이 시기의 《도리이》

관료적인 풍이 있고, 후자에는 이른바 민중적인 분위기가 있다"라고 기술하였다. 河野省三, 〈鮮滿と華北の神社〉(1948년 원고), 小笠原省三, 앞의 책(1953년 복각, ゆまに書房, 2004년), 517쪽.

84 각 담당자를 개관해 보면, 먼저 1937년 후반부터 1938년 10월(통호 85호)까지 약 1년은 조선 신궁 촉탁인 다케바야시 겐이치(武林健一)가 담당하였다. 다케바야시(武林)는 오사카 출신으로 1930년에 신궁황학관 본과를 졸업하고 1933년까지 시조나와테 신사(四條畷神社)에서 일을 하였으나, 이후 몇 년 동안 이렇다 할 직위 없이 지내다가 1938년부터 조선 신궁 촉탁(신직은 아니다)이 되었다. 1939년 10월에 만주 신쿄 신사(新京神社)에 근무하게 되면서 조선 신궁을 떠났다. 다음으로 1938년 10월(통호 86호)부터 1939년 6월(통호 93호)까지 8개월 동안 조선 신궁 촉탁인 이와시타 덴시로(岩下傳四郎)가 담당하였다. 이와시타(岩下)의 경력에 관해서는 1941년에 《大陸神社大觀》을 출판한 것을 제외하고는 불분명하다. 《昭和12年 年報》(1938년 발행)에 신궁 직원으로 이름이 기재되어 있으나, 이해 이 외에는 직원으로서 관련 기록이 없다. 조선 신궁 촉탁 직원을 오랫동안 지낸 고야마 후미오(小山文雄)가 《大陸神社大觀》의 서문에 "도쿄에 있을 때부터 잘 아는 친구이다"라고 밝혔다. 고야마(小山)는 도쿄에 있을 때 전국신직회 본부의 사무주사(事務主事)였기 때문에, 이와시타도 전국신직회와 관련이 있었을 것으로 추정된다. 1939년 7월(통호 95호)부터 1941년 1월(통호 113호)까지 1년 반 동안은 전국신직회 기관지 《皇國時

부터는 조선총독부의 신사 관련 정책으로 다음 두 가지가 크게 변화하였음을 알 수 있다. 그 하나는 신궁 부적의 배포가 강력하면서 조직적으로 실시되기 시작한 점이다(제5장 참조). 또 하나는 신사神祠의 급증이다(제4장 참조). 예를 들어 신사 설치와 관련하여 경성 신사 편집 시기의 신사 설치를 둘러싼 감정적 표현이 사라졌다. 신사의 총수는 이 시기에 급증하지만, 이와 반비례하여 감정적인 표현이 사라지고 담담하게 전달하는 분위기가 강해졌다. 이밖에도 조선인 신직 양성 기관(황전강구소皇典講究所 조선분소)이 조선 신궁 경내에 개설되었다는 점, 조선에서 두 번째 관폐대사인 부여 신궁이나 경성·나남의 두 호국신사 창설, 대일본 신사회 조선 지부로 명칭 변경 등 굵직굵직한 일들이 있었다. 그러나 이에 대한 논평은 많지 않았으며, 전시 종이량 통제의 영향이 있어서인지, 연락 사항을 전달하는 성격으로 변화해 갔음을 알 수 있다.

전반적으로 살펴볼 때 흥미로운 점은 경성 신사 편집 시기가 조선에서 신사 제도가 크게 개편되던 시기(1936년 7-8월)나 '심전개발운동'과도 관련 있는 '비종교'의 형각화가 심해지던('신비화'가 더 강화됨) 시기와 겹친다는 점이다. 이 시기에 국폐소사가 된 경성 신사에서《도리이》가 편집되었다. 오카야마 현岡山縣의 신직을 분석한 아제가미 나

報》 편집 주임이었던 이리에 아키라(入江晃)가 담당하였다. 이리에(入江)는 1931년에 국학원 대학(國學院大學)을 졸업하고 곧《全國神職會會報》편집부에 들어갔으며, 신직으로서는 1939년 3월 조선 신궁에 처음 부임하였다가 1939년 12월에 관폐대사(官幣大社) 미야자키 신궁(宮崎神宮)으로 이동하였다. 전후에는 야쓰시로구 궁사(八代宮宮司)를 거쳐 도쿄 대신궁 권궁사(東京大神宮權宮司)(《神道人名辭典》神社新報社, 1955년)가 되었다. 이리에 다음에는 미야타 사다시게(宮田定繁) 조선 신궁 주전이 편집 발행인이 되어 1941년 2월(통호 114호)부터 같은 해 8월까지 6개월 동안 편집을 담당하였고, 이어서 다이쿠하라 히데오(大工原英夫) 주전이 12월까지 6개월을 담당하였다. 1942년 이후의 편집 담당자는 자료가 발견되지 않아 불분명하다.

오키畔上直樹는 '아래로부터'의 파시즘이라는 표현으로, 1920년대 이후의 부현사府縣社 이하 신사 신직이 전국신직회에서도 발언권을 강화해 갔다는 점을 지적하였다. 이는 조선에서라면 경성 신사의 경우와 들어맞는 경우라고 할 수 있다. 다만 조선의 경우, 경성 신사에서 찾아볼 수 있는 '아래로부터'의 파시즘적 사고방식은 무당이나 동제洞祭 등 조선 전통 신앙과의 융합을 꾀하였다는 점에 큰 특색이 있다.

조선 신궁 신직에게 '신비'는 일본의 토착 풍속이었다고 할 수 있다. 그러나 경성 신사에서는 한층 농밀한 '신비'를 바탕으로 조선인과의 '내선일체화'를 기도하였다. 조선 신궁과는 다소 방법이 다른 '아래로부터'의 파시즘은 1935년에 국폐소사로 지정되어 궁사宮司를 비롯하여 신직이 국가 관료가 된 뒤에도 변화가 없었다.

애석하게도 여전히 발견되지 않은 부분이 아직 많다. 특히 1937년 5월부터 12월의 발행분은 '(학교) 애국의 날', '황국신민의 서약', 조선인 대상 학교에 대한 '어진영' 교부 등 이 책의 내용과도 관련 있는 중요한 시책이 잇달아 실시된 시기로, 만약 자료가 발견된다면 이러한 시책들에 대한 조선 신궁 내지 경성 신사의 사상이나 접근 방법, 나아가 근대 신직상神職像 그 자체를 알 수 있는 귀중한 단서가 될 것이다.

아직 발견되지 않은 《도리이》의 발굴을 위해 노력함과 동시에 그 매체의 성격, 위치 등에 대해 다른 신직회지(예를 들어 타이완 신직회 회보《경신敬愼》)와의 비교 검토도 앞으로 필요한 작업이다.

결장
結章

제1절 '신도神道를 받드는 조선'을 노린 그들은 왜 아동에게 의존하였는가? – 이 책의 요약

어떤 구조물이 드디어 본격적으로 와해되기 시작할 때, 그 시스템을 구축해 온 입장에 있던 사람들은 분명 마구 닥치는 대로 완력을 써서 그 와해를 막으려고 할 것이다. 바로 이러한 모습이 가시적이면서 폭력적인, 지금까지 '신사참배의 강요'로서 서술되어 온 부분이다. 이는 빙산의 일각이다. 이 책은 학교와 신사의 관계성에 주목하면서 수면 아래의 모습을 포함한 빙산의 전체 모습을 들여다보고 그려 내는 데에 목표를 두었다. 먼저 이 책의 내용을 '왜 학교였는가? 왜 아동이었는가?'라는 관점에서 요약해 보겠다.

제1장(권학제 분석)에서는 조선 신궁의 준공(1925년) 반년 후부터 시작된 수신 교과서 수여 봉고제(1934년에 권학제로 개칭)에 주목하여 그 전개 과정을 분석하였다. 이 행사는 조선 신궁의 준공 당시, 상대적으로 신사를 열심히 참배하지 않는 조선총독부에 화가 난 다카마쓰 시로高松四郎 궁사宮司가 기획해 시작한 행사였다. '감사 참배'는 당초 각 학교에서 단체로 실시되었으나 1934년 이후에는 이와 더불어 개인의 참배도 실시되었다. 개인으로서 하는 '감사 참배'는 학교명과 이름을 기재한 '서약'을 조선 신궁에 제출하도록 하는 장치를 만들어 냈다. 이는 '자발적'으로 '훌륭한 일본인'이 될 것을 맹세하게 하여 개개인의 심리를 조직화하는 것으로, 1937년에 조선총독부 학무국이 도입한 '황국신민의 서약'보다 앞선 것이었다.[85] 권학제는 1940년대에

85 1920년대 홋카이도(北海道)의 제2 후시코 심상소학교(第二伏古尋常小學校)에서는 아이누 아동에게 "좋은 일본인이 될 각오입니다"라는 맹세를 선창에 따라 모두가 부르게 한

각 지역의 신사神社·신사神祠에서 실시되었다.

이 행사가 시작된 배경으로, 아동의 참배를 중시하였던 조선 신궁 궁사 다카마쓰 시로의 사상을 들 수 있다. 이는 다카마쓰가 20대 때부터 일본 현지의 신사에서 추진한 사상과 실천의 연장선상에 있는 것이었다. 내무성 신사국도 수신 교과서의 배포를 장려하였음을 알 수 있지만, 신사를 종교로 받아들여야 한다고 잘라 말한 다카마쓰는 내무성이 장려한 '권학제'라는 명칭에 위화감을 가지고 있어, 조선 신궁에서 이 행사를 거행할 때 '수신 교과서 수여 봉고제'라는 기묘한 명칭을 붙여 거행하였다.

제2장에서는 오하라이 의식이라는 제사에 대한 참석 형태에 대해서 분석하였다. '오하라이お祓い'는 일본 제국 헌법이 정하는 '종교의 자유'에 저촉된다는 의견이 일본 현지의 신사 제도 조사회에서 나왔다. 그러나 조선 신궁의 오하라이 의식에는 1932년부터 학교가 참석하기 시작하였다. '종교성'이나 (일본의) '풍속'에 대한 집착은 아치와 야스히코阿知和安彦 2대 궁사의 사상이 반영된 것이었다. 처음에는 청년층의 참여를 기대하였으나, 나중에는 아동층의 동원을 강화해 갔다. 다만 이 행사에 사립학교의 참가는 1936년 무렵까지 저조하였으며 이를 묵인하는 분위기가 존재하였다. 교장들이 각 행사에 대한 '종교성'을 판단하였으며 교장에 의한 이러한 판단에는 큰 차이가 있었다. 그러나 교장이 오하라이 의식에 대한 참석을 거부하는 것은 미나

일이 다케가하라 유키오(竹ヶ原幸朗)에 의해 밝혀졌다(다케가하라 유키오, 〈近代日本のアイヌ教育 同化教育の思想と實踐〉, 《教育のなかのアイヌ民族 近代日本アイヌ教育史(竹ヶ原幸朗研究集成 제1권)》(社會評論社, 2010년), 45쪽[처음 나온 것은 동명 논문 《北海道の研究》 제6권 근현대편 2(高倉新一郎 감수, 桑原眞人 편, 清文堂, 1983년)]. 이러한 맹세를 요구하는 '교육'의 모습은 더 넓고 깊은 시각을 갖고 신중하게 고찰되어야 하는 과제라고 생각한다.

미 지로南次郎 조선총독이 직접 참여한 1936년 12월 이후 점차 어려워졌던 것으로 보인다.

당초 조선 신궁에서는 오하라이 의식에 대한 청년층의 참여를 기대하였으나, 그 기대는 관철되지 않았다. 1932년에 처음으로 학교로서 참석한 곳이 경성 제2 공립 고등여학교였다는 점으로 상징되듯이, 1936년에는 학교의 참석자가 400명 이상으로 증가한 오하라이 의식은 이해까지의 내역을 보면 일본인 대상 학교, 그중에서도 여학교인 경우가 많았다. 이듬해 1937년에는 참석자가 1천 명 이상이 되었으나, 청년층이 증가한 것이 아니라 초등 교육 기관, 특히 조선인 대상 학교의 참석자가 전년 대비 10배의 증가를 보였다는 점이 큰 영향을 주었다. 이러한 점을 통해서, 청년층을 제대로 포섭하지 못한 결과, 조선인 대상 초등 교육 기관에 대한 의존도가 더욱 높아지는 경향을 보였음을 짐작해 볼 수 있다.

1940년대에는 일본 현지의 신사에서 저조하였던 오하라이 의식을 부흥시키고자 하는 캠페인을 내무성 신사국을 개조한 신기원神祇院에서 실시하였다. 신기원의 교무관教務官에는 조선 신궁과 대구 신사에서 근무한 신직을 임명하였다는 점도 밝혀냈다.

제3장에서는 1936년에 시작된 행사인 하계 조조 참배를 분석 대상으로 하였다. 조선 신궁은 중등 교육 기관을 포함한 공사립학교와 각종 교육 기관을 대상으로 참배증을 배포하였는데, 이 참배증 제출자의 '통계'를 통해서 이에 응한 압도적 다수는 초등학교였다는 점, 그 과반수가 조선인 아동이었다는 점을 알게 되었다.

초등학교가 이에 응한 배경으로, 학교 자체가 중등 교육 기관에 비해 그 수가 매우 많다는 점(단 일본인 학교에 비해 조선인 학교가 적었던 것은 큰 사회 문제였다는 점을 주의해 볼 필요가 있다), 학교가 여름 방학 '지도'의 일환으로 참배를 장려한 점(하계 조조 참배 기간은 여름 방학 기간의 2배), 그리고 1937년에는 이를 '경성부' 학무과가 조선총독부보다 먼저 추인하는 형태로 전쟁과 관련해서 장려하였다는 점을 들 수 있다.

하계 조조 참배는 자료상 살펴본 결과 1937년 이후 대구 신사(경상북도)에서, 1940년대에는 경성 신사와 지역의 신사神祠에서도 실시되었다. 이 밖에 절분제節分祭에서 '입춘대길' 부적을 조선인에게 배포하는 등, 1936년의 신사 제도 개정을 계기로 지위가 높은 사격社格에 있는 신사를 중심으로 신직 양성 기관인 신궁황학관神宮皇學館 졸업생의 네트워크를 하나의 기반으로 하면서, 기타 조선 신궁의 독자적인 행사도 각 지역으로 확대 전개해 갔다. 대구 신사 일참회日參會의 분석을 통해서 일참회 기간 중 전체 참배자에서 차지하는 조선인 아동의 참배 비율은 압도적이었으며, 이는 조선 신궁에 비할 바가 아니라는 점, 그 배경에 인접 학교의 협력이 있었다는 점을 밝혀냈다. 여기서 조선인 지역 사회에서 존립하였던 신사의 모습을 더욱 분석해 볼 필요가 생겼다. 그래서 제4장에서는 간소화된 신사神社인 신사神祠를, 제5장에서는 각 학교의 신단과 신궁 부적을 검토 대상으로 하였다.

제4장(신사神祠 설치 양상 분석)에서는 조선의 지역 사회에 신사神祠를 설치하고자 할 때 어떻게 학교에 의존하였는지, 왜 그렇게 되었는지 알아보기 위해 신사 설치, 유지에 대한 학교의 관련성을 검토하였다. 1935년에 농산어촌진흥운동의 일환으로 종교를 이용하려는 의도를 갖고 '심전개발운동'이 제창되자, 신사참배 요구는 더욱 거세져 갔다. 1936년에는 신사 관계 법령이 큰 폭으로 책정·개정되어 국폐소사

國幣小社라는 일본 현지의 지위가 높은 사격이 조선의 신사에도 도입되었다. 이 밖에 각 지방 관청의 공금 지출이 '관례'에서 법령을 근거로 한 제도로 바뀌었다. 1939년 이후 1945년까지, 당시까지 존재했던 약 4백 개의 신사神祠에 더하여 각 지역에 5백 개 이상의 신사가 새로이 설치되었다.

1936년까지 '일면일교(면 하나에 조선인 대상 학교 하나)'가 성립되자 이를 전제로, 각 초등학교 교장의 협력과 아동의 '응원 참가'를 요구하였다. 이처럼 초등학교에 의존하지 않고서는 신사의 설치와 유지가 곤란하였다. 게다가 본래 신사 설치 신청 전부터 그 설치 장소로 학교 인근을 선정하는 등의 형태로, 신사의 설치 신청 단계에서부터 학교(조선인 대상 학교)의 존재를 전제로 삼았다.

일본 현지의 지방 개량 운동 등에서도 지역 교화에 신사를 이용하려는 시도가 있었듯이, 조선의 '심전개발운동'에서도 신사를 이용하려고 하였다. 그러나 애초에 신사가 존재하지 않고 다른 풍속을 가진 조선 사회에서 학교 이외에는 의지할 만한 대상이 전무하였다고 할 수 있다. 그렇기 때문에 사회 교화나 사회 통합이라는 역할이 기대된 신사神社·신사神祠를 설치할 때에 신사의 '총대總代' 등 자발적 담당자인 일본인이 거의 없는 조선 지역 사회에서는 행사 참여나 청소 등의 유지·관리뿐만 아니라 신사 설치의 모금이나 노동에도 아동을 '교육'의 일환으로 이용하였다. 그리고 학교는 학교 교육의 장임과 동시에 '사회 교육의 첨병'으로서의 역할도 해 줄것으로 기대되어, 1940년대에는 학교와 신사가 일체화되는 양상을 보이기도 하였다.

제4장에서는 지역 사회 입장에서 신사神祠와 관련해 학교에 거는 기대에 대해서 검토하였지만, 제5장에서는 반대로 학교의 입장에서

신단, '부적 봉재전'을 이용하려는 경향과 그 배경에 대해서 분석하였다. '경성부'를 제외한 대부분의 조선인 대상 초등학교에는 학교 의식의 중요한 장치인 '어진영'이 교부되지 않아 학교 현장에 없었다. 조선인 교원 수가 많은 초등학교에서는 '봉호奉護의 만전'을 기하지 않았기 때문이다.

이러한 조선인 내상 학교에는 강당의 정면 중앙이라는 학교 의식 때의 '어진영' 위치에 신단을 설치하도록 장려하였다. 본래 기대하였던 천황 숭배 역할의 대체물로서 신단(종교성 문제를 넘어서)을 이용하였다. 그리고 옥외에는 부적 봉재전(봉사전)이라는 신사 양식의 시설을 설치하였다. 특히 부적 봉재전의 설치는 충청북도나 경상남도, 경상북도와 같이 관보상官報上 설치 허가를 받은 신사神祠 수가 적은 지역에서 추진되었다.

교사校舍 내에는 학교 교육의 '어진영' 대체물로서 신단을, 교사 밖(그러나 교내)에는 신사 대체물로서 부적 봉재전을 동시에 설치하게 하였다. 이는 제4장의 결론과 마찬가지로, 학교 교육으로서 천황·황조 숭경과 더불어 '사회 교육의 첨병'[86]으로서의 역할을 기대할 만한 존재가 학교 이외에 전혀 없는 상황이었음을 말해 준다.

제1장에서 제4장까지는 신사神社의 행사나 신사神祠 설치에 협력하는 측면을 가진 학교에 대해서 서술하였다. 그러나 제5장에서는 학교가 협력하는 입장에 있었을 뿐만 아니라, '어진영'이 존재하지 않는 등 일본 현지와는 처음부터 크게 다른 배경을 가졌기 때문에 학교가 적극적으로 신단·신궁 부적을 이용하였다는 점에 대해서도 밝혀냈다.

---

86 《朝鮮に赴任する國民學校教員の爲に》(朝鮮總督府 學務局 學務課, 1941년), 10쪽. 《일제 파시즘 한국 사회 자료집》 5권(方基中 편, 서인-한국, 2005년) 수록.

이 책 제3장까지는 정책 의도와는 다른 신직의 '열의'와 학교의 협력 관계에 대해서 밝혀냈다. 권학제·오하라이 의식·하계 조조 참배에서 공통된 점은 첫째로 '자발성'을 강요하였다는 당착, 둘째로 조선총독부의 정책이나 학무 행정과는 상대적으로 관련이 깊지 않은데도 신직의 주도와 교장의 협력 관계를 통해 시작되었다는 점이다. 제4장과 제5장에서는 신사神祠 설치나 신궁 부적 배포, '어진영' 교부는 반드시 '상승 곡선'을 그리며 증가하였던 것이 아니며, '경성'에서 각 지역으로 같은 시간과 과정을 거쳐 전개되었던 것도 아니라는 것을 보여 주었다. 예를 들어 신사 설치는 전라남도에서 가혹하게 추진되었고, 교내의 부적 봉재전은 경상남북도에서 많이 발견되었다. 그리고 각각의 설비 설치나 배례 등의 행동 요구와 함께, 끊임없이 식민지 지배가 안고 있던 심각한 모순이나 비틀림을 확연하게 노출시켜 갔다.

신직과 교장은 실제로 조선총독부의 관리이지만, 행정과는 직접적으로 관계가 없는 종교가, 교육가로서의 행동 원리를 아울러 갖고 있어 서로의 이익이 합치하는 지점에서 정책 의도와 그리 관련이 없더라도 밀접하게 협력하였다. 그러나 이는 '칙어등본'·'어진영'과 부적을 올바르게 함께 모시는 방법'에 대해서 학교가 학무 행정의 지시를 받는 기묘한 사태를 야기하기도 하였다. 이러한 모순은 학무 행정과 학교생활, 혹은 학교의 중요한 의식과 신도 교의상 중요한 제사, 그리고 내무 행정과 신직의 사상 사이에서도 빈번하게 발생하였다.

예를 들어 종교성을 배제한 신체 규율인 '황국신민의 서약'은 당초부터 위정자가 노렸던 '효과'를 거두지 못한 채, 학교에서는 독자적으로 '황국신민의 서약 실천 일지'를 작성하여 부적 봉재전 배례라는 '종교적'인 행위로 이어졌다. 조선신직회에서는 '어진영'과 부적을 같은 '신전'에 모셔야 한다고 주장하였으나, 학무 행정 담당자는 양자를 별개로 취급해야 하며, 학교 강당에서 '어진영'이 강당의 중앙 정면에 위치해야 한다고 통첩하였다. 또한 '애국의 날' 행사에 학교 단체로서 참석하는 것을 조선총독부는 장려하였으나, 신직은 같은 시기에 개인에게 '친밀함'을 주고자 개인이 일요일마다 참배하는 정일定日 참배를 참배증이라는 장치를 마련해 실시하였다. 1935년 말에 평양에서 신사참배 거부 사건이 심각한 문제가 되었을 때, 학무 관리는 '신사에 영靈은 없다고 지도해도 된다'라고 미션스쿨에 지도하였으나, 이러한 '의례화'가 진전될수록 신직은 '신령'의 존재를 소리 높여 주장하였다.

식민지 통치 정책이나 학교 교육 또는 신직의 바람 자체가 서로 중첩될 때에는 늘 그와 동시에 문제가 발생하였다. 특별한 권력 공간인 학교에서 조선인 아동은 이러한 갈등까지 내포한 억압을 온몸으로 그대로 받아야만 하였다.

제2절 신사·학교의 상호 의존과 지배 구조의 와해 – 가설의 실증

다음으로 이 책에서 전망해 볼 수 있었던 사항에 대해서 서술하겠다. 서장에서 언급한 가설은 다음 세 가지였다. 첫째로 식민지 조선에서 학교 의식의 준비 도구로는 교육칙어 이념의 부적합함이나 사진 미교부로 인한 결여가 있었기 때문에 신사참배가 일본 현지보다 과도하게 무거운 역할을 떠안게 되었던 것은 아닐까? 둘째로 일본 현지와 다른 식민지 고유의 문제 구조 속의 최하층으로서 신사참배에 동원되었던 대상은 저연령층의 취학자였던 것이 아닐까? 셋째로 신사참배라는 일본 현지의 학교 의식보다 한층 '신비'에 치우친 형태로 치장을 한 학교 의식의 기능은, '황국신민의 서약'으로 상징되는 '행동(신체 규율)'의 강화와 신사참배보다 더 '신비(종교성)'를 강조하는 방향으로 분열되기 시작해 각각의 측면으로 분해돼 갔던 것은 아닐까?

첫 번째 가설에 대해서는 다음과 같은 점을 실증하였다. 본래 교육칙어는 학교 교육의 중핵일 뿐만 아니라 논리를 넘어서서 문답이 필요 없는 '신비'를 내재해 왔던 근대 신사에서는 대전大典이기도 하여, 신사와 학교는 본래 서로 쉽게 친화될 수 있는 토양을 가지고 있었다. 다만 실제로는 수신 교과서를 증여하여 신사를 참배하게 하는 것은 신사의 종교적 감화에 대한 욕망과 '어진영'이 없는 초등 교육의 대체물이라는 사고의 차이를 내재한 것이기도 하였다. 그러나 여기서 어쩔 수 없이 조선인 아동이 동원되었고 이에 의존하면서 1930년대에는 아동 한 사람당 단체와 개인 자격으로 두 번의 '감사 참배'를 하도록 하여 '서약'을 제출하게 하는 등, 그 양상은 일본 현지와 비교도 되지 않을 정도로 가혹한 것이었다.

이렇듯 과도한, 신사의 학교에 대한 의존, 학교의 신사에 대한 의존은 하계 조조 참배의 사례를 통해서도 밝혀졌다. 이러한 문제들은 조선 신궁에 한정된 문제가 아니라, 1930년대 중반부터 1940년대에 걸쳐 신사神祠가 조선의 지역 사회에 설치되면서 함께 확대되어 갔다. 또한 신직은 일관해서 '비종교론'에 대해 솔직하게 비판적이었으며 '국교화'를 주장하였기 때문에, 아동에 대한 참배 요구는 종교의 자유를 침범할 우려가 있는 사례(특히 오하라이 의식이나 신궁 부적 배포)가 공립학교 교육에서도 빈번하게 발생하였다. 그러나 1920년대의 강경 공립보통학교의 한 예를 제외하고 크게 보도되어 문제화되지 않았던 것은 무엇보다 아동의 신변에 학교 교육 공간 특유의 '소도구'를 이용한 감시나 '벌'이 끊임없이 설정된 데다가 이를 교육으로 간주하였기 때문이다. 그리고 식민지에는 일본 현지처럼 진종이나 현 의회 등, 신궁부적·신단에 어느 정도 '저항'을 보여 준 세력이나 조직이 존재하지 않았기 때문이다.

1938년, 제3차 조선교육령이 나오면서 처음으로 '어진영'의 존재를 전제로 한 학교 의식 규정이 제도화되어 변화가 있었으며, 이와 동시에 조선 신궁 참배자 수가 1938년을 절정으로 감소하기 시작하였다는 점이 눈에 띈다. 이는 '어진영'이라는 '정규' 의례 장치의 대체물로서의 신사·신단이라는 저자의 추론을 뒷받침해 주고 있어 주목할 만하다.[87]

두 번째 가설에 대해서는 식민지 특유의 문제 구조로서, 우선 신사의 수가 압도적으로 적었다는 점, 그래서 간이 신사인 신사神祠의 설치를 시도하였다는 점을 실증하였다. 서장에서 잠시 서술하였는데, 신사참배 문제는 지금까지 "'황민화 정책'의 일환으로 신사에 집단 참배를 강요하였다" 혹은 "기독교도를 심하게 탄압하였다"라는 말 이상의 역사상歷史像은 거의 없었다. 그러나 식민지의 신사참배는, 특히 조선 지역 사회의 사례를 통해 지역 사회에 신사 등이 존재하지 않기 때문에 그런 설비를 만드는 것부터 시작해야 한다는 사실이 오히려 아동에 대한 억압으로 이어지는 구조였다는 것을 알 수 있었다.

87 소학교에는 일반적으로 대부분 '어진영'이 교부되지 않았다는 것을 제5장에서 서술하였는데, 조선 신궁이 있던 '경성'의 소학교에는 예외적으로 교부율이 높게 나타났다.

또한 1930년대 전반까지 '일면일교' 정책에 따라 면 하나에 보통학교 하나가 들어선 것은 이후 '일면일사一面一祠' 정책 실행에 유리하게 작용하였다. 면 하나에 학교장 한 명이 확실하게 존재하게 되었기 때문이다.

그리고 관리를 제외하고 일본인이 거의 존재하지 않는 조선의 지역 사회에서 신사神社·신사神祠는 학교 이외에 의지할 만한 존재가 전무하였다. 그렇기 때문에 신사神祠 설치 요구를 가장 직접적으로 받는 면장이나 우편소장 등의 지역 유력자들은 다음과 같은 일에 가담하였다. 즉, 참배의 전 단계로 신사 설치를 위한 무상 노동이나 설치 후의 청소 등 참배 이외의 유지·관리에도 신사 관리자로서 초등학교장의 감시 아래 아동을 일상적으로 동원하는 일이었다.

세 번째 가설에 대해서는, 식민지의 초등학교에서 신사참배가 학교 의례로 중시되는 전제로서 먼저 '봉호奉護'와 관련한 조선인 교원에 대한 불신이나 '불경'에 대한 우려를 통해 '어진영'이 거의 교부되지 않았다는 것을 입증하였다. 그러나 1930년대 중반 이후, 이른바 '황국신민화'를 위한 제반 시책이 실시된 시기에는 신사의 수가 압도적으로 적다는 것(조선인 초등학교 수는 약 3천 개, 신사는 약 80개), 신사 설치 억제와 함께 이를 대체할 의례 교육으로서의 신사참배는 다음과 같은 두 방향으로 갈라졌다. 하나는 '황국신민의 서약'에 한글로 읽는 방법을 표기하여 의미도 모른 채 암송하게 한 것으로 상징되듯이, 원문의 의미를 상실하고 신체 규율만 강요하는 방향으로. 또 하나는 신사참배보다 '종교성'이 논점으로 부각된 신궁 부적·신단에 대한 배례라는 본래의 논리를 넘어선, 문답이 필요 없는 '신비'의 발판이 되는 방향으로 나뉘어졌던 것이다.

그리고 행동·신체 규율의 측면에서는 '스님의 불경 소리'로 느끼는 사태에 빠졌고, '신비'의 측면에서는 "무엇보다 의미를 이해시켜야 할 필요"가 있다는, 어느 의미에서는 민족적 '저항'보다 더 심각하고 근본적인 '벽'에 부딪혔다. 다만 행동의 측면이 '스님의 불경 소리'처럼 느끼는 것 자체도 사실 '신비'를 향해 순환해 가는 것이라고도 할 수 있다. 종교 행위인 '스님의 불경 소리'도 본질적으로는 믿지 않는 사람에게 '의미'를 알 수 없는 '신비'의 세계이기 때문이다.

되풀이하지만, '어진영' 부재인 조선의 초등학교에서는 천황 숭경 교육을 위한 수단으로 신사참배를 그 중심에 두었다. 신사참배는 본래 '기도'와 같은 마음속 움직임과 '양 손바닥치기', '배례'와 같은 신체 움직임이라는 두 측면으로 구성되어 있다. 그러나 1930년대 후반부터 1940년대에는 한편으로 단체 규율로서, 혹은 공순함을 입증하는 것으로서 신체 행동에 대한 요구를 강화하였다. 그리고 또 다른 한편으로 "존귀한 부적을 왜 매년 교체하는 것인가?(제5장)"라는 질문조차 허락되지 않은 '신비'의 측면으로 내몰린 것이다. 이렇게 신사참배는 한 세트로 요구된 두 측면이 괴리되면서 양극단의 공허한 순환이 일어나자 붕괴로 이어졌다.

제3절 끊임없는 요구, 끝없는 부담 – 다양한 억압과 '벽'

(1) 억압의 주체

이제부터 이 책에서 밝혀낸 각 주체가 아동에게 신사를 참배하게 하였던 요인에 대해서 각각의 측면을 정리해 보겠다. 첫째로 신직은 정책 의도와는 별개의 종교적 '열의' 아래, 의례적인 엄숙함을 요구한 애국의 날[88] 단체 참배 등과는 달리, 개인적 친밀함을 끌어내려 열심히 아동·학생을 참배하게 하려고 다양한 장치를 만들어 냈다. 조선 신궁 2대 궁사宮司인 아치와 야스히코阿知和安彦는 '비종교'로서의 신사 숭경이 아니라 '국교'로서의 신앙을 요구하였다. 서장에서 종교적 활동을 제한받던 입장의 신직상神職像이라는 신사계의 문제에 대해서 언급하였다. 이에 반해, 조선에서 신직은 1920년대부터 1940년대까지 일관해서 조선총독부의 의도와는 다른 차원에서 조선인의 신사참배를 종용하는 데에 매우 '주체적'이면서 열심히 독자적인 움직임을 보여 주었음을 언급하였다.

둘째로 교장은 아동을 데리고 '오하라이お祓い' 행사에 참석하였을 뿐만 아니라 신궁 부적을 학교에 모셔서 이를 아동·학생에게 배포까지 하면서 '실태 조사'를 실시하기도 하였다. 지역 사회에서는 신사神祠 설치 신청 대표자로 나서기도 하고, 신사 완성 전에 관리자로서 강습을 받아 유지·관리를 맡았으며, 아동에게 제사 참석과 일상적인 청소 등을 시켰다. 이와 관련하여 학무 관리와 교장들로 구성된 조선교육회는 '신사 봉무자 강습회'를 특별히 개최하였고, '황국신민 서사지주'를 조선 신궁에 봉납하였으며, 조선의 전 교원에게 '신단'을 '알선'하는 등, 조직적·적극적으로 정책을 집행하는 역할을 담당한 측면이 있었다.

---

88 1937년 7월의 노구교 사건(蘆溝橋事件) 이후 조선총독부 학무국 주도로 '애국의 날'이 설정되었다. 애국의 날은 '학교의 애국의 날'이라고도 보도되었으며, 매월 6일 애국의 날에는 조선 신궁을 비롯한 각 지방의 신사에서 거행하는 의식에 많은 아동·학생 단체가 동원되었다. 1939년 일본 현지에서 '흥아봉공일(興亞奉公日)'이 시작되자 이에 맞추어 매월 1일이 애국의 날로 지정되었다.

셋째로 지역 사회의 조선인 면장이나 일본인 우편소장은 신직과 신사 설치 장소를 논의하고 그 설비를 신청하였다. 이때에는 학교의 위치가 중시되었다. 전라남도에서는 1939년 이후 신사의 설치는 면장이 신청 대표자로서 역할을 담당하면서 급격하게 증가하였다.

넷째로 중등 교육 기관 학생은 "민족의식이 싹터",[89] 봉안전에 '불경'스러운 행동을 하거나 교장이 교육칙어 등본을 받쳐 든 모습을 "꼴사납다"[90]고 느꼈다. 이는 결과적으로 오하라이 의식 참석의 예를 통해, 간접적으로 신사참배자 동원의 원천으로서 초등학교 아동에 대한 의존도를 높이게 된 것으로 추정된다. 또한 중등 교육 기관에는 '어진영'이 우선적으로 교부되었다. 이 역시 결과적으로 초등 교육 기관에 부적 봉사전 설치가 집중되는 간접적 요인으로 작용하였다고 할 수 있다. 게다가 일부 실업학교에서는 '실습'의 명목으로 신단을 제작하기도 하였다.

중등 교육 기관의 학생들에게 오하라이 의식 참석을 거부할 자유나 '어진영' 교부·신단의 제작을 거부할 자유가 있었다고는 결코 생각할 수가 없다. 그러나 중등 교육 기관의 교장은 어떠한 의도였는지 출석에 소극적이었고 또한 이것이 허용되었다는 점과, 중등 교육 기관에는 '어진영' 교부율이 높았다는 점을 다시 지적해 두고자 한다. 초등학교와 다른 이러한 점들을 통해 중등 교육 기관의 학생은 적어도 개인으로서 신사참배를 하지 않아도 되었으며, 이는 결과적으로 신직이나 교육 관계자의 분노를 초래하였고, 간접적이기는 하지만 초등학교에 악영향을 미쳤다고 할 수 있다.

89 井田末喜, 〈皇國臣民化の教育に就て〉, 《朝鮮》 제287호(朝鮮總督府, 1939년 4월), 15쪽.
90 羅英均, 앞의 책, 152쪽.

전체적으로 '신사참배 강요' 문제는 실제로 그뿐만이 아니라 부적 수수, 신사神祠를 위한 토지나 금전 제공과 정지 작업 등의 노동, 청소, 행사 참석 등 끊임없이 다양한 요구를 동반하였다. 이러한 요구들이 갖는 갈등이나 조잡함, 각축까지 내포한 형태로서의 '신사참배 강요'가 조선인 초등학교 아동에게 압박을 가하는 구조를 밝혀낼 수 있었다.

(2) 신사참배를 촉구하는 측에서 바라본 시간의 '벽'

앞에서는 신직, 교장, 면장이나 우편소장, 중등 교육 기관 학생이라는 존재에 대해 주목하였다. 여기에서는 마찬가지로, 이들이 신사참배를 강요하는 각 권력의 의도에 '벽'이 되는 측면까지도 동시에 가지고 있었다는 점에 대해서 서술하겠다. 첫째로 신직은 그 종교적 열의를 갖고 관료의 형식적인 제사 참석 모습이나 '비종교(숭경)'로서의 신사참배에 비판을 계속하였다. 둘째로 교장은 권학제에는 참석하고 수신 교과서도 받았지만, 오하라이 의식에는 참석하지 않는 대응 방식을 1936년까지는 선택할 수 있었다. 그 밖의 제사에 대한 참석 양상을 보아도 교장의 대응은 개인이 판단할 수 있는 여지가 있었음을 알 수 있다. 셋째로 면장은 1939년 이후 전라남도에서 급격한 신사의 증설이 실시되었을 때, 신사 설치 신청 대표자가 되지 않거나 또는 적어도 '망설임'을 드러낸 흔적이 있었다. 넷째로 중등 교육 기관의 학생은 비밀 결사 등의 조직화는 물론, 신단을 받자마자 밟아 부숴 버리는 등, 일본인 교장이나 교원에게, 신직에게, 학무 행정이나 그 밖의 식민지 지배 관철을 꾀하는 관료에게는 "민족의식이 싹터 주변의 불순분자의 선동에 빠지고 만"[91] 모습에 초조함을 느끼게 하는 '벽'이었다.

면장도 신직도 순종적인 정책 집행자의 입장에 서지 않는 측면이 있다. 신사참배는 직접적으로 정책을 집행하는 상황이 아니다. 그 착종된 상황 자체가 그대로 아동을 신사참배로 내몰았다. 위에서 제시한 네 가지 사항은 각각 강요하는 측, 강요받는 측의 양면을 가지고 있지만, 아동은 오직 강요받는 입장이었다는 측면만을 보였다.

제4절 무한정의 '신비' 속 제반 권력의 양상

일본 현지에서는 '오하라이' 의식에 학교가 참석하는 것에 대해 정책 결정 과정에서 우려의 표명이 있었다. 그러나 조선에서는 1932년부터 오하라이 의식에 학교의 참석이 시작되었으며, 1937년에는 1천 명 이상이 참석하였다. 적어도 오하라이 의식의 학생 참석과 관련해서는 조선총독부의 정책적 의도와 직접적인 관련이 없어 보이는 부분에서부터 시작되었다.

신궁 부적과 관련해서 설명하자면, 일본 현지에서는 신사참배가 애국심을 나타내는 표시(1932년)였으나, 신궁 부적의 경우에는 여러 종교 단체의 강한 반발을 야기하였다(메이지 유신기 이후 1934년 무렵까지). 한편 조선에서는 1934년부터 신궁 부적을 학교에서 봉안하기 시작하여, 1935년에는 교원에게 신단을 배포하였고, 1938년부터는 아동·학생의 가정에도 부적을 배포하였으며, 학교에 따라서는 그 '실태 조사'를 실시하기도 하였다. 또한 신사神社·신사神祠가 없는 지역에

91 井田, 앞의 책.

서는 학교 내 옥외에 부적 봉재전을 설치하였다.

교장의 협력 체제와 관련해서 살펴보면, 권학제에는 참석하지만 오하라이 의식에는 참석하지 않는 선택도 있었지만, 양쪽 모두에 참석하는 선택도 있었다. 조선 신궁 인근에 위치한 학교라고 해도 하계 조조 참배에 열의를 보이지 않는 곳도 있었다. 이러한 상황들은 교장의 판단하에 행해졌던 것이다. 또한 '어진영'의 올바른 위치인 강당의 중심에 신단이 설치되었다. '비종교'의 도구인 '어진영'의 대체물로서 '종교적'인 도구가 뒤섞이면서 이로 인해 '정규' 질서에 혼란이 야기되었다.

일본 현지에서는 민제民祭를 지탱하는 지역적 기반이 존재하였다. 그러나 조선에는 (일본의 풍속인) 민제의 기반이 존재하지 않았다. 그러한 곳에 '총진수'로서 조선 신궁을 세워 관제官祭를 도입하였다. 일본 현지의 학교에서는 관제의 영향을 받으면서 '어진영'과 교육칙어를 통해 독자적으로 형성된 '학교 마쓰리(서장 참조)'가 도입된 것인데, 조선인 대상 학교의 '학교 마쓰리'는 '어진영'이 1938년 제3차 조선교육령까지 법적으로 제도화되지 않는 등, 극히 '비정규적'인 형태였다. 이러한 학교에서는 '오하라이'와 같은 민제적 풍속 행사까지 아동에게 강요하였던 것이다.

조선신직회 회보에 '영령공장론(英靈公葬論: 전사자의 장례를 신도 방식으로 치른다는 주장)'이 게재된 것도 오하라이 의식에 대한 학생 참석이 시작된 것과 같은 시기인 1932년의 일이었고, 이는 일본 현지보다 빠른 시기였다. 또한 대구 신사나 경성 신사 등 일본인 거류민이 설치한 사당祠에서 시작된 신사도 본래 '무격無格'의 신사였기 때문에 장례에 관여하는 것은 실질적으로 자유로웠으나, 이들 신사들이 국폐사의 대열에 합류한 뒤에도 장례 관여를 제지하는 조치는 나오지 않았다. '비종교'에 내재된 '신비'는 이러한 형태로라도 관국폐사에 파고들고자 하였다.

제5절 신사참배, 학교와의 관계를 통해서 살펴보다

(1) 강요란 무엇인가?

서장에서 강요를 신체적·폭력적인 사태로만 파악하려는 문제에 대해서 지적하였다. 여기서 각 장에서 밝혀진 다양한 강요의 구체적 모습을 다시 살펴보고자 한다.

권학제의 서약은 일본인이 되는 서약과 수신 교과서에 대한 배례를 요구하기만 한 것이 아니다. 학교명과 이름을 기재하여 제출하게 함으로써 간접적인 감시를 가능하게 하는 '소도구'였던 것이다. 오하라이 의식에는 교장과 한 명 혹은 여러 명의 아동·학생이 참석함으로써 교장이 아동·학생의 행동을 감시할 수 있는 형식이었다. 조선 신궁의 하계 조조 참배나 대구 신사의 일참회에서는 참배증을 제출하게 함으로써 권학제에서와 같은 형태의 감시가 가능하였다. 학교명이나 제사·행사 때마다 참석자명을《연보》에 공개한 것은 각 교장에게 '아동에 대한 참배 강요를 강제하는' 압력으로 기능하였다고 할 수 있다.

신사神祠 설치 양상에 대한 분석을 통해서는, 신사의 장소 선정 단계에서부터 학교를 중시하였고 신사 설치 신청 대표자로 학교 조합 관리자가 많았다는 것으로 보아 지역 사회에서 신사 설치를 실행한 사람들이 학교에 대한 의존이 높았음을 분명하게 보여 주었다. 바꾸어 말하면 이는 '서장'에서 언급하였듯이, "학교라면 어쩔 수 없다"라는 인식(학교가 가진 권력에 대한 사회적 승인)이 표출된 것이라고 할 수 있다. 학교에서 배포한 신궁 부적을 집으로 가져가서 어떻게 처리하였는지 '조사'가 뒤따랐다. 또한 "궁성요배宮城遙拜, 부적 봉사전 봉배奉拜, 국어 애용은 진심에서 우러나왔습니까?"(제5장)라고 인쇄된 일지에 답을 기재하게 한 사례도 발견되었다. '서장'에서 서술하였듯이, 학교 교육은 늘 '징계'나 평가가 뒤따랐다. 다시 말해, "성적에 반영하겠다", "벌하겠다"라는 일종의 협박을 수반한 감시가 이루어졌던 것이다.

물론 이와 같은 도구는 본래 감시나 협박 그 자체를 의도하지는 않았다. 신직에게는 신직의 바람이 있고 교장에게는 교장의 바람이 있어서, 이는 '황국신민화' 등의 조선총독부의 정책 의도와는 동떨어진 경우도 종종 있었다. 끊임없이 '신비'를 바탕으로 신사의 종교화·'국교화'를 주장한 다카마쓰 시로나 아치와 야스히코 등 신직의 바람은 정책 의도와 분명한 차이가 있었다. 그러나 이러한 점들이 틈을 보이고 미봉책으로 무마하고 각축을 벌이며 중첩되면서 결과적으로 '소도구'가 가진 마법적인 힘을 이용한 끝없는 협박과 감시의 공간이 만들어졌다. 그 구조는 때로 "뒤에서 형사 등 여러 명이 삼엄한 감시를 한다(서장 참조, 신직 하야마 시즈오의 회상)"라는 말 그대로 감시 이상의 폭력성을 드러냈던 것은 아닐까?[92]

---

92 이처럼 '식민지 지배 공간에서의 폭력적 사태는 무엇을 의미하는 것일까?'라는 근본적인 질문을 다시 던질 때, 미셸 푸코의 《감옥의 탄생 — 감시와 처벌》이 생각난다. 이 저서에서 푸코는 신체의 '거열형'으로 상징되는 18세기까지의 '요란한' 신체형에서부터 근대의 규율, 훈련, 그리고 수감으로 대표되는 '더욱 교묘하면서 느낌이 온화한 고통'에 대

이 책(원서)의 표지 사진은 일본인 여성 교원이 조선인 남자 아동과 국폐소사 대구 신사에서 찍은 기념사진이다. 이 사진의 모습은 '강제적으로 공손하게 절을 하다' 등 지금까지의 신사참배 강요라는 서술만으로는 설명이 부족하다. 그러나 이 책을 검토하며 다시 한 번 살펴보면, 신사참배를 강요받은 것을 그저 부정하는 것 역시 불가능할 것이다. 여성 교원을 신사로 보낸 교장이나 신직이나 신사 매체 등의 간접적인 압력이나 조선인 아동을 신사에 긴장한 얼굴로 세워 놓기 위한 교원의 아동에 대한 징계나 상벌 등 '학교 교육'의 힘이 여기서 발현하고 교착되는 양상을 상징적으로 발견할 수 있었다.

(2) 각 시기의 특징

말미 〈자료 2-1〉 〈관련 연표〉를 참조하고자 한다. 이 책에서는 학교와 신사의 관계라는 시각을 갖고 분석함으로써, 첫째로 신사와 관련한 다양한 강요는 적어도 1920년대부터 존재하였다는 점, 둘째로

한 역사적 변모 과정과 사회 권력의 정체에 대해서 깊이 파고들었다.

종래 식민지에서의 신사참배 강요에 대한 서술은 중일전쟁이 본격화한 이후의 군사상 요청과 관련한 '요란함' 혹은 '수감'이라는 푸코의 결론과 같은 측면에 집중되어, 그 이전 시기에 '교묘하면서 느낌이 온화한 고통'이 있었는지 없었는지, 있었다면 그것은 어느 정도의 고통이나 아픔을 어떠한 권력 주체가 '교묘'하게 강요한 역사를 반영하였는가 하는 문제를 대부분 간과해 왔던 것은 아닐까?

1930년대 후반, 군사상의 요청을 받은 신사참배는 일본 현지에도 수많은 예가 있었다 [예를 들면 荻野末,《ある教師の昭和史》(一ツ橋書房, 1970년) 참조]. 따라서 이 시기의 신사참배가 어떠하였는가 하는 점만을 살펴보아서는 식민지 권력의 실상도 식민지에 있는 고유의 통각(痛覺)도 '전시 체제'라는 말 속에서 방치되고 말 것이다.

미셸 푸코(田村俶 역),《監獄の誕生－監視と處罰》(新潮社, 1977년), 13쪽. 폭력과 권력의 개념에 관해서는 가야노 도시히토(萱野稔人),《國家とは何か》(以文社, 2005년)의 분석에서 시사받은 점이 많다.

1930년대 중반에는 선행 연구에서 이미 밝혔듯이 신사참배가 단체 규율, 의례로서 강화된 시기로서 중요하지만 이와 더불어 개인적 참배 요구도 또한 강요되고 있었다는 점을 알게 되었다.

첫 번째 시기로 1920년대는 공립학교의 신사참배 강요 사례가 일본 현지보다 이른 시기부터 시작되어, 조선 신궁 창건과 함께 일본 현지에서 부임해 온 '당상관'격인 신직(보론 참조)들의 '고군분투'하는 조선인 아동에 대한 참배 요구가 특징적이었다.

1932년 무렵부터 1937년 무렵까지가 제2단계이다. 이 시기에는 아동에게 신사神社·신사神祠를 설치하기 위한 노동이나 금전 요구, 설치 후의 청소 등 지역 사회에서의 유지·관리 요구, '신앙심'을 갖고 일참日參할 것을 요구하는 등 '서약'이나 참배증 등의 감시와 함께 시시각각 가혹한 조치들이 잇달아 가해졌다.

조선 신궁의 참배자 수는 1938년을 정점으로 감소하여 이후 한 번도 1938년의 참배자 수를 넘어서지 못하였다. 이는 조선인 대상 학교의 '어진영'에 대한 배려가 제도상 가능해진 제3차 조선교육령의 발효와 조응하고 있어 '어진영'의 대체물로서의 신사 · 신단 · 신궁 부적이라는 이 책의 결론을 뒷받침해 준다.

이처럼 생각하면, 1920년대에 이미 시작된 학교에 대한 신사참배와 이와 관련한 끊임없는 요구는, 1930년대 전반부터 1937년 '어진영' 교부의 길이 열리는 제3차 조선교육령까지의 시기에는 식민지 통치 정책이나 군사 정책상의 요구, 신직의 종교 교화에 대한 욕망, 교원의 직업상의 책임감 등과 서로 휘감기면서 가혹하게 중첩되었다고 할 수 있다.

제3단계로서 1938년 이후는 조선 신궁 참배자 수가 정체되었고 부여 신궁은 완성을 보지 못하고 있었으며, 각지의 신사神祠는 1938년까지 설치 수가 감소하였다. 이후 지역에 따라 신사가 급증하기도 하였으나, 조선인 전통 제사의 장이나 전통적 오락의 장으로서 천황숭경이라는 지배자의 기대와는 다른 공간이 되어 갔다. 그렇지만 이 시기에 신사참배를 요구하는 정도가 줄어들었다고 볼 수는 없다. 이 시기의 신사찬배 요구는 '무운장구 기원'을 목적으로 하는 단체 규율적 참배에 그치지 않고, 지역의 신사에서 손바닥을 치는 방법이나 '혀차기'를 감시하면서 이를 거스르는 자를 색출해 체포하는 등, 미세한 신체 행동에 대한 광신적 요구로 그 질이 변화하였던 것이다. 이 단계에서는 노골적이고 가시적인 특정 신체 규율의 요구가 더욱 가혹해졌으며, 전 단계까지 있었던 개별적인 '신앙심'에 대한 요구가 뒤로 물러나고 신체 행동을 통제하는 요구만이 나날이 무게를 더해갔다. 지금까지의 연구에서, 혹은 역사 교과서 등에서 다루어 온 것은 이러한 사태에 대한 것뿐이었다.

이 책의 내용을 바탕으로 이와 같은 형해화한 사태를 살펴보면, 신사참배를 요구한 것은 관헌처럼 눈에 보이는 직접적 권력 집행의 주체만이 아니었다는 것이 분명해진다. 1940년대에 들어와 완력으로 와해를 막아 보려고 해도 그러지 못한, 처음부터 식민지 지배에 내포되어 있던 몇 겹의 균열과 자가당착을 가진 구조물을 그 당시까지 '주체적'으로 '열심히' 구축해 온 사람들이 존재하였다. 이들이야말로, 조선인 아동의 심신을 감시하는 장치로 끊임없이 속박한, 혹은 '혀차기'나 호주머니에 손을 집어넣었다는 경미한 행동거지를 '불경'이라고 하여 말 그대로 포박한 그 포승줄을 분명 부여잡고 있던 주체인 것이다.

제6절 남은 과제

마지막으로 이 책에서 언급하지 못한 과제에 대해서 서술하고자 한다. 먼저, 실업 교육 기관·고등 교육 기관, 전통적 교육 기관인 서당, 특히 여자 아이들 중 많았던 비취학자에 대해서는 저자의 역량 부족으로 연구 대상에서 제외하고 말았다. 그리고 1940년대의 신사와 학교의 관계에 대해서는 자료상의 제약도 있어서 기초적인 사실에 대해서조차 풀어내지 못한 부분도 많았다.

그리고 신사참배를 한 조선인 아동의 심상의 구체적인 상, 이것이야말로 '마법의 지팡이'가 가장 직접적으로 작동시키고자 한 대상이었으나, 이 책에서는 거의 찾지를 못하였다. 여기에는 교사나 신직과의 일상적인 관계성 속에서 눈물, 두려움, 분노, 떨림, 긴장, 불안 혹은 칭찬을 받고 자랑스러워하거나, 혼이 나서 분하고 창피해하거나, 일본인이 되고 싶다, 일본인이 되고 싶지 않다 등등 다양한 마음의 양상이 존재하였을 것이다. 식민지에서 끊임없이 투입해야만 했던 '마법의 지팡이'의 목적, 그 미래에는 무엇이 있었는가 하는 것을 의식하면서 연구를 진행하여 심화해 가야 한다.

이 밖에도 과제는 많다. 먼저 다음과 같은 눈앞의 과제를 해결해야 한다. 하나는 더 큰 사회적, 정치적 문맥이나 문제 구조와의 관련을 살펴보면서 개별적인 희생과 상호 관계성을 논하고 밝히는 것이다. 예를 들어, 일본이 전개한 전쟁의 정세나 국제 관계, 교육 정책으로 표현하자면 '종교적 정조'의 함양이나 교학 쇄신 평의회 설치 등, 이 책에서 다룬 내용과 무관하지 않은 다양한 사항에 대해 다루지 못하였다.

또 하나는 자료에서 직접적으로 부각되지 않은 많은 문제의 존재를 자각적으로 인식해 포착하는 것이다. 이 책에서는 한국어 신문 자료로《매일신보每日申報》(1938년 이후《每日新報》)를 많이 활용하였다. 그러나 이 신문은 한국어로 발행되기는 하였으나, 실질적으로는 조선총독부의 어용 신문으로, 한국어 신문으로서 유일하게 1940년대에 발간 정시를 면한 매체였다. 따라서 이 신문에 게재되지 못한 사실이야말로 매우 중요한 자료일 것이다. 이러한 문제는 일기나 회상을 활용할 때에도 항상 배태되어 있다. 예를 들어 일기를 써서 이것을 어떤 형태로든 오늘날에 남긴 인물은 성별이나 사회적 지위의 편향이 있다는 점에 대해서도 더욱 지각하면서 신중해야 할 것이다.

나아가 매우 장기적인 과제로, 학교 교육과 천황제에 대해서 일본제국 전체를 사정권에 둔 연구를 본격적으로 하고자 한다. 이 책에서는 학교 의식의 도구로서 '어진영'과 교육칙어를 들어, 특히 제5장에서는 이러한 도구의 공간 배치가 식민지에서 갖는 특질에 대해서 고찰하였다. 그러나 천황 숭경을 관철시키고자 하는 중요한 역할을 떠안은 학교 의식은 이들 도구만으로 구성된 것은 아니다. 예를 들어, 학교 의식의 마지막에 배치된 창가唱歌의 존재를 어떻게 다루어야 할까? 교과로서의 창가와 관련된 선행 연구는 존재하지만, 학교 의식 중에 등장하는 창가에 대해서는 여전히 검토를 기다리고 있으며 밝혀내야 하는 점들이 많다. 신사와 관련해서 말하자면, 수신뿐만이 아니라 교과서 속의 천황·황실·신사 숭경 교육을 위한 교재를 각 교과의 상호 관련성·교육 과정·지도 계획까지 분석하여(예를 들어 제5기 국정 교과서《초등과 국어 1》의 〈하늘의 바위굴집天の岩屋〉과《초등과 음악 1》의 동명 교재 등), 그 의미와 역할도 밝혀내야 할 것이다.

이 책의 첫머리에서 신임 교원이었던 스기야마 도미 씨의 회상을 소개하였다. 일본인 식민자의 회상을 통해 조선인 아동의 모든 심정을 알 수는 없다. 그러나 일본인이면서 교사라는 입장과 시각을 통해서 본 것이기는 하지만, 그 문면에는 분명 대치하고 있던 조선인 아동의 활달함이나 불안감이 배어 있다.

저자의 향후 연구도 역사를 진지하게 대면하면서 식민지 지배 속에서 살아간 사람들의 심정에 긴장감을 갖고 다가서는 것이어야 한다고 다시 한 번 생각해 본다.

자료 1. 조선신궁 신직 일람朝鮮神宮神職一覽

조선신궁 직원으로는 궁사(宮司)·권궁사(權宮司)·네의(禰宜)·주전(主典, 대우관리), 출사(出仕)·악사(樂師)·위사(衛士, 고용원)이 있었다. 표에는 조선의 신직을 구성한 주전 이상의 신직만 게재한다. 신궁황학관(神宮皇學館) 졸업을 확인한 인물은 고딕 서체로 번호를 처리하였다.

번호	직위	재직	이름	부임 전 이력(《神宮皇學館一覽》 이름 게재순시/학년인원수) ※1	이임 후 1945년까지의 이력(볼드체는 조선에서의 직책)	출전 ※2
1	宮司	1925-31	高松四郎	원적 福島縣. 1875년 출생. 1898년 3월 神宮皇學館 본과 7기 졸업(2/9). 1901년 國幣小社 彌彦神社 宮司, 1921년 別格官幣社 東照宮 宮司. 1925년 官幣大社 朝鮮神宮 宮司. 1930년 神宮皇學館 評議員.	1931년 官幣大社 橿原神宮 宮司, 1934년 官幣大社 札幌神社 宮司, 1940년 官幣大社 住吉神社 宮司.	A(3)
2		1931-40	阿知和安彦	원적 愛知縣. 1873년 출생. 1895년 神宮皇學館 본과 졸업(1/2). 1897년 1월 神宮宮掌 겸 神宮皇學館 교수. 1897년 7월 別格官幣社 建勳神社 宮司 겸 皇展講究所 京都分所 전무이사, 神職養成部 창설. 1906년 官幣中社 吉田神社 宮司, 精華女學校 창설에 참여. 1912년 4월 別格官幣社 東照宮 宮司. 1916년 12월 神宮禰宜. 1923년 2월 神宮神部署 主事, 愛知支署長. 1926년 5월 國幣中社 諏訪神社 宮司. 長崎縣 皇展講究所長. 1931년 4월 官幣大社 朝鮮神宮 宮司. 1939년 朝鮮 皇展講究所分所 學階檢查委員. 1940년 1월 扶餘神宮 조영위원회 위원.	1040년 8월 依願免官幣大社 朝鮮神宮 宮司. **'皇道宣揚會' 회장**(1940년). 1942년 10월 愛知縣 縣社 神前神社 社司.	A(1)(3) C(昭16-17) G(昭15/10/14) H
3		1940-45	額賀大直	원적 千葉縣. 1877년 출생. 1902년 神宮皇學館 본과 10기 졸업(3/4). 1904년 12월 別格官幣社 寒川神社 宮司. 1907년 7월 官幣大社 札幌神社 宮司, 官幣大社 淺間神社 宮司를 거쳐 1925년 10월 別格官幣社 東照宮 宮司. 1929년 官幣大社 八坂神社 宮司. 1938년 2월 官幣大社 住吉神社 宮司(勅任待遇). 1940년 官幣大社 朝鮮神宮 宮司.	1945년 11월 朝鮮神宮 폐지 업무 종료 후 해직.	A(1)(3)

4	權宮司	1936-41	吉田貞治	원적 靑森縣. 1900년 출생. 1924년 神宮皇學館 본과 졸업(8/27, 8 鈴木와 동기). 三重縣立 津中學校 교사를 거쳐 別格官幣社 常盤神社 禰宜. 1928년 國幣中社 監釜神社 禰宜. 1933년 官幣中社 住吉神社 宮司. 1935년 10월 官幣大社 朝鮮神宮 權宮司.	1941년 2월 別格官幣社 豊國神社 宮司.	B(41/3/no772) C(27) E(昭11/11)
5		1941-45	竹島榮雄	원적 三重縣. 1905년 출생. 1927년 神宮皇學館 본과 졸업. 東照宮, 松尾神社, 吉田神社, 北野神社를 거쳐 柞原八幡宮 宮司. 1941년 朝鮮神宮 權宮司.	1945년 11월 朝鮮神宮 폐지 업무 종료 후 해직.	A(1)(3)
6	禰宜	1925-32	手塚道男	原籍 栃木縣. 1897년 출생. 大田原中學校 졸업. 1920년 神宮皇學館 본과 졸업(20/24). 같은 해 埼玉縣立 공업학교 교사. 1920년 10월 明治神宮 主典. 1925년 4월 朝鮮神宮 사무 담당. 10월 朝鮮神宮 禰宜.	1932년 長野縣 國幣中社 生島足島神社 宮司. 1936년 神奈川縣 國幣小社 箱根神社 宮司. 1941년 愛知縣 祭務官. 1943년 官幣大社 松尾神社 宮司.	A(1) B(773) C(昭2) D
7		1932-37	仲公	원적 三重縣. 1897년 출생. 1911년 尾鷲男子尋常高等小學校 고등과 졸업. 1916년 獨逸學協會中學校 졸업. 1917년 神宮皇學館 專科 졸업(11/21). 같은 해 鎌倉宮 主典. 1919년 引本神社 社掌. 1920년 國學院大學夏季講習會 수료. 1927년 官幣大社 朝鮮神宮 主典. 1932년 禰宜.	1937년 **國幣小社 大邱神社** 宮司(초대). 1943년 **國幣小社 京城神社** 宮司.	A(1) C(昭2) G(昭7/10/14) J
8		1937	鈴木重道	원적 北海道. 1902년 출생. 1924년 神宮皇學館 본과 졸업(13/27, 4 吉田과 동기). 神宮文庫 서기를 거쳐 1928년부터 1934년까지 埼玉縣立 久喜高等女學校 근무. 1934년 北海道縣社 余市神社 社司(양부의 직위 승계). 1937년 1월-3월 內務省 주최 神職長期講習會 제1회 수료, 같은 해 5월 官幣大社 朝鮮神宮 主典. 1937년 12월 28일 禰宜.	1938년 **國幣小社 平壤神社** 宮司. 1941년 **朝鮮總督府** 祭務官. 1943년 福島縣 伊佐須美神社 宮司.	A(2)(3) C(昭2) E(昭13/1)
9		1938-41	岡本正勅	원적 岡山縣. 1903년 출생. 1921년 神宮皇學館 전과 졸업(2/6, 22 水野와 동기). 같은 해 5월 平壤神社 出仕. 1924년 1월 平壤神社 社掌. 1925년 官幣大社 朝鮮神宮 主典.	1937년 **國幣小社 平壤神社** 禰宜(초대). 1938년 9월 **官幣大社 朝鮮神宮** 禰宜. 1941년 7월 **國幣小社 平壤神社** 宮司.	A(2)(3) C(昭2) D

10		1941-43	宮田定繁	원적 高知縣. 1928년 출생. 1932년 東萊高等普通學校, 1936년 부산중학교, 1940년 官幣大社 朝鮮神宮 主典. 1941년 朝鮮神宮 禰宜.	1943년 10월 7일 國幣小社 大邱神社 宮司.	C(昭15)
11		1943	川崎健吾	원적 長崎縣. 1932년 神宮皇學館 본과 졸업. 1937년 朝鮮神宮出仕. 1938년 5월 28일 소집에 응함. 1939년 12월 6일 朝鮮神宮 主典. 大日本神祇會 朝鮮本部(前 朝鮮神職會) 主事를 거쳐 1943년 10월 5일 朝鮮神宮 禰宜. 같은 해 10월 13일 關釜連絡船 조난 사고로 사망.	사망.	E(昭13/6) G(昭18/10/13
12		1943-45	大工原英夫	1933년 神宮皇學館 본과 졸업. 1941년 朝鮮神宮 主典. 1943년 10월 13일 朝鮮神宮 禰宜.	1945년 11월 朝鮮神宮 폐지 업무 종료 후 해직.	C(昭15)
13	主典	1925-30?	矢野(田中)永治	원적 三重縣. 1902년 6월 30일 출생. 1924년 神宮皇學館 전과 졸업(1/28). 같은 해 唐澤山神社, 1925년 朝鮮神宮 主典.	1930년 神宮神部署 神部補, 1941년 神宮權禰宜.	A(1) C(昭2)
14		1925-30	宮永卓爾	1904년 廣島縣私立日彰中學校3年 修業. 1910년 神宮皇學館 전과 졸업(1/22). 神宮司廳 근무를 거쳐 1911년 9월 京都府 官幣中社 白峰宮 主典. 1912년 廣島縣 嚴島神社 主典. 1925년 朝鮮神宮 主典.	1931년 長野縣 國幣中社 諏訪神社 禰宜.	C(昭2) D G(昭6/7/30)
15		1929-32	所茂	원적 廣島縣. 1897년 출생. 岩國中學校 졸업. 1927년 國學院教習科 乙種 졸업(《자료B》에는 皇展講究所 神職養成部 졸업). 朝鮮神宮 出仕를 거쳐 1930년 朝鮮神宮 主典.	國幣小社 吉備津神社 禰宜(부임한 해 불분명). 1939년 6월 '海外神社奉仕員養成所' 입소, 3개월 합숙훈련. 廣東神社 社司(1942년 현재).	B(710) K
16		1929-37?	山田早苗	원적 岡山縣. 1896년 출생. 1919년 神宮皇學館 전과 졸업(11/21). 1921년 岡山縣縣社 德守神社 社掌. 1924년 國幣小社 中山神社 主典. 1925년 官幣大社 朝鮮神宮 창설과 함께 主典.	1939년 **府供進社 元山神社 社掌**. 1943년 **府供進社 元山神社 社司**.	A(3) C(昭3) D E(昭14/1)
9		1925-37	岡本正勅	'禰宜'란 참조.	'禰宜'란 참조.	'禰宜'란 참조.
17		1932-38	早山靜夫	원적 神奈川縣. 1903년 출생. 1926년 皇展講究所神職養成部 教習科 졸업. 神職高等試驗 합격. 1927년 4월 神宮 宮掌. 神宮神部署 근무. 1932년 11월 官幣大社 朝鮮神宮 主典.	1938년 **國幣小社 龍頭山神社** 禰宜. 1941년 **國幣小社 江原神社** 宮司(초대). 1944년 山口縣 住吉神社 宮司.	A(1) E(昭14/1)

18		1932-37	横井時常	원적 愛知縣. 1906년 출생. 1928년 神宮皇學館 본과 졸업. 같은 해 官幣大社 朝鮮神宮 出仕. 1931년 主典.	1937년 國幣小社 大邱神社 禰宜. 1938년 12월 25일 官幣大社 住吉神社 主典. 1939년 8월 別格官幣社 藤島神社 宮司. 1940년 神祇院 教務官. 1941년 海軍省 근무. 1944년 神祇院 教務官. 1945년 別格官幣社 靖國神社 權宮司.	A(2)(3) C(昭3) E(昭14/9) G(昭6/8/26)
19		1933-38	宮永博顯	1933년 官幣大社 朝鮮神宮 主典.	1938년 3월 31일 水原神社 社掌. 1939년 邑供進社 水原神社 社掌.	E(昭13/4) E(昭14/1)
20		1936-38	飯田助三	1930년 朝鮮神宮 出仕. 1936년 官幣大社 朝鮮神宮 主典.	1938년 國幣小社 京城神社 主典. 1939년 國幣小社 龍頭山神社 主典. 같은 해 11월 30일 國幣小社 京城神社 主典.	E(昭16/1) F(昭13)
21		1936-38	池田良八	원적 佐賀縣. 1909년 출생. 1930년 神宮皇學館 본과 졸업. 같은 해 官幣大社 朝鮮神宮 出仕. 1935년 主典.	1938년 皇展講究所 朝鮮分所 講師. 1940년 別格官幣社 靖國神社 主典.	A(1)(2)(3)
22		1938-42?	水野(佐伯)正陽	원적 愛媛縣. 1921년 神宮皇學館 전과 졸업(3/6, 9 岡本와 동기). 1927년 國幣小社 沼名前神社(직위 불분명). 1928년 山東省 青島神社 主典. 1933년 全州神社 社掌. 1938년 官幣大社 朝鮮神宮 主典.	1938년 道供進社 全州神社 社掌. 1939년 官幣大社 朝鮮神宮 主典.	C(昭3) E(昭14/1) F(昭15)
23		1938-39	小西武雄	원적 京都府. 1931년 神宮皇學館 본과 졸업(24 石垣와 동기). 1932년 官幣大社 朝鮮神宮 出仕. 1937년 國幣小社 龍頭山神社 主典. 1938년 官幣大社 朝鮮神宮 主典.	1939년 11월 17일 朝鮮神宮 主典을 사직, 元山公立高等女學校 교사.	C(昭16-17) E(昭14/12) F(昭12)
24		1937-41?	石垣重石彦	원적 三重縣. 1931년 神宮皇學館 본과 졸업(23 小西와 동기). 1936년 官幣大社 朝鮮神宮 出仕. 1937년 主典. 1938년 부름을 받음. 1939년 복직.	불분명.	C(昭16-17)
25		1937-44?	東睦郎	원적 三重縣. 1931년 神宮皇學館 보통과 졸업. 같은 해 朝鮮神宮 出仕. 1937년 主典. 1938년 4월-7월 內務省 주최 제4회 神職講習會 수강.	불분명	C(昭16-17)

26		1937-38	佐伯昌德	1908년 출생(《자료B》에서 추정). 1937년 朝鮮神宮 主典. "院館 어느 쪽에도 구속받지 않는 입장"(《자료B》). ('院館'이란 國學院 – 皇學館을 말함)	1938년 官幣大社 大和神社(奈良縣) 主典. 1939년 新京神社 근무.	B(719) E(昭13/1)
27		1938-39	入江晃	원적 茨城縣. 1909년 출생. 1931년 國學院大學 神道部(3개년 전문부) 졸업. 같은 해 全國神職會會報《皇國時報》 편집부에 들어감. 1939년 3월 편집주임에서 官幣大社 朝鮮神宮 主典. 朝鮮神職會 會報《鳥居》 편집인 겸임.	1939년 12월 官幣大社 宮崎神宮 主典.	A(1) B(701)
28		1938-40	橫山義平	官幣大社 氷川神社를 거쳐 1938년 10월 16일 朝鮮神宮 主典.	1940년 7월 11일 퇴직. 皇展講究所 朝鮮分所 書記.	E(昭13/1) E(昭16/4) G昭15/7/11)
29		1939-44?	古河正三	원적 長野縣. 1933년 神宮皇學館 보통과 졸업. 1938년 官幣大社 朝鮮神宮 出仕. 1939년 主典.	불분명	C(昭16-17)
10		1940	宮田定繁	'禰宜'란 참조.	'禰宜'란 참조.	C(昭15)
30		1940-41	鎌子八郎	원적 愛知縣. 1911년 출생. 1934년 神宮皇學館 본과 졸업. 橿原神宮, 八坂神社를 거쳐 1937년 朝鮮神宮 出仕. 1938년 5월 28일 부름을 받음. 1939년 12월 7일 朝鮮神宮 主典.	1941년 2월 朝鮮總督府 祭務官補. 神祇院 설치와 함께 전국 8곳에 祭務官, 각 현에 祭務官補가 임명되었다. 이 당시 朝鮮總督府 祭務官은 高松四郎의 장남 忠清.	A(1) E(昭13/6) E(16/2)
12		1941	大工原英夫	'禰宜'란 참조.	'禰宜'란 참조.	C(昭15)
31		1940-44?	朝比奈(佐藤)正憲	원적 大分縣. 1914년 출생. 1936년 神宮皇學館 본과 졸업. 官幣大社 竈山神社(和歌山縣)를 거쳐 1940년 朝鮮神宮 主典.	불분명	C(昭15)
32		1941-43	大橋義知	원적 靜岡縣. 1916년 출생. 1937년 國學院大學 졸업. 같은 해 朝鮮神宮 出仕. 1938년 12월 1일 소집 해제. 1939년 5월 19일 소집, 1940년 朝鮮神宮 出仕. 1941년 主典.	1943년 11월 30일 愛知縣으로 명령에 따라 파견 근무.	G(昭14/5/19) G(昭18/11/30) I
33		1942-44?	伊地知親雄	1939년 神宮皇學館 본과 졸업.	불분명	C(昭15)

34		1942-44?	小池田康男	1940년-41년 朝鮮神宮 出仕. 1942년 主典.	불분명	G職
35		1943	荒川孝	원적 靜岡縣. 1937년 神宮皇學館 본과 졸업. 國幣小社 菅生石部神社 主典을 거쳐 1943년 朝鮮神宮 主典.	불분명	C(昭16-17)
36		1943	山口了古	불분명	불분명	G職

※1 : 《昭和2年 神宮皇學館一覽》까지는 성명 게재 순서가 이로하(いろは) 순서도 50음 순서도 아니기 때문에 석차 순이 아닐까 추정. 이듬해 이후에는 50음순.

※2 : 출전은 다음과 같다.

A《神道人名辭典》, 神社新報社, 각 연도 판. (1955년판을 (1), 1986년 신간행판을 (2), 1991년 개정판을 (3)으로 표시)

B《皇國時報》, 皇國時報發行所, 각 호. ( ) 안의 숫자는 호수.

C《神宮皇學館一覽》, 神宮皇學館, 각 연도 판. (《昭和2年 神宮皇學館一覽》을 (昭2)로 표시)

D 横田康《朝鮮神宮紀》, 國際情報社, 1926년.

E《鳥居》, 朝鮮神職會, 각 호. (昭和13년 판을 (昭13)으로 표시)

F《朝鮮總督府及所屬官署職員錄》, 朝鮮總督府, 각 연도 판. (昭和13년 판을 (昭13)으로 표시)

G《朝鮮神宮年報》(朝鮮神宮社務所, 각 연도). 〈職員一覽〉을 '職', 〈社務日誌 昭和16년 8월 12일〉을 (昭16/8/12)로 표시)

H 阿知和安彦先生歌集發行會 편《伍十鈴の流れ》, 私家版, 1956년.

I 친족이 제공한 자료.

J 한국 국사편찬위원회 한국사 데이터베이스.

K《昭和18年度用 院友名簿》, 財團法人國學院大學院友會, 1942년.

자료 2-1. 이 책 관련 사항 연표

	조선신궁 관계	학교 관계			내무(신사 관련) 행정	일본 내지
		공립학교	사립 기독교계 학교	학무행정		
1919	7. 조선신사 창건 고시			8. 내무부에서 학무국 독립. 柴田善三郎 국장 부임	7. 조선신사 창건 내각 고시	
1920						
1921						
1922				2. 제2차 조선교육령 공포 10. 長野幹 국장 부임		
1923						
1924		10. 江景공립보통학교 신사참배 거부 사건		12. 李軫鎬 국장 부임		
1925	6. 조선신궁으로 개명하여 준공 8. 祭神 논쟁 10. 高松四郎 宮司 부임	10. 조선신궁 鎭座祭 참석	10. 조선신궁 진좌제 불참	10. 진좌제 불참 묵인	6. 조선신사를 신궁으로 개칭한다는 고시 8. 祭神 논쟁	
1926	4. 수신 교과서 수여 奉告祭 시작	4. 수신 교과서 수여 봉고제에 참석				
1927						
1928						
1929		10. 광주학생운동		1. 松浦鎭次郎 국장 부임 10. 武部鐵一 국장 부임		12. 神社制度調查會 설치
1930						
1931	4. 阿知和安彦 宮司 부임			6. 牛島省三 국장 부임 9. 林茂樹 국장 부임	내무국장이 조선 신직회 회장을 겸함	9. 柳條湖 사건

1932	2. 節分祭 시작 6. 大祓式 학생 참가 시작	6. 大祓式에 京城第2高여학생 참석	9. 평양위령제 불참	4. 학무국장이 勸學祭에 처음 참석		5. 上智大學 靖國神社 참배 거부, 배속 장교 철수 사건
1933		6. 大祓式에 京城附 내 교장·학생 참석		8. 渡邊豊日子 국장 부임	9. 土地收用令 개정(신사 건설 위해 수용 가능하게)	8. 美濃 미션 배격 사건 1. 滋賀縣 신단[神棚] 사건
1934	4. 수신 교과서 수여 봉고제를 勸學祭로 개칭 5. 尙武祭 시작	3. 동대문소학교 옥상에 大麻殿 완성		각 도에서 '一面一校' 완성		3. 大島高等女學校 폐교
1935	3. 桃花祭 시작	朝鮮教育會가 주도하여 교원 가정에 신단 배포	11. 校長會의 평양신사 참배, 숭실학교장 등 불참	1. '心田開發' 운동 9. 大麻殿 설치 통첩 11. 평안남도에서 교장이 祝詞講習	神祠 설치 허가 수 감소	6. 同志社 신단 사건 8. 國體明徵 성명 11. 教學刷新評議會 설치
1936	7. 夏季早朝參拜 시작		1. 숭실학교장 파면	5. 富永文一 국장 부임 6. 大祓式에 정무총감 처음 참석 12. 大祓式에 총독(南次郎) 처음 참석	8. 神社-神祠 制度 대폭 개정, 경성신사·용두산신사가 國幣小社로 승격	10. 교학쇄신평의회 답신
1937	7. 대구신사 日參會 시작 9. 조선신궁 定日 참배 시작	9. 애국의 날 시작 12. '御眞影' 일부 교부		7. 鹽原時三郎 국장(心得) 부임 9. 학교 애국의 날 시작 10. 皇國臣民의 誓詞 제정	8. 대구신사·평양신사가 國幣小社로 승격	7. 중일전쟁 확대
1938		아동·학생 가정에 부적[大麻], 신단[神棚] 배포	신사참배 문제로 인한 폐교 잇달아	3. 제3차 조선교육령 공포, 보통학교를 소학교로 개칭	10. 부적[大麻] 배포 계통 조직화, 부여신궁 창건 결정	
1939		이 무렵 2600년 봉축 계획 책정, 춘천공립중학교 常綠會 사건		11. '皇國臣民誓詞之柱' 조선신궁 경내에 준공(조선교육회 헌납)	2. 전라남도에서 '一面一祠' 시작 4. 京城-羅南에 호국신사 창건 결정	9. 興亞奉公日 설정

1940	8. 額賀大直宮司 부임, 주선 각지에서 권학제	11. 乃台사건 (부산동래동립 중학교 등 학생 운동)				10. 내무성 신사국이 神祇院으로 개조 12. 大祓 장려
1941	조선 신직회가 大日本神祇會 朝鮮本部로 개명		啓星학교장 부적[大麻] 폐기로 '불경죄' 실형	3. 국민학교령에 따라 국민학교 규정 공포 3. 眞埼長年 국장 부임	10. 광주신사·강원신사가 國幣小社로 승격	3. 국민학교령 공포
1942				10. 大野謙一 국장 부임	10. 神祠例祭에서 음주를 허가	1. 大詔奉載日 설정
1943					11. 경성·나남 호국신사 준공, 진좌제	
1944				8. 嚴昌燮 국장 부임	5. 함흥신사·전주신사가 國幣小社로 승격	
1945						

자료 2-2. 이 책 관련 인물 연표

※ 조선에서 근무한 경우 칸에 음영 처리

	朝鮮神宮 宮司			조선총독부 내무(신사행정) 관련 관료		
	高松四郎 (1875-1958)	阿知和安彦 (1873-불명)	額賀大直 (1877-1961)	石黑英彦 (1884-1945)	池田 清 (1885-1966)	新貝 肇 (1896-불명)
1919			11. 官幣大社 氷川神社 宮司	8. 조선총독부 강원도 제3부장		
1920		6. 神宮文庫 主幹		5. 평안북도 제3부장	8. 警視廳總監 官房外事課長	文官高等試驗 합격
1921	12. 別格官幣社 東照宮 宮司			2. 평안북도 경찰부장		5. 東京帝國大學 법과대 졸업
1922				5. 총독부 내무국 지방과장	10. 岐阜縣 경찰부장	7. 조선총독부 체신 부사무관
1923	東照宮 拜觀料 폐지문제가 불거져 암살 위협	2. 神宮神部署 主事		5. 구미 출장	10. 내무 서기관, 내무성 신사 제1과장	3. 조선총독부 체신 사무관 4. 경성 우편국

1924					12. 신사국 총무과장	
1925	10. 官幣大社 朝鮮神宮 宮司		10. 別格官幣社 東照宮 宮司 (高松의 후임)	조선신궁 祭神 논쟁에서 天照大神과 明治天皇 둘을 모신다는 '의견서'를 썼다		평양 우편국장 사무취급
1926	4. 수신교과서 수여 봉고제 시작	5. 長崎縣 國幣中社 諏訪神社 宮司				
1927				2. 타이완 총독부 문교국장		총독부 海員審判所 이사관
1928					1. 京都府 서기관·경찰부장	
1929	1. '山梨총독에게 보내는 글' 집필		官幣大社 八坂神社 宮司		2. 大阪府 경찰부장 7. 本省 신사국장	10. 총독부 체신국 서무과장
1930						총독부 체신국 경리과장
1931	4. 官幣大社 橿原神宮 宮司	4. 官幣大社 朝鮮神宮 宮司		5. 奈良縣知事 (高松과 재회) 12. 岩手縣知事	6. 조선총독부 경무국장, 조선 신직회 고문	구미 시찰
1932		2. 節分祭 시작 6. 大祓式 학생 참석 시작		9. 岩手縣立六原青年道場을 개설, 신전 설치		
1933				3. 昭和三陸지진·거대 지진 해일		황해도 경찰부장
1934	橿原神宮 신축을 내무성에 건의 '좌천' 4. 官幣大社 札幌神社 宮司	4. 권학제 개인 감사참배 시작 5. 尙武祭 시작				
1935	札幌神社의 神宮 승격을 지향	3. 桃花祭 시작 10. 조선신궁 진좌 10주년제		'朝鮮招魂社' 설치 요망을 조선 신직회 회보에 기고		강원도 내무부장
1936		7. 夏季早朝參拜 시작			4. 北海道廳長官, 札幌神社의 神宮 승격을 지향	6. 총독부 총독관방 인사과장, 중추원 서기관

1937		9. 定日 참배 시작		6. 北海道廳長官(池田清의 후임, 高松와 재회)	6. 大阪府知事	7. 전라남도지사
1938		4. 皇展講究所朝鮮分所 개소, 소장 취임	2. 官幣大社住吉神社宮司(知事는 池田清)	8. 札幌神社 경내에 開拓神社 창건 12. 문부차관		
1939				9. 依願免本官	9. 경시총감	2. 전라남도에서 一面一祠 시작
1940	8. 官幣大社住吉神社宮司(額賀의 후임)	1. 부여신궁 조영위원 8. 依願免本職	8. 官幣大社朝鮮神宮宮司		1. 依願免本官	9. 함경남도지사
1941						6. 총독부 체신국장
1942		10. 愛知縣縣社 神前神社社司		6. 大政翼贊會 棟成局長	1. 海軍司政長官	10. 총독부 司政局長(내무국 개조)
1943				10. 사임	8. 大阪府知事	중추원 서기관장
1944						
1945				사망	8. 귀족원 勅選議員	

주요 참고문헌 :

《伍十鈴の流れ》(私家版, 1956년).

《朝鮮總督府及所屬官署職員錄》(朝鮮總督府, 각 연도 판).

高松忠清 편.《選松廼舍遺稿》(私家版, 1960년).

《鳥居》(朝鮮神職會).

한국 국사편찬위원회 한국사 데이터베이스.

秦郁彦·戰前期官僚制研究會 편.《戰前期日本官僚制の制度·組織·人事》(東京大學出版會, 1981년).

《北海タイムス》(北海タイムス社).

《北海道神宮史 上》(北海道神宮編, 1991년).

자료 3. 조선신직회 회보《도리이鳥居》표제 일람

※ 옛 글자체는 신 글자체로 바꾸었으며 부적절한 표현은 번거로움을 피해 생략함.

• **제1기 조선신궁 편집 제1기**

호수	연월일 편집발행인 인쇄소	기사 제목	서명
6	昭和7년 3월 1일	충성스럽고 용감한 전사자의 장례식은 반드시 神道式으로 치르고자 한다	からむら生
10	昭和7년 7월 1일 手塚道男 谷岡商店印刷部	신(神) 그대로의 마음으로 시국을	
		제정일치와 거국일치와	ときつね
		조선신궁(앞으로, 조선의 신사를 말한다)	
		신사와 신단[神棚]의 방위	天晴會 幹事 川村十二郎
		7월의 화제	
		칠석제를 통해 일본 정신의 발양(發陽)	しげる
		신사(神祠) 설립과 관리	をやま
		신궁 기부 신보도(神寶刀)의 연마 봉사	
		신궁이 내린 신보(神寶)를 받은 조선신사의 요절집(腰折集)	杉野神川
		전국 신직회	
		호남 신직회	
		해주신사 신고(神庫) 신축 기타 개수 공사	
		신고(神庫) 신축	
		신사(神祠) 설립	
		사전(社殿) 증개축	
		天晴會의 월차 수도회	
		阪本 儀式課長의 조선 방문	
		만주국의 奉天에서	在奉天 高島生
13	昭和7년 10월 1일 手塚道男 谷岡商店印刷部	만주국의 승인과 신도정신	
		만주국의 활약상 문제(2)	陸軍大臣 金子定一 씨 강연
		여행 가방을 펼치고	かはむら生
		축제의 달 10월	稻廼舍
		결혼식은 신사의 대전에서	佳津緒
		조선신궁 매일 참배회 조직하다	
		기타큐슈의 농촌을 시찰하고 신사 진제(鎮祭)와 정신의 귀일(歸一)을 생각하다	시흥군 남면장 趙重完
		전국 교화연합단체 대표자대회와 天晴會	
		전국 교화연합단체 대표자대회 제출 의안	天晴會
		원산신사에 大鳥居를 봉납 및 川久次郎 씨의 기부	
		전주신사에 鄕軍 우승 봉고제	
		상주신사(神祠) 개축위원회 정·부위원장을 결정하고 토지문제 해결에 대해 협의	

		진해신사의 神庫 조영비 곧 기부모집 개시 天晴會 월차 수도회 조선신궁 早起會 6주년 기념식을 거행 平田 씨의 사임 山川 씨 부산으로 부임 회장이사의 출장 조선을 떠나는 인사말	 手塚道男
16	昭和8년 1월 1일 仲公 近澤商店印刷部	(卷頭言) 四方拜, 歲旦祭, 元始祭 신사 참배에 대해서 청주신사 神苑의 鷄 敬神 미담 대전 고등 여학교와 御尊影 오려내다 현대의 잘못된 허례 폐지 문제 氏子 및 崇敬者 皇國平和 長歌 및 反歌 편집후기 年賀 광고	 早山生 對馬嚴原町 日野清三郎
18	昭和8년 3월 1일 仲公 近澤商店印刷部	明治天皇御製 皇靈祭 신사 문제에 참견하는 角張 씨의 무지를 일깨우다 예산위원회의 조선 신직회 보조 삭감 문제 帝國 인구는 9039만 명 氏子 및 숭경자(전회에 이어서) 교육을 통한 경신사상의 함양 明治大帝의 聖像, 立命館大學에서 奉祀 메이슨 박사에게 수여하다(1) 기증 잡지 伊勢 중심의 大聖地 계획 幣帛料 국고 부담안 양원 통과 平康東邊神明神祠 御鎭座祭 입학 안내 京都國學院 祭術祝日謹話, 八束淸謹 저 편집후기	 榊原武橋 小西生 朴駿榮
19	昭和8년 4월 1일 仲公 近澤商店印刷部	明治天皇御製 宮廷錄事 神武天皇祭 메이슨 박사에게 수여하다(2) 飛驒郡 신직회에서 경신숭조 장려 勸學祭의 전 조선 보급을 요망한다 춘천신사 조선신궁 祈年祭	 朴駿榮

		교육을 통한 경신사상의 함양(속)	小西生
		氏子 및 숭경자(전회에 이어서)	
		혈서를 바쳐 기원	
		조선신궁 대전에서 京城健兒團 구성하다	
		明治町의 유소년 결단식	
		天淸會 모임과 그 운동	
		사범 졸업생이 신사에 선서, 富山縣에서는 新例	
		회원 이동	
		기증 잡지	
		편집후기	
20	昭和8년 5월 1일 仲公 近澤商店印刷部	明治天皇御製	
		宮廷錄事	
		국제연맹 탈퇴와 국민의 각오	
		국제연맹 탈퇴에 즈음하여 빛을 발하는 聖詔	
		皇道·王道·覇道에 대해서	조선총독부 학무국장 林茂樹
		군산신사(조선의 신사를 말하다 8)	
		李王 전하 조선신궁 참배	
		조선신궁 참배	보통학교 아동
		조선 신직회 이사회	
		靖國神社 임시 大祭遙拜式 전 조선 신사에서 일제히 거행	
		회원 동정	
		新嘗祭의 獻穀田粟 奉耕地 地鎭祭 거행	
		조선신궁에 보검 봉납 齋藤 총독과 栗原 의원이	
		乃木神社 조영 기부금을 모집	
		일본 제일의 大鳥居	
		신직관 대우 개선안 내무성 신사국에서 입안	
		신사 및 신령 중심의 전국에 드문 神道靑年團	
		신사(神祠) 설립 허가	
		기증 잡지	
		편집후기	
21	昭和8년 6월 1일 仲公 近澤商店印刷部	明治天皇御製	
		皇道·王道·覇道에 대해서	조선총독부 학무국장 林茂樹
		農道歌	
		조선 민중과 신앙심	朴駿榮
		전주신사(조선의 신사를 말하다 9)	
		諸國 大祓 제창	ときつね
		昭和7년도 神宮大麻-曆 배포 實數 비교표	
		전국 신직대회	
		호남 신직회 충북 청주신사에서	
		제4회 天長節 봉축의 밤	
		내무성 신사국이 신직강습소를 설치	
		공익단체 기부자의 논공행상	

		惟神教團의 강습회 신사(神祠) 설치 허가 회원 동정 편집후기 신직 총회와 氏子總代會	
22	昭和8년 7월 1일 仲公 近澤商店印刷部	신직회 총회 국위발양 기원제 전국 신직회로부터 松尾 평양신사 社掌 표창 받다 장엄한 전병몰자 위령제 전 조선 신사(神社) – 신사(神祠) 氏子 및 숭경자 총대회 회장 인사말 및 내무국장 훈시 총독부 西岡 지방과장 강연 요령 신직 총회 출석자 氏子 총대회 신직회에 대한 바람 전 조선 신사(神社) – 신사(神祠) 氏子 및 숭경자 총대회의 청원과 결의 조선 신직회 강습회 祭式 수강 중의 소감	 杉野清造
23	昭和8년 8월 1일 仲公 近澤商店印刷部	明治天皇御製 避暑보다 征暑에 조선의 종교 민속에 대하여 本居大人直昆靈 해설 天晴會 수도회에서 明治天皇御製 拜誦會 7월 9일 제2회 개최 錦州 최초의 日ノ本神社 창건 天照大神, 明治天皇 奉齋 이리신사 上代 일본과 조선의 관계와 귀화인의 위업의 단면 건국발상의 宮崎縣이 솔선하여 신관의 봉급 국고 부담을 요청 愛媛의 農學校에 농업신사 창건 穀物田地鎭祭 춘천 농업의 穀物田 天晴會의 御製拜誦會—조선신궁 대전에서 편집후기	 とき 城大教授 秋葉隆 강연 稻廼舍 (池田) とき
24	昭和8년 9월 1일 仲公 近澤商店印刷部	明治天皇御製 回顧의 秋月 독자에게 격문을 돌리다 송도신사(조선의 신사를 말하다 11) 上代의 敬神의 俗 황후폐하 着帶 봉축 安産 기원제 제3회 御製拜誦會 8월 13일	 とき 城大教授 松本重彦 강연

		대학교육 숙청에 관해 鳩山 文相에게 격려 전화, 天晴會로부터 각 신사의 獻詠 모집 신사 기원의 소견 광고(井上芳太郎商店, 大久保眞敏商店) 편집후기	 宮永蘆東 とき
25	昭和8년 10월 1일 仲公 近澤商店印刷部	明治天皇御製 始政 기념일을 맞이하여 조선·만주 민족의 탄생에 대해서 上代의 敬神의 俗(2) 태인신사(조선의 신사를 말하다 12) 神宮大麻 배포식 전 조선 氏子 총대회 위원회 대전신사 祭神 증가 阿知和 회장 출장 신사(神社)·신사(神祠)의 획기적 시설 창립 7주년 기념회 겸 임시총회 天晴會 (광고) 井上芳太郎商店, 大久保眞敏商店 편집후기	 井口寅次(편집자 抄出) 城大教授 松本重彦 강연 ときつね
26	昭和8년 11월 1일 仲公 近澤商店印刷部	明治天皇御製 국민정신 작흥에 관한 조서 皇大神宮의 大麻와 暦 배포식 김제신사(조선의 신사를 말하다 13) 菊花節의 唱導에 즈음하여 菊湯은 신도의 목욕재계의 의미이다 菊湯에 사용하는 들국화에 대해서 明治節에 어울리는 국화요리 5인분 菊餅의 유래 국화가 들어간 조선 요리 日漢 혼용 문헌 국민정신 작흥조서 발표 10주년에 관한 통지 전 조선 신사(神社)-신사(神祠) 氏子總代 실행위원회 조선신궁에서 개최 신사(神祠) 설립 허가 4건 阿知和 회장 및 小山 총독부 소속 神宮神部署에서 神宮大麻 및 暦 배포식과 배포 사무 담합회에 출석 新嘗祭精米, 精粟 헌납식 종료 (광고) 井上芳太郎商店, 大久保眞敏商店 편집후기	 朴駿榮 正木準章 鯨左衛門 전 경성제일고등여학교 교사 井上ミナ 薫生 경성여자고등보통학교 교사 孫貞圭
27	昭和8년 12월 1일 仲公 近澤商店印刷部	明治天皇御製 癸酉를 보내다 大正天皇을 추모하다	 冠山

		선달그믐날의 大祓, 일가가 함께 고향 수호신에게	
		神宮大麻 및 曆本의 배포에 대해서	宮神部署
		神宮大麻 및 曆 昭和7년도 배포 종류별 인원수 표	
		조선 신직회 1년사	
		국화 향 가득한 明治節에 조선신궁 獻詠歌 披講式	
		조선 氏子總代 연합회 규약을 만들다	
		총독 국기존중의 훈화, 평양의 모학교에서	
		국민교화문제 간담회, 渡邊學 학무국장을 초빙하여	
		勸學祭와 社稜祭, 전라북도 각 학교에서	
		제4회 御製拜誦會	
		회원 이동	
		경성농업학교 社稜祭	
		전주고등여학교에 신단[神棚] 奉齋	
		(광고) 大久保眞敏商店徽章部, 大久保眞敏商店	
		편집후기	いなと
28	昭和9년 1월 1일 仲公 近澤商店印刷部	明治天皇御製	
		기원 2594년 年頭之辭	冠山
		빛은 동방에서부터, 황태자는 세상에 날뛰는 악들을 물리치고 강림하셨다	ときつね
		우리나라는 神國이다	ときつね編
		시비거리가 되는 신앙에 대해서	佳津雄
		皇室典範 제정 후 처음 황태자가 태어나	
		戌年에 어울리는 神事 犬追物	
		狛犬雜考	早山生
		犬의 伊勢神宮	稻廼舍
		강경신사(조선의 신사를 말하다 14)	
		제19, 제20 두 사단, 입영 봉고제 거행, 조선신궁 대전에서	
		조선신궁 獻詠歌, 昭和9년분 제목 발표하다	
		황태자 탄생 봉고제, 전 조선 각 신사 대전에서	
		조선신궁 봉찬회 설립	
		나남의 정신 작흥	
		阿知和 회장 출장	
		신사(神祠) 설립 허가	
		川口 씨, 羽生 씨 퇴직	
		편집후기	ときつね
		年賀 광고	
		(광고) 大久保眞敏商店徽章部, 大久保眞敏商店	

29	昭和9년 2월 1일 仲公 近澤商店印刷部	황태자 전하 탄생 봉축가	
		전 조선 氏子總代 여러분에게 바라다	조선신궁禰宜仲公
		惟神의 道, 英譯	東海
		사회 시설에 대한 일고찰	朴駿榮
		비상시 紀元節을 즈음하여 국토 평정의 橫刀를 견디다	ときつね
		비상시에 이는 大伴·物部 조상신 숭배의 목소리	中外日報
		愛國報國機大學高專號 헌납회 만들다	
		伊勢皇大神宮內宮神樂殿의 신기록	
		신사(神祠) 설립 허가	
		신직양성학교 학생 모집	
		(광고) 朝鮮歌話會, 大久保眞敏商店	ときつね
30	昭和9년 3월 1일 仲公 近澤商店印刷部	後醍醐天皇御製	
		서쪽에 공화정권의 혼란을 떠올릴 때 동쪽에 王道樂土의 완성을 보다	ときつね
		建武中興 600년제에서 삼가 지난날을 그리워하다	稻廼舍
		祈年祭	
		皇靈祭	
		雛祭의 연혁과 설치 방법	山田早苗
		地久節에 즈음하여 애국부인회 주체로 婦人報國祭 거행	
		靖國會 창립하다	
		부적[大麻]의 洋行南洋 그 밖에 60만 개	
		이 사회의 제 권위를 망라하여 신사 잡다한 祭式의 통제 협의회	
		5만 엔을 투자하여 군산신사 개축 경내 확장 등 관계자 협의	
		궁 앞을 지날 때의 마음가짐 표어	
		村上義光 부자를 합사하는 大門神社 창건 계획	中外(日報)
		廣瀨神社 창건 운동	
		경북 김천신사 조영 기부자에게 포상	
		신직 이동	
		만주국 황제폐하에 賀表奉呈, 天晴會로부터	
		天晴會의 상임간사제도와 사무 분담	
		(광고) 朝鮮歌話會, 大阪屋號書店, 大久保眞敏商店	
		편집후기	ときつね
31	昭和9년 4월 1일 仲公 近澤商店印刷部	(사진) 동대문소학교 大麻奉祀殿 鎭座祭 실황	
		사쿠라 선창	ときつね
		신도적 국민교육의 필요를 느끼고 勸學祭 보급을 요망한다	早山精夫

		天長節의 연혁 해주 보통학교와 경신미담 용두산신사와 용미산신사(조선의 신사를 말하다 15) 봄에 어울리다, 조선의 婚姻 애국운동 전선의 전망 (1) 영예로운 新嘗祭 獻穀 경작자 白衣의 봄 大麻奉祀殿의 설치, 경성-동대문소학교에서 伊勢神宮에서 齋戒 엄수를 第一義로	宮永蘆東 佳津緒 いなと편집 小山光
32	昭和9년 5월 1일 仲公 近澤商店印刷部	明治天皇御製 우리가 황태자 전하의 첫 단오를 맞아 尙武祭를 제창하다 靖國神社 국제 실시에 대해 청원, 天晴會 전국교화단체대회에 결의안 제출 今泉定助 선생 환영 茶話會 타국에 파견되는 村垣淡路守의 자부심 단오와 그 행사, 5일에는 일가가 함께 고향 수호신에게 李王, 李王妃 전하 함흥신사 참배 신직의 대우개선 官國幣社 府縣社 이하 신사 직제에 관한 두 칙령 개정하다 조선 신직회 이사회 神道 강연회, 조선 신직회 주최 용두산의 신사 자료 전람회 대전역 무명씨 애국운동 전선의 전망(2) 御製拜誦會 바나나를 팔아 타이완의 蕃社에 신사 건립	 ときつね いなと편집
33	昭和9년 6월 1일 仲公 近澤商店印刷部	明治天皇御製 草木物 운운하는 말이 아니라 신의 목소리를 들어야 할 때가 왔다. 神人感應, 진정한 참배에 대해서 태평양을 넘어 뉴욕에 최초의 신사 일찍부터 東鄕神社 건립의 뜻이 일다 전국 신직회에 지방 신직회가 제출한 근래 보기 드문 의안들 어느 神說에서 살펴본 소나기와 명신(鳴神) 훈풍이 부는 해군기념일에 이건 공(李健公)과 그 妃 전하 조선신궁 참배 면목일신하는 대구신사 경성사범학교 纛島 농장에 권농신사 창건 조선 신직회의 총회, 강습회	 ときつね 曳田神宮小宮司의 라디오 방송(ときつね 편집) 메이슨 씨 편지(いなと 편집)

		牛島 내무국장, 본회 회장을 내락하다 皇展講究所의 祭式 훈련 전국 신직회에 출석한 본회원 전국교화단체 대표자대회 출석자 환영, 天晴會에서, 奧山 씨, 荻野 씨를 초대하다 御製拜誦會 5월 13일 제5회 天長節의 밤, 京城內鮮府民 초만원 성황, 天晴會의 연례행사 神職補命 신사(神祠) 설치 허가 5건 阿知和 본회 회장 東京으로 출장 편집후기	 ときつね
34	昭和9년 7월 1일 仲公 近澤商店印刷部	明治天皇御製 國旗 제정 80주년 기념일에 즈음하여 일장기의 정신을 재고 회장 送迎의 말 나에게 神約 있다 神明神祠(통칭 加藤神祠), 경성 부근에 새로이 허가받은 신사(1) 神明神祠(통칭 漢江神祠), 경성 부근에 새로이 허가받은 신사(2) 국기 제정까지, 일장 정신은 神代부터 배태 애국운동 전선의 전망(4) 조선 신직회 총회, 예정을 변경해 7월 중순에 하계강습회 안내 편집을 마치고 (いなと)	 いなと 상무이사 仲公 冠山逸人 稻廼舍 いなと 편집
36	昭和9년 9월 1일 仲公 近澤商店印刷部	明治天皇御製 태양 예찬 皇道와 神道 神道와 水戶學 성명 철학 중추의 달맞이에 대해서 獻詠歌를 모집하다 해외 연구가의 전망에 따라, 日本古神道宣示 전국 신직회 부회장 경질 황태자 전하에게 소형 神輿를 헌상, 전국 신직회로부터 龍川神社의 청정에 힘쓴 만주인 高知市에 勤皇志士를 모시는 신사 건립운동 (광고) 朝鮮佛教社, 大久保眞敏商店 편집후기	 いさを 神宮奉讃會長 今泉定介(文責在記者) 나진 藤田元就 수원 三宅靈楓 いなと いさを

※ 호수는 42호부터 제5권 제3호로 명칭을 변경하였다. 편의상 ( )를 치고 번호를 붙였다.

호수※	연월일 편집발행인 인쇄소	기사 제목	서명
37	昭和9년 10월 1일 小林鄉一 谷岡印刷部	조선 乃木神社의 御鎮座 국민정신의 작흥과 乃木神社 건설, 경사스럽게 어진좌제 거행까지 외지의 내표직 모범 건축, 乃木神社의 社殿 양식, 내무성 기사 角南隆 씨의 걸작 삼엄장중한 어진좌 관련 諸祭奉仕 어진좌 기념 乃木將軍 餘香展覽會 神德讚仰 神馬 '壽號' 동상 추억 많은 장군의 유품, 각종 보물, 神德을 기리면서 감격 拜觀의 기록 장군의 유지를 받들어 伯爵 乃木家의 辭爵 반도민 지성의 결정, 乃木神社 기부금 개황, 건설 예정의 여러 조영물 手水舍 乃木神社 어진좌 봉축, 기념강연회 개요 어진좌 봉축, 행사들 초등학생의 눈에 비친 어진좌제 미담 낙엽 바구니 朝鮮乃木會 발대식, 소년소녀를 통해 神德의 선양에 힘쓰다 皇道와 神道 (이어서) 內鮮人 협력하여, 각지에 神祠 건설, 아름다운 융화의 실현 (洪原神祠의 어진좌제, 환희에 넘친 면민) (강원도 橫城神祠 어진좌) 社地를 확장하여, 평양신사 조영 시작, 임진왜란 때 사용한 砲筒 발굴 獻穀田 修祓式, 충주읍과 해주군의 광영 獻上穀 納受式 東鄉神社 창건, 池田 후작 저택부지를 제공, 기념회 발인회에서 大綱 결정 敬神 휘장 배포, 경성신사 경신회원의 활동 (광고) 山口縣鹿野村女子道社 (광고) 社寺工務所, 朝鮮佛敎社 편집후기	 神宮奉贊會長 今泉定介 秋弘

38	昭和9년 11월 1일 小林鄕一 谷岡印刷部	(사진) 牛島 회장 式辭를 낭독하다 조선신궁 대전에서, 伊勢神宮大麻 배포식, 가을비 조용히 뿌리는 11월 1일 조선 신직회 거행 神宮大麻·曆 배포식 상황 만주의 신사에 대해서, 시찰을 마치고 귀로 도중 조선호텔에서 조선신궁 대전에서 獻詠歌 披講式, 우아한 왕조시대를 그리면서 조선 신직회 간부 확정 神道와 水戸學 (이어서) 山地奉齋에서 都心奉齋로 온 세상이 황국정신에 눈뜨다 (경성의 국민정신작흥 주간) (황실 중심주의로 전향하여, 십자가를 태우다. 선교사도 맥없이 철수) (유문집 중 불온 글자 발견, 日蓮宗法難, 내무성 단호, 發禁처분할까?) (謠曲蟬丸 상연 금지할까?) 반도와 연고 깊은 高麗神社 봉찬회 설립 南鮮의 고도 전주신사에 都勢 회복 기원문, 읍장 공손하게 奏上하다 朝鮮禊會의 활동 회원 동정 (광고) 朝鮮佛教社, 社寺工務所	 小笠原省三 나진 藤田元就 天外
39	昭和9년 12월 1일 小林鄕一 谷岡印刷部	昭和9년을 보내다 (사진) 대전신사 婦人敬神會 발대식 諸祭錄事, 新嘗祭 의식 (궁중의 의식, 지체없이 親祭) (조선신궁) (경성신사) 天晴會 발원의 聖躬御安泰祈願祭 세 전하 조선신궁 참배 평양신사 조영 用材 秋晴 11월 28일, 航空神社例祭 부산항 공전의 인파, 渡津橋 준공식 성황, 擧式의 한 예 우편물 편집을 고려하여, 조선신궁 봉찬가 마감일 연기 조선신궁 봉찬회 사업진척 조선 乃木會 설립 神道와 水戸學 (이어서) 神祠 설립 허가	 나진 藤田元就

		비상시 전망 (라디오를 통해 국민정신 작흥, 明治大帝 御製奉唱) (대전신사를 중심으로 경신부인회 발대식) 軍神廣瀨神社 건설의 공정 진척 朔望의 早朝神酒를 수여, 경성신사 경신회의 활동 만주사변 전몰용사의 영령, 新京忠靈塔 납골식 조선 少年乃木會 天晴會 회원 상호 実修會 古事記의 講談化 시대가 낳은 우동제와 이발신사 교화청년단 선서식 祝賦 국경 경비의 존귀한 희생자, 靖國神社에 合祀上申 전주와 門松 주마등	 天南風
40	昭和10년 1월 1일 小林鄉一 谷岡印刷部	聖代의 신춘을 축복하다 (사진) 皇大神宮 鳥居의 여명 새해의 느낌 황족[竹の薗生]의 번영 (황태자 전하 첫 탄신) (照宮님 탄신) (澄宮 전하 탄신) (北白川宮 전하 練武의 영예) (李辰琬 공주 결혼) 일본정신에 대해서(1) 乃木神社 神橋 청소 16년간 대망의 黃登神祠 설립 순천신사 건립 구체화하다 渡橋神事 明治天皇御製拜誦會, 天晴會 정례 신궁 참배 후 개최 年賀 광고 주마등	 京城帝國大學 교수 白井成允 天南風
41	昭和10년 2월 1일 小林鄉一 谷岡印刷部	道民의 신앙문제 (사진) 어진좌 10년의 조선신궁 大鳥居 神宮大麻에 대해서(상) 〈鳥居〉는 말한다 일본정신에 대해서(2) 乃木 장군을 그리다(중) 신앙문제에 관한 좌담회, 2월 2일 개최, 주최자 학무국장 渡邊豊日子 씨	 早山靜夫 京城帝國大學 교수 白川成允 조선군사령부 고급부관 육군대좌 山口直人

		鳥居考(1)	津村勇
		연기신사(조선의 신사를 말한다 16)	
		神祠 설립 허가	
		神社-神祠 道別 조사	
		신사 참배 격려, 강경우편소장의 美擧	
		해주신사 완성 단계에	
		大久保眞敏 씨의 광영, 포상을 받다	
		신직 양성 각 학교 학생 모집	
		회원 동정	
		주마등	をやま
(42)	제5권 제3호 昭和10년 3월 1일 小林鄕一 谷岡印刷部	招魂社 건설의 기운이 오다	
		(사진) 근정전 안의 경찰관 초혼제 신단	
		러일전쟁 30년을 맞이하다	
		心 생활의 전기	
		崇神人 유도의 기회	
		左右의 지위에 관한 고찰(1)	植田夏彦
		神宮大麻에 대해서(하)	早山靜夫
		조선 초혼사 청원운동	
		시정되어야 할 創業神社觀	
		함흥신사(조선의 신사를 말한다 17)	
		전남 우편소 일제히 神棚鎭座祭 모범을 보이다	
		각각의 열의와 힘을 갖고, 약진하는 天晴會, 제4회 총회 겸 신년회	
		군포공립보통학교 農工具祭, 기원절에 面民 총출동	
		경신가 小田垣 씨, 大久保 씨 포상 수여	
		山神을 奉齋하여 20년	
		육탄 세 용사 동상 건설	
		朝鮮禊會 모임	
		宮城縣 신직회 신직 양성부 학생 모집	
		주마등	をやま
(43)	제5권 제4호 昭和10년 4월 1일 小林鄕一 谷岡印刷部	조선신궁 어진좌 10주년	
		(사진) 벚꽃이 만발한 마산신사의 부근	
		일본정신에 대해서(3)	京城帝國大學 교수 白井成允
		鳥居考(2)	津村勇
		內地 昭和8년도 官國幣社 경제상황 조사	
		內地 昭和7년도 府縣社 이하 신사 수지 결산액 조사	
		內鮮同工의 결혼설화(상)	をやま
		左右의 지위에 관한 고찰(2)	植田夏彦
		乃木 장군을 그리다(하)	조선군사령부 고급부관 육군대좌 山口直人
		角和 소좌 鬼島 정벌 이야기, 奄尾大島 가톨릭, 治의 어려움과 나	川村五峯

		대구신사 경내에 포탄탑 건설 이어서 桐馬 건설 공정 진행 새 음악창조, 雅樂을 기조로 한 관현악을 宮內省 처음으로 대중에서 모집 나진신사 건설 계획 전국의 소학교 아동, 伊勢神宮 무임 수송 계획 興國神社 건립 의식 구미 각국 지식인 간에 일본정신 연구 열기 뜨거움 조선 신직회 주최 제1회 伊勢參宮團 주마등	 をやま
(44)	제5권 제5호 昭和10년 5월 1일 小林鄕一 大海堂印刷株式會社	심전개발 제창은 可, 토속신앙 압박은 不可 (사진) 반도 느낌의 경성신사 내 석등롱 일본정신에 대해서(3) 內鮮同工의 결혼설화(하) 경기도 수원군 대장면의 광영, 穀物田 始耕式 잘못 신은 日本化, 외래사상 동화에 관한 일고찰 조선신궁 어진좌 10주년 봉축대제 포스터 도안 현상모집 규정 마산신사(조선의 신사를 말하다 18) 조선 신직회 주최 제1회 伊勢參宮團 정황 神祠 설립 허가 신전 결혼에 준하여 李우(金변에 遇가 오는 글자) 공 전하 결혼식 성대한 武德祭 근정전 안 조용히, 순직 경찰관 초혼제 바람 불고 추운 훈련원 들판에, 경성부 주최 대초혼제 경성신사 부근에 석등롱 獻設 봉헌제 신사관계 賞勳局 표창 素盞嗚命의 유적에 曾戶茂梨神社 건설 강경 早起會 천안신사의 근황 함흥신사 근황, 小普學童의 정화 봉사 회원 동정 (광고) 朝鮮佛教社 주마등	 조선강습회 필기 京城帝國大學 교수 白井成允 をやま をやま
(45)	제5권 제6호 昭和10년 6월 1일 小林鄕一 大海堂印刷株式會社	국체관념 철저와 체신부내의 경신활동 (사진) 春日形照明燈 조선 초혼사 건설. 실현을 갈망하다 조선신궁 奉讚唱歌 당선자 발표 鳥居考(3) 먼지주머니 明治14년 西南戰爭 초반의 乃木 대장	 岩手縣知事 石黑英彦 津村勇 天外 乃木神社 어진좌 기념강연 大意 육군중장 摺澤靜夫

		禊 행사 예찬, 朝鮮禊會 주최 원산 桃の禊 좌담회 필록	
		朝鮮禊會 주최 원산 禊修者 이름	
		朝鮮禊會 규약	
		左右의 지위에 관한 고찰(3)	植田夏彦
		神祠 설립 허가	
		愛宕 씨의 덴덴타누키(デンデン狸)	ふみを
		閑院宮 전하 파견 皇展講究所 제회의	
		전국 신직회 제10회 평의원회	
		梨本宮 전하 참석 제1회 전국 신직대회	
		조선 靖獻社 주최 大楠公 600년 遙祭	
		러일전쟁 30주년 전몰자 위령제	
		일본정신을 강조해야 할 초혼제를 순신도로 고치다. 大分縣 당국의 대영단	
		조치원 실과 여학교 학교 神祠 진좌제. 심전개발 시대상으로서 각 학교 속속 신전 설립	
		少年乃木會 제2회 선서식, 5월 5일 乃木神社 대전에서 새로 가입한 회원 150여 명	
		天晴會 새로운 진용	
		(광고) 山川友一裝束店	
		神道式을 채용한 李貞淑 여고 고별제, 숙명여자 고등보통학교 교정에서 5월 10일 오전 10시 거행	
		天晴會와 중강진, 평안북도회 의원 和氣 씨의 가입	
		회원 인사	
		주마등	をやま
(46)	제5권 제7호 昭和10년 7월 1일 小林鄕一 大海堂印刷株式會社	조선의 固有神道와 祭神의 문제	
		(사진) 明神 양식의 石鳥居	
		조선 신직회 주최 일본정신 顯修 강습회 8월 8일부터 5일간	
		조셉 메이슨 박사의 일본정신관과 창조의 동양	天晴會 상임간사 金澤愚庵
		乃木 대장 훈화 보급, 乃木 대장의 말에 內鮮 각 방면에서 의외의 共鳴	조선 乃木會 이사 川村五峯
		대구신사(조선의 신사를 말한다 19)	
		神祠 설립 허가	
		(隨感隨筆) 城島의 등, 湯島聖廟, 梨泰里	
		조선신궁 어진좌 10주년 봉축대제 포스터 도안 당선자 발표	
		학교의 神祇奉齋	
		神社-神祠의 구조물 형상 건설 단속	
		신직을 총동원하여 선거 정화	
		전라북도 농촌진흥운동 경신사상 강조, 여기에 심전개발이 있다	

		昭和9년도 神宮大麻 및 暦 道別 배포 성적표	
		天晴會 대전지부 설립 기운, 岩村 학무국장 및 藤田 신직 등의 노력	
		경성신사 鎭火祭, 市齋主 축사 奏上	
		평안남도를 풍미해 경신 운동에 착수 安武 지사의 지도방침, 국체명징을 강조	
		퍼붓는 호우에도 아랑곳, 원산신사 근처에 은사의 쾌유를 비는 보통학교학생 눈물어린 동심 하늘에 통하지 않다	
		神의 道 講讃, 天晴會의 진지한 연구회원 외에 뜻 있는 사람의 참석 환영	
		(광고) 朝鮮佛教社	
		天明山 충혼비 앞에, 羅南師團 초혼제	
		전 조선 13파 신도가를 규합하여 조선신도 연맹 결성, 조선신궁 대전에 결성식 거행	
		국경 수호신, 雄基神祠 건설, 2만 엔을 모집하여 장엄한 神殿을 조영	
		회원 인사	
		주마등	をやま
(47)	제5권 제8호 昭和10년 8월 1일 小林鄕一 大海堂印刷株式會社	종교적 情操 함양에 대해서, 중앙부 교육자의 착각어린 논의	
		우리는 모름지기 먼저 일본인이어야 한다. 본말전도하지 마라	川村五峯
		조선신궁 봉찬창가(가사, 악보)	
		좌경사상의 붕괴와 일본정신의 시대성, 몰락을 부르는 코민테른 대회	金澤愚庵
		左右의 지위에 관한 고찰(4)	植田夏彦
		평안신사(조선의 신사를 말하다 20)	
		神祠 설립 허가	津村勇
		鳥居考	
		少年乃木會의 소소한 이야기	
		(隨感隨筆) 近江6景	
		神社神祠의 경내에 동상비표 건설 단속	
		국기는 신사에서 수여하고자 한다, 天晴會에서 조선신궁 경성신사에 청원	
		경신회 봉사의 神酒拜戴, 月次會는 매월 15일에 변경, 경성신사 사무소에 개최	
		중강진 경찰서 구성원, 부적[大麻] 특별 拜戴, 坂本 서장 직접 모범을 보이며 이를 구성원 전원에게	
		일본 체조 實修, 어른도 어린이도 크게 기뻐하다. 天晴會 제2수도회	
		朝鮮禊會 주최, 여름의 목욕재계. 白川 子爵 星野掌展도 강연, 금강산 온정리 소학교에서	

		獻詠歌 마감 9월 말일, 明治神宮 獻詠歌 겸題 발표 (광고) 山川友一裝束店 주마등	 をやま
(48)	제5권 제9호 昭和10년 9월 1일 小林鄕一 大海堂印刷株式會社	昭和9년도 조선 신직회 총회, 총재 今井田 정무총감 告辭 (사진) 강습회 개시 봉고제 기념촬영 총회에서의 회장 인사 昭和9년도 조선 신직회 총회 8월 3일 열기와 싸우면서 경성신사 사무소에서 개최하다 조선 신직회 통상총회 의안 및 건의안 昭和9년도 조선 신직회 일지 발췌 본회 주최, 지방 강연, 장도의 피로도 꺼리지 않고 이어지는 강연 조선 신직회 주최 일본정신 顯修 강습회 개시 봉고제부터 종료 봉고제까지 5일간 정신수양을 위해 정진 忍從의 봉사자 경주에서(詩) 左右의 지위에 관한 고찰(5) 소학교 졸업아동 150만 명 參宮 무임 계획 먼저 30만 명을 한정하나 이후부터 실현 가능 국민 家庭祭-神宮大麻의 奉齋 확대, 경찰협회의 간이 신단, 전 조선 각 역의 신단 설치, 文明琦 씨의 사비 제공 어진좌 이후 첫 乃木神社 例祭, 戰利砲 제막식으로 시작되어 러일전쟁 좌담회로 꽃피운 3일간 學習院의 연고지 片瀨에 乃木 장군 동상 건설 朝鮮禊會 좌담회 神樂殿의 舞女 연마에 정진하다. 조선신궁 10주년제에 소보통학교 학생 명예의 봉사 孟中神祠 창건. 열성인이 일치협력하여 이 한촌에 神祠를 창건 翠野神祠 진좌제 공주고등보통학교 武道場에 武神을 奉齋하다 주마등	조선총독부 정무총감 今井田淸德 조선 신직회장 牛島省三 小山翠村 植田夏彦 をやま
(49)	제5권 제10호 昭和10년 10월 1일 小林鄕一 大海堂印刷株式會社	조선신궁 어진좌 10주년제 성대한 의식을 맞이하다 (사진) 새로워진 조선신궁 기념 奉贊殿 神德 전 국토에 널리 미치는 반도의 수호신 조선신궁 어진좌 10주년을 축복하는 봉축제와 恒例大祭 神祠 설립 허가	

		瑞雲靉靆, 봉축의 기운이 전 도시에 퍼지다, 경성신사 例大祭	
		울던 아이도 그치는 鬼清正	
		국민적 성대한 의식 국가 '기미가요' 제정과 조선 — 다가오는 55년 기념	金澤愚庵
		진주신사(조선의 신사를 말한다 21)	
		乃木神社 獻詠歌 披講式	
		만주사변 전몰용사 경원수비대 위령제	
		진영소학교 교정에 神祠 건설	
		조선신궁 참배로 입구 대형 등롱 기증	
		이름도 櫻井인 소학교에 楠公 동상 건설	
		始政 25주년 기념 청주신사 御遷座	
		(광고) 山川友一裝束店	
		전주신사 참배로 大宮橋 준공	
		주마등	をやま
(50)	제5권 제11호 昭和10년 11월 1일 小林郷一 大海堂印刷株式會社	조선의 國幣社 창립의 기운, 내년도에 2社 실현 내정	
		(사진) 조선신궁 어진좌 10주년 봉축제 奉奏御神樂50鈴舞	
		조선 신직회 주최 昭和10년도 神宮大麻 및 曆 배포식	
		총재 告辭	
		神宮大麻 및 曆의 배포에 대해서	
		조선신궁 대전에서 伊勢神宮大麻 배포식, 조선 신직회 엄수	
		神宮神部署, 神宮大麻-曆 배포식 정황 전국적 성대한 의식에 참석하여 감격	大和田五月
		神祠 설립 허가	
		조선 氏子總代 연합회, 전 조선의 氏子總代 한 곳에 모여, 제2회 총회 거행	
		모두 氏子 연합회 회장 부회장의 명예	
		주마등	をやま
		제2회 총회 告辭 및 祝辭	今井田 정무총감, 牛島 조선 신직회장
		조선민족의 천신숭배, 조선 氏子總代會 연합회 제2회 총회석상 강연 필록	京城帝國大學 교수 秋葉隆
		점차 그 실현기에 들어가다. 조선 신직회 및 氏子總代 연합회 오래 요망 보답, 斯道 진흥에 관한 적극적 동향을 표시	
		(광고) 山川友一裝束店	
		始政 25주년과 신직의 각오	
		始政 25주년에 즈음하여 본회 회원 표창하다	
		경성신사의 熱田神宮遙拜式	
		평양신사 개축 완성 遷御 및 例祭	

		박수는 소리도 드높게 울리다. 경무국, 체신국의 경신운동. 먼저 청내 및 가정에 일제히 신단을 奉齋 평안남도의 一面一社 계획, 安武 지사의 제창 바람 고요한 위령의 가을, 위령제 거행 회원 人事	
(51)	제5권 제12호 昭和10년 12월 1일 小林鄕一 大海堂印刷株式會社	昭和10년의 회고 (사진) 退鮮 기념 乃木神社 참배하는 植田謙吉 대장 서광 넘치는 11월 28일 제2친왕 전하 탄생, 반도 민초의 환희 가득하여 전국방방곡곡에서 봉축 三笠宮 창립과 궁호의 유래 明治節 당일에 조선신궁 봉찬전에 獻詠歌披講式 神祠 현재 수 조사 鳥居考 국체명징에 관하여, 今泉定助 옹 각지에서 강연, 조선총독의 초빙으로 개최 宇垣 총독 이하 각 국장 지사의 열성 나남신사(조선의 신사를 말한다 22) 한풍에 뼈를 깎는 월미도에 朝鮮禊會 菊禊를 단행하다 (광고) 山川友一裝束店 충청남도의 大麻曆 배포 奉告祭 장수 경찰서장의 지성으로, 大麻殿 奉鎭祭 전주신사 주최 官國幣社繪圖 전람회 대전신사 좌담회 신사 참배 거부 문제의 근거, 집요한 평양 예수회교도 年賀芳名 모집 회원 동정 주마등	 津村勇 を
(52)	제6권 제1호 昭和11년 1월 1일 小林鄕一 大海堂印刷株式會社	신춘을 맞아 (사진) 조선총독 宇垣一成 각하 필 '神德無窮' 年頭 소감 황도정신으로 사상계를 정화하라 연말연시 마이크의 妙音 埼玉縣 入間郡 高麗村 鎭座, 고려신사 봉찬회의 운동 괴로운 입 ―기독교 신자의 국체관을 평하다 조선 乃木神社 대전에서 義士祭 거행하라. 義士祭와 乃木 장군, 의거에 대한 장군의 관심	 내무국장 牛島省三 신궁봉찬회장 今泉定助(기자 편집) 川村五峯

		김천신사(조선의 신사를 말한다 23)	
		門松의 기원	
		神祠 설립 허가	
		조치원 경신부인회, 연기신사 대전에서 12월 1일 産聲을 울리다	
		北鮮·南鮮	
		조선신궁 獻詠歌 모집	
		함경북도 무산 경찰서 구내에 神殿 창설, 경찰서 구성원의 和衷협동으로 빠르게 실현	
		內地의 곡물감사제에 대해서. 조선에서는 新嘗祭 遙拜式. 天晴會 주최 조선신궁 앞 광장에서 거행	
		황해도 초등학교장 등 新拜法 강습	
		전라북도 부안군 평교리 보통학교 社稜祭 아동 및 학부형의 獻備米 봉사	
		청주신사 조영. 기금조성 진전. 예산금 5만 엔. 연내에는 완료 의지	
		황해도 곡산, 신계에 神祠 진좌제	
		공주공립농업학교 주최 瑞穗神社의 풍년제. 오후에는 봉납씨름으로 붐비다	
		(拜山閑話)	
		회원 동정	南山麗人
		주마등	
		年賀 광고	を
(53)	제6권 제2호 昭和11년 2월 1일 小林鄕一 大海堂印刷株式會社	神社의 本義. 참배 거부 문제는 국가의 불상사	
		(사진) 乃木軍 전리품. 朝鮮乃木神社 보물	
		관민 총기립. 심전개발의 第一義, 家庭祭事 장려	
		渡邊學 학무국장 경고 요지. 신사참배의 근본정신. 평양 숭실학교 관련, 직원·학생 참배 거부 계몽	
		부산 왜관과 용두산신사(상)	小山翠村
		(內地 뉴스)	
		恒例에 따라 1월 4일 궁중정치의 御儀 엄숙히 거행	
		神祠 설립 허가	
		皇大神宮 森嚴美를 복구 神域을 크게 확장	
		皇田硏究所 창립 총제 有栖川宮 50年祭	
		함경남도 함주군 보통학교 일제히 大麻殿 봉재	
		함경남도 神祠의 정세, 一面一社 실현 아직	
		조선 乃木神社 첫 참배, 幕營 그대로의 乃木式 薩摩汁과 汁粉의 直禮	
		전라북도 신직회 주최 제3회 신직강습회	
		20주년제를 계기로 수원신사 개수	

		(天外雜筆) 行長과 사리탑. 마음 가는대로. 자신을 비하하는 자의 어리석음 회원 동정 주마등	を
(54)	제6권 제3호 昭和11년 3월 1일 小林鄕一 大海堂印刷株式會社	두 가지 문제, 神宮大麻 배포의 성적과 國幣社의 실현 (사진) 신궁 부근의 春雪 內鮮 공통의 祭祀에 대해서(상) 중추원 강연 요지 祈年祭 親祭 昭和9년도 官國幣社 경제상황 조사 昭和10년 12월 조사 昭和9년도 官幣社 조선신궁 경제상황 조사 昭和10년 4월 조사 神祠 설립 허가 조선 내 신직 매년 증가 조사 昭和11년 2월 현재 신사 52사 학무국장 통첩을 보내 신사참배의 중요 가르침을 말하다. 참배 거부 문제도 만족스럽게 해결 민심 동향의 핵심을 알게 한다 지방비에서 1만 엔 供進. 평양신사 조영 후기. 공공단체 신사 비용 지불 선수를 친 평양부 점차 소생하는 반도의 신사 조영 열기 발흥 공공단체에서 신사 비용 공진에 관해 각 신사의 진정 상황 대구신사 개축 계획 진척 함흥신사 조영 문제 광주신사 조영 계획 해빙기를 기다려 청주신사 조영 송도신사 조영 아직 충청남도 연기신사 경내 참배로 공사 곧 착수 부산 왜관과 용두산신사(중) (內地 뉴스) 강원도 경신운동의 구체화 도지사 고시로 도내에 방침을 전하다 2월호 게재 가정 제사 장려의 호평 총독정신을 담아 朝鮮民曆의 개정 愛宕神社의 창설자 森丸太郎 옹의 篤行 조선교육령을 따르다. 평양 숭실학교 존속 결의. 참배 거부 문제 완전 청산 (광고) 山川友一裝束店 경찰의 신성화. 大麻와 경찰관. 경신사상을 앙양하여 경찰정신을 널리 발양하다 신사참배 기피를 타도. 평양 東雄會 발족	 宮內省 掌典 星野輝興(기자 편) 小山翠村

		전라북도 익산군청의 신사참배 장려 주마등	を
(55)	제6권 제4호 昭和11년 4월 1일 小林鄕一 大海堂印刷株式會社	祭神 문제, 반도의 특수성과 당국의 근본 방침 內鮮 공통의 祭祀에 대해서(중) 중추원 강연 요지 神祠 설립 허가 新嘗祭에 조선으로부터 獻穀田 奉耕者의 명예 지방과장을 비롯하여 신사문제에 관해 각 官 잇날아 東上 부산 왜관과 용두산신사(하) 昭和9년도 경성신사, 용두산신사 경제 정황 조사 전국 신직회 주최 제3회 신직강습회 상황 면목을 일신. 군산신사의 개축 경성 남산의 위용. 乃木神社 보물관 禊에서 膽과 識을 연마하다. 중견경찰관 강습회. 총독부 경무국의 영단 조선인 교육의 근본 문제. 국사교과서 개정 기운. 국제관념 철저히 天晴會 昭和11년도 사업계획 회령신사의 갹출금, 각지 유행에 맞추어, 조선인 측 부담 협의 대전경신부인회의 參宮 天晴會 昭和11년도 사업계획 天晴會 정기총회 기원 2600년 제전축전 기타 축전 사무국 설치 봉축기념사업 (광고) 山川友一裝束店 (內地 뉴스) 회원 동정 주마등	 宮內省 掌典 星野輝興 (기자 편) 小山翠村 文
(56)	제6권 제5호 昭和11년 5월 1일 小林鄕一 大海堂印刷株式會社	祭神 문제(2) 國魂神과 住吉神社 內鮮 공통의 祭祀에 대해서(하) 중추원 강연 요지 池田 전 국장의 영전, 재임 5년간의 공적은 위대, 조선 신직회에는 큰 타격 총독부 내규, 地鎭祭에서 修祓式. 獻穀田 봉경에 관한 절차. 성심성의껏 봉사해야 할 嚴儀 강원도의 경신운동. 심전개발에 관한 구체안. 도지사 孫永穆 씨 열성적. 지방 실정에 따라 전 조선에 알리다 대외문서 기재의 칭호를 앞으로 '일본국천황'으로 고친다 蘇塗考(上)	 宮內省 掌典 星野輝興(기자 편) 天外道人

		부산 왜관과 용두산신사(하)	小山翠村
		昭和10년도 결산. 경성신사, 용두산신사 경제상황 조사. 昭和11년 4월 조사	
		기독교 계열 학생의 신사참배 거부 문제에 대한 검토	天晴會 상임이사 金澤愚庵
		회령신사의 內鮮人 갹출금 상황	
		(광고) 山川友一裝束店	
		東宮傳育官에 石川岩吉 씨 임명, 國學院大學 출신의 명예	
		원산신사 大祭日. 조선측도 제전에 참가 결의. 변경안은 유보. 수십 년의 역사를 존중	
		4월 4일 와우산록에서 청주신사 地鎭祭 관민 다수 참석 성황리에. 조영 제일보 내딛다	
		內鮮人의 땅과 땀의 결정. 군포신사 낙성, 빗속에도 낙성제 성대히 거행	
		대전신사 경신부인회 參宮團 무사 귀향	
(57)	제6권 제6호 昭和11년 6월 1일 小林鄕一 大海堂印刷株式會社	비상시 필요한 필연적 조선신사령 발포 시기 절박과 그 기준	
		三種神器論	神宮奉齋會長 今泉定助(기자 편)
		정무총감 통첩 심전개발에 관한 건(1)	
		황실의 번영. 東宮 임시 거처의 地鎭祭와 黃心黃의 인장 하사	
		梨本宮 전하 참석 아래 제2회 전국신직대회 皇典講究所 관계자회의 마침	
		본회 간부 경질	
		蘇塗考(하)	天外道人
		6월 1일부터 勳記의 칭호를. 대일본국 천황으로 개정. 東京帝宮은 간단히 宮城이라고 고친다	
		전국 신직회장으로부터 표창, 藤富國太郎의 명예. 조선 최초의 영광에 빛나는 40년 오랜 神社공로자	
		落花異聞	
		神祠 설립 허가(소록도신사)	
		어린 잎 향기 어린 5월 8일, 조선 신직회이사회 개최, 오전 9시 각 이사 소집 경성신사 사무소에서 의결	
		北鮮의 雄都에 어울리게, 함흥신사 조영 문제 대두. 삼엄한 신역을 조성해야	
		평양신사 경내 식수. 일반의 獻木을 희망. 신사 경내의 녹화에 노력	
		(內地 뉴스) 오키나와 가톨릭 선교사 철수 등	

		우선 道社를 목표로. 대구신사 조영 계획 구체안 성립. 1島 22郡에서 5만 엔, 대구부에서 5만 엔 모금 宮內省 雅樂部 신곡 공모 警察神祠 설립 전라남도 김제군 죽산면 獻穀田 地鎮祭, 공직 일부를 사임하고 橋本 읍장 전력을 기울이다 인삼 경작자 신앙 목표, 반도 유일 인삼신사 건설 (광고) 山川友一裝束店 광주신사 아악부 설립 전국 형무소에 遙拜所 신설. 정신 갱생을 위해. 재범 근절을 기하다 5월 24일 오전 11시 대전신사 경신부인회 부내를 총동원하여 제2회 총회를 개최 연기신사 경신부인회 5월 17일 춘계 총회 거행 조선의 오래된 神社寺院 규칙 개혁 神社令 발표와 함께 자연 해소 新寺院 규칙 발령은 당연	
(58)	제6권 제7호 昭和11년 7월 1일 小林鄕一 大海堂印刷株式會社	氏神精神. 內鮮 민족 통일의 완성. 경신숭조의 근본방책 조선의 신사건축 및 그 시설에 대해서(상) 성상 폐하 어버이 옥체를 정화하시다 大祓 의식. 절기의 古式도 우아하게 관례로서 거행 총독부 地方課의 다망. 역사적 空前 國幣社 列格 준비. 경기도·경상남도 내무부 및 관련 氏子 간부의 대분투 竹田宮 전하 조선 방문 (內地 뉴스) 池田 장관 부임 서둘러 札幌神社 개수 등 총독부의 초빙으로 신사국 角南 技師 조선에 옴. 반도의 신사를 시찰하고 통렬한 비판을 하다 昭和11년도 府縣費의 神社供進金 예산액. 昭和11년도 道府縣費 중 神社費와 관련한 조사 조선 신직회 주최 신사에 관한 특별강습회 개최, 8월 23일부터 27일까지 경성신사 사무소 내 정무총감 통첩 심전개발에 관한 건(2) 장군의 부하 大川榮一郎 씨 조선 乃木神社에 여생 봉사	 內務省 神社局 技師 角南隆(기자 편)

		울산신사 경내 확장에 대해 氏子總代연합회의 활동. 石原 회장의 열성 마침내 목적을 달성하다 현 계획대로라면 國幣社 승격은 무리 대구신사의 설계 변경과 조영기금 모집의 요항 가랑비 내리는 가운데 경찰관 소방수 초혼제 근정전 조용히 恒例로서 거행 昭和11년도 호남 신직회 총회. 군산신사에 崇敬社總代까지 동원 함경북도 성진군 학상면 松興神祠 崇敬社總代의 노력으로 정신작흥 구체화 (사진) 완성된 송흥신사	
(59)	제6권 제8호 昭和11년 8월 1일 小林鄕一 大海堂印刷株式會社	조선신사제도의 개정에 대해서 특집호 발행에 대해서, 특집호 목차 조선총독부 고시 제434호 勅令 府令 조선총독부 고시 제440호 道에서 공진할 수 있는 신사. 府에서 공진할 수 있는 신사 訓令 시험위원 임명	政務總監談
(60)	제6권 제9호 昭和11년 9월 1일 小林鄕一 大海堂印刷株式會社	昭和10년도 조선 신직회 총회 회장 大竹 내무국장 인사 (사진) 강습회 개시 봉고제 기념 촬영 昭和10년도 조선 신직회 총회 8월 22일 오전 9시 경성신사 사무소에서 개최 선언 신사 관계자 총기립, 신사에 관한 특별강습회 현 획기적 시세에 적응 본회 주최 祭祀 철저히 하다 강습회 개최 회장인사. 강습회 종료 회장 인사 昭和10년도 조선 신직회 사무 기록 남원신사 창립 神祠 설립 허가 조선의 신사 건축 및 그 시설에 대해서(하) 乃木神社 獻詠歌 披講式 청일 전쟁 전몰자의 희생자, 古志 소좌 위령제. 수원읍 관민 모여 팔달산상비 앞에서 거행 가톨릭 신도도 신사 참배를 해야. 로마교황청 천명. 司教에 일본인 옹립 전라북도 김제군 경신의 모범을 보이다 조선 사정 선전용 사진 현상 모집 규정 (광고) 自動獻燈器 山口縣 慈道社	 內務省 神社局 技師 角南隆(기자 편)

(61)	제6권 제10호 昭和11년 10월 1일 小林鄕一 大海堂印刷株式會社	새 조선총독 明朗神社 중심주의 神祇를 일으켜 民俗을 순화하라 國幣小社 列格에 빛나는 용두산신사 略記 神祠 설립 허가 김천신사 總代會 일본정신과 乃木 장군 상주의 일각에 乃木 소학교 창설 사르반체 여사의 바람 멀리 베를린에 고호신사 모형을 출품 營口農村神祠 설립 요강 평안남도 내무국장 신사경신을 고조 반도에서의 官祭招魂社 건설 의견 대두, 그 실현은 일반의 기대 모으다 신사에 관한 특별강습회. 科外 강연. 조선의 祭祀. 조선사 편찬위원 小田省吾 金谷神祠 鎭座祭 (광고) 山川友一裝束店 대구신사의 설계방침, 東京二本松 技師에게 위탁. 舊殼을 벗은 神域으로 회원 동정	 제40여단장 山下奉文 만주 營口 일본 영사관 내 高島正太郎
(62)	제6권 제11호 昭和11년 11월 1일 小林鄕一 大海堂印刷株式會社	10월 31일 거행 皇大神宮大麻 배포식 式辭 (사진) 칙사를 찾아뵌 南次郎 조선총독 조선 신직회 주최 神宮大麻 및 曆 배포식 상황 恒例대로 조선신궁 대전에서 엄수 神宮大麻 및 曆本 배포에 대해서 年賀芳名 모집 明治大帝御衣 奉安殿을 인천에 구축 御衣讚仰會의 손으로 조선신궁 창건 菊湯奉告祭 11월 1일 거행 예정 경성신사, 용두산신사의 國幣社 승격 화려한 勅使拜診奉告祭 盛儀. 10월 14일 전야제부터 20일 後日祭까지 奉祝祭 인사 (사진) 國幣小社 경성신사 승격 봉축대제 포스터, 스탬프 거리도 항구도 만국기로 화려. 용두산신사 승격 盛典. 칙사 大野 정무총감 拜診. 부산항 공전의 활기 미래의 부민에게 더 많은 가호를. 감격의 山本 부산부윤 담화 형식으로 발표하다 (內地 뉴스)	조선 신직회장 大竹十郎 조선 각 도 배포 본부 조선 신직회 경성신사 宮司 市秋弘

		供進制度 제정 1년. 빛나는 各社例祭譜(조선신궁, 경성신사, 용두산신사, 인천신사 외)	
		와우산록 환희로 들끓다. 청주신사 진좌제	
		조속히 일본국법 준수에. 교황 피우스11세도 신사참배 시인. 청남학교 참배 거부 문제 해결	吉岡 내각부장 성명
		각 가정도 당국에 협력하라. 신사참배 장려 가을 例祭에 더욱 늘어 밝은 분위기 속에 거행	학무국장 富永文一 씨
		(광고) 山川友一裝束店	
		國學院大學 교수 加藤玄智 박사 神道目錄을 탈고. 오는 봄 3월 출판하여 학계에 보낼 보석	
		김제신사 진좌 10년제	
		고산리 고분 발굴에 따라 四神旗의 유래 판명, 석회 벽화로 발견	
(63)	제6권 제12호 昭和11년 12월 1일 小林鄕一 大海堂印刷株式會社	한창이던 昭和11년을 보내다	
		(사진) 시 부회장의 조선 복장	
		神祇史에서 살펴본 內鮮 관계(상) 昭和11년 11월 1일 DK에서 방송	小山文雄
		독일 대사관을 통해서 乃木神社 전경 의뢰. 친일가문 실링 씨 獻詠詩歌와 朱印을 희망	
		신사 건축에 대해서, 조선 내 각 신사의 상황과 설계 및 시공자 선택 附社寺工務所의 진출	
		恒例에 따라 明治佳節, 獻詠歌 披講式, 봉찬전 안 잔잔하게 綾小路流의 낭송	
		행사가 지나치게 많다. 조선에서는 통일 강화. 경무국장 조사에 착수	
		왓쇼이, 왓쇼이! 경성신사의 대제에 아이들이 御輿 함께 들다	川村生
		강원도 洪川神祠에 국기 게양탑 건설 조선인 氏子의 미담	
		11월 7일부터 13일까지 전 조선에서 국민 정신 작흥 습관 효과 의미 있게 마무리	
		제1회 氏子總代會에서 전국 신직회에서 표창받은 용두산신사 氏子總代長 白石馬太郎 씨 영예	
		(사진) 최근 白石馬太郎 씨	
		新嘗祭 遙拜式 조선신궁 경내에서 天晴會 恒例에 따라 거행	
		일본 가무의 해외 수출. 일본 가부키와 노 드라마	大和田生
		인천신사 齋館社務所 儀式殿 준공 朝鮮宮島는 실현 곤란	
		섣달 초순 3일간 강연. 今泉 옹 조선에 올 기회가 있을 때마다 조선에 와서 종종 高風高節을 만나고자	
		(광고) 山川友一裝束店	

		대전신사 부지 확장 문제 李忠 충남도지사의 말	
		청주 충혼비 마침내 완성. 초혼사 건설운동 발흥 분위기를 타고	
		매월 1일 대구신사에, 여성 급사들 단체참배, 女給矯風會를 설립하여 婦德을 닦고 품성을 향상	
		卷頭 사진 설명	
(64)	제7권 제1호 昭和12년 1월 1일 小林鄕一 大海堂印刷株式會社	신년사	
		(사진) 위세 좋은 소의 해(경성 남산 天滿宮)	
		(사진) 勅題田家雪	
		年頭辭	
		경성신사 승격 봉고제 호화판	조선총독부 내무국장 大竹十郎
		(사진과 해설) 조선 유아도 참가한 內鮮一如 축제 분위기	
		年賀 광고	조선 신직회 간부
		조선 신직회 주최 신사에 관한 특별강습회 강연. 신사와 우리 국체	國學院大學 학장 문학박사 河野省三
		年賀 광고	朝鮮氏子總代會연합회
		年賀 광고	조선신궁, 군산신사
		年賀 광고	경성신사, 춘천신사, 포항신사
		年賀 광고	용두산신사
		年賀 광고	평양신사, 개성신사
		年賀 광고	인천신사
		일본어 전선 이상. 전 세계에서 활약 정규과에서 가르치는 대학도 있다. 20여 개국에서 파급 확대	
		年賀 광고	함흥신사, 해주신사
		年賀 광고	밀양신사, 대전신사
		조선신궁 참배로 12월 18일 봉고제 거행	
		경성신사 직원의 명예, 氏子總代의 결의에 따라, 宮司 이하 표창	
		年賀 광고	공주신사
		대전신사 경신부인회 주최 영화의 밤	
		평양신사에 경신수양회 탄생	
		내무성 주최 신직 장기 강습회, 중심 인물 양성을 위해	김제신사, 평안신사, 수원신사
		磯部百三 옹의 歌集 〈松の實〉 출판	
		年賀 광고	
		(광고) 山川友一裝束店	
(65)	제7권 제2호 昭和12년 2월 1일 小林鄕一 大海堂印刷株式會社	〈주장〉 國幣社祭神 문제 각사 일률적인 불합리 배격. 조선 고유의 祭神을 활용하라	
		황실의 근황	
		昭和11년도 경성신사, 용두산신사 갱생 예산. 단 8월 1일부터 3월 말까지	宮內大臣官房謹記

		신사와 우리 국체(2)	
		新城 박사가 교정한 공자 탄생일. 과학적 견지에서 수리적으로 태양력으로 고친 10월 3일	國學院大學 학장 문학박사 河野省三
		궁중의 歌會始 엄숙하게 진행. 영광에 빛나는 豫選 7수	
		歌會始 披講 모습과 그 역사	出雲路通次郎 씨 謹話
		(內地 뉴스) 웃음 신사 건설 계획 외	
		宇治山田에 모인 인파. 신년 新都奉賽의 민초. 새해 첫날 奉拜者. 신도 인구의 두 배를 헤아리다	
		반도의 봄. 신국의 풍의는 먼저 심사참배부터. 더할 나위 없는 조선 내 각 신사 昭和12년의 신년	
		史實을 통해 內鮮一如로. 보통학교 교과서 개정. 올 봄 신학기부터 실시	
		현 국정을 바라보다. 반도의 건국제 대대적으로 시행	
		15년 고난의 결정. 純正朝鮮史의 완성 6편 37권 5만 쪽 출판회의 위업, 근일 公刊	
		획 던져 버린 신단 천 개 무료 배포. 무명의 신사에서 경성신사로. 배포 방법을 일임한 훌륭한 행동	
		천황의 배려 국경수비부대에 시종무관 파견	
		평양신사, 대구신사를 國幣小社로 승격 내정. 대구신사의 12년도 예산	
		강원도의 總社 춘천신사 조영 곧	
		외국군대 최초의 황궁요배식 독일 경순양함 엠덴호 靖國神社에 헌화	
		(사진) 寒國의 신사정경 조선 乃木神社 연못의 현재 스케이트는 밤낮 인기	
		도지사를 회장에. 광주신사 봉찬회 설립 東京小林工務所, 현지 측량은 이미 마무리	
		해주신사 신년제사	
		엄동설한에도 "시대를 알자"고 신직 장기 강습회 마침내 개최. 조선에서 藤田 대전신사 社掌 참석	
		(광고) 山川友一裝束店	
		메이데이에서 건국제로	
		이조시대의 祭場. 經學院 개방. 심전개발에 일조	
		학동소년단 새로이 결성. 영국식 보이스카우트가 아니라 皇道精神의 구현화	
		회원 동정	

(66)	제7권 제3호 昭和12년 3월 1일 小林鄕一 大海堂印刷株式會社	〈주장〉祭政一致論 (사진) 南次郎 총독의 첫 조선 순시 총독의 도중 풍경, 조선 서부 순시 모습 신사와 우리 국체(3) 神祇史에서 살펴본 內鮮 관계(하) 昭和11년 11월 1일 DK에서 방송 학교의 조례와 神拜 문제 (內地 뉴스) 후지산 정상에서 외 倭城臺 방송 반도의 施政 4반세기인 오늘날. 반도의 공직자 국어를 사용하라. 南次郎 총독 국어애용의 근본정신을 보급 범태평양 평화박람회에 神祇館 특설 愛知縣 신직회의 사업 배포 포스터 날인 등 전국신직대회 개최 名古屋 공회당에서 (반도 뉴스) 南次郎 총독 전주신사 참배 해주에서 神道 강연 南次郎 총독 해주신사 참배 天晴會 춘계 총회 해주신사 조영 계획 실시 검사 술수호신 모시다. 마산주조조합에서 반도 국민 감격. 眞影奉拜 인천신사에서 기념제, 인천의 추억 皇大神宮의 祭日 제정, 중의원 상정 신사봉납사진전. 대구신사 승격기념 회원 동정 편집 잡필	 國學院大學 학장 문학박사 河野省三 小山文雄 川村五峯 (朗)
(67)	제7권 제4호 昭和12년 4월 1일 小林鄕一 大海堂印刷株式會社	〈주장〉〈鳥居〉는 약진한다 총독의 경신. 인정의 총독 經學院의 지방 風敎 시정 4월 반도의 例祭 반도 국민에게 신사참배가를 합창하게 하라. 전 조선 학동에게 社頭參拜歌 합창 실행을 제창하여 반도 교육계의 협력을 바라다 옛 조선에서 奉齋된 건국신 (倭城臺 방송) 神武大帝의 성업과 관련된 전설 반도의 神道人을 말하다(1) 阿知和安彦 씨 조선신궁 宮司 반도의 神道人을 말하다(2) 秋弘 씨 경성신사 宮司 (기행) 早春西鮮行 大和田五月	 조선총독부 학무과장 富永文一 小山文雄

		(鳥居文藝)	
		(반도 뉴스)	
		군산신사 조영 곧 공사 착수	
		南次郎 총독 용두산신사 참배	
		평양신사 경신수양회 상황	
		국기게양 운동	
		南 총독 진해신사 참배	
		축제일에 축하 과자	
		本府의 발성 영화	
		반도 종교의 현황	
		(회원 동정)	
		(편집 잡필)	朗

• **제3기 조선신궁 편집 제2기**

호수 ※	연월일 편집발행인 인쇄소	기사 제목	서명
(77)	제8권 제1호	勝戰의 봄을 맞이하여	
	昭和13년 1월 1일	(사진) 勅題 新苑朝 조선신궁에서	
	武林健一	年頭辭	조선총독부 내무국장 大竹十郎
	行政學會印刷所	軍國新春譜	
		寅歲와 千人針	池田良八
		昭和13년의 시야. 약동하는 반도를 말하다(1)	岩下傳四郎
		講究分所 이야기. 신직양성의 진척	
		靖國神社 獻詠	
		부근의 목소리	
		社頭漫語(1)	鳥麿
		年賀 광고	조선 신직회 간부
		年賀 광고	皇典講究所朝鮮分所
		年賀 광고	朝鮮氏子總代연합회
		幣帛供進使를 따라	철도국參事 安宅守道
		年賀 광고	조선신궁 군산신사사무소
		年賀 광고	군산신사숭경자
		年賀 광고	경성신사
		年賀 광고	평양신사
		올해 호랑이 해에 태어난 사람들	해주신사
		年賀 광고	용두산신사
		(人事 동정)	
		年賀 광고	

		年賀 광고	인천신사, 포항신사, 김천신사
		남경함락 봉고제 축사 조선신궁 대전에서	
		年賀 광고	광주신사, 나남신사, 춘천신사
		年賀 광고	공주신사
		순천신사 진좌제	
		(謹告)	鳥居 편집부
		年賀 광고	밀양신사, 대전신사, 藤田元就
		(광고) 조선신직회편찬 朝鮮神社法令輯覽	
		年賀 광고	함흥신사, 천안신사, 진남포신사
		年賀 광고	기타
(78)	제8권 제2호 昭和13년 2월 1일 武林健一 行政學會印刷所	〈주장〉 반도 대중에게 神祇 교육. 지원병제도 후의 사상 동향에 대비하라	
		타이완의 신사 융성과 조선의 현황에 대해서	조선총독부 이사관 河村雅亮
		洞祭의 記	조선신궁 禰宜 鈴木重道
		(神祇話題) 외국 영토에서의 神社奉齋의 경우	三井物産 경성지점장 大塚俊雄 씨(文責在 기자)
		社頭漫語(2) 靖國神社. 신사참배예법. 手水鉢不淨. 神宮大麻 헌금. 기원 2600년 기념사업 신사 社殿 건설에 대해서, 신사의 부지	鳥鷹
		葦牙雜話	田中初夫
		(기증신간소개) 조선인이 나아가야 할 길	
		(神祇話題) 神祇에 관한 쉬운 책이 필요하다	三越지점장 三輪邦太郎 씨(文責在 기자)
		인사	皇典講究所 朝鮮分所長 阿知和安彦 田中初夫
		(기증신간소개) 일본정신	
		원고 모집	鳥居 편집부
		남경함락 전승봉고제 祭文	尹致昊
		講究所朝鮮分所의 진용 갖추기	
		직원 아동의 공동 저금으로 大麻奉安殿 완성. 수원 안용보통학교의 훌륭한 행동	
		신직양성 기관의 실현, 마침내 4월부터 개소	
		(神祇話題) 朝詣禮讃	千代田生命 경성지부장 笹間博 씨
		(광고) 山川友一裝束店	
		(광고) 神拜의 作法 朝鮮神祇學會발행 朝鮮神祇法令要覽	
(79)	제8권 제3호 昭和13년 3월 1일 武林健一 行政學會印刷所	事變 하의 신사 조영문제	
		경신사상의 경향에 대해서	조선총독부 小山文雄
		愛國機 명명 봉고제 축사	
		學階 시험 시행 광고	皇典講究所朝鮮分所
		讚仰日記	조선신궁 禰宜 鈴木重道
		續葦牙雜話	田中初夫

		(광고) 神拜의 作法 朝鮮神祇學會발행 朝鮮神祇法令要覽 皇典講究所 朝鮮分所 신직양성부 규정 皇典講究所 朝鮮分所 신직양성부 입소생 모집 요항 (부근의 목소리)	
(80)	세8권 제4호 昭和13년 4월 1일 武林健一 行政學會印刷所	획기적 반도 신제도 실시의 축전 (사진) 事變 하의 祈年祭 조선신궁에서 '八紘一宇'의 聖詔謹解 社教 제28호 八紘一宇의 聖旨宣明에 관한 건, 학무과장 讚仰日記(2) 조선지원병제도 실시 및 조선교육령 개정 봉고제 축사안 개성상업의 神祇 교육. 입학시험에 神拜作法을 보고 직원·학생 모두 神宮大麻 拜受 경성여자사범의 졸업 봉고제 전 조선 일제히 입학제 거행 역사적 제도 실시 봉고제 조선 신직회 이사회 개최 내무성 주최 축사강습회에 참가하여 원고 모집 (敍任 및 辭令) (人事 동정)	 吉田貞治 조선신궁 禰宜 鈴木重道 鳥居 편집부
(81)	제8권 제5호 昭和13년 5월 1일 武林健一 行政學會印刷所	國體明徵에 대해 도지사 회의에서 南次郎 총독 훈시 (사진) 전 도지사의 조선신궁 참배 東久邇 중장전하 조선신궁 참배 후 육군병원을 위문 단오와 행사 李王 李王妃 전하 5년 만에 귀국, 반도의 산하 영광으로 가득 황태자 전하의 근황. 건강히 유치원의 일과 讚仰日記(3) 9개 官幣社에 과분한 명령 맹방 이탈리아 시설단 입국. 오른손을 높이 들어 파시스트 최고의 경례로 먼저 조선신궁 참배 國幣社의 祭式. 총독부령으로 교부 백제 聖人을 大阪에서 제사. 池田 大阪府 지사의 영단 반도 최초의 盛儀, 國幣社 遷座祭 대구신사에서 거행 본지 쪽수 감소	 조선신궁 禰宜 鈴木重道

		(포켓 뉴스) 조선 신직회 총회. 전국신직회 대회. 분소양성부 개최 학계 시험 종료 事變 후의 시국과 社頭祭, 해주신사 원고 모집 (부근의 목소리) 통첩 (人事 동정) (광고) 山川友一裝束店	 鳥居 편집부
(82)	제8권 제6호 昭和13년 6월 1일 武林健一 行政學會印刷所	〈주장〉 조선 초혼사 창건 급선무 (사진) 해군 헌납기 '보국호' 명명식 洗心雜記 조선신직회 총회 개최 6월 20일부터 계속 특별강습회 중국에 奉齋해야 할 신사의 기본 조건을 정하다. 해외 신사 문제연구회 발표 전국 신직회 평의원회 帝都 소식 1월 이후 설립 허가 神祠 (뉴스) 순직경찰관 소방수 초혼제, 순직헌병 위령제. 목포 경신부인회 기원제, 목포의 경신가 표창. 獻納機 報告號 명명식 대전신사 경신부인회 총회. 서주함락 봉고제 (광고) 山川友一裝束店 皇典講究所 평의원회 (人事 동정)	 鈴木重道 조선신궁 主典 東陸郎
(83)	제8권 제7호 昭和13년 7월 1일 武林健一 行政學會印刷所	반도 각지 白衣의 용사 위문, 東久邇宮妃 전하를 맞이하다 〈주장〉 大麻의 새로운 배포 계통과 가정 제사 진흥 문제 중일전쟁 1주년 기념을 맞이하다 여름의 수필(1) 구심력과 원심력 여름의 수필(2) 대구를 말하다 여름의 수필(3) 神苑의 초여름 여름의 수필(4) 그냥 지나친 조선 중일전쟁 중 반도 신직의 총의를 모아 神祇道 널리 전해지는 시국에 대비하는 昭和12년도 조선 신직회 총회 내무국장 고시 선언. 본회회칙 일부 개정 昭和13년도 이후의 大麻 배포에 관한 건. 북중국 황군에 감사의 전문 신입회원 소개 松本, 飯田 두 강사를 초빙하여, 본회 주최의 신직강습회 6일간 조선신궁 豊榮寮에서 개최. 강습회 개회 회장 인사	 조선신궁 池田良八 대구신사 鬼塚武彦 용두산신사 小山光 조선신궁 岩下傳四郎

<table>
<tr><td></td><td></td><td>총회 출석자. 강습회 회장 인사
昭和13년도 조선 신직회 수지 예산서
국위선양 무운장구 기원제 축사, 조선 신직회 주최
중일전쟁 전사병몰자 위령제, 조선 신직회 주최
(뉴스) 송도신사봉찬회 경비 30만 엔 계상. 호남신직회 총회 개최
朝鮮禊會 행사
大祓詞 및 국위선양 기원사 奉誦, 조선신궁에서 거행
(광고) 敬神乃志遠里
横尾伍長이 보낸 진중 소식
(人事 동정)</td><td></td></tr>
<tr><td>(84)</td><td>제8권 제8호
昭和13년 8월 1일
武林健一
行政學會印刷所</td><td>〈주장〉 후방 국민의 집단행동
(사진) 근로봉사여학생대 시찰하는 南次郎 총독
東久邇妃 전하 참배기
本府 자문 신직회 답신. 가정 제사의 흥융에 대한 답신
조선군사령관 中村 대장 정식 참배
조선 部落祭의 인식
반도청년단을 선발. 伊勢神宮 참배단 인천신사 주최
황군장병 전몰자에 대한 公葬은 神道式으로 엄수
葬場祭 및 위령제안
국민정신총동원 연맹조직 대강
(광고) 山川友一裝束店
(광고) 敬神乃志遠里
평양신사 宮司 松尾正技 씨 사망
(人事 동정)
삼가 교정</td><td>조선신궁 宮司 阿知和安彦
조선총독부 촉탁 村山智順</td></tr>
<tr><td>(85)</td><td>제8권 제9호
昭和13년 9월 1일
武林健一
行政學會印刷所</td><td>〈주장〉 대륙신사의 祠官 양성 문제에 대한 일제언
조선 部落祭神
齋戒에 대해서
皇紀 2600년 기념사업에 관한 요강
충청남도 강경읍의 전사자 神葬祭
조선의 昭和13년도 이후 大麻 배포에 관한 요강
(광고) 社寺工務所(조선출장소 개설 인사말)
조선신궁 獻詠歌 모집
(人事 동정)
본지 광고료</td><td>조선총독부 촉탁 村山智順
조선신궁 禰宜 鈴木重道</td></tr>
</table>

(86)	제8권 제10호 昭和13년 10월 1일 武林健一 行政學會印刷所	〈주장〉 국민정신총동원 조선연맹의 결성과 반도 신직의 사명 神宮大麻 및 暦 배포 개시 전쟁색을 반영하여 의식 심화하는 始政 기념제 항구화 전주신사봉찬회 조직. 활발한 활동 시작 國幣小社 평양신사 宮司 鈴木重道 씨 새로이 부임 神宮大麻 및 暦 배포식에 河村 상담역 출석 본지 쪽수 감소에 대해서 始政 기념제 축사 (광고) 社寺工務所(조선출장소 개설 인사말) 인사 岡本正勅 (人事 동정) 본지 광고료	
(87)	제8권 제11호 昭和13년 11월 1일 武林健一 行政學會印刷所	〈주장〉 大麻 배포의 보급과 가정 제사 문제 최근의 신사 조영 개황과 神社神祠 창설 급증 최근의 神祠 설립 허가 반도의 신사 조영 지장 없음. 神社神祠의 창립 및 조영에 관한 本府 통첩 漢口 함락 승전봉고제 축사 (사진) 大麻 배포식의 大麻 수여 恒例에 따라 조선신궁 대전에서 神宮大麻 및 暦 배포식 엄수. 조선 신직회 주최. 정무총감 고시 大麻 배포식 참석자. 頒布總代 답사. 회장 인사. 조선신직회장 大竹十郎 교육 도장과 성지 건설에 대한 요망 조선 내 신사공진금 일람. 지방신사 비용 조사(昭和12년도 道神社 비용 조사) 神宮大麻奉齋 마음가짐 영화 제작 강원신사에 二神을 합사 국정교과서에 神宮大麻의 기사 채록 북중국 保定에 신사 창건 조선 내 신사공진금 일람. 지방신사 비용 조사(昭和13년도 道別 신사 비용 조사) 반도 신직 군무 공용자 현재 연하방명 모집 (광고) 山川友一裝束店 (人事 동정) 武林健一 외	
(88)	제8권 제12호 昭和13년 12월 1일 岩下傳四郎 行政學會印刷所	〈주장〉 기독교도의 전향과 유림의 각성. 중일전쟁 중 반도의 昭和13년을 보내다 大麻奉齋와 반도인의 경신 상황 각도 大麻 배포봉재회 직접 배포자로 희망 齋戒에 대해서	 조선총독부 이사관 河村雅亮 조선신직회 평양신사 宮司 鈴木重道

		조선 내 신사공진금 일람. 지방신사 비용(昭和12년도 府別 신사 비용 조사) 조선 내 신사공진금 일람. 지방신사 비용(昭和13년도 府別 신사 비용 조사) 신사 공로자로서 杉野清造 씨 표창 全神 창립 10주년 식전에서 조선 내 신사공진금 일람. 邑別 신사 비용 조사 조선 내 신사공진금 일람. 面別 신사 비용 조사 年賀 광고 모집 (광고) 前田平八商店 (광고) 山川友一裝束店 (人事 동정) 소집 해제 외	
(89)	제9권 제1호 昭和14년 1월 1일 岩下傳四郎 行政學會印刷所	중일전쟁 후 3년을 맞아. 국민정신총동원 조선연맹의 진전을 바란다 (사진) 勅題 朝日映島 年頭辭 각 신사 간행물 기증 의뢰 (年賀 광고) 조선신궁 齋戒에 대해서 통첩 官國幣社 이외의 신사 경내지 아울러 社殿 기타 구조물 취급 기준에 관한 건 반도 기독교 대표자 신궁 능 참배 전향의 첫걸음 社域에 절하는 황민의 모습 阿知和 조선신궁 宮司 인솔 반도 신직의 토끼해에 태어난 사람들 (年賀 광고) 조선 신직회 간부. 皇典講究所朝鮮分所. 朝鮮氏子總代會 연합회. 경성신사. 용두산신사. 대구신사. 평양신사 (年賀 광고) 인천신사. 함흥신사. 개성신사. 원산신사. 밀양신사. 김천신사. 대전신사. 대전신사 경신부인회. 성진신사. 강경신사 (年賀 광고) 수원신사. 송도신사. 나남신사. 청진신사. 연기신사. 평안신사. 천안신사. 충주신사. 강원신사. 청주신사 (年賀 광고) 社寺建築業磯部某. 강계신사. 웅기신사. 동산신사. 김제신사. 皇典講究所 朝鮮分所 신직양성부 (年賀 광고) 진해신사. 영산포신사. 포항신사. 송홍신사. 해주신사. 공주신사. 군산신사	 조선총독부 내무국장 大竹十郎 평양신사 宮司 鈴木重道
(90)	제9권 제2호 昭和14년 2월 1일 岩下傳四郎 行政學會印刷所	〈주장〉 초혼사의 신사제도화와 반도에 호국신사 창건 난관 돌파를 위한 용맹심을 진작시키자	 昭和14년 건국제위원장 後藤文夫

		節分, 조선신궁 입춘부적 건국제 가정 봉축 '梅의 節句' 권장 神宮大麻의 奉齋에 대해서(상) 橿原神宮의 八紘祭, 神宮大神道 실현의 실마리 神祠 봉무자의 강습회, 皇典講究所朝鮮分所 주최로 개최 통첩 신직의 國禮에 따른 葬祭 관여의 건 반도 기독교 대표자 伊勢神宮 참배 보고 學階 시험 시행 國學院大學 학생 모집, 神宮皇學館 학생 모집 (광고) 前田平八商店 (광고) 山川友一裝束店 (年賀 광고) 영주신사 總代長 昭和14년도 조선신궁 월차 獻詠會	 조선신궁 權宮司 吉田貞治
(91)	제9권 제3호 昭和14년 3월 1일 岩下傳四郎 行政學會印刷所	〈주장〉 神祠 奉務의 중요성 神宮大麻의 奉齋에 대해서(하) 雛祭의 유래 祈年祭에 대해서 神宮詣 慈愛 저축, 氏子 되기와 신사의 저축 장려. 인천신사에서 실시 중 神祠 봉무자의 강습회, 오는 3월 17일부터 1주간 皇典講究所 朝鮮分所에서 개강 조선 신직회 이사회 개최, 총회 제출 의안을 심의 神祠 奉齋 적극운동, 각 도에서 一面一社 방침 결정 (人事 동정) 山口 國學院 학생 모집	岩下生 조선신궁 權宮司 吉田貞治 조선신궁 主典 小西武雄
(92)	제9권 제4호 昭和14년 4월 1일 岩下傳四郎 行政學會印刷所	〈주장〉 부여에 官幣社 창건. 神祇祭祀의 본의를 천명하여 內鮮일체화의 열매를 맺자 부여를 중심으로 한 고대의 內鮮 관계에 대해서(상) 중일전쟁 중 반도 신직의 중책을 감안하여 神威와 神國의 융성에 공헌하자 조선 신직회 총회 성대하게 개최 선언. 총회에서 신직회장 인사. 총회에서 내무국장 인사. 북중국 파견 부대에 대한 감사 전문 昭和14년도 조선 신직회 수지예산서 총회 이틀째, 회원 건의안 신직 강습회, 강의 제목 및 강사 신입 회원 소개	 조선총독부 편집관 中村榮孝 조선 신직회 대표 大竹十郎

		皇典講究所 朝鮮分所 신직양성부의 제1회 졸업식 거행. 내무국장의 인사	
		府令	
		학생 대표의 답사. 신직양성부의 제2회 학생 입소	
		皇典講究所 朝鮮分所에서 學階 검정시험을 시행	
		神祠 봉무자의 강습회, 조선신궁 豊榮寮에서 의미 있는 개강. 神祠 봉무자의 감사글	
		호국신사 제도화되다. 관계법령 및 내무성령 공포	
		충청남도 부여 땅에 官幣社 창건	
		(人事 동정)	
		訓令	
		(五行 뉴스) 水瀨宮의 개칭-승격. 조선신궁에서 수신 교과서를 수여	
		전 조선 각 도지사 조선신궁 참배	
		齋藤 子爵 등 조선신궁 참배. 동상으로 살아 숨쉬는 重剛 선생. 熊野村이 공민교과서에. 내무성 신사국장 경질	
		明治神宮 靖國神社에 獻穀. 조선신궁의 靖國神社 遙拜式	
		(謹告) 入江晃 齋藤重彦	
		(광고) 前田平八商店	
		(광고) 山川友一裝束店	
(93)	제9권 제5호 昭和14년 5월 1일 岩下傳四郎 行政學會印刷所	〈주장〉 신도적 국민생활 강화. 神祇祭祀와 가정생활의 융합 철저히	
		부여를 말하다(1)	小山翠村
		얼굴 모양	國學院大學 교수 澤田五郎
		부여를 중심으로 한 고대의 內鮮 관계에 대해서(하)	조선총독부 편집관 中村榮孝
		경성 및 나남에 호국신사를 창건. 정무총감을 회장으로 봉찬회 창립	
		조선 내 4곳에서, 아악강습회를 개최 반도 신직의 요망으로 5월 하순부터	
		전라남도 각 면에 神祠 134개 창건	
		반도인 100명 신도연구회를 결성, 5월 14일 발족식 거행	
		大麻奉齋 엄정 지도하도록 각 도지사 앞으로 통첩을 보내다	
		八紘之基株의 基材石을 本府 및 각 도에서 기증	
		(人事 동정) 입대 등	
		神社神職 및 神祠 일람표	

		(질의응답) (광고) 前田平八商店 (광고) 山川友一裝束店	편집부
(94)	제9권 제6호 昭和14년 6월 1일 岩下傳四郎 行政學會印刷所	〈주장〉 神社-神祠의 유지 경영. 장래의 발전에 필요한 경제적 기초를 확립하라 (사진) 부여신궁 진좌 예정지 內鮮一體의 귀추 부여를 말하다(2) 伊勢神宮의 감격 부여신궁을 창건. 官幣大社에. 지난 15일 社殿 건설 창립 명령 감히 성지를 받들어 皇典講究所 평의원회 전국 신직회 평의원회 無願神祠 건립에 관해 내무국장의 통첩 (五行 뉴스) 神祇 특별관아 설치 운동 반도 청년단이 조선신궁에 獻穀 橿原宮神崎宮에 등롱을 봉헌 조선신궁에서 봉찬전 南庭을 확장 南次郎 총독 등 조선신궁에 근로봉사. 조선신궁 부근에서 排英 국민대회. 神官神職 전몰 장병 위령제 皇典講究所 朝鮮分所의 강습회. 조선신궁 神璽를 전남 神祠에 奉遷 해외신사 봉사 원양성소 개강 (질의응답) (人事 동정) (광고) 山川友一裝束店	 국민정신총동원 조선연맹 간사 玄永燮 小山翠村 경성부 봉래공립심상소학교 朱英和 小磯 拓相 謹話
(95)	제9권 제7호 昭和14년 7월 1일 入江晃 行政學會印刷所	〈주장〉 神祇 교육 강화 철저 청소년 교육의 방침을 확립하여 다음 세대를 건설할 국민을 기르자 부여신궁 祭神의 업적 近作5首 부여를 말하다(3) 국위선양 무운장구 기원 축사 (질의응답) 오는 8월 19일부터 본회 신직강습회를 개최. 18일에는 임시총회를 열다 皇典講究所 朝鮮分所에서 제2회 神祠 봉무자 강습회, 오는 7월 20일부터 1주간 개최 神宮神部署 주최 제9회 아악강습회 호남 신직회를 神祇研究會로 개칭	 國學院大學 교수 植木直一郎 阿知和安彦 小山翠村

		전국 신직회 부회장에 中野 신사국장 신사국의 확충강화. 새로이 指導課, 造營課 구성 (편집후기) 전국신직회 부회장 宮西惟助 씨 사망 (광고) 前田平八商店	
(96)	제9권 제8호 昭和14년 8월 1일 入江晃 行政學會印刷所	〈주장〉 神國的 국가이상 완성 중일전쟁을 통한 정신적 효과를 조장하여 미래의 일본문화 기초를 다져라 思想戰과 일본정신 神祇 특별관아 설치 급선무 부여를 말하다(4) 중일전쟁 2주년 기념일 조선신궁 국위선양 무운장구 기원제 축사 (질의응답) 內鮮一體의 성지, 부여산 영원한 신역으로. 부여신궁 宮地淸祓 의식 거행 나아가 二式 거행 오는 25일 도청 회의실에서 朝鮮氏子總代會 총회 개최. 벽두 조선신궁에서 기원제 거행 皇典講究所 朝鮮分所 주최 제2회 神祠 봉무자 강습회 6일간 의미 있게 종료 西岡 전 본회 부회장에게 기념품 증정하다 明治神宮에서 獻詠歌 모집 전라남도 여수면에 여수신사 창건 진원-안산 신사 고용인이 學階 이등시험에 합격 전국 신직회를 중심으로, 神祇 특별 관아 설치 운동 (광고) 前田平八商店 (광고) 山川友一裝束店	 조선군 보도부 芥川浩 전국 신직회장 水野錬太郎 小山翠村
(97)	제9권 제9호 昭和14년 9월 1일 入江晃 行政學會印刷所	〈논고〉 애국의 날을 興亞奉公日로 (사진) 鳴子引 가뭄 극복에는 역시 정신력 '興亞奉公日'에는 신사 지식을 심화하자 往還抄 반도 신직의 중책을 감안하여 신직회 임시총회를 개최, 중대 시국에 대응할 방도를 강구 澤田-三東 두 강사를 초빙하여, 신직강습회 의미 있는 개최. 6일간에 걸쳐 조선신궁 豊榮寮에서 총회 및 강습회 출석자 野上神宮 神部署長을 중심으로 부적[大麻]에 관한 좌담회	조선총독 南次郎 국민정신총동원 조선연맹 간사 由上治三郎 西田道子 洗心道人

		다년간의 요망에 따라, 종군신직제도 공포. 明治37년의 陸達 개정 부여신궁 조영 사무규정 구성, 조영위원회와 조영사무국 설치 山川 용두산신사 宮司 용퇴 조선신궁의 매일 아침 神拜詞 조선신궁에서 기우제 學階 시험 시행 (人事 동정) 전 조선의 氏子總代에게 南次郎 총독 열렬한 훈시. 朝鮮氏子總代會 종료 선언, 총회 절차, 의사진행, 위문전문, 위문위원, 의안심의 石原 회장의 인사말 南 총독 훈시 본회 제출 의안 大竹 내무국장 告辭 건의안 神祇 특별관아 설치에 관한 내무성의 구체안 결정. 내무성의 外局으로서 실현되는가? (謹告) 山川鶴市 松本浩通 조선신궁 獻詠歌 모집 (광고) 神社建築業 松山吉四郎	
(98)	제9권 제10호 昭和14년 10월 1일 入江晁 行政學會印刷所	신 앞에 하나가 되라 (사진) 月前披講 사상 국책의 확립 내가 바라는 신직 조선연합청년단 노래 '황국청년가' 새로 회원이 되어, 용두산신사 宮司 松本浩通 昭和14년도 조선 각 도 신사 예산 조사 일람표 往還抄(2) 명예로운 부상에 늘 감사. 후방 후원 강화주간 설정, 오는 10월 3일부터 1주간 官幣大社 吉野神宮에서 後醍醐天皇 600년 式年祭 10월 1일부터 3일간에 걸쳐 거행 내무 신사국의 참여 7명 결정 神宮皇學館의 대학 승격. 승격비용을 내년도 예산에 요구 대구신사에 主典 1명 증원 (人事 동정) 국위선양 무운장구 부상군인 치유 기원제 신직은 스스로 충령탑 건설에 협력하라. 전국신직회에서 통첩 10월 18일부터 5일간 靖國神社 임시 大祭. 새로 영령 1만 여를 합사	 神道研究會 상무이사 高義駿 神宮奉齋會 회장 今泉定助 洗心道人

		昭和14년도 神宮大麻 및 暦 배포 예정 신청수 10월 1일 오전 10시부터 神宮大麻 및 暦 배포 시작 봉고제. 본회에서 小山 이사 참석 남대문 옆 옛 소방서 부지를 조선신궁 外苑으로 阿知和安彦 조선신궁 宮司 南鮮 각 신사를 시찰 (광고) 前田平八商店 (광고) 山川友一裝束店	
(99)	제9권 제11호 昭和14년 11월 1일 入江晃 行政學會印刷所	일상생활의 도덕화를 구현하라 (사진) 조선신궁 참배의 李王妃 전하 內鮮一體와 일본정신 七五三 축하의 말 10월 23일 조선신궁에서 神宮大麻 배포식을 거행. 大野 정무총감을 비롯한 관계자 다수 참석 大麻 배포식에서 大竹 조선 신직회장 인사말 大麻 배포 사무 협의회에서 내무국장의 지시사항 大野 정무총감 告辭 기원 2600년 新年御題 '迎年祈世'로 정함 李王-李王妃 전하 조선신궁에 참배 橿原의 성지 확장. 社殿 조영하다. 오는 11월부터 本殿 遷座祭 (人事 동정) 조선신궁의 獻詠披講式 (광고) 부적[大麻]과 신단[神棚], 大陸神道연맹 발행 年賀芳名 모집 (謹告) 전국 신직회에 대한 갹출금	 綠旗연맹 주간 森田芳夫 조선 신직회
(100)	제9권 제12호 昭和14년 12월 1일 入江晃 行政學會印刷所	昭和14년을 보내다 (사진) 새 단장하는 皇國臣民誓詞之株 神宮大麻에 대해서 昭和15년 7월부터 神祇院 설치 결정 예산 30여만 엔 승인 2600년의 紀元節 당일, 전국 각 신사에서 大祭를 거행. 春秋曠古의 대축전을 열다 皇國臣民誓詞之株 준공, 조선신궁 경내의 이채로움 神宮皇學館의 승격 예산 승인 삼엄하고 장대한 社殿 완성. 橿原神宮 本殿 遷座祭, 지난 11일 12일 이틀간 성대하게 거행	 神宮神部署長 野上正篤 (라디오 강연록)

		정화된 밤에 알현하는 神代의 회화 石清水八幡宮의 遷座祭, 古式에 따라 장엄하게 거행 國幣小社 대구신사의 本殿遷座祭 엄수, 11월 20일 오후 7시부터 官國幣社로 승격을 할 5개 縣社 준비 착착 진행 皇典講究所 朝鮮分所 신직양성부 입소생 모집 요강 (人事 동정) 飯田助三 외 (광고) 天晴會 이사장 肥塚正太 근저《神陵皇陵巡拜謹記》, 官幣大社 조선신궁 宮司 阿知和安彦 기술《大麻와 神棚 가정의 神祭心得》	
(107)	제10권 제7호 昭和15년 7월 1일 入江晃 行政學會印刷所	신체제 하의 신도적 사명 반도 농촌이 나아가야 할 길(2)—제사와 농업에 대해서 아악에 대해서 이 감격 만주국 建國神廟를 창건, 天照大神을 奉祀 경성-나남에 창건하다. 호국신사 기본계획 결정. 7월 18일 평의원회 개최. 조선 신직회 창립 25주년. 오는 8월 16일 祈願祭-표창식 거행. 작고한 회원 위령제도 거행 신사 창건 허가 신청 건에 대해 내무국장이 통첩을 보내다 오는 8월 17일부터 신직강습회를 개최, 조선신궁 豊榮寮에서 조선 신직회에서 순회 황도강연회 조선 내 22개소에서 개최 조선신궁에서 神樂 강습회를 개최 7월 31일부터 경성신사에서 禊會 송도신사 경신부인회에서 총회 및 위안회 개최 (人事 동정) 기원 2600년 봉축 神樂舞 보급강습회, 전국 14개소에서 개최 부여신궁의 地鎭祭, 7월 30일 성대하게 거행 오는 9월 21일 橿原神宮 및 外苑에서 전국 신사 관계자 대회 (광고) 京文社 (광고) 前田平八商店 (광고) 山川友一裝束店 (광고) 神社建築業 松山吉四郎	 조선총독부 촉탁 八尋生男 조선신궁 樂師 조선 신직회 강사 飛驒邦富 石原六一 (舊名 石泰瑀)

(110)	第10권 第10호 昭和15년 10월 1일 入江晃 行政學會印刷所	(사진) 조선신궁 例祭에 勅使 〈詔書〉 삼국동맹 신사와 惟神道에 대해서(2) 〈諭告〉 삼국동맹 祓에 대해서(앞에 이어서) 神宮大麻! 전 조선의 가정에 배포 예정 수백여만 개. 10월 23일 조선신궁에서 배포식 성대하게 거행 大竹 신직회장 인사말 기원 2600년 식전 당일 각 신사에서 봉축제를 거행. 내무국장의 통첩 발송 神祇院 官制 정식으로 결정되어 11월 상순에 실현되나? 마산-평안신사에서 아악강습회 용두산신사 조영 봉찬회 조선신직회 주최 皇道강연회 종료 각지에서 성황 이루다 昭和16년 新年御題 '漁村曙'로 명령 반도의 국민조직, 신체제 이루다	 조선신궁 權宮司 吉田貞治 조선총독 南次郎 조선신궁 主典 宮田定繁
(111)	第10권 第11호 昭和15년 11월 1일 入江晃 行政學會印刷所	(사진) 浦安의 舞(조선신궁에서) 기원 2600년 式典, 勅語 신사와 惟神道에 대해서(3) 기념으로 무엇을 보내다(평이한 말로 말하다) 神祇院의 개설 조선신궁의 獻詠歌 披講式 오랫동안 현안이었던 神祇院 창설 지난 11월 9일 官制 공포 내지의 5개 縣社 國幣社로 승격, 11월 1일에 명령이 내려옴 天智天皇을 奉祀하는 近江神宮 鎭座祭 11월 7일 성대하게 거행 원산신사의 기원 2600년 봉축제(사진 들어간 기사) (광고) 《계절과 축제일 해설》(水野正陽), 연하방명 모집(조선신직회 鳥居 편집부), 前田平八商店, 山川友一裝束店, 松山吉四郎	 조선신궁 權宮司 吉田貞治 神祇院 발표
(112)	第10권 第12호 昭和15년 12월 1일 入江晃 行政學會印刷所	(사진) 겨울이 오다 기원 2600년을 보내다 신사와 惟神道에 대해서(4) 冬山十首 아악으로서의 高麗樂에 대해서 조선 신직회 제작 영화 《반도를 기원하다》	 조선신궁 權宮司 吉田貞治 조선신궁 촉탁 조선 신직회 촉탁 강사 飛驒邦富
(113)	第11권 第1호 昭和16년 1월 1일 入江晃	(卷頭言) 年頭라는 제목으로 惟神의 길과 臣道 실천	 조선신직회 부회장 조선신궁 宮司 額賀大直

	行政學會印刷所	神道의 실천을 바라다	國幣小社 용두산신사 宮司 松本浩道
		과연, 이대로, 좋은가?	평양신사 宮司 鈴木重道
		神宮大麻의 奉齋에 대해서	神祇院
		신체제의 門松, 검소하게 미풍양속은 존중	
		(신사 소식) 충주신사, 진주신사, 진남포신사, 國幣小社 평양신사, 군산신사, 평안신사, 영산포신사, 안동신사, 해주신사, 진해신사, 함흥신사	
		(短波調) 조선신궁에 기원, 태국과의 친선 城大醫學部隊, 神饌米를 지참하고 영광스러운 청년단 東上, 쾌청한 역전의 선수 개선, 위험한 집배원	
		(이어서) 부여신궁 노동봉사대에게 휴식의 집, 국기존중 무료세탁 봉사, 始政 이래 30년의 성심, 지원병의 진심	
		漁村曙(노래)	國幣小社 용두산신사 宮司 松本浩道
		엄숙하게 거행된 賢所御神樂 의식	
		신성한 땀에 유족의 감사, 호국신사의 근로봉사	
		神都 부여의 市計, 7일 경사스러운 기공식	
		淸明心 진작발양, 大祓에 관한 통첩 보내다	
		祭祀연구위원회 발족	
		뱀해 태어난 반도의 神道人	
		(人事 동정)	
		(年賀 광고)	
(114)	제11권 제2호 昭和16년 2월 1일 宮田定繁 行政學會印刷所	(사진) 눈의 돈도(雪のどんど)	
		臣道의 실천과 반성	
		신사와 惟神道에 대해서(5)	조선신궁 權宮司 吉田貞治
		(短波調) 시무식, 賴山陽神社 창건, 5월의 참배에 40만	
		(年賀 광고) 府供進社 청진신사	
		祭祀와 농업	조선신궁 촉탁 八尋生男
		(辭令) 仲公 鈴木重道	
		往還抄	평양신사 宮司 鈴木重道
		반도 神祇會 비약의 해, 능력 있는 청년 모집, 皇典講究所朝鮮分所 신직양성부 학생 모집	
		祭務官 및 祭務官補를 설치, 조선총독부 官制 개정	
		조선 신직회 祭祀연구위원회	
		皇大神宮의 式年遷宮, 5월 山口祭 奉齋	
		신사 창건 신청, 本府의 취급방침 개정	
		경신사상의 보급, 神祇院의 실천운동	
		神宮皇學館大學에 전문부 개설	
		國幣小社 용두산신사 조영 시작	

		(人事 동정) (광고) 皇典講究所 朝鮮分所, 前田平八商店, 山川友一裝束店, 松山吉四郎	
(115)	제11권 제3호 昭和16년 3월 1일 宮田定繁 行政學會印刷所	祈年祭와 농민정신 확충 신사와 惟神道에 대해서(6) (辭令) 吉田豊國神社 宮司, 竹島 조선신궁 權宮司. 竹島의 인사말 (年賀 광고) 울도신사 神의 實在에 대해서 (신간 소개)《가정의 祭祀》 평양신사 宮司 鈴木重道 저 碧蹄館과 神祠 창건 祈年祭(2월 17일) 궁중 의식 주목할 만한 신사 정리안, 전국 신사 주무과장 회의 반도의 약진, 神社–神祠의 창건 신청 193건 (人事 동정) 惟神道 발양을 기하며, 전국 官社에 수양도량 경성신사 새 社殿, 조감도 祈年祭와 경신운동 본회 새 회장 추대 (통신) 入江晃, 山本壽雄, 吉田貞治 (광고) 皇典講究所朝鮮分所, 前田平八商店, 山川友一裝束店, 松山吉四郎	 조선신궁 權宮司 吉田貞治 조선신궁 主典 宮田記 조선신궁 主典 大工原英夫
(116)	제11권 제4호 昭和16년 4월 1일 宮田定繁 行政學會印刷所	(사진) 신직회 총회? 告辭 聖戰 중 神祇界의 확충을 기하여 조선 신직회 총회 개최 북중국 파견군에 감사 전문 式辭 昭和15년도 조선 신직회 수지추가예산서 昭和14년도말 大典 기념 기본재산 적립금 현재 금액 보고서 (광고)《가정의 祭祀》 鈴木重道 저 조선에서 昭和15년도 神宮大麻 및 曆 배포 수 惟神道의 昂揚을 보여 주는 조선의 神社–神祠의 수 충성을 다한 진심을 풍기다. 靖國神社 춘계 임시 大祭 祭務官 첫 회의 (광고) 前田平八商店, 山川友一裝束店	 내무국장 上瀧基 조선 신직회 회장 上瀧基
(117)	제11권 제5호 昭和16년 5월 1일 宮田定繁 行政學會印刷所	(사진) 靖國神社 임시 大祭 遙拜式 靖國神社 親拜 2600년을 흐르는 것 조선신궁 外苑 설치를 제창하다	 神宮皇學館 교수 鈴木文吉 朝比奈正德

		부여신궁 봉찬회 구성, 4월 26일 발기인 모임 惟神道의 앙양과 신사 행정의 확충강화 惟神道에 따라 난관을 돌파하자. 지방장관회의의 內相 훈시, 지시사항 神祇 선양의 구체적 방책. 祭務官 첫 회동 紋章 사용 단속 神德 선양 경신사상의 보급 생활의 신도화에 종이인형극 蒙疆神社 창건 만주국 신사 행정, 곧 전면적 제도 완성 전국 신직회 기구 대확충 神宮皇學大學 전문부 官制 신직 대우 향상. 制調會에서 답신안을 결정 (광고)《最新神社法令要覽》京文社, 前田平八商店, 山川友一裝束店, 大久保眞敏, 藤富商會, 松山吉四郎	
(118)	제11권 제6호 昭和16년 6월 1일 宮田定繁 行政學會印刷所	(사진) 조선신궁 神田仮苗代播種祭 全神改組와 조선 神宮式年 조영과 山口祭 人事 소식 神棚는 한 가정의 생명이다(常會 강연 자료) 病床閑話(1) 신사와 內鮮一體에 대해서 (辭令) 宮田定繁에게 상무이사를 촉탁, 조선신직회 전국신직회(全神) 改組에 매진, 전국 신직회 대표자 회의 개최 중요 문제 심의, 全神 이사회 개최 惟神道의 해외 선양, 민관 대표 간담 祭祀의 근본적 확립, 심의회 설치 神祇 신체제 확립을 기하여, 皇講, 全神 평의원회 國家宗祀에 봉사하는 신직을 담당관으로 하라. 요망 높아지다 (특보) 全神 기구 개정에 즉시 응하다. 조선신직회 긴급 이사회 소집 (광고)《最新神社法令要覽》京文社, 前田平八商店, 山川友一裝束店, 大久保眞敏, 藤富商會, 松山吉四郎	 神祇院 인천신사 社掌 磯野勝見 井蛙生 조선신궁 鈴川元章 咸明權
(119)	제11권 제7호 昭和16년 7월 1일 宮田定繁 行政學會印刷所	臣道 실천과 大祓 시국 즉응 신체제 확립에 매진하라	 (전국 신직회 평의원회에서의 강연) 전국 신직회장 水野錬太郎

		대일본 神祇界 기부 행위 전국 신직회 평의회, 제출 의안 大祓 보급 철저히, 내무국장이 통첩 발송 假殿 遷座祭 의식을 거행하고 조선신궁 神璽 奉遷, 전라남도 80여 개 神祠에 나남 호국신사 地鎭祭, 엄숙히 거행 조선신궁 神田, 첫 田植祭 거행 조선 신직회 주최 禊 강습회 개최 (광고)《大陸神社大觀》大陸神道連盟, 前田平八商店, 山川友一裝束店, 大久保眞敏, 藤富商會, 松山吉四郎	國幣小社 용두산신사 宮司 松本浩道
(121)	제11권 제9호 昭和16년 9월 1일 宮田定繁 行政學會印刷所	'禊' 연마를 위해서 (사진) 총독 이하 1박 2일의 禊를 마치고 신사 광장 독립 植栽木과 그 보호 祭祀에 남겨진 조선색 社格과 社司-社掌의 명칭에 대해서 學階 검정시험 시행, 熱田神宮 獻詠歌 모집, 조선신궁 獻詠歌 모집 조선총독 이하 本府局課長의 禊 강습회 公葬制 등 새로운 제반 문제에 관해 神祇界 대표자 간담회 신직을 대신하여 祭祀봉사를 위해 대륙과 특설 師範版 20여 학교 齋穗의 神勅을 奉戴, 평양 師範版에서 농업 이념 철저 公葬 양식에 관해 건의, 祭政一致翼贊會에서도 황해도 주최 神祠 봉무자 강습회 인사	조선신궁 林苑 촉탁 岡强 원산신사 山田早苗 인천신사 磯野勝見 大工原-朝比奈
(122)	제11권 제10호 昭和16년 10월 1일 大工原英夫 行政學會印刷所	광주신사-강원신사 승격을 축하하다 鳥居 10년의 행보, 仲公, 櫻井正夫, 松本造道, 杉野淸造, 高橋貢 광주신사-강원신사에 勅使 향함. 列格奉告祭 엄숙히 거행 신임 宮司 약력, 齋藤 광주신사 宮司, 早山 강원신사 宮司 조선 신직회 개조 준비 진행 大麻奉齋 방법 보급운동의 전개 皇典講究所 朝鮮分所 신직양성부 졸업식 조선 내 부적[大麻] 배포 개시 봉고제 전 조선 神祠 奉務者 강습회 辭令 신사의 洪範에 따라 國民祭禮令 제정하라. 一條 공작, 佐々木 후작 등 수상에게 진언	

		'神佛' 항쟁 문제의 진상. 東亞民族文化協會의 발표 後記	 大工原
(124)	제11권 제12호 昭和16년 12월 1일 大工原英夫 行政學會印刷所	禊의 수련 — 南次郎 총독의 담화 稽往照來 敬神奉公 年賀 광고에 대해서 용두산신사 조영. 공사비 78만 엔으로 증액. 사업 착착 진행 각 도 神祇 사무담당자 사무협의회 및 강습회 개최 — 조선신궁 豊榮寮에서 국민총력 조선연맹에서 祓禊에 따른 〈鍊成教典〉 편찬 본회 上瀧 회장을 보내고 鈴川 회장을 맞이하다 崇神天皇과 신궁 창건운동 講究所 華北總署에서 북중국 신사제도 확립 연구 大政翼贊會 大阪 협력회의에 신사에 관한 중요 제안 大政翼贊會 중앙훈련소에서 황도원리 확립 계획 신사 중심의 국민 재조직 연구, 高山昇 씨 등의 운동 만주에 神祇會 지부 창설 祭政一致 체제의 구현에 祭祀 심의회, 구체안 작성 합병신사의 분리 복구 고려	 조선신궁 宮司 額賀大直 씨 강연(라디오 강연록) 조선 신직회 鳥居 편집부

맺음말

이 책은 2011년 9월에 교토 대학京都大學 대학원 교육학연구과에 제출한 박사학위 논문을 바탕으로 가필 · 수정한 것이다. 학위논문 제출까지 다음과 같은 논문을 발표하였다(〔 〕는 본서 관련 부분).

- 〈朝鮮神宮と學校 — 勸學祭を中心に〉, 《日本の教育史學》 제49호(教育史學會, 2006년 10월). 〈植民地神社と學校の關係 — 勸學祭の分析〉, 《日帝植民地主義を新たに讀む》(한국어), 한국사세계화사업단 · 한국 연세대학교 국학연구원, 2007년 3월. 〔제1장〕
- 〈朝鮮神宮大祓式への兒童生徒動員 —「崇敬」と「信仰」のあいだ〉, 《朝鮮史研究會論文集》 제46호(朝鮮史研究會, 2008년 10월). 〔제2장〕
- 〈1930年代後半の朝鮮神宮における夏季早朝參拜〉, 《朝鮮學報》 제215호(朝鮮學會, 2010년 4월). 〔제3장〕
- 〈1930年代朝鮮の神祠設立 — 地域社會と學校をめぐって〉, 《教育史フォーラム》 제6호(教育史フォーラム · 京都, 2011년 3월). 〔제4장〕
- 〈植民地期朝鮮の學校における儀禮空間の形成 — 神宮大麻の位置付けに着目して〉, 《日本教育史研究》 제30호(日本教育史研究會, 2011년 8월). 〔제5장〕

필자가 대학원에서 진행한 연구와 본서 집필에 지도편달과 지원을 아끼지 않으신 모든 분들께 감사의 말씀을 드리고 싶다. 특히 교육사학회, 일본교육사연구회, 조선사연구회 관서부회에서 다양한 질문과 조언을 주신 분들, 각 논문을 쓰는데 (경우에 따라서는 몇 번이나) 검토해 주신 분들, 각 신사 관계자 및 가족 분들께 깊이 감사드린다. 본 연구를 진행하는 과정에서 한일 양국의 수많은 대학도서관 · 공공도서관 · 문서관 등으로부터 많은 도움을 받았다. 단 한 번 방문한 도서관이나 문의만 했던 도서관을 포함하여 모든 기관에서 친절하게 협력을 해 주셨다. 도서 담당자, 기록보관 담당자의 견식에 깊은 감명을 받기도 하였다.

아래에 기술한 분들과의 만남을 통해 본 연구를 시작하였고 진행하였으며 마무리를 지을 수 있었다. 행복한 만남에 감사드리며 진심으로 감사 인사를 드리고 싶다(50음순, 경칭 생략).

呉成哲, 金鑽俊樹, 姜素美, 嵯峨井建, 杉山とみ, 高木博志, 鄭淳泰, 토드 헨리, 水野直樹

교토대학 대학원 교육학연구과에서 본 연구를 앞에서 이끌어 주신 분은 고마고메 다케시駒込武 선생님, 뒤에서 버팀목이 되어 주신 분은

츠지모토 마사시辻本雅史 선생님이다. 두 은사님은 나의 기쁨을 더 크게 기뻐해 주셨고, 나의 분노나 슬픔을 더 강하고 깊게 느껴 주셨다. 두 은사님이 만들어 주신 애정 어린 공간에서 전 세계에서 모여든 학생들과 형제처럼 지낼 수 있었다. 이는 앞으로의 인생을 살아가는 데 큰 힘이자 자랑거리가 될 것이다. 은사님의 등을 바라보며 무엇보다 먼저 타인의 환희와 비분을 나의 기쁨, 분노, 눈물로 느끼는 마음을 갖추어 가려고 한다.

필자의 연구 활동은 한국 국제교류재단의 지원 없이는 불가능하였을 것이다. 또한 이 책의 출판은 교토대학의 '2012년 총장 재량 경비, 젊은 연구자를 위한 출판조성사업'에 의해 가능하였다. 진심으로 감사드린다. 마지막으로 출판을 결정해 주신 교토대학 학술출판회와 스즈키 데츠야鈴木哲也 편집장님께 감사드린다.

2013년 3월

히우라 사토코樋浦郷子

신사·학교·식민지
지배를 위한 종교-교육

초판 발행 1쇄 2016년 2월 5일
지은이 허우라 사토코
옮긴이 이언숙
펴낸곳 고려대학교 출판문화원
www.kupress.com
kupress@korea.ac.kr
02841 서울특별시 성북구 안암로 145
02-3290-4230, 4232
Fax 923-6311
찍은곳 (주)동화인쇄공사

ISBN 978-89-7641-895-1 93910

값 23,000원
* 잘못 만들어진 책은 바꿔드립니다.